산호섬의 경작지와 주술

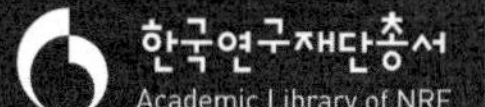

학술명저번역 517

산호섬의 경작지와 주술

2

트로브리안드 군도의 경작법과 농경 의례에 관한 연구

Coral Gardens and Their Magic

A Study of the Methods of Tilling the Soil and of Agricultural Rites in the Trobriand Islands

브로니슬로 말리노프스키 지음 | 유기쁨 옮김

아카넷

제2권 차례

제8장 브와이마의 구조와 건축 | 019

제9장 트로브리안드 경작의 간략한 비교 | 079

제10장 타로, 야자, 바나나의 경작 | 115

제11장 현지조사의 방법, 그리고 토착법과 경제의 보이지 않는 사실들 | 163

제12장 토지 보유권 | 201

제3부 기록과 부록 | 267

찾아보기 | 431

제1권 차례

머리말

옮긴이의 말

해제 : 말리노프스키와 그의 민족지

제1부 서론 : 트로브리안드인들의 부족 경제와 사회 조직

제2부 산호섬의 경작지와 주술

제1장 경작에 대한 일반적 설명

제2장 오마라카나의 경작지 : 이른 작업과 시작 주술

제3장 오마라카나의 경작지 : 토양의 준비와 파종

제4장 오마라카나의 경작지 : 성장 주술

제5장 수확기

제6장 수확물 선물의 관습법

제7장 풍요의 작업과 주술

제3권 차례

제3권의 서론

제4부 민족지의 언어 이론과 몇 가지 실제적 추론

제1장 수단, 증거자료, 그리고 문화적 실재로서의 언어

제2장 번역 불가능한 말의 번역

제3장 말의 맥락과 사실의 맥락

제4장 발화의 화용적 배경

제5장 말의 기능으로서 의미

제6장 유아의 말하기에서 의미의 원천

제7장 토착 전문용어의 공백, 과잉, 그리고 변덕

제5부 키리위나의 농경 언어 집성 혹은 경작지의 언어

제1장 토지와 경작지

제2장 농작물

제3장 농작물 : 경작지의 주요 생산물

제4장 농작물 : 마을 숲의 나무와 식물

제5장 트로브리안드 농경의 사회적, 문화적 배경

제6장 농경 기술과 농기구

제7장 주술

제8장 시작 주술의 예식

제9장 성장 주술

제10장 수확 주술과 풍요 주술

제11장 경작지 주술과 관련된 몇 가지 원문들

제12장 경작의 법적, 경제적 측면과 관련된 전문용어

제6부 주술 언어의 민족지 이론

제1장 의미 없는 말의 의미

제2장 주술 언어에서 기묘함의 계수

제3장 주술 언어의 이론에 대한 여담

제4장 명료함의 계수

제5장 주술 언어의 일반 이론에 대한 여담

제6장 주문의 명료함을 위한 또 다른 원천으로서 주술의 사회적 기능

제7부 주술문구

사진 목록

〈사진 85〉 과시용 브와이마 앞에 있는 단 | 024
〈사진 86〉 브와이마의 단에서 쉬고 있는 사람들 | 024
〈사진 87〉 텅 비어 있는 트로브리안드의 주요 창고 | 025
〈사진 88〉 재건축되기 직전에 찍은 족장의 브와이마 | 034
〈사진 89〉 지붕의 틀구조 | 036
〈사진 90〉 작은 브와이마의 건축 | 040
〈사진 91〉 세 채의 작은 브와이마. 한 채는 건축되고 있는 중이다. | 042
〈사진 92〉 지붕을 이는 기술 | 050
〈사진 93〉 나무 말뚝 위에 세워진 얌 창고 | 051
〈사진 94〉 전형적인 마을 거리 | 052
〈사진 95〉 넓은 정면 단이 있는 두 채의 브와이마 | 053
〈사진 96〉 오부라쿠의 가옥과 브와이마 | 054
〈사진 97〉 두 가지 유형의 창고들을 보여주는 마을 거리 | 057
〈사진 98〉 브워이탈루의 단과 창고 | 058
〈사진 99〉 모형 브와이마와 거기에 기댄 창고 소유자 | 059
〈사진 100〉 오보와다의 경작지 주술사인 브와이데다 | 093
〈사진 101〉 어깨에 예식용 도끼를 메고 있는 나시보와이 | 094
〈사진 102〉 캄코콜라에 주문 읊기 | 096
〈사진 103〉 캄코콜라 예식을 위해 울타리 계단에 모인 사람들 | 096
〈사진 104〉 주술 의식과 종교적 예식을 위한 재료들 | 103
〈사진 105〉 영들을 위해 전시된 식량 | 105
〈사진 106〉 주문 읊기 | 105
〈사진 107〉 주술용 잎들을 들고 있는 남자들 | 108
〈사진 108〉 캄코콜라에서 이루어지는 의식 | 108
〈사진 109〉 나바빌레, 오부라쿠의 경작지 주술사 | 112
〈사진 110〉 순회 중인 시나케타의 경작지 주술사 두 사람 | 127
〈사진 111〉 타로 경작지의 주술적 모퉁이에 서 있는 모타고이 | 130
〈사진 112〉 새로운 타로 경작지의 광경 | 130
〈사진 113〉 타로의 파종 | 141
〈사진 114〉 돌이 많은 땅의 타로 경작지 | 141
〈사진 115〉 타로 경작지의 주술 의식 | 143
〈사진 116〉 모몰라의 바나나 재배지 | 146

그림 & 지도 목록

〈그림 9〉 카이투부타부 장대 | 136
〈그림 10〉 야자나무에 표시된 터부 | 143
〈그림 11〉 얄루무그와 마을의 바쿠(중앙 공터) 평면도 | 268
〈그림 12〉 오마라카나의 수확물 전시 | 281
〈그림 13〉 오마라카나의 경작용 토지의 지도 | 340
〈그림 14〉 주술과 작업의 도표 | 366

도표 목록

〈도표 1〉 얌 창고의 측면 모습 | 067
〈도표 2〉 얌 창고의 정면 모습 | 068
〈도표 3〉 통나무방의 구조 | 069
〈도표 4〉 통나무방의 구조와 구획 | 070
〈도표 5〉 통나무방의 측면 종단면 | 071
〈도표 6〉 얌 창고의 횡단면 | 072
〈도표 7〉 얌 창고의 횡단면 | 073
〈도표 8〉 얌 창고의 종단면 | 074
〈도표 9〉 통나무방 꼭대기의 수평적 절단면 | 075
〈도표 10〉 얌 창고 지붕의 구조 | 076
〈도표 11〉 얌 창고 비계의 구조 | 077
〈도표 12〉 소크와이파 | 078

| 제2권 세부 차례 |

제8장 브와이마의 구조와 건축
사회학적 목적을 위한 기술 연구의 타당성 – 자료의 공백과 시행착오

1절 기능에 따라 정해지는 브와이마의 형태 | 026~028 | 문화적 조건에 따른 구조의 특징 – 창고에서 나타나는 신분 차이 – 가옥보다 더 훌륭하게 지어지는 창고 – 도표들에 대한 설명

2절 재료의 준비 | 029~031 | 사용하는 도구들 – 준비 작업 – 판자, 들보, 아치형 구조물, 박공의 준비 – 정면 판자의 조각과 휘기

3절 창고의 건축 | 031~037 | 통나무방의 들보 준비 – 전문가들의 작업과 보수 – 세 가지 주요 구성 요소 : 토대, 통나무방, 지붕 – 건축이나 수리와 관련된 주술은 없다 – 토대 쌓기

4절 통나무방 | 037~044 | 건축 방식 – 용어들을 통해서 본 창고와 카누의 유사점 – 비계 사용 – 뼈대 통나무들 – 주술적으로 중요하지만 대충 만들어지는 바닥 – 내부의 칸막이 방과 그 사회학적 의미

5절 지붕 | 044~048 | 가는 막대, 장대, 판자들, 그리고 그것들의 조립 – 지붕을 제자리에 놓는 세 가지 방법 – 창고의 초가지붕 – 박공의 튀어나온 끝부분에 바닥 깔기 – 풍요의 주술에서 브와이마의 용어들

6절 작은 브와이마의 구조 | 049~056 | 과시용 브와이마와 가정용 창고의 차이점 – 작은 창고들의 일곱 가지 유형 – 가장 훌륭한 브와이마는 농작물의 저장과 전시를 위해서만 사용된다 – 하위 브와이마의 접근성

7절 브와이마의 구조적, 사회학적, 경제적 특징 요약 : 전문용어들 | 056~060 | 식량 저장소이며 전시 매체인 브와이마 – 과시형 브와이마와 하위 창고들 각각의 구조, 경제, 미학과 소유자의 사회적 지위 사이의 상호관계 – 용어들의 불연속성

8절 비율에 대한 해설 | 060~062 |

9절 브와이마의 기술적 용어들 | 062~078 |

제9장 트로브리안드 경작의 간략한 비교

트로브리안드 경작을 대표하는 오마라카나의 체계

1절 트로브리안드 경작의 본질적 통일성 | 082~089 | 서쪽 지구의 경작에 대해 예전에 기록했던 내용 – 이 기록들의 비판적 분석 – 마을마다 고유한 경작지 주술 체계 – 경작지 주술의 일반적 성격, 도처에서 비슷한 주요 예식들 – 각각의 체계는 고유한 주문과 주술용 재료들, 사소한 의식들과 터부들을 통해 구별된다 – 여러 체계에 관한 비교 설명

2절 쿠로카이와 경작지의 공적인 예식 | 089~114 | 오바바빌레의 성스러운 작은 숲에서 진행되는 예식과 주문 – 카야쿠 – 첫 번째 시작 예식과 주문 – 화전 의례와 주문 – 경작지 치우기 – 대규모 캄코콜라 예식 – 초기 단계들의 묘사 – 주술사의 장광설, 큰 장대들 준비, 캄코콜라 세우기, 캄코콜라의 주술적 축성, 예식용 돌도끼의 사용, 주문, 사적인 주술 목격 – 주요 예식의 묘사 : 의례적 분배를 위한 준비, 남자들의 일과 여자들의 일, 경작지에서 모임, 분배, 영들의 몫, 남자들의 몫, 주술용 허브에 마법 걸기, 주술사의 조수들, 캄코콜라 위에 주술용 허브 놓아두기

제10장 타로, 야자, 바나나의 경작

1절 남쪽 지구의 경작 체계 | 117~126 | 남쪽 해안에 길게 뻗어 있는 척박한 땅 – 고기잡이 공동체 – 족외혼, 채소 식량과 귀중품의 호혜적 선물 – 남쪽에서는 타로가 더 중요 – 트로브리안드 전역에서 경작과 경작지 주술의 유사성 – 북쪽 체계와 남쪽 체계 사이의 사소한 차이점 – 오부라쿠의 경작지 의식 – 시나케타의 네 가지 주요 의식 – 바쿠타의 수확 관습

2절 타포푸 – 타로 경작지 | 126~134 | 얌보다 타로의 성장 기간이 더 짧다; 타로는 계절에 덜 구애받는다 – 연간 주기의 연속 – 오마라카나에서는 특별한 타로 주술이 없다 – 사적인 주술 – 표준 소구획은 없다 – 여러 명의 남자가 소구획 한 곳을 공유 – 특별한 화전 주술 – 덤불돼지 쫓아내기 – 두 번째 화전과 캄코콜라 – 타로 덩이줄기 심기 – 소구획의 잡초 뽑기 – 토착적인 허수아비 – 성장 주술

3절 야자의 주술 | 135~153 | 코코넛과 빈랑나무 열매, 그것들의 중요성과 주술 – 나무는

어떻게 소유되는가 – 열매의 용도 – 경작 방법 : 어린 나무 주위에 울타리 치기 – 빈랑나무 열매의 문화적 역할 – 분배를 위해 충분한 양의 견과를 확보하기 위한 카이투부타부 예식 – 의식을 위해 야자나무 다듬기, 장대 준비하기, 허브 놓기 – 견과에 대한 터부, 그리고 견과가 놀라지 않도록 소음과 불에 대한 터부 – '나무 꼭대기 부수기' – '첫 번째 견과를 가지고 내려오기' – 이 주술의 기능 – 오래된 관습을 훼손하는 새로운 법령

4절 나무 열매와 야생 열매 | 153~156 | 과일나무의 소유권 – 야생 열매와 견과와 잎 – 채집 방법과 여무는 계절 – 덤불과 습지의 열매들 – 제조업에서 사용되는 식물

5절 중요하지 않은 경작 유형과 보조 농작물 | 156~162 | 바나나와 그 주술 – 망고와 빵나무 열매 – 최근 수입된 유럽의 과일 – 산호 능선의 구멍들 – 해안 지대의 경작지

제11장 현지조사의 방법, 그리고 토착법과 경제의 보이지 않는 사실들
현지조사에서 관찰과 구성의 기능 – 문화적 현실의 보이지 않는 사실들 – 보이지 않는 사실로서 토지 보유권의 제도, 토지 보유권 연구의 실제적인 가치

1절 토지 보유권의 예비적 정의 | 167~170 | 직접적인 질문은 불만족스럽다 – 선입관으로 인한 잘못된 접근 – 가장 광범위한 의미에서 인간과 땅과의 관계를 뜻하는 토지 보유권 – 인간은 어떻게 자신의 땅을 사용하며 그와 관련된 제도들을 수립하는가

2절 인류학적인 탐색 실험 | 170~177 | 독자에 대한 도전 – 이전 장들에서 토지 보유권과 관련된 모든 자료 – 조직되지 않은 사실들의 대혼란 – 마일루에 관한 저술에서 예시되는 실수들의 자서전 – 씨족을 어떻게 연구해야 할 것인가

3절 현지조사에서 엄청난 실수들의 오디세이 | 177~186 | 피진어로 질문하기 – 모순되는 대답들과 결론들 – 톨리라는 명칭 – 다음 단계 : 아직은 불만족스러운 토착어로 접근 – "객관적 기록"을 통한 접근 – 이 모든 접근의 결과 : 토지에 대한 권리주장들의 일관성 없는 목록 : (1)족장, (2)우두머리, (3)주술사, (4)하위 씨족의 우두머리, (5)이류 하위 씨족, (6)마을 공동체, (7)공동체의 개인 구성원, (8)실제 경작자, (9)경작자의 누이 – 목록의 불완전함 – 일관성이 없는 권리주장들 : 조화되는가, 모순되는가?

4절 토지 소유권에 대한 기능적 분석 | 187~200 | 생산자에게 토지의 가치 – 권리주장 8의 중요성 – 땅의 항구적인 세분과 그것들의 경제적 이용 – 생산 과정에서 여러 가지 권리주

장의 관계 – 소비자에게 토지의 가치 – 토지 보유권과 관련해서 '생산자'와 '소비자'의 구별 해명 : 정자와 얌 창고 – 이러한 분석을 통해서, 토지에 대한 권리주장들의 바탕에 깔려 있는 네 가지 기본 신조가 등장 : A. 원초적 출현, B. 혼인법, C. 주술적 지도력, D. 신분 – 토착민들이 직접 이 신조들을 체계적으로 설명한 것은 아니지만, 이 신조들은 토착 이론을 바탕으로 작성된 것이다 – 이러한 신조들을 기초로 한 권리주장들과 실천들 – 토지 보유권의 여러 측면 : 사회학적, 법적, 경제적, 신화적 측면들 – 이러한 주장의 요약

제12장 토지 보유권

네 가지 신조와 그 배경

1절 토지 보유권의 주요 헌장인 원초적 출현 신조 | 204~220 | 원초적 출현과 모계 혈통에 기초한 주민권 – 출현 지점에 관한 구체적 자료 – 네 씨족이 동물 형태로 출현 – 각각의 출현 구멍 주위의 토지 분류 – 출현에서 파생된 권리주장들의 기본적 유효성 – 신조 A의 사회학적 결과로서 하위 씨족의 형성 – 가까운 장래에 세습적 권리를 행사하기 위하여 미리 보답 – 종족의 연장자 – 여러 하위 씨족으로 구성된 마을들과 마을 복합체 – 하위 씨족 하나가 우위를 차지, 그 하위 씨족의 지도자가 마을의 우두머리 역할 담당 – 마을 우두머리의 권리와 의무, 이 문제에 대한 토착민의 견해 – 죽을 때까지, 심지어 죽은 뒤에도 자신의 토지와 관계를 맺는 하위 씨족 구성원들 – 그에 따른 하위 씨족의 통일성 – 하위 씨족 내부에서 전수되는 주술 – 이러한 규칙의 예외 – 신조 A의 검토, 더욱 복잡한 문제 : 주민권과 어머니의 땅 – 이러한 신조에 의해, 함께 살지 않고 협력하지 않는 하위 씨족이 수립됨

2절 혼인법과 그 이중적 효과 | 220~230 | 결혼 : 부거제, 족외혼, 모계적 – 결혼에서 우리구부(결혼 선물)의 역할 – 부권 중심의 협력적 가족 단위 – **우리구부**와 여성의 경제적 지위 – **우리구부**에서 암시되는, 토지에 대한 여성의 권리주장 – 생산 단위로서의 가족 – 가족 내부에서 노동의 분업 – 가족, 토지에 대한 가족의 권리 – 수많은 가족들로 이루어진 경작 작업조 – 마을 경작에서 선도적 역할을 하는 하위 씨족 – 연합 마을 한 곳에서 여러 개의 경작 작업조 – 주술사의 지도 아래 경작의 조직화 – 변화하는 단위인 경작 작업조 – 협력해서 경작할 때, 주술의 지도력에 관한 신조(신조 C)의 중요성

3절 영토 점유의 원칙으로서 신분 | 230~247 | 모계적인 신조 A – 부권적인 신조 B – 아버지와 외삼촌 : 그들의 행동과 동기 – 이러한 두 가지 모순적인 힘 사이의 역동적 조정 – 신분의 권리주장 – 신분이 높은 아버지가 자기 아들을 곁에 두는 것은 허용된다 – 족장의

아들들과 편애의 말썽 – 눈에 띄는 '외부자들' – 모계 원칙을 뒷받침하는 신분 : 신분이 높은 어머니의 아들 – 평민 마을의 고귀한 종족 – 새로운 이주자들이 소유권과 특권을 인수하는 방식, 가장 눈에 띄는 것은 경작지 주술의 인수 – 타발루의 확장 – 신분이 높은 하위 씨족들의 이동성과 편재성 – 이주의 짧은 역사 – 오마라카나 : 타발루의 근거지 – 원초적 출현의 권리를 양도 – 원주민 하위 씨족의 잠재적 권리주장 – 오마라카나에서 수행되는 외래 경작지 주술 – 차츰 얻어낸 특권과 직무 – 신분이 토지 보유권에 기여하는 점

4절 토지 보유권의 작용 | 247~257 | 사회학적 여담의 정당화 – 토지 사용의 전문적 사항들 : 소유권 검토, 경작 작업조의 구성 – 경작지 회의 – 소구획 분배 – 소구획 임대의 경제적, 법적 성격 – 밭 전체의 임대 – 경작지 회의에서 공적 분배의 법적인 힘 – 토지 보유권에 관한 여러 가지 권리주장의 법적 토대를 다시 언급 – 절도에 대비해서 토지와 생산물 보호 : 보호 주술 – 도둑질의 수치 – 토지 침해는 드물다

5절 요약, 그리고 토지 보유권에 관한 이론적 성찰 | 257~265 | 토지 보유권 : 인간과 땅의 관계 – 토지 보유권의 포괄적 조망 – 역사적 과정의 진행 – 토지 보유권의 객관적 그림 – 소유권의 모계 원칙과 부권적 원칙 – 법적, 신화적 권리주장들의 연구 – 공산주의 대(對) 개인주의의 오류 – 인간과 기계

제3부 기록과 부록

기록 1 얄루무그와의 도디게 브와이마 | 269~278 | 얄루무그와의 중앙 공터 평면도 – 씨족, 주민권, 신분 – 얌 창고 소유권의 규칙 – 우두머리 – 얌 창고들의 목록 – 선물들의 분석 – 수령인과 증여자 목록 – (혈통표 1, 2, 3)

기록 2 1918년 오마라카나에서 카야사 이후에 제공된 수확물 선물의 계산 | 279~297 | 1918년 카야사에 대한 기부를 보여주는 평면도 – 최고 족장에게 바쳐진 과거의 선물과 현재의 선물을 비교 – 수확물 선물의 범주들 – 주요 브와이마에 대한 기부 – 족장의 아내들의 수 – 선물의 사회학적 분석 – 족장에게 바치는 공물의 전형인 우리구부 – 〈표 1〉 오마라카나의 다른 거주자들이 받은 우리구부 – 〈표 2〉 토울루와의 수확물 선물

기록 3 족장이 받는 수확물 선물의 감소 | 298~308 | 현지조사 시작 무렵의 착오 – "공물"에 대한 오해 – 누가 족장의 브와이마를 채우는가에 대한 초기 분석 – 분석의 수정 – 법적 왜곡 : 우리구부는 공물이 아니라 결혼 선물 – 족장의 아내들은 각각 공물을 바치는 마

을 공동체를 대표한다 – 1916년에 작성한 목록과 기록 2를 비교 – 족장의 **우리구부** 가운데 일부만 그의 얌 창고에 저장됨 – 족장의 아들들의 기부 – 족장의 아내들에게 배당되는 소구획들 – 아들들의 **우리구부**를 족장의 해마다의 소득에 더하기

기록 4 평균적 우리구부의 몇 가지 대표적 사례들 | 309~318 | 토쿨루바키키의 종족, 그의 소구획들의 수, 그의 농작물 분배 – 누가 그의 **브와이마**를 채우는가 – 그가 어머니의 씨족 여자 및 다른 사람들에게 주는 선물 – 초창기 기록의 오류 – 카리시베바, 그의 종족, 소구획들의 수 – 그는 **카야사**에 간접적으로 기부 – 그의 **브와이마**는 어떻게 채워지는가 – (혈통표 2) – 부쿠베쿠 : 아내의 사망으로 **우리구부**가 중단됨 – 재혼의 동기 – 남와나 구야우 – 그의 종족, 소구획들의 수, 누가 그의 **브와이마**를 채우는가 – 토바카키타, 그의 종족, 평민으로서 자신의 **우리구부**에 관해서 겸손한 태도 – 그는 어떤 **우리구부**를 주고받는가 – 각 더미가 몇 바구니인지 대략 측정

기록 5 경작지 주술 체계들의 목록 | 319~320 |

기록 6 바쿠타의 경작지 주술 | 321~332 | 바쿠타에서 입수한 정보의 성격 – 밭들의 목록 – 경작지 회의 – 영들에게 바치는 공물 – 몇몇 주술용 재료들 – 시작 의식 – 덤불치기 – 예식적 화전과 의식들 – 작업의 터부 – 땅의 정리 – **캄코콜라** 세우기 – 종자 타이투에 마법 걸기 – 키리위나에서보다 더 복잡한 성장 주술 – 성장주술의 세부사항들 – 수확과 그 주술 – 바쿠타에 관한 정보의 한계 – 오마라카나와 바쿠타의 경작지 주술 비교표

기록 7 테야바의 경작지 주술 | 333~338 | 주술사의 연설, 경작지 회의에서 소구획의 분배 – 시작 예식 – **캄코콜라** 의식 – 잡초 뽑기 의식 – 수확과 수확 예식

기록 8 오마라카나의 경작용 토지 | 339~349 | 트로브리안드의 정치적 중심지인 오마라카나 – 토지의 구색 : 작은 숲, 샘, 길 – 토지 보유권의 원칙 요약 : 두 원주민 하위 씨족, 결혼을 통해 유입된 타발루 – 최고 족장, 그의 개인 집, 안마당과 방문자들 – 마을의 세 부분과 각각의 거주자들 – 서열이 높은 마을과 낮은 마을 – 나무, 야생 열매, 길, 샘, 개간되지 않은 정글에 대한 권리 – **라이보아그**의 구덩이들 – 경작지를 밭들로 세분 – 토지 보유권의 측정 단위인 소구획 – 밭들 살펴보기 – 자료의 한계 – 밭들과 소구획들을 요약한 표

부록 1 트로브리안드 경작지 주술의 조직화 기능을 보여주는 분석과 표 | 350~373 |
(주술과 작업의 표) – 주술의 중요성

A 트로브리안드 주술의 몇 가지 일반적인 특징들 : 경작과 고기잡이의 주술 - 사냥의 사적인 주술 - 건축과 제조 주술의 제한 - 카누의 주술 - 건강과 성공의 주술 - 요술 - 주술의 기원과 성격에 관한 토착민의 견해 - 주문과 의식 - 주술 : 인간의 속성 - 주문 암송은 주술사가 독점 - 주술은 어떻게 전수되는가 - 주술사의 지위와 터부 - 우두머리와 족장이 수행하는 주술

B 조직화된 작업과 병행하는 의례 체계인 경작지 주술 : 체계적이고 독립적인 주술, 기술적인 일과 관련 주술의 결합 - 어떻게 주술이 작업을 보충하는가, 도표 설명 : 견본 읽기 - 도표의 실제적인, 그리고 이론적인 중요성

부록 2 무지와 실패의 고백 | 374~430 |

1절 "말할 것이 전혀 없다." : 공백에 대한 그럴듯한 이유 - 이전 책들에서 허점을 충분히 진술하지 못함 - 여기서 채택한 해결책

2절 정보 수집의 방법 : 체류기간 - 자료를 소화하기 위한 휴식기간 - 언어적 채비 - 토착민 마을에서 생활하는 방식의 장점 - 첫인상 - 현지조사의 세 가지 측면 - 책을 계획할 때 이러한 측면을 나누어서 다루기로 함 - 토착민 생활 연구의 세 단계 - 필드노트에 기록된 지식의 점진적 심화 - 주술과 작업 - "조사 작업" - 우리구부의 의미 찾기

3절 허점과 회피 : 의례의 시작 기능을 실수로 지나치게 강조 - 결과적으로 성장 주술을 간과 - 타로 경작을 무시 - 양적 자료의 부족 - 식물학적 무지 - 시간적 순서의 어려움 - 기술적 무지 - 사진 : 부정확하고 무계획적 - 언어나 사진에서 일상생활 간과

4절 작위적, 부작위적 잘못에 대한 몇 가지 세부적인 진술들 : 1장 : 1) 시간 계산표 2) 카이마타와 카이무그와, 3) 레이워타의 사회학, 4) 항상 발생 중인 신화, 4a) 아내들과 함께 일하는 족장 - 2장 : 5) 흑주술, 6) 카야쿠, 7) 경작되는 소구획의 수, 8) 영들의 방문 - 3장 : 9) 쉬는 날, 10) 덤불돼지의 흑주술, 11) 타이투 경작에서 나타나는 타로 주술, 12) 작은 사각형들의 기능, 13) 카이마타와 카이무그와의 농작물, 14) 파종 주술로서 캄코콜라 의식, 15) 울타리와 캄코콜라 세우기 - 4장 : 16) 타이투의 성장 관찰, 17) 주술로 인한 타이투의 성장, 18) 주술적 정보와 기술적 정보 사이의 불균형, 19) 사적인 경작지 주술 - 5장 : 20) 기근에 대한 이야기들, 21) 첫 열매 전시의 사회학, 22) 툼의 상징, 23) 부리틸라울로에 대한 정보 - 6장 : 24) 우리구부를 위한 타이투와 자신이 소비하기 위한 타이투, 25) 한 남자의 아내가 죽은 뒤에 그의 브와이마 채우기, 26) 구바카예키에는 정자가 없음, 27) 족장의 우리구부와 공물, 28) 기록된 증거의 일면성, 29) 이 장의 사회학적 정보 평가 - 7장 : 30) 말리

아—마나!?, 31) 비나비나 돌, 32) 빌라말리아 주술의 이론과 실천, 33) 작은 브와이마 채우기, 34) 농작물의 소비 – 8장 : 35) 브와이마의 사용에 대한 연구 – 9장 : 36) 방법론적 문제들, 37) 표본의 가치 – 10장 : 38) 허점 포함, 39) 남쪽에서 타이투와 타로의 비율, 40) 시간과 기회의 부족, 41) 타로 경작지의 무시, 42) 전해들은 증거, 43) 유럽의 영향 아래 관습의 쇠퇴, 44) 소(小)주제들에 관한 흩어진 자료들 – 12장 : 45) 이 장의 평가, 46) 출현 구멍들, 47) 마을 땅의 지도, 48) 카야쿠에서의 거래, 49) 생산물 훔치기

| 일러두기 |

- 이 책은 *Coral Gardens and Their Magic* : *A Study of the Methods of Tilling the Soil and of Agricultural Rites in the Trobriand Islands*, Dover Publications, INC, 1978(1935)을 완역한 것이다.
- 원서에서는 1~3부까지가 제1권, 4~7부까지가 제2권으로 나뉘어져 있지만, 번역본에서는 분량이 많아져서 원서의 제1권을 두 권으로 나누었다. 즉 1부~2부 7장까지를 제1권, 2부 8장에서 3부까지를 제2권, 4~7부까지를 제3권에 실었다.
- 원서의 토착어 발음 표기에서, 간혹 동일한 단어가 서로 다른 철자로 기록된 경우가 있었다. 특히 말리노프스키는 가끔씩 w와 v를 혼용해서 기록하였다. 자주 등장하는 지명일 경우에, 옮긴이는 혼란을 피하기 위해 빈도수가 높은 표기를 선택하여 번역하였으며, 비슷한 빈도로 혼용해서 사용되는 단어일 경우에는 역주를 달아 표시했다.

제8장
브와이마의 구조와 건축

개인적으로 내가 기술(technology)에 관심을 가지는 경우는 해당 문화에서 발생하는 문제들을 지식과 노력을 통해 해결하는 전통적인 수단과 방법을 보여주는 한에서다. 이미 알고 있듯이, 트로브리안드에서 창고는 부족 질서를 위해 절대적으로 필요한 여러 가지 경제적 목표들을 달성할 수 있도록 해준다. 창고는 식량의 축적을, 어떤 경우에는 식량의 전시를, 또 다른 경우에는 식량을 조심스럽게 숨기는 것을 가능하게 한다. 나는 트로브리안드에서 브와이마의 기술적 구조가 문화적 요구에 따라 생겨난 수요를 어떻게 만족시키는지 알아내는 일이 정말로 중요하다고 생각한다.

그러므로 나는 이 장에서 기술만 적나라하게 설명하기보다는, 자료가 허락하는 대로 기술을 사회적, 경제적 요구들과 연관시키고, 또한 토착적인 가치개념 및 주술의 영향력에 대한 토착민의 생각과 관련지으려고 시도했다.

동시에 나는 내가 기록한 모든 기술적인 세부사항을 설명에 포함시켜야 한다는 의무감을 느꼈다. 그렇지만 어떤 사람들은 문화적 조건이 기여한 바를 다루지 않는 순전히 기술적인 설명을 조롱할 수도 있을 것이다. 그러나 건축과 수공 절차들의 세부사항들은 등한시해서는 안 될 문화적 사실들이다.

따라서 다음의 설명은 지나치게 기술적이기 때문에 사회학자를 초조하게 할 수도 있겠고, 사회적 · 경제적 · 주술적 여담이 너무 많아서 기술자를 당황하게 만들 수도 있을 것이다. 그러나 창고의 건축과 관련해서 이 두 가지 측면을 완전히 분리하는 것은 불가능하다. 그렇게 시도하다가는 한 가지도 제대로 살펴보지 못한 채 분석은 엉망이 되어버릴 것이다.

또한 나는 완성품을 제시한다기보다는, 내 의도를 표현하고 내가 명확하게 구상한 방법론적 목표를 밝히는 방식으로 설명을 진행할 것임을 강조하고 싶다. 나는 운이 좋게도 사회학과 경제학, 주술과 기술 사이의 상호관계들이 매우 뚜렷하게 드러나는 환경에서 조사연구를 진행했다. 따라서 심지어 현지에서조차 당면한 문제에 대해서 기능적인 접근법을 채택하게 되었다. 그러나 나는 충분히 준비하지 못한 채 작업을 시작했다. 트로브리안드에서의 체류가 거의 끝나갈 무렵까지, 나는 단지 마음속에서 뿐 아니라 필드노트에 기록하는 과정에서도 문화의 여러 가지 양상을 각각 칸막이로 나누어서 적어놓고 있었다. 가령 나는 기술에 대해 기록할 때, 도표 스케치와 구조적인 해설은 이쪽 필드노트에 적어놓았고, 사회학적 관찰은 또 다른 필드노트에 적어두었다. 나는 브와이마의 구조가 그것만으로 하나의 과제라고 생각했고 어떤 목적을 위한 수단이라고는 생각하지 못했다. 이제 곧 알게 되겠지만, 그래서 나는 토착민들이 창고를 지을 때 특정 비율을 유지하는 까닭에 대해서 어떠한 이론을 가지고 있는지를 조사해서 기록하지 못했으며, 통풍(通風)에 대한 그들의 생각을 충분히 연구하지 못했다. 비록 나는 그들이 이 문제들에 대해서 서로 이야기했던 내용을 아주 잘 기억하고 있지만 말이다. 순전히 기술적인 관찰에 관해서도 나는 한 가지 중요한 점을 놓쳤다. 나는 트로브리안드인들이 견고한 토대의 필요성에 대해서 나름의 이론을 가지고 있을 뿐 아니라, 일정한 크기의 브와이마를 짓기 위해 필요한 주춧돌의 크기를 측정할 수 있다는 사실을 여러 번 들어서 알고 있다. 그러나 나는 이 점을 충분히 상세하게 기록하지 못했기에, 내가 아는 사실을 근거를 대며 증명할 수 없다.

그 외에는, 역설적이게도, 내가 맥락과 연관되지 않는다면 무의미하다고 생각하는 바로 그 점에 있어서—즉 창고의 구조적 세부사항들과 기술에 관해서—내 자료는 매우 충실하다. 어쨌든 나는 창고의 사용법을 매우 완벽하게 연구했고 연관된 관념들을 기록했기 때문에, 어느 정도까지는 현지에서 내가 취한 방법의 결함을 보충할 수 있다. 그러나 나는 기능적 방법을 매우 중요하게 여기기 때문에, 기능적 방법은 이 장의 자료들이 보증해주는 것보다 훨씬 더 실용적이라는 데 의심의 여지가 없기를 바란다. 인류학은, 그리고 인류학에 종사하는 현지조사자는 문화의 다양한 양상들 사이의 관계야말로 이러한 양상들 자체와 마찬가지로 똑같이 중요하다는 점을 더더욱 알아야 한다.

나는 잘못된 이론적 접근으로 인해 또다시 심각한 곤란을 겪었는데, 내가 현지조사 전반에 걸쳐서 떠들썩한 대규모의 사건들을 매우 강조했기 때문이다. 그래서 큰 브와이마 채우기에 관해서는 여러 개의 기록들이 잘 정리되어 있다(기록 1~4). 그러나 내가 훨씬 더 자주 목격했고 직접 참여하기도 했던 작은 브와이마 채우기에 대해서는 같은 정도로 구체적인 세부사항들을 기록하지 못했기 때문에, 이 부분을 집필할 때 나는 기억에 의존해야 했다. 따라서 내 기록에는 균형과 "기능적 철저함"이 상당히 결여되어 있다. 왜냐하면 내가 떠들썩한, 예식적인, 대규모의 사건들을 다룰 때와 동일한 애정과 관심으로 단조로운, 일상생활의, 소규모 사건들을 다루지

〈사진 85〉 과시용 브와이마 앞에 있는 단
투크와우크와의 주요 브와이마에서 몇몇 정보 제공자들과 함께 있는 민족지학자

〈사진 86〉
브와이마의 단에서 쉬고 있는 사람들
이 사진은 얄라카의 예식적 춤추기 기간에 찍은 것이며, 브와이마의 차양 아래 쉬고 있는 손님 무리를 보여준다. 중앙의 창고 앞에 매달려 있는 장식용 얌에 주목하라. 또한 오른쪽 맨 끝의 둘러막힌 브와이마와 정면의 과시용 브와이마의 차이에 주목하라. (7장 5절)

〈사진 87〉 텅 비어 있는 트로브리안드의 주요 창고
1918년에 재건되기 전에 찍은 토울루와의 브와이마(〈사진 72〉 참조). 텅 빈 통나무방을 통과해서 비치는 빛은 구조물의 세부를 보여준다. 이 사진은 1915년 수확기에 찍은 것이다.

않았기 때문이다. 그리고 나는 어떤 사물의 용도가 그것의 구조 및 형태와 어떻게 상호 관련되는지에 대해서 지속적으로 관심을 갖지 못했다. 독자는 이 장에서 과시용 브와이마가 상당히 세부적으로 다루어지는 반면, 작은 브와이마를 다루는 6절이 결코 그다지 철저하지도 신뢰할 만하지도 않다는 사실에서 비슷한 불균형을 발견하게 될 것이다.[1)]

1) 또한 부록 2, 4절의 주 35를 보라.

1. 기능에 따라 정해지는 브와이마의 형태

트로브리안드에서 사회적으로나 경제적으로 장인들에게 떠맡겨진 구조적 문제를 한 번 더 살펴보자. 경제적으로 볼 때, 트로브리안드 문화는 많은 식량을 축적하고, 관리하고, 분배할 수 있는 토착민들의 능력을 절대적으로 필요로 한다. 창고, 곧 브와이마의 존재가 이것을 가능하게 한다. 트로브리안드의 창고는 내부가 건조하고 환기가 잘 되어야 하며, 비와 태양 모두로부터 보호되어야 하고, 눈에 거슬리는 해충들을 피하기 위해 땅 위로 충분히 올라와 있어야 한다. 재산, 특히 쌓아놓은 식량 재산은 단지 생계유지의 실제적 수단일 뿐 아니라 권력의 지표이자 상징으로서의 역할을 한다. 따라서 과시용 창고들은 우뚝 솟아 있는 당당한 외관과 멋진 장식으로, 그리고 우아한 모양과 눈에 띄는 위치를 통해서 그러한 권력을 드러내야 한다. 게다가 식량은 심미적으로나 경제적으로나 트로브리안드인들의 눈을 직접적으로 사로잡기 때문에, 창고를 지을 때 적어도 어느 정도까지는 내용물을 눈으로 볼 수 있도록 만들어야 한다. 평민들의 브와이마나 적당한 양의 일용할 얌을 좋은 상태로 보존하기 위한 하위 브와이마의 경우에는 소유자가 쉽게 접근할 수 있을 뿐 아니라, 도둑질을 방지하기 위해서 마을 사람들과 창고 소유자가 잘 지켜볼 수 있는 위치에 창고가 세워져야 한다.

따라서 모든 창고는 땅 위로 높이 올라와 있고, 세심하게 지붕이 덮여 있으며, 환기가 잘 된다. 어떤 창고는 크고, 눈에 띄는 곳에 위치하며, 내용물을 부분적으로 전시할 수 있게 만들어져 있다. 반면 어떤 창고는 작고, 낮으며, 둘러막혀 있고, 소유자의 집 근처의 구석진 곳에 위치한다.

토착민의 마을은 일반적으로 중앙 공터 주위에 원형으로 세워진다. 토착민들은 과시용 브와이마를 마을 안쪽에 고리 모양으로 둥글게 배치해서 눈에 잘 띄게 한다. 어떤 마을에서는 중앙 공터가 브와이마로 둘러싸여 있고, 몇몇 중심지들에서는 족장의 얌 창고가 한가운데에 서 있다(〈사진 72〉와 〈사진 87〉, 〈그림 2〉의 오마라카나의 평면도 참조). 평민의 얌 창고들은 보통 과시용 브와이마의 바깥쪽에 원형으로 자리하며, 이목을 끌지 않고 집과 나란히 서 있다(예컨대 〈사진 73, 75, 77, 80, 90, 93〉 참조). 평민의 얌 창고는 벽으로 둘러막혀서 식량이 눈에 띄지 않는다. 그렇지만 둘러막힌 브와이마와 개방형 브와이마 사이의 엄격한 구별은 서열이 높은 마을에서나 중심지 마을 바로 근처의 마을에서만 통용된다. 중심지에서 멀리 떨어진 마을에서는 심지어 옛날에도 규칙이 느슨하게 적용되었다(〈사진 62〉 참조). 최근에 형성된 마을들은 높은 서열의 마을이 따라야 하는 양식에 맞춰서 세워진다. 그중에서도 특히 테야바 마을(〈사진 50〉)을 살펴보면, 현재 이 마을에서는 개방형 브와이마가 중앙 공터를 고리 모양으로 둘러싸고 있지만, 사회학적으로 따지면 창고들이 모두 둘러막혀야 하고 집들 사이에 조심스럽게 감추어져야 했다(다음의 6절 참조).

큰 곡물창고의 주춧돌로 사용될 돌이나 창고를 짓기 위해 필요한 무거운 통나무, 장대, 말뚝, 가는 막대, 막대기, 그리고 나무판 등의 목재는 토착민의 재량에 맡겨진 재료들이다. 여러 자재를 결합할 때, 토착민들은 일반적으로 식물의 내피와 질기고 유연한 덩굴식물을 사용한다. 초가지붕은 랄랑 잎과 사고야자 혹은 코코넛 잎을 엮어서 만든다.

구조물에 대한 다음의 상세한 설명을 통해 알 수 있겠지만, 창고를 지을 때 사용하는 재료는 가옥을 지을 때 사용하는 재료보다 훨씬 더 튼튼하고 정교하다. 또한 창고의 토대가 가옥의 토대보다 더 튼튼하고 더 항구적이며, 더 많은 노동을 요구한다. 창고는 가옥보다 훨씬 더 짓기 어렵고, 보수할 때도 훨씬 더 많은 관심을 기울여야 한다. 가옥들은 요술사가 바깥쪽 벽을 따라 배회하는 것을 막기 위해서 보통 서로 빽빽하게 몰려 있다. 같은 이유에서, 집은 그렇게 작지만 결코 땅 위로 높게 건축되지 않는다. 집을 지을 때는 통나무가 사용되지 않으며 주춧돌도 없다(예컨대 〈사진 89〉 참조).

얌 창고가 인간의 집보다 더 훌륭하다는 사실이 처음에는 이상하게 느껴지겠지만, 그것은 트로브리안드인들의 믿음과 관습의 한두 가지 뚜렷한 특징과 연관된다. 곧 토착민들은 위에서 기록한 실제적인 필요성뿐 아니라 요술에 대한 두려움 및 재산을 전시하려는 욕망 때문에 창고를 더 훌륭하게 짓는다.

얌 창고가 어떻게 건축되는지를 설명하기 전에, 나는 내가 기술적인 부분을 예시하고 기록하기 위해서 어떤 방법을 채택했는지 간략하게 밝히고 싶다. 나는 기술적인 부분을 너무 간결하거나 너무 장황하게 묘사하지 않으려고 애썼으며, 얌 창고를 구성하는 부분들을 하나씩 묘사하기보다는 창고의 건축과 관련된 활동들을 서술하려고 노력했다. 독자들이 구조물의 세부사항을 알고 싶다면 주로 도표들과 사진들을 살펴보아야 할 것이다. 기술자들에게는 〈도표 1〉에서 〈도표 12〉까지만으로도 충분할 것이다. 도표들 전반에 걸쳐서 각각의 구조적 요소는 동일한 숫자로 표시된다. 예를 들면, 모든 도표에서 3은 바닥(부부크와)을 나타낸다. 앞뒤 참조를 용이하게 하고 독자가 각각의 구조적 항목의 의미를 알 수 있도록 하기 위해서, 나는 이 장의 끝에서 그것들을 표 하나로 정리했다. 그리고 토착적인 이름과 함께 그것이 어떤 숫자로 통용되는지를 표기했고, 그것이 등장하는 모든 도표를 참고로 함께 실었다.

2. 재료의 준비

건물을 짓거나 카누를 만드는 등 대부분의 건조(建造) 작업에서 그러하듯이, 트로브리안드인은 건축에 들어가기 전에 먼저 여러 가지 자재를 준비해야 한다. 토착민들의 노동 유형과 그들이 사용하는 도구의 특성으로 인해 작업은 느리게 진행된다. 통나무, 가는 막대, 말뚝, 장대, 그리고 막대기들을 만들기 위해서 **케마**(도끼), **리고구**(까뀌), 그리고 오늘날에는 교역용 칼이 사용된다. 가끔은 상어나 노랑가오리의 가죽으로 만든 연마용 도구인 **키시**가 사용된다. 상어 이빨, 왈라비의 뼈, 그리고 망치는 장식된 판을 조각하기 위해 사용된다. 나무를 베어 넘어뜨리고 잘라서 깎아 다듬는 작업은 정글에서 도끼와 까뀌로 이루어진다. 나무를 마을까지 끌고 오면, 장인은 자신의 까뀌로 나무를 거의 완벽한 원통형 통나무로 만들려고 궁리하면서, 나무를 빙글빙글 돌리면서 작업한다. 때때로 **리쿠**의 원통형 통나무에는 조각이 새겨진다(〈사진 87〉을 보라).

토착민들이 정말로 세심하게 계획해서 다듬고 때때로 조각도 하는 부분은 다음과 같다. 곧 통나무방의 재료인 **리쿠**(5), 모양과 기능이 **리쿠**와 거의 다르지 않지만 통나무방의 가장 낮은 들보와 가장 높은 들보로 사용된다는 점에서 구별되는 통나무들인 **포우**(4), 박공벽의 뼈대를 이루며 반드시 그런 것은 아니지만 보통은 장식되는 앞판과 뒷판인 **카발라푸**(12), 그리고 판자인 **비시야이**(20) 등이 그것이다. **비시야이**는 박공의 토대를 형성하며 때때로 박공의 중간쯤에 가로질러 놓인다.

반면, 주춧돌 바로 위에 놓이는 튼튼한 세로 들보들, **카이타울로**(2)는 일반적으로 그저 대충 다듬어질 뿐이다(〈사진 87, 88, 90, 그리고 91〉 참조). 또한 투박한 판자들, **부부크와**(3)도 아무렇게나 다듬어지는데, 그것들은 때로는 그저 튼튼한 장대들에 지나지 않는다. 그것들은 통나무방의 (마찬가지로 부부크와라고 불리는) 바닥을 형성한다.

지붕을 구성하는 어떤 부분들은 특유한 아치모양으로 구부러져야 한다. 우아한 고딕 양식의 아치모양으로 원하는 만큼 구부릴 수 있는 나무를 찾기란 쉽지 않다. 보통 통나무 두 개 사이에 판자의 한쪽 끝을 끼우고 불 위에서 열을 가하면서 나머지 부분을 서서히 구부림으로써 필요한 곡선을 얻을 수 있다. 카발라푸(12), 곧 〈사진 90〉과 〈사진 91〉에서 보이는 박공의 앞판과 뒷판은 이러한 방식으로 처리되어야 한다. 지붕 안에서 카발라푸와 수평을 이루는 카빌라가(11) 역시 마찬가지로 처리되어야 하는데, 그것은 카발라푸와 똑같은 곡선을 이루어야 하고 지지력이 강해야 한다. 내가 알기로는, 옛날에는 박공판 카발라푸(12)와 앞판인 비시야이(20), 그리고 대부분의 통나무 리쿠(5)에 모두 조각을 새겼다. 조각의 달인, 토카비탐이 조각을 새겼는데, 그는 며칠이나 몇 주 동안 나무망치와 왈라비 뼈로 만들어진 끌을 가지고 그것들 위에 앉아서 작업하곤 했다. 그는 상어 이빨로 조각을 마무리하고, 마지막으로 적갈색 흙, 숯, 그리고 석회질의 흙을 가지고 검정, 빨강, 흰색으로 채색할 것이다. 〈사진 75〉와 〈사진 76〉에서 볼 수 있듯이, 오늘날에도 이러한 자재들은 조각되고 채색되는 경우가 대단히 많다. 그렇지만 몇몇 주요 브와이마는, 심지어 본섬의 주요 브와이마조차도, 단지 몇 부분만 조각되어 있고, 채색은 전혀 되어 있지 않다(〈사진 72, 87〉 참조).

지붕의 튼튼한 마룻대들(9와 10)과 지붕의 토대가 되는 두 개의 세로 장대들(8), 매우 큰 창고에서 지붕을 지탱하기 위해 필요한 뼈대 장대들(23), 그리고 뼈대의 다른 부분들을 준비하는 일은 그다지 힘들지 않다. 또한 지붕 얼개의 세로 부분에 필요한 수많은 길고 가는 막대들과 지붕의 옆면을 만들기 위해 구부려놓은 가는 막대들, 그리고 누름대[2]에 필요한 수많은 짧고 가느다란 막대기들이 재빨리 준비된다. 작업이 끝나갈 무렵, 토착민들은 이엉을 엮기 위해서 랄랑 잎을 채집한다. 코코넛은 오래된 이엉의 구멍과 해진 곳을 덮기 위해서 사용된다. 또한 코코넛은 바닥을 덮는 깔개를 엮기 위하여 사용되며, 때로는 박공벽의 재료가 된다. 무엇보다도 코코넛은 평민의 브와이마 통나무 집을 둘러막기 위해서 사용된다. 사고야자 잎은 아주 남쪽 지역을 제외하고는 거의 사용되지 않는데, 그곳에서는 때때로 코야(당트르카스토 제도)로부터 사고야자 잎이 수입된다. 〈사진 86〉에서 왼쪽에 보이는 창고는 박공벽이 사고야자로 만들어진 반면, 오른쪽의 창고의 박공벽은 코코넛 깔개로 만들어졌다. 판다누스 잎들은 더욱 우아하게 마무리된 곡물창고들에서 박공벽의 재료가 된다.

3. 창고의 건축

창고의 구성 요소들은 인척들이 그들의 마을에서 준비하거나, 혹은 족장의 경우에는 공물을 바치는 마을들에서 준비할 것이다. 1918년에 토착민들은 족장의 브와이마에서 지붕만 다시 만들었다(〈사진 88〉). 불행히도 나는 지붕 재건을 시작하기 얼마 전에 병에 걸렸기 때문에 이 주일 뒤에야 기록을 재개할 수 있었고, 그렇게 만들어진 기록은 불완전했다. 내가 알기로는 오마라카나에 건축 자재들을 엄청나게 쌓아두는 일은 없었고, 큼직한 일부 자재들은 카사나이와 크와이브와가, 그리고 틸라카이바에서 준비

2) 〔역주〕 바람에 날아가지 않도록 눌러놓는 나무.

되고 있었다.

리쿠, 큰 들보들을 옮기려면 어마어마한 시간과 정성이 필요하다. 방금 언급했듯이, 옛날에는 리쿠가 창고 소유자에게 선물을 바치는 마을들에서 만들어지곤 했으며, 마을마다 하나 혹은 두 개의 리쿠를 생산했다. 조각으로 장식된 판자들은 조각의 달인이 자기 집에서 만들었다. 조각의 달인은 족장 자신일 수도 있었다. 토울루와의 전임자인 누마칼라의 경우가 그러했는데, 그는 자기 집이나 창고의 모든 장식을 스스로 했다. 그러나 이것들은 카브와쿠가 오마라카나를 파괴했던 마지막 전쟁에서 불타버렸다.

족장이나 우두머리가 큰 창고를 건축해야 하는데 자신이 토카비탐(조각가 혹은 목수)이 아니라면, 그는 전문가에게 문의해야 할 것이다. 이러한 거래는 다른 전문가를 고용할 때와 동일한 원칙에 기초한다.[3)]

브와이마의 건축 작업은 다음의 원칙들을 바탕으로 조직된다. 소유자 혹은 족장은 자신을 위해 일해 달라고 자신의 인척들, 곧 우리구부로 창고를 채우는 사람들을 소집한다. 그들은 저마다 자기 마을에서 창고의 자재를 준비한다. 나는 각 마을마다 리쿠 통나무를 하나씩 마련하고, 그보다 덜 중요한 여러 가지 자재를 준비한다고 들었다. 동시에 족장은 전문가 한 사람을 선택해서 식량을 정기적으로 선물한다. 얌 창고가 건축된 뒤에는 대규모로 사갈리 혹은 식량 분배가 이루어지고, 아마도 그때 작업에 가장 중

3) 제1부 10절 참조. 나는 또한 이 문제를 *Argonauts of the Western Pacific*, p. 183에서 간략히 다루었다. "전문가들에게 증여되는 선물 가운데 처음의 선물은 베워울로로 일컬어지고, 물건이 소유자에게 예식적으로 전달된 후에 증여되는 식량 선물은 요멜루라고 불리며, 다음 수확기에 증여되는 풍성한 얌 선물은 카리부다보다라고 불린다. 작업이 진행되는 동안 증여되는 식량 선물은 바카풀라라고 불린다. 그러나 이 마지막 용어는 일꾼들을 고용한 남자가 그들에게 주는 요리한 음식 선물 모두를 포함하면서 훨씬 더 폭넓게 적용된다."

요하게 기여한 사람들에게는 돼지와 카울로(채소 식량)뿐 아니라 약간의 귀중품이 분배될 것이다.

〈도표 1, 2, 3〉과 여기서 언급된 대부분의 사진들, 그리고 7장을 보면, 브와이마의 구성 요소들이 자연스럽게 세 가지 주요 부분으로 나누어진다는 사실을 알 수 있다. 즉 브와이마는 토대와 통나무방과 지붕으로 구성된다. 따라서 토착민들은 어느 정도까지는 서로 독립적인 세 가지 중대한 구조적 작업을 완수해야 한다. 우선 토대를 놓는 일은 마을이 형성될 때 이루어진다. 다음으로 통나무방이 건축되는데, 그 일은 아마 전쟁이나 사고가 없다면 한 세기에 두세 번 이상 행해질 필요가 없을 것이다. 그리고 지붕이 건축된다. 가령 현재 오마라카나에 서 있는 주요 브와이마와 평범한 창고들의 토대들은 마지막 화재를 견뎌낸 것들이다. 1899년에 건축된 통나무방은 1918년까지 재건되지 않았고 심지어 보수되지도 않았다. 나는 토착민들로부터 그 오두막이 앞으로도 이삼십 년은 거뜬하다는 이야기를 들었다. 다른 한편, 지붕은 십 년마다 혹은 아마도 십오 년마다 새로 만들어져야 한다.

창고를 채우는 바로 그 사람들이 필요할 때마다 수리도 해야 하며, 소유자가 작은 곡물창고를 재건하는 일을 도와줘야 한다. 과시용 브와이마는 항상 타이투를 들여오고 나서 창고를 채우기 전에 수리된다. 사실 도디게(채우기)는 창고가 수리된 직후에, 그리고 첫 번째 빌라말리아 주술이 수행된 뒤에 이루어진다. 작은 브와이마의 경우에는 몇 명의 남자들이 하루나 이틀 안에 수리를 끝낸다. 언제나 족장이나 우두머리가 소유하는 큰 브와이마를 수리하기 위해서는 삼사 일이 필요하며, 공동체 전체가 혹은 여러 공동체가 그 일에 고용된다.

창고의 건축이나 수리와 관련된 주술은 없으며, 내가 확인할 수 있었던

〈사진 88〉 재건축되기 직전에 찍은 족장의 브와이마
지붕이 내려져 있고, 통나무방의 구조를 잘 볼 수 있다. 박공판 혹은 박공널 가운데 하나가 바뀌었으며, 그것이 지붕의 토대 위에 얹혀 있는 것을 볼 수 있다. 내부 칸막이방들을 나누는 장대들이 통나무방에서 삐져나와 있다. 지붕을 지탱하는 중앙의 장대는 여전히 똑바로 서 있으며, 높이를 측정할 수 있게 해준다. (8장 3절)

한, 주춧돌 놓기와 관련된 주술도 없다. 나는 빌라말리아의 첫 번째 활동이 이 작업에 수반되는 유일한 의례라는 말을 들었다. 보통 건축을 주도하는 사람과 일꾼들은 과시용 브와이마의 주춧돌을 현장에서 마련한다. 이러한 주춧돌은 카이타울로(2), 곧 토대 들보들의 길이 및 통나무방의 길이와 폭을 결정하며, 또한 결과적으로 일정한 비율이 지켜져야 하기 때문에 브와이마의 높이를 결정한다.

토대 쌓기는 확실히 힘든 작업이다. 기반암까지 내려가서 큰 돌들을 거기에 두고 그 위에 지상의 주춧돌인 울릴라구바(1)를 놓아야 한다. 울릴라구바는 대략 피라미드 모양인데, 그것들 가운데 일부는 위쪽이 눈에 띄게 좁으며, 다른 것들은 거의 입방체이다.

이 돌들 위에 두 개의 토대 들보들, 카이타울로(2)가 놓인다. 카이타울로와 지붕의 길이는 모두 모퉁잇돌들 사이의 거리보다 상당히 더 길다. 토착민들은 때때로 카이타울로의 삐져나온 끝부분에 판자들을 엇갈리게 깔아놓고, 마을의 사회생활에서 중요한 역할을 하는 지붕이 있는 단을 만든다. 주목할 만하게도 그러한 단을 가리키는 어떠한 단어도 존재하지 않으며, 토착민들은 "곡물 창고에 앉아 있는" 사람들에 대해서 이시수시 와 브와이마라고 말한다. 〈사진 85, 86, 95, 96, 그리고 97〉에서 사람들이 그 단을 이용하고 있는 광경을 볼 수 있다. 반면 〈사진 94〉에서는 사람들이 단지 삐져나온 들보 끝에 앉아 있다. 특징적이게도, 가장 크고 훌륭한 브와이마에는 정교한 단이 전혀 설치되지 않는다. 가장 훌륭한 창고들을 이러한 용도로 사용하는 일은 아마 적절하지 않을 것이다. 단지 특권을 부여받은 사람들만이 그렇게 하도록 허락된다. 일반적으로는 창고의 소유자 자신이야말로 창고를 그처럼 편하게 사용할 수 있는 유일한 사람일 것이다(바기도우가 자신의 브와이마 앞에 앉아 있는 광경을 볼 수 있는 〈사진 28〉, 그리고 〈사진 94〉 참조). 버려진 브와이마의 상부 구조가 불에 탔거나 다른 목적으로 사용되는 경우에도 두 개의 긴 들보들은 종종 남아 있으며, 토착민들은 거기에 판자 몇 장을 덮어서 단으로 사용한다(〈사진 79〉의 맨 오른쪽 앞을 보라).

주춧돌, 울릴라구바(1)를 살펴보자. 〈도표 1〉에서는 주춧돌 네 개를 볼 수 있으며, 〈도표 2〉에서는 앞쪽에서 주춧돌을 찾아볼 수 있다. 〈도표 3〉과 〈도표 4〉에서는 유별나게도 주춧돌 여섯 개를 찾아볼 수 있다. (〈사진 72, 73, 75, 76, 77, 79, 81, 82, 87〉에서도 주춧돌을 볼 수 있다).[4] 그것들은

4) 단지 몇 채의 브와이마만이 여섯 개의 돌 위에 세워지는데, 그것들이 반드시 가장 큰 브와이마인 것은 아니다. 〈사진 28〉에서 이것들을 분명하게 볼 수 있으며, 사진 촬영의 우연한 사고 때문

〈사진 89〉 지붕의 틀구조
이 사진은 토착민의 가옥이 건축되는 과정을 보여준다. 브와이마의 지붕도 동일한 방식으로 만들어진다. (8장 5절)

모두 산호석이며 높이가 대략 50센티미터이다. 주춧돌의 높이가 브와이마의 규모에 따라 아주 많이 달라지는 것은 아니다. 토울루와의 큰 브와이마는 작은 브와이마에 비해서 상대적으로 그 토대가 낮았다. 〈사진 75〉를 살펴보면, 왼쪽의 큰 브와이마는 오른쪽의 작은 브와이마에 비해서 가라앉은 것처럼 보인다. 또한 땅에 웅크린 듯 보이는 〈사진 72, 74, 87〉의 큰 창고들과 땅 위로 높이 올려진 〈사진 28, 73, 77〉의 작은 창고들을 비교해보라.

토대 들보들, 카이타울로(2)는 단단한 나무로 만들어지며, 대략 지름이

∴

에 〈사진 60, 72, 그리고 87〉에서는 흐릿하게 볼 수 있다. 카사나이의 큰 브와이마 또한 여섯 개의 주춧돌들을 가지고 있었지만, 이것들은 사진에 드러나지 않는다(〈사진 79〉).

20~30센티미터인데, 매우 작은 브와이마에서는 지름이 더 작다. 〈도표 1~4〉와 〈사진 28, 72, 76〉에서, 그리고 브와이마가 등장하는 다음의 거의 모든 사진에서 그것들을 볼 수 있다.

4. 통나무방

주춧돌의 위치가 리쿠(5)의 크기를 결정한다. 네 개의 모퉁잇돌로 결정된 직사각형의 네 면을 표준 길이의 덩굴식물 두 개로 측정해서 기록하며, 거기에 맞게 세로와 가로 통나무들을 베어낸다. 통나무방의 네 귀퉁이들은 주춧돌들의 무게중심 바로 위에 와야 한다. 이것을 도표들과 모든 사진에서 볼 수 있지만, 〈사진 90〉이 그 돌들과 통나무방을 가장 잘 보여준다.

토대 통나무인 카이타울로(2) 바로 위에는 통나무방의 가로 통나무가 두 개 놓인다. 비록 이것들은 다른 통나무들과 형태나 기능이 다르지 않지만, 포우(4)라는 특별한 이름으로 불린다. 때때로 포우는 〈사진 75, 77, 79, 81, 82〉와 다른 여러 사진에서 볼 수 있듯이 다른 통나무들보다 훨씬 더 길다. 그것들은 특별히 장식될 수도 있고, 다듬지 않은 채로 놓일 수도 있다. 통나무방 꼭대기에 놓이는 한 쌍의 가로 통나무들(*4b*)도 동일한 이름으로 불린다. 밑바닥층의 포우(*4a*) 위에 리쿠의 첫 번째 세로쌍이 놓인다. 모든 세로 통나무들은 카이부다카(*5b*)라고 불리며, 가로 통나무들은 카일라짐(*5a*)이라고 불린다.

이러한 용어들은 창고와 카누의 유사성을 보여준다. 왜냐하면 카누에서 뱃전의 판자들은 부다카라고 불리며 카누 벽의 양 끝을 둘러싸는 장식된 가로 판자들 두 개는 라짐으로 일컬어지기 때문이다. 또한 우리는 이러한 유사성이 일부 주술 문구들에서도 나타난다는 사실을 발견했다. 가령 〈주술 문구 19〉(바푸리)는 풍성하게 짐을 실은 카누에 빗대어 덩이줄기의 비옥한 성장을 직접적으로 기원했다. 또한 7장에서는 브와이마를 곧바로 겨냥한 주술을 번역하고 분석했는데, 거기서 두 번째 빌라말리아 주문(〈주술 문구 29〉)을 이끄는 단어가 카일롤라 롤라, '닻'이고, 핵심어가 '정박하다', '닻을 내리다'는 말에서 파생된 빌라롤라이며, 둘 다 항해 용어에서 차용되었다는 사실을 알 수 있다. 브와이마의 바닥에 대고 읊는 첫 번째 주문(〈주술 문구 28〉)에서도 등나무를 매개로 닻 내리기의 비유가 창고에 적용된다.

좀 더 폭넓게 살펴보면 이러한 유사성이 토착민의 주술적, 신화적 관념들에서도 등장하는 것을 볼 수 있다. 예를 들면 다양한 주문들에서, 특히 〈주술 문구 2〉에서 사악한 영향력인 해충과 마름병을 주술적으로 상상의 카누에 태워서 내쫓는 것을 볼 수 있다. 남은 것들은 마을에서 창고의 "견고하게 닻을 내린 카누"에 태울 것이다. 토착민들이 이러한 비유를 의식적으로 사용하는지 아닌지는 확신할 수 없다. 만약 당신이 정보 제공자들에게 그러한 관념을 암시한다면, 그들은 곧 그렇다고 인정할 것이다. 그러나 그들은 결코 내게 자발적으로 그렇게 말한 적이 없었다. 그렇지만 주문들을 연구해본다면, 특히 주문들의 문자적 번역과 그에 대한 해설이 담겨 있는 제7부를 살펴본다면, 어떠한 독자라도 나의 제안이 그다지 억지스러운 것은 아니라고 확신하게 될 것이다.

이제 통나무방의 건축으로 되돌아가보자. 단순히 통나무 하나 위에 다른 통나무 하나를 올려놓는데, 통나무 한 쌍을 아래쪽 쌍의 끝부분 언저리에 만들어놓은 넓고 납작한 홈 위에 올려놓는 방식으로 쌓아올린다(도표와 사진 참조). 아마도 건축이 이루어지는 동안에는 항상 나무를 잘라내거나 밀어 깎는 등의 작업이 추가로 이루어진다. 나는 〈사진 90〉과 〈사진 91〉에서처럼 작은 브와이마의 통나무방이 건축되는 광경만을 목격했는데, 그때 작업은 매우 쉽고 순조롭게 진행되었으며 건축 전체에 걸린 시간은 한 시간 남짓이었다. 크고 무거운 통나무들을 가지고 작업한다면, 일은 확실히 훨씬 더 어려워진다. 〈사진 73〉에서 보이는 작은 창고들이나 바기도우의 브와이마(〈사진 28〉)처럼 중간 높이의 창고들, 그리고 얄루무그와의 약간 더 큰 창고들(〈사진 75~77〉)은 비계 없이도 건축될 수 있으며, 남자들은 통나무들을 땅에서 직접 들어서 올려놓는다. 그러나 〈사진 72, 79, 81〉에서 보이는 것처럼 큰 브와이마를 건축할 경우에, 길고 무겁고 다루기 힘든 통나무들을 종종 3미터 이상의 높이까지 들어올려야 할 때면, 어깨나 머리 높이에 특별한 모퉁이 단들을 세워야 한다. 오마라카나의 중앙에 서 있는 것처럼 매우 거대한 창고의 경우에는 측면들을 모두 감싸는 단을 세워야 할 것이다(리쿠를 세울 때 사용되는 작은 측면 사다리를 보여주는 〈도표 11〉 참조). 보통 남자들이 두 개의 모퉁이 단 위에 서서 아래로부터 통나무를 들어올려서 제 위치에 놓을 것이다.

토울루와의 큰 창고 리쿠에는 세로 뼈대(5*b*)가 열 줄 있다. 내가 볼 때, 오마라카나의 바쿠를 둘러싸고 있는 큰 곡물 창고들은 평균적으로 여덟 개 혹은 아홉 개의 세로 뼈대들을 가지고 있었다. 반면 더 작은 집들은 대여섯 개 정도를 가지고 있었다. 카일라짐(가로 리쿠, 5*a*)의 수는 하나 적거나, 혹은 포우를 포함시킨다면 하나 더 많다.

상부 포우 혹은 뼈대 통나무들(4*b*)은 실제로 가로 리쿠의 가장 윗부분이며, 마찬가지로 파인 홈에 의해서 제자리에 고정된다. 이러한 외부 포우 혹은 벽 포우와 평행으로 맨 위의 카이부다카(5*b*) 위에 포우가 일렬로 놓이는데, 그것은 리쿠에 일종의 지붕을 형성하며 지붕 자체의 토대가 된다(〈도표 1, 3, 4, 5, 8, 그리고 10〉을 보라).

〈사진 90〉 작은 브와이마의 건축
"지붕은 별다른 비계 없이 통나무방 위에서 바로 만들어진다." (8장 5절)

나는 일반적인 건축 순서를 따라왔는데, 보통 바닥이 만들어지기 전에 통나무방의 벽들과 상부 덮개가 완성된다. 통나무방의 바닥, **부부크와**(3)는 판자들 혹은 장대들을 토대 들보들, **카이타울로**(2)와 가장 낮은 두 개의 **카이부다카** 통나무들(5*b*) 사이의 벌어진 틈으로 끼워넣음으로써 만들어진다. 그러므로 바닥의 판자들 혹은 장대들은 **카이타울로**(2) 위에 낮은 **포우**(4*a*)와 나란히 얹혀 있다. 바닥, **부부크와**(3)는 아마도 **브와이마**에서 가장 성스러운 부분이다. **브와이마**의 바닥 위에는 **비나비나** 돌을 놓아두는데, 그 돌에 대고 빌라말리아 주술이 수행된다. 풍요의 의식들 가운데 하나는 그 이름이 **부부크와**에서 유래했다. 곧 빌라말리아의 첫 번째 의식은 **툼 부부크와**, 혹은 **카이툼라 부부크와**, "창고 바닥 누르기"라고 불린다. 이 의식에 상응하는 주문(〈주술 문구 28〉)에서는 **비나비나** 돌과 함께 **부부크와**에 쌓여야 하는 먼지와 검은 가루가 언급된다. 해마다 토착민들은 지난해 수확물의 썩어가는 잔여물이 새로운 농작물과 뒤섞이지 않도록 매우 세심하게 부부크와를 쓸고 청소한 뒤에, 타이투의 첫 번째 층을 부부크와에 조심스럽게 배열한다.

그러나 역설적이게도 바닥은 브와이마에서 가장 대충 만들어지는 부분들 가운데 하나이다. 다듬지 않은 긴 판자들, 잘못 자른 막대기들, 부러진 장대들과 같은 재료를 가지고 되는 대로 만들어지는 바닥이야말로 창고에서 가장 무턱대고 날림으로 건축되는 부분이다. 우리는 〈사진 90〉에서 테야바에 새로 건축된 작은 창고의 바닥을 볼 수 있는데, 거기 있는 약 여덟 개의 장대들 가운데 일부는 채 다듬어지지 않아서 부러진 끝이 단정치 못하게 삐져나와 있다. 혹은 가장 큰 브와이마의 사진들을 살펴보라. 특히 〈사진 87〉은 크기와 모양이 투박하고 걸맞지 않는 들보들이 어떤 식으로 사용되었는지를 보여준다. 이러한 불완전한 토대들은 토착민의 보물인 타이투의 안식처로 쓰기에는 너무나 놀라울 정도로 보잘것없는데, 해마다 새롭게 엮은 코코넛 깔개들로 덮은 뒤에라야 실제로 사용가능하게 된다. 통풍의 필요성 때문인지 아니면 바닥이나 밑바탕은 중요하지 않다는 관념 때문인지 모르겠지만, 주술과 믿음에서, 그리고 농작물을 기술적으로 취급할 때 그토록 중요한 역할을 담당하는 바닥 부분이 그처럼 거칠고 초라하게 남아 있어야 한다는 사실은 트로브리안드 문화의 기이한 변덕 가운데 하나이다. 〈도표 1, 3, 4〉에서는 부부크와(3)의 윤곽을, 〈도표 5, 6〉에서는 세로와 가로 부분을 각각 볼 수 있다.

이로서 큰 브와이마의 주요 부분이고, 소유자의 자랑거리이며, 비축물의 전시와 측량을 가능하게 하는 리쿠(5)의 외부 구조에 대한 설명을 마쳤다. 빌라말리아 주술의 〈문구 29〉를 살펴보면, 특이하게도 리쿠에는 브와이마의 구성 부분들 가운데 유일하게 사적 소유를 나타내는 접두사 아구 리쿠가

〈사진 91〉 세 채의 작은 브와이마. 한 채는 건축되고 있는 중이다.
이 사진은 테야바에서 건축 과정에 있는 창고의 또 다른 모습을 보여준다. 전면에 있는 텅 빈 두 채의 창고들을 통해서 세부 구조를 볼 수 있다. (8장 5절)

붙는다.[5] 따라서 그 단어는 통나무방을 가리킨다기보다는 그 내용물을 가리키는 말로 볼 수 있다.

이제 내부로 들어가보자. 〈도표 4, 9〉에서 볼 수 있듯이, 내부는 방 하나로 구성되어 있는 게 아니라 여러 개의 칸막이방들, **카비시탈라**(28) 혹은 **칼리쿠탈라**로 나누어져 있다. 우리는 이미 사회학적 분석을 통해서 칸막이방의 중요성을 알고 있다. 왜냐하면 해마다 **우리구부** 증여자들 가운데 한 사람이 각각의 칸막이방을 채우기 때문이다(7장 2절 참조). 칸막이방을 만

5) 〔역주〕 제2권의 제7부에 실려 있는 〈주술 문구 29〉의 토착어 원문에서는 **리쿠**에만 아구가 붙어서 따로 구별되지만, 앞의 3절에서 말리노프스키가 영어로 번역한 〈주술 문구 29〉에서는 창고의 모든 부분에 대해서 "my"라는 소유대명사가 붙어 있으며, **리쿠**만 따로 구별되지 않는다. 앞의 3절에 실린 〈주술 문구 29〉의 한글번역에서는 말리노프스키의 영어번역을 따라서 **리쿠**만 따로 구별하지 않고 번역했음을 밝힌다.

드는 방식은 다음과 같다. 두 개의 긴 장대들, 테타 혹은 카투베이테타(6)를 포우(4*b*) 위에, 곧 리쿠 벽의 가로 통나무 위에 올려놓아서 통나무방을 세로로 똑같이 분할한다. 그것들은 이를테면 중앙의 분할 막대라고 할 수 있다. 그 장대들을 포우에 동여매는데, 그림에서는 윤곽이 헛갈리지 않도록 묶은 자리를 표시하지 않았다. 이러한 두 개의 테타 사이에 길고 가는 막대들, 카비시비시(7)를 잇따라 끼우는데, 그것들의 아래쪽 끝을 부부크와(3)의 판자 두 장 사이의 틈에 끼워넣어서 제자리에 고정한다. 반면 카비시비시(7)의 위쪽 끝은 포우(4*b*)보다 더 높이, 거의 지붕의 아래쪽 마룻대에 닿을 만큼 높이 올라온다. 역시 카비시비시(7)라고 불리는 비슷한 가는 막대들을 가로 포우(4*b*)를 따라 놓아두고 거기에 묶는다. 마룻대에서 리쿠 벽까지 지붕의 경사에 대충—정말로 대충—맞도록 이것들을 잘라낸다. 이런 식으로 우물처럼 깊은 통나무방의 공간은 여섯 개, 여덟 개, 열 개, 혹은 족장의 주요 브와이마에서는 열여섯 개의 칸막이방들로 나누어진다. 오늘날에는 족장의 주요 브와이마에서 칸막이방 열세 개는 외부 증여자들에 의해서 채워지고, 세 개는 족장 자신의 경작지에서 그의 아내들과 아들들이 생산한 타이툼왈라 농작물로 채워진다. 옛날에는 족장의 브와이마에 좀 더 많은 칸막이방들이 있었지만, 결코 아내들의 수만큼 많지는 않았다. 족장에게 아내를 제공한 가장 중요한 공물 공동체의 우두머리만이 주요 창고를 채우도록 허락되었을 것이다. 몇몇 사진에서 창고 내부의 분할을 살펴볼 수 있다. 〈사진 81〉에서는 통나무 틈새들을 통해 분할 막대기들을 볼 수 있고, 〈사진 60〉과 〈사진 88〉에서는 지붕 없는 브와이마 위로 분할 막대기들이 삐져나온 것을 볼 수 있다.

카비시비시(7)는 〈도표 4~9〉에서 그림을 통해 볼 수 있다. 그것들은 내부에 배치되며 사진으로 그다지 잘 볼 수 없기 때문에, 나는 카비시비시를 보여주기 위해 많은 도표들을 만들었다. 〈도표 3〉에서 테타(6)뿐 아니라 포우(*4b*)를 볼 수 있는데, 그것은 칸막이방들의 상부 얼개를 형성한다. 〈도표 4〉는 하나 혹은 두 개의 칸막이방에서 제자리에 놓여 있는 카비시비시를 보여준다. 〈도표 5〉는 측면 벽으로부터 삼분의 일 정도의 단면을 보여주는데, 특히 바닥, 정면과 후면의 벽, 카비시비시(7)의 가는 막대기들과 위쪽 포우(*4b*)의 상대적 위치를 예시해준다. 〈도표 6〉은 창고의 횡단면을 통해서 지붕의 구성과 중앙의 분할 막대를 보여준다. 〈도표 7〉 역시 창고의 카비시비시 칸막이들 가운데 한 면을 기준으로 한 횡단면이며, 막대기들의 위치를 보여준다. 〈도표 8〉은 두 개의 테타(6) 사이의 절개면으로서, 칸막이방들의 중간면을 보여준다. 〈도표 9〉를 통해서 우리는 통나무방, 리쿠(5)의 속을 위에서부터 한눈에 볼 수 있다. 이 경우에는 여덟 개의 칸막이방을 가진 평균 크기의 브와이마를 사례로 삼았다. 〈사진 81〉(왼쪽 중앙)과 〈사진 82〉(중앙)에서 볼 수 있는 브와이마에 칸막이방이 여덟 개 있었는데, 나는 그 치수를 상세히 기록해두었다.

5. 지붕

이제 우리는 통나무방(리쿠) 위의 지붕으로 올라왔다. 지붕 부분과 아래쪽 칸막이방을 나누는 바닥은 따로 없으며, 어떠한 재료로도 표면을 덮지 않는다. 얌이 통나무방에 가득 차면 자연스럽게 윗부분까지 얌이 채워지게 되는데, 왜냐하면 카비시비시(7) 혹은 분할 막대기들은 보통 지붕까지 뻗어 있기 때문이다. 브와이마의 아래쪽 칸막이방을 위쪽 칸막이방과 분리하는 가공의 면은 포우(*4b*)의 꼭대기를 따라 이어지는 면이다. 포우에 얹혀 있는 두 개의 장대들(킬루마, 8)이 지붕 얼개, 곧 뼈대 판들과 한두 개의 마룻대로 이루어진 또 다른 주요 구조물의 토대가 된다. 큰 아치형의 뼈대 판들이 킬루마(8) 위에 올려진다. 아치형 뼈대 판의 아래쪽 끝을 킬루마에 묶을 수도 있고, 아니면 킬루마를 뼈대 판에 v자 형으로 파놓은 자리 혹은 구멍에 밀어넣는다. 아치형 판의 또 다른 끝은 마룻대(10)의 꼭대기에 고정된다. 만약 아치형 판의 곡선을 고려하지 않는다면, 이것은 대충 삼각형 프리즘 모양을 하고 있다. 마지막으로, 수평으로 놓인 두 종류의 가느다란 세로 막대들(13과 15) 사이에 구부러진 막대들(14)을 아치형 판들과 나란히 촘촘하게 배치한다. 기술적인 시각에서는 〈도표 10〉과 〈사진 89〉를 보면 전체 구조가 가장 분명하게 드러날 것이다.

토착민들이 극복해야 하는 기술적 문제에 대해서 살펴보자. 지붕을 제자리에 올려놓는 방법은 세 가지가 있다.

1. 땅 위에서 지붕을 만드는 방법이 있다. 네 개의 기둥, 코콜라(27)로 작은 임시 비계를 만들고, 거기에 킬루마(지붕의 수평 버팀대, 8)를 놓는다. 그러고 나서 끝이 갈라진 두 개의 비계 막대기들(투투야, 23) 위에 마룻대(10)를 올려놓고, 평범한 집을 땅 위에 세우는 것과 똑같은 방식으로 이러한 뼈대 위에 지붕을 세운다(〈사진 89〉). 지붕의 얼개와 초가지붕이 만들어지면, 구조물 전체를 들어서 브와이마 꼭대기에 올려놓는다. 이 작업은 사실 그저 바깥쪽 포우와 가로 포우의 패인 홈에 들어맞도록 유의해서 토대 장대들인 킬루마(8)를 포우(4*b*) 위에 올려놓는 것이기 때문에, 토착민들은 약간의 노력으로도 평범한 작은 브와이마의 지붕을 들어올려서 임시로 땅 위에 놓아두었다가, 원래의 토대 위로 다시 올려놓을 수 있다.

2. 지붕을 만드는 또 다른 방법은 〈사진 90과 91〉(테야바)에 나타난다. 지붕은 별다른 비계 없이 두 개의 투투야 장대들(23)만 사용해서 오두막 위

에서 바로 만들어진다. 투투야 장대들 위에 아래쪽 마룻대(10)를 제자리에 놓고 거기에 뼈대 판들(11)을 고정시킨다. 이 사진들에서 우리는 두 개의 카발라푸(12), 마룻대의 박공판들이 세워진 것을 볼 수 있다. 구조물의 나머지 부분 및 작업의 진행 방식은 기술자에게는 매우 평이할 것이다.

3. 매우 큰 브와이마의 경우에는 지붕을 통째로 들어올리는 것이 불가능하고, 땅 위에서나 심지어 리쿠의 꼭대기에서 지붕을 높이 세우는 것도 마찬가지로 불가능하기 때문에, 부가적인 비계가 필요하다. 나는 그처럼 큰 브와이마의 건축을 목격하지 못했기 때문에 토착민들의 진술에 의존해야 했는데, 그러한 진술들은 기술적인 점에서는 항상 다소 불만족스럽다. 그렇게 큰 지붕을 건축하기 위해서, 우선 한 쌍의 튼튼한 비계 버팀대들, 투투야(23)를 지상에 세운다. 오마라카나의 큰 브와이마의 경우에는 비계 버팀대들이 아직 그대로 남아 있었는데, 〈사진 88〉에서 지붕이 분리된 브와이마의 비계 버팀대들을 잘 볼 수 있다. 지붕이 완성된 후에는 〈사진 72〉에서 그 모습을 볼 수 있다. 이러한 두 개의 버팀대들 위에 마룻대를—그것이 아래쪽 마룻대인지 위쪽 마룻대인지 확실히 모르겠지만, 내 생각엔 아래쪽 마룻대인 것 같다—놓는다. 토착민들은 먼저 마룻대의 한쪽 끝을 투투야의 갈라진 꼭대기에 걸쳐놓고 끈으로 그것을 잡아당기는데, 그 끈은 두 번째 투투야의 갈라진 꼭대기를 지나가도록 해놓았다. 따라서 마룻대는 두 번째 투투야의 갈라진 부분에도 걸쳐져서 마침내 두 개의 투투야 위에 자리 잡게 된다. 통나무방의 상부를 만들기 위해 이미 세워놓았던 단들은 킬루마(8)를 제자리에 놓고 카빌라가(11)의 아래쪽 끝을 처리할 때에도 사용된다. 아치형 뼈대 판들의 위쪽 끝을 마룻대에 고정해야 하기 때문에 더 많은 비계가 필요하다. 남자들은 대충 만든 사다리, 다가(24)를 통나무방 리쿠(5)의 위쪽 가장자리에 기대어 놓는다. 그리고 리쿠

위에 몇 개의 가로대를 만들고, 그것들 위에 올라가서 아치형 뼈대 판들의 위쪽 끝을 처리한다. 이 일이 끝나면 사다리를 치우고, 지붕의 아래쪽 얼개를 비계 단의 양쪽에서 제자리에 고정한다. 사다리를—〈사진 72〉에서 일이 끝난 후에 세워져 있는 사다리를 볼 수 있다—아래쪽 얼개에 기대어놓고 얼개의 상부를 제자리에 두고 나면, 초가지붕 이는 작업을 시작할 수 있다.

창고의 초가지붕을 이는 방법은 가옥의 경우와 동일하다. 즉, 랄랑 잎 다발이나 야자 잎의 넓은 끝부분을 두 키비(15) 사이의 틈새를 통해 잡아당긴다. 그러고 나서 그것을 접어서 아래쪽 틈새를 통해 잡아당긴다. 따라서 그 잎은 단단히 고정된다. 〈사진 92〉에서 그 과정을 분명하게 볼 수 있다. 그 작업은 얼개의 가장 아래쪽 가로대에서부터 시작되는데, 각 층이 완성될 때마다 그것이 아래쪽 층을 눌러줘서 제자리에 고정시키게 된다. 그리하여 완전히 방수가 되고 상대적으로 부드러운 표면이 형성되는데, 세찬 비가 수차례 내리고 나면 그것은 잘 펴지고 촘촘해진다.

비록 브와이마의 지붕 전체에 바닥이 깔리지는 않지만, 튀어나온 박공벽 사이의 공간에는 보마카이바(17)라고 불리는 바닥이 깔린다. 그 단어는 또한 바닥의 재료가 되는 막대기들을 가리키는 용어로도 사용된다. 이 막대기들은 리쿠(5)의 위쪽 포우(*4b*) 두 개와 정면 포우(19, 〈도표 1〉) 한 개 사이에 깔린다. 큰 브와이마의 경우에 정면 포우는 특별한 버팀대인 카이누빌룸(18, 〈도표 1〉) 위에 놓이고, 작은 브와이마에서는 단지 지붕의 수평 버팀대인 킬루마(8)에 동여매진다. 박공벽에는 수직의 비시보다 혹은 카비투바투(21)와 수평의 요빌라발라(22)로 성긴 격자창이 만들어진다. 때때로 격자창을 코코넛 깔개나 넓은 판다누스 잎으로 덮기도 하는데, 그 외관은 〈사진 75와 86〉에서 나타나듯이 단정하고 우아하다. 그러나 가장 "훌륭한" 브와이마에서는 쌓여 있는 식량을 볼 수 있도록 격자창을 노출시킨다(〈사진 79와 82〉).

이제 우리가 기술적인 면에서 익숙해진 브와이마의 구성 요소들의 명칭과 빌라말리아의 주술 문구들을 비교해보면 흥미로울 것이다. 우리는 창고를 구성하는 대부분의 기본 요소들이 모든 문구에서 언급되는 것을 볼 수 있다. 즉 주춧돌인 울릴라구바(1, 오부라쿠에서는 '토대'를 의미하는 일반적 용어인 카일라길라라고 불린다), 부부크와(3), 그리고 리쿠(5) 등이 언급된다. 내가 번역한 오마라카나의 카일롤라 주문(〈주술 문구 29〉)에서는 카이타울로(2)라는 단어를 찾을 수 없다. 그러나 주술사가 타프와나, 즉 주문에서 메기고 받는 부분을 읊을 때마다 모든 항목이 들어 있는 완전한 목록을 나열할 필요는 없다는 사실을 기억해야 한다. 비록 그는 매우 중요한 항목은 거의 생략하지 않지만 말이다.

그러므로 어떤 주문의 타프와나도 절대적으로 완전할 수는 없으며, 단어 하나가 빠진 것은 단지 주술사가 민족지학자에게 문구를 한두 번 암송하는 동안에 기억 착오를 일으켰거나 부주의했음을 의미할 뿐이다. 또한 우리는 적어도 하나 이상의 주문에서 킬루마, 카쿨룸왈라, 바타울로, 카발라, 칼리구바세, 키비, 카투바와 같은 단어들을 발견한다. 모든 주문에서 장식적 요소인 카발라푸, 비시야이와 음와음왈라가 언급된다는 사실은 특징적이다. 또한 내부 칸막이방을 가리키는 카비시비시와 테타라는 단어들도 바기도우의 주문에 등장한다.

6. 작은 브와이마의 구조

과시용 브와이마와 보통 더 작은 하위 브와이마의 중요한 차이는 토대와 지붕 사이의 부분[6]에서 나타난다. 또한 작은 브와이마들도 상당한 범위의 구조적 변화를 보여준다.

우선 토대를 살펴보면, 보통 크기의 하위 곡물창고도 돌 위에 세워진다. 다만 정말로 작은 창고들, 특히 중간 부분이 아예 없는 창고들은 〈사진 93〉에서 나타나는 것처럼 짧고 곧은 기둥들(코콜라, 27) 위에 세워진다. 그러한 기둥들은 항상 위쪽 끝이 갈라져 있는데, 그 위에 두 개의 세로 토대 들보들을 올려놓는다. 브와이마가 다양하기 때문에, 그것들을 몇 가지 유형으로 나누어서 살펴보도록 하자.

(a) 우선 더 큰 창고들을 모방해서 만들어진 작은 창고들이 있다. 그러한 창고들의 경우, 그런대로 잘 다듬어진 통나무로 지은 개방형 통나무방을 갖추고 있다. 그러한 작은 브와이마가 세워지는 과정을 〈사진 90〉에서 볼 수 있으며, 〈사진 91〉에서 다른 두 채를 더 볼 수 있다. 그것들은 다른 마을에서도 대단히 많이 볼 수 있는 평범한 소형 브와이마이다. 그 창고가 족장의 영향권 안에서 살아가는 평민 소유의 브와이마일 경우에는, 코코넛 잎으로 통나무방을 다소 세심하게 가린다(〈사진 73, 77, 84, 그리고 86〉을 보라). 족장에게서 좀 더 독립적이고 좀 더 멀리 떨어져 있는 마을의 브와이마는 옛날에도 가리지 않고 내버려두었는데, 특히 그 창고가 공동체 우두머리의 소유일 경우에 그러했다(〈사진 97〉을 보라). 족장의 영향력이 흔들리는 오늘날에는, 오십 년 전이라면 감히 개방형 브와이마를 가질 엄두도 내지

6) 〔역주〕 통나무방을 의미한다.

〈사진 92〉 지붕을 이는 기술
"랄랑 잎 다발이나 야자 잎의 넓은 끝부분을 두 개의 뼈대 막대기들 사이의 틈새를 통해 잡아당긴다. 그러고 나서 그것을 접어서 아래쪽 틈새를 통해 잡아당긴다." (8장 5절)

못했을 많은 사람들이 그들의 타이투를 오만하게 과시하고 있다. 그러나 꽤 많은 브와이마는, 비록 리쿠의 안과 밖이 큰 얌 창고와 똑같은 양식으로 건축되었지만, 코코넛 잎으로 덮여 있다(브워이탈루 마을에서 찍은 〈사진 98〉을 보라. 그곳에서는 지금까지도 토착민들의 "하위 콤플렉스"가 너무 강력해서, 그들은 조심스럽게 그들의 창고들을 둘러막는다). 〈사진 77〉(얄루무그와)의 배경에 있는 창고는 앞쪽의 창고와 똑같은 양식으로 세워졌지만, 그것은 조심스럽게 둘러막혀 있다.

(b) 또 다른 유형의 작은 브와이마를 살펴보면, 상당히 낮은 주춧돌에서부터 지붕과 벽이 맞닿는 곳까지 통나무방의 높이는 보통이지만 길이는 카

〈사진 93〉 나무 말뚝 위에 세워진 얌 창고
이것은 건물들의 고리가 하나밖에 없는 낮은 서열의 여러 마을에서 창고와 가옥이 교대로 서 있는 사례를 보여준다. 그러한 마을에서 개방형의 과시용 창고들은 존재하지 않는다. 이 사진은 브워이탈루에서 찍은 것이다. (8장 6절)

이타울로(2)와 지붕의 절반 정도밖에 되지 않기 때문에, 정면에 지붕이 있는 긴 단이 만들어진다(〈사진 93, 95, 그리고 96〉 참조). 그러한 건축은 정면에서 튼튼하게 버티고 있는 장대 두 개 덕분에 가능하다. 그 장대들은 더 큰 브와이마의 카이누빌룸(18)에 해당하는데, 아마 동일한 이름으로 불릴 것이다. 보통 그러한 창고들에서 카이타울로(2)의 정면 끝부분은 기둥들로 지탱된다. 또한 그러한 창고의 통나무방은 둘러막힐 수도 있고 개방될 수도 있다. 그것은 소유자의 사회적 지위에 따라 달라진다.

(c) 리쿠의 수직적인 차원은 그대로 두고 길이만 짧게 만드는 대신에, 오히려 〈사진 94〉에서처럼 리쿠를 땅 위로 높이 세움으로써 정면에서 후면까

〈사진 94〉 전형적인 마을 거리
여기서 보이는 구간은 오른쪽으로 꺾어진다. 오른쪽에는 창고들이 서 있으며, 왼쪽에는 집들이 있다. 두 번째와 세 번째 오두막 사이에는 가정용 브와이마가 한 채 서 있다. (8장 6절)

지의 길이는 정상적이지만 깊이가 보통의 경우보다 대략 절반 이하가 되게끔 만들 수도 있다.

이러한 유형은 가옥 바로 옆에 위치한 작은 창고들에서 때때로 나타나며, 가정용 **브와이마**라고 할 수 있다(〈사진 94〉 참조). 그것들은 항상 주춧돌이 아니라 나무 기둥들 위에 세워진다. 그러한 **브와이마**는 아래에 단이 있을 수도 있고 없을 수도 있으며, 둘러막혀 있을 수도 있고 개방되어 있을 수도 있다.

(d) 때때로 **리쿠**는 완전히 사라지고, **브와이마**는 단지 기둥들 위에 초가지붕을 이고 있는 단을 올려놓은 것에 지나지 않는다. 대부분의 작은 **브와**

〈사진 95〉 넓은 정면 단이 있는 두 채의 브와이마
이것들은 나무 기둥들 위에 세워진 작고 가벼운 유형의 브와이마이다. 꼭대기 칸막이방은 판다누스 막으로 가려놓았다. (8장 6절)

이마는 이러한 구조 유형에 속한다(〈사진 96과 97〉 참조). 때때로 아래쪽 단이 추가되는데, 특히 〈사진 97〉의 왼쪽 전경에서 보이는 것처럼 약간 더 큰 브와이마일 경우에 그러하다. 아래쪽 단이 코코넛 깔개로 둘러막힌다고 상상해보라. 그러면 둘러막힌 창고들에서 종종 발견되는 건축 유형을 생각할 수 있을 것이다. 따라서 단이 둘러막혔을 때, 그곳은 낮잠을 자려는 사람들이나 밤에 연애하려고 만나려는 사람들을 위한 편리한 은신처가 된다.

(e) 〈도표 12〉는 코코넛 잎으로 둘러싸인 안쪽에서 자주 발견되는 내부 구조를 보여준다. 그것은 이전의 두 유형들과 약간 다르며, 어떤 의미에서는 중간 형태이다. 이 브와이마는 가장 기본적이고 매우 얕은 통나무방을

〈사진 96〉 오부라쿠의 가옥과 브와이마
오른쪽에는 큰 단을 가진 전형적인 작은 창고가 서 있다. 타이투는 주로 꼭대기 칸막이방에 저장되며, 그 정면은 판다누스 잎으로 가려져 있다. 왼쪽에는 작은 가정용 브와이마가 있다. (8장 6절)

가지고 있는데, 그것은 대략 한 쌍의 통나무와 **리쿠** 길이의 대략 절반쯤 되는 아래쪽 단으로 구성된다. **리쿠**의 위쪽 칸막이방은 종자 타이투를 저장하기 위해 사용될 것이다. 나는 그곳이 지붕과 같은 높이의 단보다 더 통풍이 잘된다는 말을 들었다. 아래쪽 단에는 열등한 타이투가 저장될 것이다. 나는 이것이 **소크와이파**(종자 타이투를 위한 **브와이마**)의 고전적인 양식이라는 말을 들었다.

ⓕ 마지막으로 임시변통의, 혹은 날림으로 지은 **브와이마**가 있는데, 덩이줄기가 그다지 중요하게 여겨지지 않는 연안의 고기잡이 지구들에서 종종 그것을 볼 수 있다. 〈사진 80〉에서 단지 높은 단을 대충 만든 지붕으로 덮어놓은 **브와이마**를 볼 수 있다.

(g) 여기서 브와이마의 유형을 하나 더 언급해야 할 것이다. 곧 이제 막 경작지를 일구기 시작한 어린 소년들을 위해 세워진 모형 브와이마이다. 처음에는 거의 겉치레 경작지이지만, 소년들은 차차 경작지를 좀 더 진지하게 일구어야 한다. 모형 브와이마는 보통 땅 위로 아주 높게 세워지며, 마음을 끄는 외관을 지니고 있다(〈사진 99〉).

하위 유형의 브와이마와 큰 창고들을 비교해보면 일반적으로 한두 가지 특징을 관찰할 수 있다. 높은 서열의 마을에 있는 가장 훌륭한 브와이마는 거의 언제나 농작물을 저장하고 전시한다는 이중의 목표를 위해 건축된다. 그곳에서는 편의를 위한 단 따위는 거의 만들어지지 않는다. 그 섬에서 가장 훌륭한 브와이마에는 정면의 양 끝부분에 단지 한 사람이 앉을 만한 공간이 있을 뿐이다. 하위 브와이마일수록 낮이나 밤의 용도를 위해 더 많은 편의를 제공한다고 이야기해도 좋을 것이다.

또 다른 주목할 점은, 덜 과시적인 보통의 창고일수록 일상생활의 용도를 위해서는 훨씬 더 편리하고 이용하기 쉽다는 것이다. 족장의 큰 브와이마에서 덩이줄기 하나를 꺼내기 위해서는 상당히 힘들게 창고를 기어 올라가야 하는데, 이것은 주부가, 이 경우에는 족장의 아내들 가운데 한 사람이 혼자서 해내기에는 체력이 달리는 일이다. 왜냐하면 족장의 브와이마에서 덩이줄기를 꺼내려면, 무엇보다도 리쿠의 모든 가로대를 기어 올라가야 하고, 게다가 브와이마가 가득 차 있다면 꼭대기에 앉아서 안에 있는 덩이줄기를 골라내야 하기 때문이다. 토착민들은 맨발로 나무를 기어 올라가 본 경험이 많기 때문에, 이 일은 유럽인들에게 그러하듯이 아주 어렵지는 않다. 그러나 그것은 여전히 시간이 걸리는 일이다.

반면 하위 브와이마에서는 남자나 여자가 단 위에 서서 위쪽 칸막이방 속으로 팔을 내밀 수 있다. 하위 브와이마의 바닥은 보통 몇 개의 막대기들 위에 코코넛 깔개들을 덮어놓은 것이기 때문에, 덩이줄기에 손을 뻗기 위해서는 깔개 한 장을 밀어내기만 하면 된다.

7. 브와이마의 구조적, 사회학적, 경제적 특징 요약 : 전문용어들

이제 우리는 창고의 구조적, 기능적 유형들을 간략히 요약할 수 있다. 정확히 말하면 **브와이마**이며, 토착민들이 **보말리쿠**라고 부르거나 가끔씩은 **브와이마 고레고레**라고도 부르기도 하는 것은 식량 저장소이기도 하고 식량 전시를 위한 수단이기도 하다. 구조적으로, 그것은 튼튼한 토대와 잘 건축된 통나무방, 그리고 우아한 모양의 박공 초가지붕으로 구성되어 있다. 사회학적으로, 족장과 하위 족장(**굼구야우** 혹은 **톨리와가**), 그리고 신분이 높은 남자나 중요한 마을의 우두머리만이 그것을 소유할 수 있다. 경제적으로, 대부분의 칸막이방들은 소유자 이외의 남자에 의해 채워져야 한다. 창고의 내용물은 주로 선물이나 예식적 분배와 교환을 위해 사용되거나, 대규모 사업의 비용을 대기 위한 주요 식량으로 사용된다. 미학적으로, 그것은 조각된 판, 조가비, 가늘고 긴 나뭇가지들로 장식될 수 있으며, 보통 그렇게 장식된다. 지형적으로, 그것은 안쪽 고리[7]에 서 있으며 그렇기 때문에 **보미시수누**라고 불린다. 오마라카나, 카사나이, 카브와쿠, 그리고 시나케타와 같은 몇몇 중심지들에서, 족장의 **브와이마**는 **바쿠**의 한가

7) 〔역주〕 트로브리안드의 큰 마을에서는 창고들과 가옥들이 중앙 공터를 두 겹의 둥근 고리 모양으로 둘러싸고 있다. 안쪽 고리는 과시용 창고들로 구성되며, 바깥쪽 고리는 가옥들과 평민의 창고들로 구성된다. 8장 1절 참조.

〈사진 97〉 두 가지 유형의 창고들을 보여주는 마을 거리
왼쪽에서 사람들이 앉아 있는 단 위에 높은 지붕이 있는 창고를 볼 수 있다. 오른쪽에는 가옥 옆에 가정용 브와이마가 자리하고 있다. (8장 6절)

운데 서 있으며, **보밀랄라**라고 일컬어진다. **브와이마**는 안쪽 고리에 자리하고 있기 때문에, 마을의 안쪽 고리에서 요리를 금지하는 터부의 영향을 받는다. 이러한 예식용 창고에는 보통 **비나비나** 돌이 들어 있는데, **빌라말리아** 주술은 항상 그 돌에 대고 수행된다.

하위 창고들은 구조적으로 더 작고, 그다지 튼튼한 토대를 필요로 하지 않으며, 종종 통나무방도 생략된다. 사회학적으로, 누구라도 그것을 소유할 수 있다. 앉을 수 있는 단은 종종 사회생활의 중심이 되는데, 특히 남자들을 위해서 그러하다. 경제적으로, 하위 창고가 신분이 높은 남자의 소유일 경우에는 오로지 **타이툼왈라**와 종자 얌들만 거기에 채워지며, 평민의 창고일 때는 **우리구부**, **타이툼왈라**, 그리고 종자 얌들이 저장된다. 미학적으로, 토착민들은 하위 창고를 소박하게 만들어서 눈에 띄지 않게 하려고 애쓴다. 요리 터부 때문에, 그리고 구경꾼들을 감동시키려는 의도로 만들어

〈사진 98〉 브워이탈루의 단과 창고
중앙에서 지붕으로 덮인 높은 단과 버팀 기둥들, 세로 들보들, 그리고 바닥의 구조적 세부를 볼 수 있다. 오른쪽에는 전형적으로 둘러막힌 평범한 창고가 있다. (8장 6절)

지지 않았기 때문에, 하위 창고들은 철저히 둘러막혀 있다. 토착민들은 낡아서 생기는 구멍 같은 것들도 없게끔 주의한다. 하위 창고와 관련된 주술은 없으며, 그것의 사용을 제한하는 터부도 없다. 하위 창고는 잠자기 위해서나 혼외 성관계를 위해서도 사용될 수 있다.

그러므로 구조와 함께 기능을 연구한다면 분류는 명확해진다. 용어들만 따로 떼어놓고 보면, 그것들은 혼란스럽고 불연속적이며 일정하지 않다. 그러나 만약 용어들을 이야기의 맥락 속에서, 나아가 상황의 맥락 속에서 연구한다면, 매우 명확하고 시종일관된 용법을 발견할 수 있다. 브와이마라는 단어는 일반적으로 창고를 의미할 뿐 아니라, 또한 특별히 '과시용

〈사진 99〉 모형 브와이마와 거기에 기댄 창고 소유자
그러한 창고들은 막 경작지를 일구기 시작한 작은 소년들을 위해 세워진다. (8장 6절)

곡물창고'를 뜻하는 일반용어이다. 토착민은 자신의 얌 창고들을 전체적으로 언급할 때 **브와이마**라는 단어를 사용할 것이다. 그러나 만약 창고들 가운데 일부에는 개방형 **리쿠**가 있고 일부는 둘러막혀 있다는 사실을 명백히 밝히고 싶다면, 그는 전자를 가리킬 때 **브와이마**라는 단어를, 후자를 가리킬 때 **브와이마야** 혹은 **소크와이파**라는 단어를 사용할 것이다. 그러나 **소크와이파**가 항상 둘러막혀 있는 것은 아니다. 〈사진 81〉의 훌륭한 과시용 창고 두 채는 분명히 개방형 **브와이마** 가운데 최고 부류에 속한다. 그러나 창고들 가운데 하나—엮은 코코넛 잎으로 덮여 있는 오른쪽 창고—의 상부는 종자 얌들을 저장하기 위해 사용되는데, 비록 **브와이마**와 구조적으로 동일하지만 기능적으로는 **소크와이파**라고 불릴 것이다.

따라서 구조와 관련해서, **브와이마**, **브와이마야**, 그리고 **소크와이파**와 같은 단어들은 거의 무분별하게 사용될 수 있다. 그 용어들은 서로 대조해서 사용될 경우에만 명확한 의미를 얻게 되는데, 그 경우에 소크와이파는 기능적으로 종자 타이투를 비축하기 위한 창고이고, 브와이마는 특별히 과시용 창고를 가리키는 말이며, 브와이마야는 소크와이파도 아니고 브와이마도 아닌 어떤 것이다. 전체적으로 브와이마라는 단어가 단연 가장 자주, 폭넓게 사용된다. 반면, 브와이마야라는 단어는 논리적으로는 가장 광범위한 함축적 의미를 지니고 있지만 가장 드물게 사용된다.

8. 비율에 대한 해설

창고를 지을 때 부분들 사이의 비율은 창고의 크기와 성격에 따라 다르게 나타난다. 〈사진 75, 77, 80, 그리고 93〉을 훑어보면, 주요 유형들의 모든 사례를 찾아볼 수 있다. 우리는 창고들 가운데 일부는 땅딸막하고, 다른 것들은 홀쭉하며, 어떤 것들은 거의 모양이 어떻다고 말할 수 없을 정도로 엉성하게 지어진 것을 볼 수 있다. 큰 브와이마에서는 비율이 거의 정해져 있다. 이러한 비율이 어느 정도까지 실제적인 고려에 의해 결정되고 어느 정도까지 우아함과 관습을 고려해서 결정되는지는 명확히 이야기하기 어렵다.

만약 A에서 B까지 지붕의 길이(〈도표 1〉)와 토대 통나무 A′에서 B′(〈도표 1〉)까지의 길이가—그 길이는 대략 동일하다—숫자 5로 측정된다면, 초가지붕의 가장 넓은 부분인 C에서 D까지의 폭(〈도표 2〉)은 2.5일 것이며, 주춧돌의 바깥 모서리들 사이의 폭인 C′에서 D′까지의 측정값도 종종 그러할 것이다. 그리고 땅에서 위쪽 마룻대까지, E에서 F까지의 전체 높이(〈도표 1과 2〉)는 5.5일 것이다. 나아가, 지면에서 통나무방 꼭대기까지의 거리인 E에서 G까지(〈도표 1과 2〉)는 3일 것이며, 통나무방 자체의 높이(〈도표 1과 2〉에서 G-H)는 2.30일 것이다. 지면에서 바닥까지의 높이(E-H)는 0.7일 것이다. 정면에서 후면까지 통나무방의 길이(〈도표 1〉에서 I-J)는 2.8일 것이며, 그 폭(〈도표 2〉에서 K-L)은 1.6일 것이다. 여기서 인용된 숫자들은 오마라카나의 안쪽 고리에 서 있는 어떤 브와이마를 실제로 측정한 값이다. 〈사진 82〉의 중앙에서, 그리고 〈사진 81〉의 왼편에서 그 창고를 볼 수 있다. 나는 이 브와이마를 정확히 측정했다. 그러나 나는 비율을 고려해서 사실상 거의 들어맞는 측정값을 미리 예측할 수 있었다. 따라서 다음의 표는 훌륭한 브와이마의 평균적 비율을 나타내는 것으로 여겨도 좋겠다.

미터	
5.50	땅에서 마룻대 꼭대기까지
0.70	땅에서 토대 통나무(카이타울로)의 윗면까지 (주춧돌 0.50; 카이타울로의 지름 0.20)
3.00	땅에서 통나무방 꼭대기까지. 즉 꼭대기의 뼈대 통나무, 포우의 윗면까지
2.30	리쿠(통나무방)의 높이
1.60	리쿠의 폭
2.80	리쿠(통나무방)의 길이. 즉 각 통나무방의 정면에서 후면까지의 길이
5.00	지붕 꼭대기의 길이, 카이타울로의 길이. 보통 지붕의 꼭대기와 밑면의 길이가 10센티미터에서 20센티미터가량 다름. 왜냐하면 밑면이 약간 더 짧기 때문
2.50	통나무방의 꼭대기에서 위쪽 마룻대 꼭대기까지의 거리, 즉 지붕

의 높이

2.50 초가지붕의 가장 넓은 폭

2.30 지붕 밑면의 안쪽 폭

3.90 정면 칸막이와 후면 칸막이 사이의 거리

리쿠의 입방 용적을 알고 싶다면, 다음의 숫자들을 근거로 계산하면 된다. 바닥에서부터 측정한 리쿠 내부의 높이는 표에 나타난 대로 2.30미터이다. 들보의 평균 지름이 15센티미터임을 감안하면, 리쿠 안쪽의 길이는 바깥쪽과 비교했을 때 약 30센티미터 정도 짧은 2.50미터이다. 30센티미터를 뺀다는 동일한 원칙에서, 폭은 1.30미터이다. 이러한 세 숫자를 곱하면, 우리는 7.475세제곱미터라는 결과를 얻게 된다. 지붕의 입방 용적의 근사치를 얻기 위해서는, 박공이 삼각형이라고 가정하고 그 표면을 지붕의 정면에서 후면까지의 길이와 곱할 수 있다. 그러면 2.30×2.50×3.90×1/2=11.2125세제곱미터가 나온다.

브와이마의 다른 모든 치수도 센티미터 혹은 인치 자를 사용해서 얻은 숫자들을 가지고 직접 구해볼 수 있다. 그것들은 모두 50분의 1 축적으로 그려졌다. 브와이마의 다양한 구성 요소들은 모든 도표에서 동일한 숫자로 표시된다. 다음 절에서 이 숫자들을 열거하고, 간략하게 설명할 것이다.

9. 브와이마의 기술적 용어들

1. 울릴라구바-'주춧돌.' 창고의 구조 전체를 지탱하는 네 개 혹은 여섯 개의 산호석들 가운데 하나. 이 돌들은 대체로 산호 기반암 바로 위

에 놓인다. (〈도표 1〉에서 4, 6)

2. 카이타울로—'토대 들보.' 주춧돌들 위에 수평으로 놓이며, 창고의 나머지를 지탱하는 긴 들보들. (〈도표 1〉에서 4, 6, 7)

3. 부부크와—'바닥', '바닥판.' 통나무방의 바닥을 형성하는 판자, 막대기, 혹은 장대들. (〈도표 1, 3〉에서 8)

4. 포우—'뼈대 통나무.' 통나무방의 꼭대기와 바닥에 짝을 맞춰 있는 수평의 통나무들. (〈도표 1〉에서 10)

4*a*. 포우—'통나무방의 밑바닥에 있는 뼈대 통나무.'

4*b*. 포우—'통나무방의 꼭대기에 있는', 즉 지붕의 토대에 있는 '뼈대 통나무'.

5. 리쿠—'통나무방.' '창고의 우물같이 깊은 공간을 둘러싸는 들보들 혹은 통나무들'. (〈도표 1〉에서 10)

5*a*. 카일라짐(리쿠)—'통나무방의 가로 통나무.' 통나무방의 정면과 후면 벽을 구성하는 짧은 통나무들. (〈도표 1〉에서 5, 8)

5*b*. 카이부다카(리쿠)—'통나무방의 세로 통나무.' 통나무방의 긴 측면 벽을 구성하는 통나무들. (〈도표 1〉에서 4, 6, 7, 9)

6 테타(혹은 카투베이테타)—'통나무방 중앙의 분할 막대.' 위쪽 포우 위에 수평으로 놓여 있는 두 개의 가느다란 세로 막대기들 혹은 장대들 가운데 하나이며, 창고의 통나무방을 반으로 나눈다. (〈도표 3, 4, 6〉에서 9)

7 카비시비시—'통나무방의 수직 칸막이.' 두 개의 테타와 긴 포우 사이에 줄지어 놓여서 창고의 칸막이방을 형성하는 수직의 가느다란 막대기들. (〈도표 4〉에서 9)

카비시비시는 또한 창고의 '칸막이방'을 의미한다. 창고의 칸막이방들을 헤아릴 때는 접사 카비시—혹은 칼리쿠—를 사용한다. 따라서 카비시탈라 혹은 칼리쿠탈라는 '칸막이방 하나'를 의미한다. 카비시유 혹은 칼리카유는 칸막이방 두 개, 카비시톨루 혹은 칼리쿠톨루는 칸막이방 세 개를 나타낸다.

8. 킬루마—'지붕의 수평 버팀대.' 포우의 꼭대기에 얹혀서 지붕 전체의 버팀대 역할을 하는 두 개의 세로 장대들. (〈도표 2〉에서 4, 6, 7, 9)
9. 바타울로—'위쪽 마룻대.' 지붕의 구조를 형성하는 가장 중요한 세 가지 장대들 가운데 하나이며, 킬루마에 대응한다. (〈도표 1, 2, 6〉에서 8, 10)

9*a*. 음와음왈라—'마룻대의 장식.' 위쪽 마룻대의 끝에 부착되는 고리 혹은 조각된 새. (〈도표 1, 2, 8〉)

10. 카쿨룸왈라—'아래쪽 마룻대.' (〈도표 2, 6〉에서 8, 10)
11. 카빌라가—'지붕의 뼈대 판.' 지붕의 버팀대들 및 마룻대와 함께 지붕의 얼개를 형성하는 내부의 판들 가운데 하나. (〈도표 7, 10〉)
12. 카발라푸—'박공판.' 지붕 맨 끝의 두 개의 뼈대 판들. 박공 면에 놓여 있으며 정면이나 뒤에서 창고를 바라볼 때 찾아볼 수 있다. 오늘날 높은 서열의 브와이마에서 정면 카발라푸가 장식되는 경우가 종종 있는데, 옛날에는 항상 그러했다. (〈도표 2, 10〉)
13. 카발라—'내부의 가느다란 뼈대 막대기.' 지붕의 뼈대 판들 위에 동여매져 있는 수평의 가느다란 막대기들로서, 지붕 얼개의 안쪽 세로층을 형성한다. (〈도표 2, 6, 7, 10〉)
14. 카리구바세—'구부러진 뼈대 막대기.' 카발라 외부에서 그것들에 동여매지는 가늘고 구부러진 막대기들. 지붕의 뼈대 판들, 카빌라가 (11)의 면과 평행으로 지붕 외부의 구부러진 면을 형성한다. (〈도표 2,

6, 7, 10〉)

15. 키비—'외부의 뼈대 막대기.' 카리구바세(14)에 수평으로 촘촘히 배치되는 가느다란 세로 막대기들. 지붕 틀구조의 바깥 면을 이루며, 바로 거기에 이엉이 부착된다. (〈도표 2, 6, 7, 10〉)

16. 카투바—지붕의 '이엉.' (〈도표 1, 2, 6, 7〉)

17. 보마카이바—'박공벽 바닥', '박공벽 바닥을 구성하는 막대기들 가운데 하나'. (〈도표 1과 2〉)

18. 카이누빌룸—'박공벽의 버팀대.' 특히 큰 창고들 혹은 어느 정도 헐어낸 창고들의 경우에 튀어나온 박공벽을 지탱하기 위해 세워놓는 긴 장대들. (〈도표 1〉)

19. (보마카이바) 포우—'박공벽 토대 장대.' 지붕의 버팀대인 킬루마(8)의 아래쪽에 동여매는 장대, 혹은 큰 브와이마의 경우에는 통나무. 보마카이바 막대기들의 버팀대로 사용된다.

20. 비시야이—'박공의 토대판.' 정면 박공벽의 하부에 놓이며 때때로 장식되는 판. 때로는 그러한 판이 두 개가 있어서 하나 위에 다른 하나를 올린다. (〈도표 2, 8〉)

21. 비시보다 (또한 카비투바투라고 불린다)—'수직의 박공 막대기.' 똑바로 세워놓은 막대기들. 박공의 얼개에서 수직 부분을 형성한다. (〈도표 2〉)

22. 요빌라발라—'수평의 박공 막대기.' 박공을 가로질러서 놓이며, 박공의 얼개에서 수평 부분을 형성한다. (〈도표 2〉)

23. 투투야—'마룻대 버팀대.' 높고 튼튼한 수직 장대. 창고를 건축할 때 사용되며, 때때로 상설 버팀대로 남아 있다. (〈그림 11〉)

24. 다가—'사다리.' 초가지붕과 얼개를 건축할 동안 창고의 상부에 닿

을 수 있도록 만들어진다. (〈도표 11〉)

25. 우나와나 (또한 더 엄밀한 의미에서는 도가라고 불린다)—'사다리의 수직재.' (〈도표 11〉)

26. 게타나 (또한 요빌라발라라고 불린다)—'사다리의 가로대.' 일반적 용어. (〈도표 11〉)

27. 코콜라—'기둥.' 보통 위쪽 끝이 갈라져 있는 튼튼한 나무 기둥. 작은 창고들에서 토대 들보, 카이타울로(2)를 지탱하기 위한 기둥으로 사용된다. 단 혹은 침상 틀을 지탱하기 위해 사용되는 갈라진 장대를 가리킨다. (〈도표 12〉)

28. 카비시탈라—'통나무방의 내부 칸막이방들.' (〈도표 4〉)

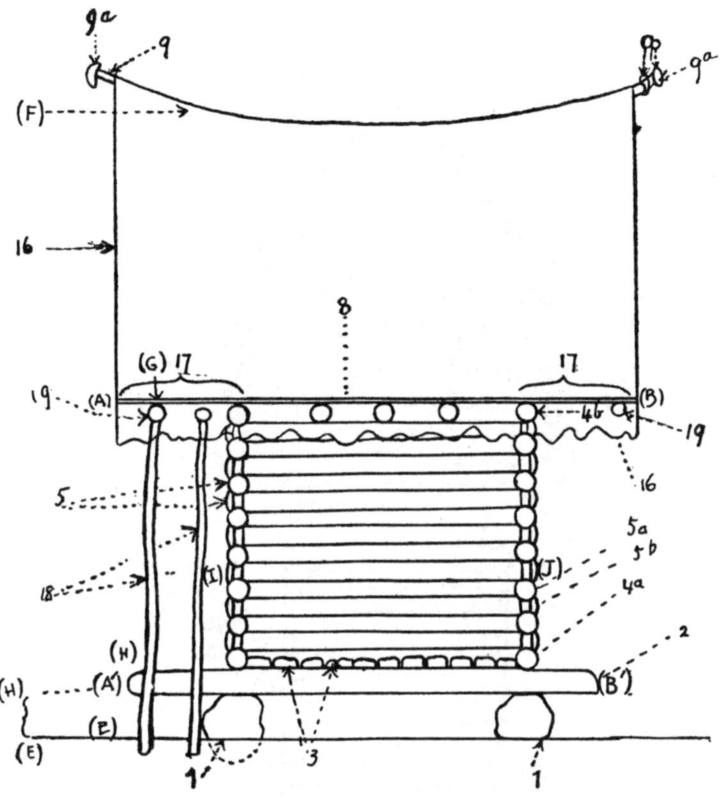

〈도표 1〉 얌 창고의 측면 모습

1. 주춧돌
2. 토대 들보
3. 바닥판
4. 뼈대 통나무 a. 통나무방의 밑바닥에
   b. 통나무방의 꼭대기에
5. 통나무방 a. 통나무방의 가로 통나무
   b. 통나무방의 세로 통나무

8. 지붕의 수평 버팀대
9. 위쪽 마룻대
9a. 마룻대의 장식
16. 이엉
17. 박공벽 바닥
18. 박공벽의 버팀대
19. 박공벽 토대 장대

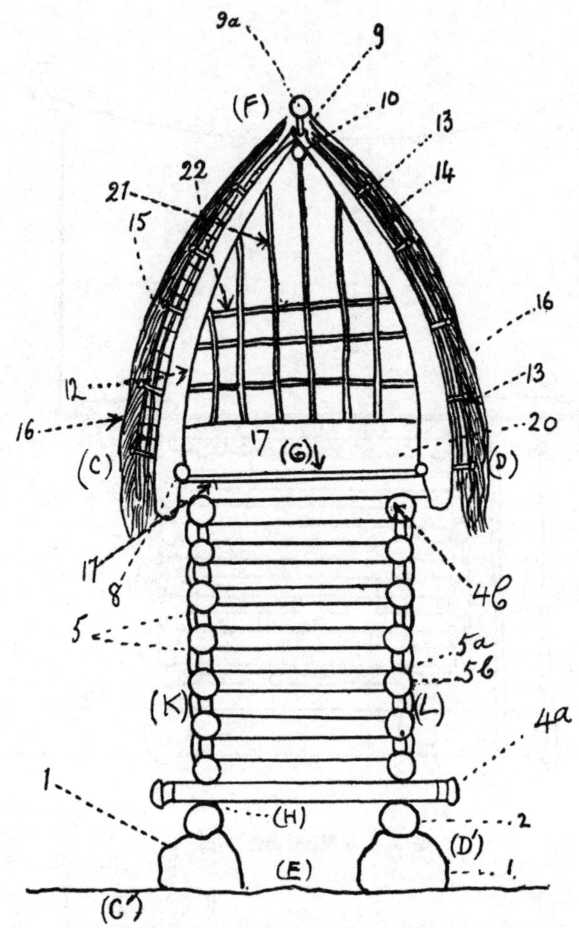

〈도표 2〉 얌 창고의 정면 모습

1. 주춧돌
2. 토대 들보
4. 뼈대 통나무 a. 통나무방의 밑바닥에
   b. 통나무방의 꼭대기에
5. 통나무방 a. 통나무방의 가로 통나무
   b. 통나무방의 세로 통나무
8. 지붕의 수평 버팀대
9. 위쪽 마룻대
10. 아래쪽 마룻대
12. 박공판
13. 내부의 가느다란 뼈대 막대기
14. 구부러진 뼈대 막대기
15. 외부의 뼈대 막대기
16. 이엉
17. 박공벽 바닥
20. 박공의 토대판
21. 수직의 박공 막대기
22. 수평의 박공 막대기

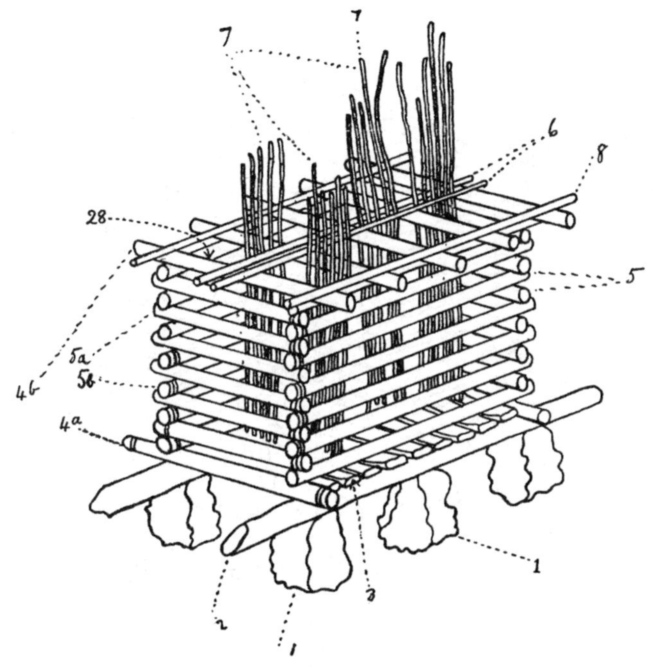

〈도표 3〉 통나무방의 구조

1. 주춧돌
2. 토대 들보
3. 바닥판
4. 뼈대 통나무
5. 통나무방의 통나무 a. 가로 b. 세로
6. 통나무방 중앙의 분할 막대
8. 지붕의 수평 버팀대

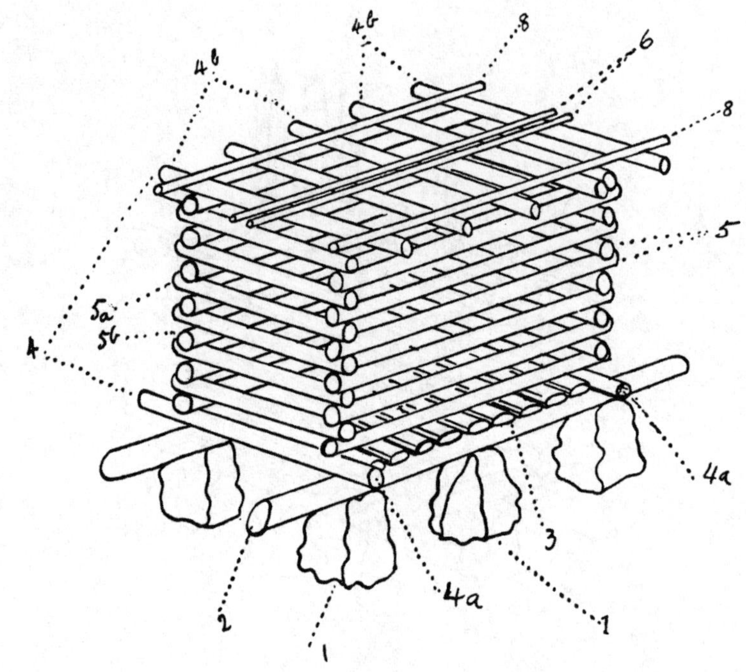

〈도표 4〉 통나무방의 구조와 구획

1. 주춧돌
2. 토대 들보
3. 바닥판
4. 뼈대 통나무 a. 통나무방의 밑바닥에
   b. 통나무방의 꼭대기에
5. 통나무방의 통나무 a. 가로 b. 세로
6. 통나무방 중앙의 분할 막대
7. 통나무방의 수직 칸막이
8. 지붕의 수평 버팀대

28. 통나무방의 내부칸막이 방들

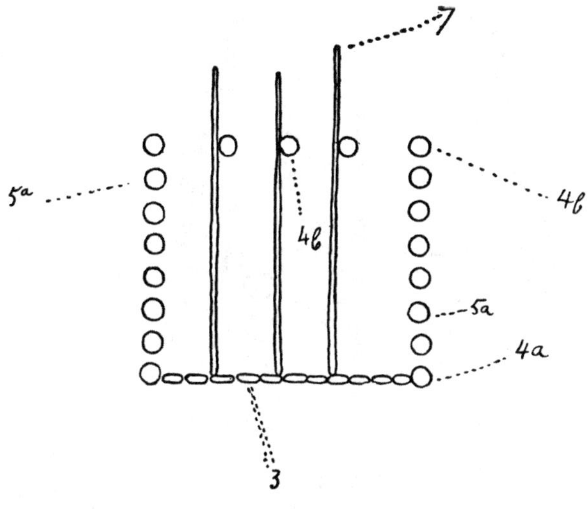

〈도표 5〉 통나무방의 측면 종단면

3. 바닥판
4. 뼈대 통나무 a. 통나무방의 밑바닥에 b. 통나무방의 꼭대기에
5. 통나무방의 통나무 a. 가로
7. 통나무방의 수직 칸막이

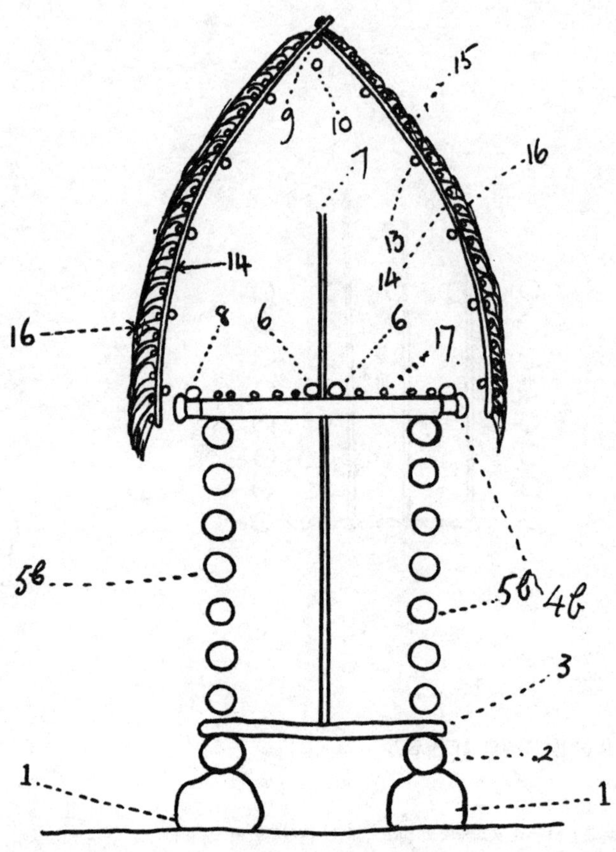

〈도표 6〉 얌 창고의 횡단면

1. 주춧돌
2. 토대 들보
3. 바닥판
4b. 통나무방 꼭대기의 뼈대 통나무
5b. 통나무방의 세로 통나무
6. 통나무방 중앙의 분할 막대
7. 통나무방의 수직 칸막이
17. 걸쳐져 있는 박공벽 바닥 막대기
8. 지붕의 수평 버팀대
9. 위쪽 마룻대
10. 아래쪽 마룻대
13. 내부의 가느다란 뼈대 막대기
14. 구부러진 뼈대 막대기
15. 외부의 뼈대 막대기
16. 이엉

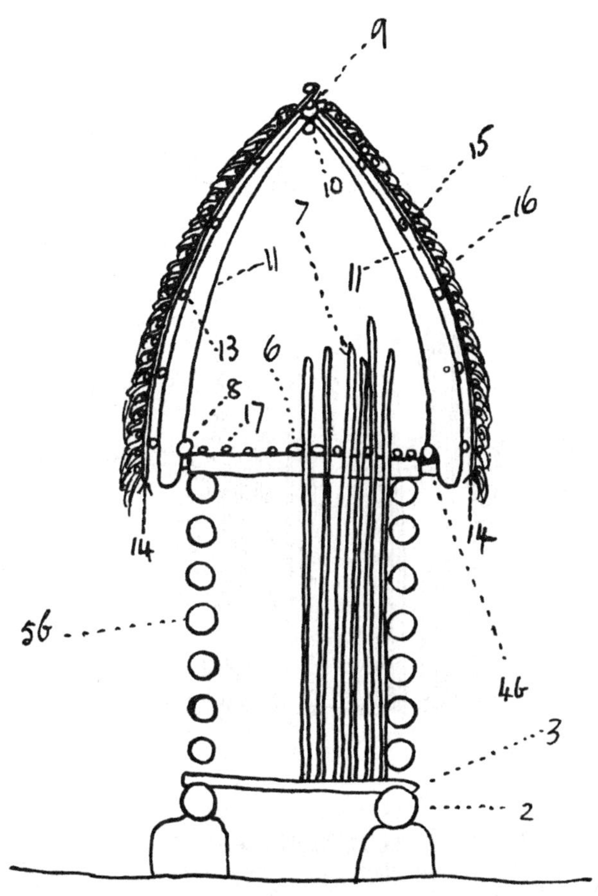

〈도표 7〉 얌 창고의 횡단면 (가로 칸막이방 벽의 구조를 보여준다.)

2. 토대 들보
3. 바닥판
4b. 통나무방 꼭대기의 뼈대 통나무
5b. 통나무방의 세로 통나무
6. 통나무방 중앙의 분할 막대
7. 통나무방의 수직 칸막이
8. 지붕의 수평 버팀대
9. 위쪽 마룻대
10. 아래쪽 마룻대
11. 지붕의 뼈대 판
13. 내부의 가느다란 뼈대 막대기
14. 구부러진 뼈대 막대기
15. 외부의 뼈대 막대기
16. 이엉
17. 걸쳐져 있는 박공벽 바닥 막대기

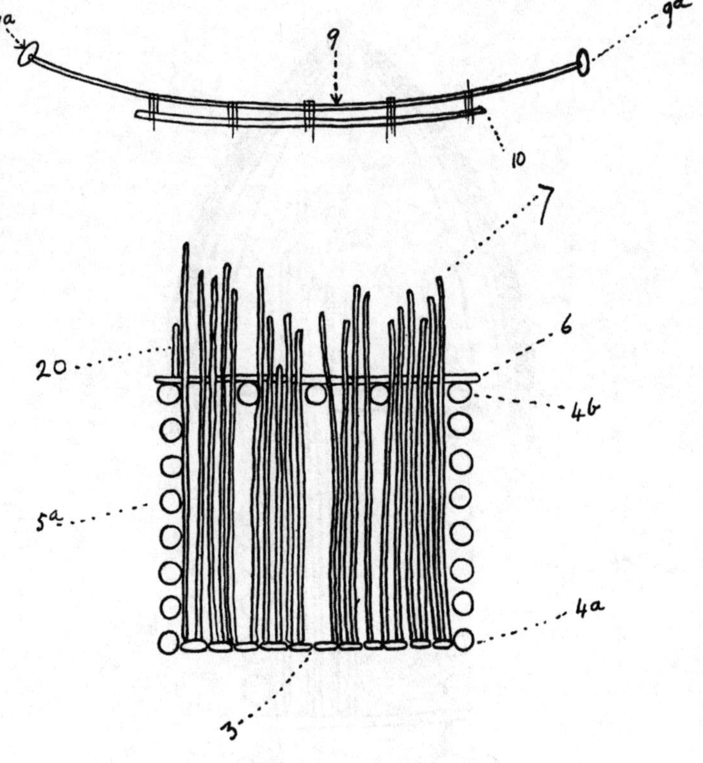

〈도표 8〉 얌 창고의 종단면

(세로 칸막이방 벽의 구조를 보여준다.)

3. 바닥판
4. 뼈대 통나무 a. 통나무방의 밑바닥에
   b. 통나무방의 꼭대기에
5a. 통나무방의 가로 통나무
6. 통나무방 중앙의 분할 막대
7. 통나무방의 수직 칸막이
9. 위쪽 마룻대
9a. 마룻대의 장식
10. 아래쪽 마룻대
20. 박공의 토대판

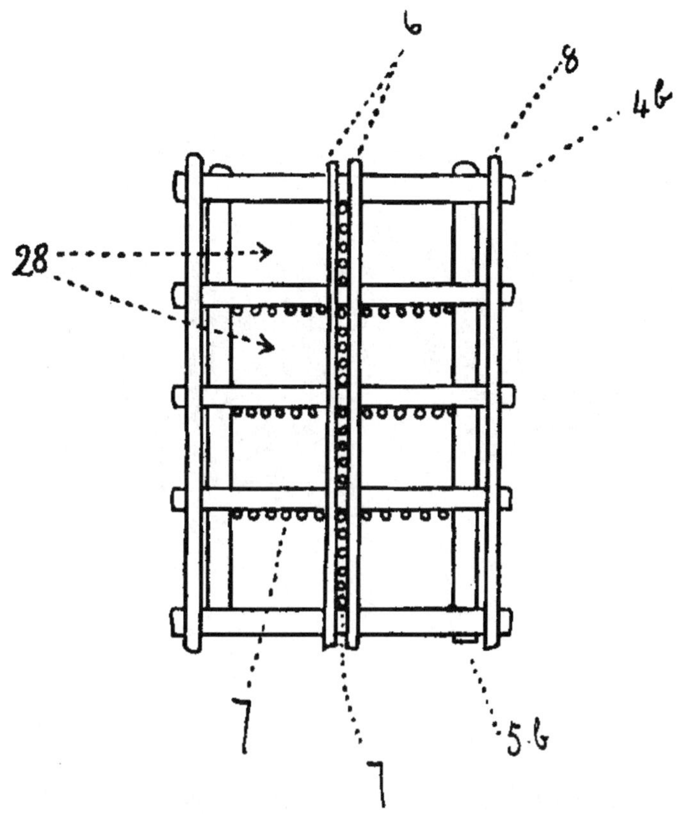

〈도표 9〉 통나무방 꼭대기의 수평적 절단면
(칸막이방 구획의 구조를 보여준다.)

4b. 통나무방 꼭대기의 뼈대 통나무
5a. 통나무방의 가로 통나무
6. 통나무방 중앙의 분할 막대
7. 통나무방의 수직 칸막이
8. 지붕의 수평 버팀대
28. 통나무방의 내부 칸막이방들

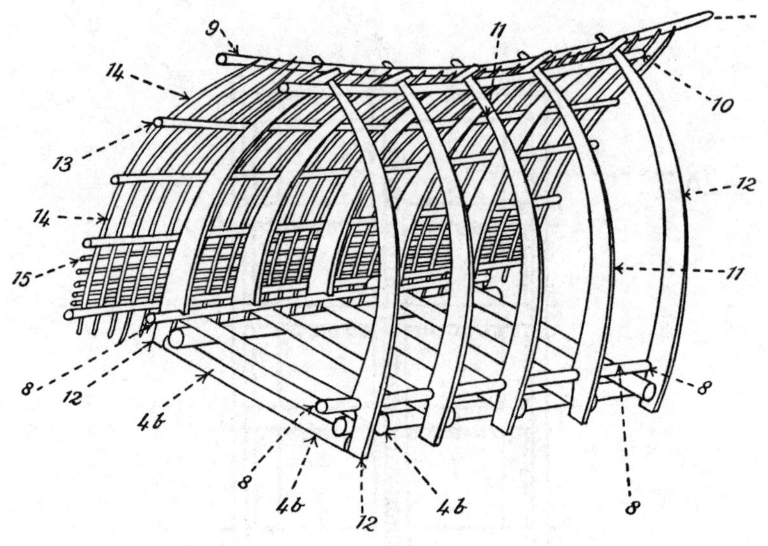

〈도표 10〉 얌 창고 지붕의 구조

4b. 통나무방 꼭대기의 뼈대 통나무
8. 지붕의 수평 버팀대
9. 위쪽 마룻대
10. 아래쪽 마룻대
11. 지붕의 뼈대 판
12. 박공판
13. 내부의 가느다란 뼈대 막대기
14. 구부러진 뼈대 막대기
15. 외부의 뼈대 막대기

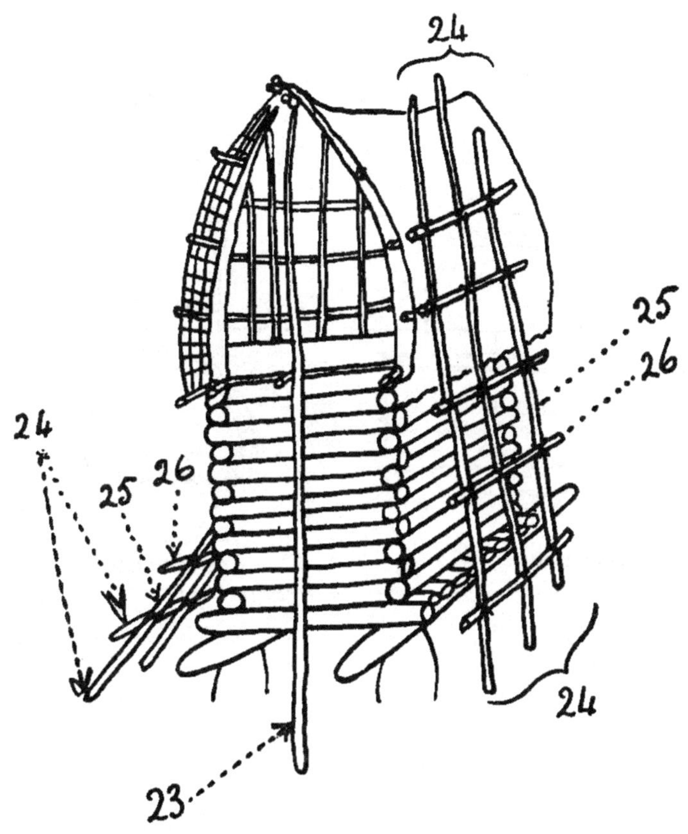

〈도표 11〉 얌 창고 비계의 구조

23. 마룻대 버팀대
24. 사다리
25. 사다리의 수직재
26. 사다리의 가로대

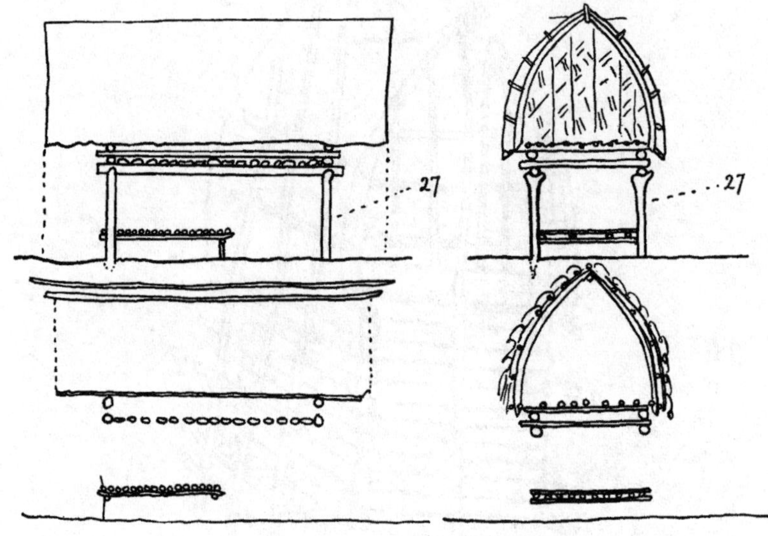

〈도표 12〉 소크와이파

27. 나무 기둥

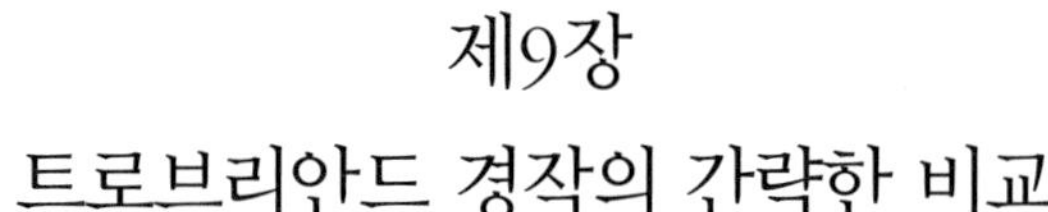

제9장
트로브리안드 경작의 간략한 비교

지금까지 우리는 한 가지 경작 체계만을 매우 상세하게 서술해왔다. 작업과 주술, 수확물 선물의 저장, 노동 분업의 원칙 등에 대한 일반적 서술은 모두 오마라카나 경작 체계에 대한 구체적인 설명을 중심으로 이루어졌다. 나는 오마라카나의 경작이 일반적인 경작유형으로 여겨지기를 바랐다. 왜냐하면 우리가 알고 있듯이, 오마라카나의 경작은 키리위나의 경작을 대표하며, 모든 트로브리안드인에게, 심지어 북부 맛심 지역의 모든 토착민에게 키리위나는 훌륭한 경작지를 대표하기 때문이다. 여러 체계를 피상적으로 서술하는 것보다는 하나의 체계를 충분히 서술하는 편이 확실히 더 나았다. 그리고 경작지 수십 곳을 똑같이 상세하게 설명하는 것은 현지조사자의 입장에서나 독자의 입장에서나 불가능한 일일 것이다. 그러한 세부사항들의 가치는 그것들 자체를 아는 데 있다기보다는, 오히려 그러한 세부사항들을 통해서 트로브리안드인의 경작 관습과 믿음의 구조를 파악할 수 있고, 트로브리안드인이 의례 과정을 정의하는 범위를 살펴볼 수 있으며, 또한 이러한 요소들이 일관된 행동 체계 속으로 통합되는 방식을 이해할 수 있다는 데 있다.

그렇지만 오마라카나의 경작 체계가 실제로 어느 정도까지 트로브리안드의 경작을 전반적으로 대표하는지를 간략히 보여줄 필요가 있을 것이다.[1)]

1. 트로브리안드 경작의 본질적 통일성

나는 이 책의 첫 장에서 다양한 경작 체계들 사이에는 본질적인 유사성이 존재한다는 점을 분명히 밝혔다. 이러한 유사성은 아주 세부적인 부분에서도 나타난다. 예를 들면, 서쪽 해안에 처음 도착했을 때 나는 화전 주술에 대한 정보를 사전에 입수했었다. 이후에 섬 중앙에 위치한 오마라카나에서 몇 달 체류하면서, 나는 실제로 주술이 수행되는 동안 그러한 정보를 검토해볼 수 있었다.

사실 그 지역에 막 도착했을 때, 나는 트로브리안드의 문화가 어디서나 동일할 것이라고 확신했기에 단지 한 가지 유형의 경작과 한 가지 유형의 주술만이 존재한다고 가정했었다. 나중에 나는 트로브리안드에서 굉장히 복잡하고 세부적으로 정교한 의례와 주문을 갖춘 경작지 주술이 발달했다는 사실을 알게 되었지만, 그 무렵에는 그것을 찾아낼 준비가 되어 있지 않았다.

당시 나는 토착민이 피진어로 말해준 이야기를 받아 적었는데, 방법론적 중요성 때문에 경작지 주술에 대한 내 최초의 기록을 거의 글자 그대로 여기에 옮겨놓으려고 한다.

1) 또한 부록 2, 4절의 주 36을 보라.

"마을마다 토워시라고 불리는 경작지 요술사가 한 사람씩 있다. 경작지에 화전 준비가 되면, 토워시는 '코코넛 싹'(카이카폴라)을 가져오도록 한 소년을 보낸다. 그 소년은 또한 와카야, '마른 바나나 잎'과 불라불라라고 불리는 식물의 잎, 그리고 야유(카수아리나 나무의 잎)를 가져오라는 말을 듣는다. 그러고 나서 그는 카이보마투(큰 홍합껍질)를 가지고 약간의 '사암(砂岩)'(카이부아)을 긁어낸다."

"다음에 그들은 덤불암탉이 긁어낸 어떤 재료를 가져온다. 타이투가 덤불암탉의 흙무더기처럼 부풀어 오를 것이라는 생각에서다. 카이부아 돌은 바로 아래 땅속으로 파고든다. 마찬가지로 타이투도 그래야 한다. 카수아리나는 매우 빨리 자라는데, 타이투도 마찬가지로 아주 빨리 자라야 한다. 바나나는 몸통이 두꺼울 뿐 아니라 코코넛 나무의 몸통처럼 밑동으로 갈수록 불룩해지는데, 마찬가지로 타이투도 그러해야 한다.

"그들은 코코넛 '싹'을 선택하는데, 타이투 잎들이 검어지게 하기 위해서다." 몇몇 식물들이 더 사용되지만, 나의 정보 제공자는 그것들을 기억하지 못했다.

"요술사는 모든 재료를 깔개(모이) 위에 올려놓는다. 그는 또 다른 깔개를 머리 위로 들어올린 후 재료들 위로 어떤 주문을 노래한다. 그는 집 안에 홀로 있다. 단어들은 어떠한 의미도 없다. (명백히 틀렸다!) 그 예식은 아침 일찍 이루어진다. 그러고 나서 요술사는 모든 재료를 두 개의 깔개 사이에 붙들어맨다."

"그는 스스로 불을 피워야 한다. 그는 막대기 두 개를 서로 문질러야 한다. 그는 (자기 집 앞의) '툇마루'에서 그 일을 한다. 그러고 나서 그는 타오르는 막대기 두 개를 집어 들고 경작지로 간다. 그는 막대기 두 개를 각각 양손에 들고 가며, 그의 누이나 딸은 깔개들을 가지고 간다. 그들은 다른 남자들과 여자들의 행렬을 이끌고 경작지로 간다."

"그녀는 깔개들을 오밀레울라(길과 경작지가 만나는 장소. 장차 울타리 계단이 세워지게 될 것이다.)라고 불리는 지점에 내려놓는다. 그는 막대기(술루아) 두 개를 남자 두 명에게 준다. 그들은 가서 경작지를 태운다."

"깔개들 속에 있는 주술용 재료가 각각의 경작자에게 분배된다. 요술사는 자기 집에서 이미 그것을 작은 꾸러미들로 싸놓았다. 각각의 꾸러미는 바나나 잎 한 장으로 싸인 채 막대기에 달려 있다. (여기서 나의 정보 제공자는 아마도 화전의 두 예식들을 뒤섞어놓았다.) 남자들은 저마다 자신의 주술용 재료 꾸러미를 자신의 경작지 소구획에 묻는다."

이러한 설명은 한두 가지 사소한 점들을 제외하고는 정확하며, 나는 그것들 가운데 가장 두드러진 잘못을 괄호 속에서 바로잡았다. 물론 초기 용어들은 통역자의 피진어에서 직접 따온 것이기에 종종 조잡하다. 예컨대 "요술사", "소년"과 같은 단어들, 그리고 카이부아, 카이카폴라, 와카야라는 단어들의 부정확한 해석들이 그러하다.[2] 그러나 대체로 이러한 설명은 거의 모든 공동체의 첫 번째 화전 예식에 적용될 수 있다. 이 예식이 여러 마을에서 수행되는 과정을 목격한다면, 또한 오마라카나에서 그 광경을 두 차례 목격한다면, 독자는 내 정보 제공자가 진술한 내용의 세부적인 실수보다는 그 진술의 정확성에서 깊은 인상을 받게 될 것이다.

나는 키리위나에서 현지조사를 시작한 첫 달에 서쪽 해안의 다양한 공동체들로부터, 그리고 오마라카나뿐 아니라 그 주변의 공동체들로부터 닥치는 대로 경작지에 대한 정보를 수집하곤 했다. 이러한 조사 과정을 통해서, 나는 곧 모든 마을이 저마다 고유한 주술 체계를 보유하고 있다는 사

2) 와카야는 "마른 바나나 잎"이 아니라, 불룩한 몸통을 지닌 바나나의 종류이다.

실을 깨닫게 되었다. 즉 마을마다 일련의 주술 문구들을 보유하고 있는데, 그것들은 모계로 전수된다. 그리고 언제나 마을 공동체의 지배적 하위 씨족이 그 문구들을 소유하며, 이 하위 씨족의 우두머리 혹은 대리인이 공동체를 위해서 그 주술을 수행한다. 여기서 체계라는 말은, 실제적인 작업과의 연관 속에서 단계적인 활동들로 통합되는 연속적인 주술 행위들을 의미한다(부록 1 참조). 토착민들은 이러한 사회학적, 문화적 사실을 매우 분명하게 깨닫고 있다. 그들은 모든 마을에는 자체의 경작지 주술이 존재한다는 사실을 안다. 그들은 각각의 개별적 주술 체계를 저마다 고유한 이름으로 부른다. 그들은 하나의 주술 체계가 다른 것보다 훨씬 더 강력할 수 있다는 점을 분명히 이해한다. 그렇지만 내가 느끼기에는, 각각의 공동체는 저마다 자신들의 주술이 적어도 그들의 땅과 경작 기술을 위해서는 최고라고 믿는 듯하다. 어쨌든 대체로 오마라카나에서 실천되는 주술 체계가 가장 강력하다고 인정된다. 간략히 말해서, 어떤 지구의 땅이 더 비옥할수록 그 땅을 소유한 공동체가 더 강력하기 때문에, 주술의 탁월함에 대한 가정과 경작지의 실제적인 우수함, 그리고 경작지를 소유한 공동체의 신분 및 권력 사이에는 분명한 상관관계가 성립한다(1장 7절 참조).

따라서 경작지 주술의 일반적 성격이나 주술과 작업의 상관관계, 그리고 주술의 실행과 관련된 사회학—즉 **토워시**의 지위, 마을 사람들이 그에게 주는 보수, 지도자로서 그의 특성—은 1장에서 간략히 살펴보았듯이 트로브리안드 전역에서 동일하다.

또한 1장에서 나는 주요 경작지 예식들이 동일한 유형에 속한다고 진술했다. 이제 우리는 이미 살펴보았던 한 가지 체계를 좀 더 세부적으로 살펴보면서 이러한 진술을 보충할 수 있다. 덤불치기와 화전의 시작 의식들인 **요워타**와 **가부**, 파종과 타이투 버팀대의 주술인 **캄코콜라**, 일련의 성장 주술들, 솎아내기와 잡초 뽑기의 시작 의식들, 그리고 수확의 시작 의식 등은 모든 체계에 등장한다. 어떤 주술 체계에서든 그러한 의식들은 특히 표준 소구획들, 레이워타에서 완전하고 정확하게 수행된다. 모든 체계에서 그러한 의식들과 실제 작업과의 관계는 동일하다.

그러나 각각의 체계에는 고유한 주문들과 고유한 주술 재료들이 있다. 각각의 주술 체계마다 의례에서 차이가 나타나며, 주술사에 대한 터부도 체계마다 조금씩 다르다. 그러나 비록 단어, 재료, 의례의 몸짓이 다르더라도 유형은 동일하다. 기록 6과 7의 연구는 본질적 동일성뿐 아니라 상이점의 사례들을 보여줄 것이다.

기록 5에서 나는 키리위나의 다양한 체계들의 이름을 다소 무미건조하게 열거하였다. 얼핏 보기에 이 기록은 단지 이름의 상호관계만을 담고 있기 때문에 그다지 유익하게 보이지 않는다. 그러나 그것을 분석해보면, 같은 체계가 일곱 곳의 공동체들에서 사용되고 있음을 알 수 있다. 2~5장에서 상세하게 기록해놓은 카일루에빌라 체계는 오마라카나에서 뿐 아니라 다른 여섯 곳의 마을들에서 발견된다. 그것은 이제는 사라진 마을인 옴람왈루바에서도 실행되었다. 카일루에빌라 체계는 본고장인 루에빌라에서 뿐 아니라 타발루 씨족이 땅속에서 출현한 라바이 마을에서, 쿨루비투에서, 그리고 카프와니와 올리빌레비에서도 실행된다. 이는 첫째로 오마라카나에서 입수한 정보가 어느 정도 완벽하게, 그리고 변동 없이 이 마을들 모두에 적용된다는 것을 의미한다. 둘째로, 그 체계의 이름이 루에빌라에서 유래할 뿐더러 매우 북쪽에 위치한 마을 두 곳에서도 실행되고 있기 때문에, 그 체계의 본고장은 아마 섬의 북부 해안지대임을 알 수 있다. 아마도 그 체계는 타발루 하위 씨족과 함께 남쪽으로 이동했고, 그래서 오마라카나와 올리빌레비에서, 그리고 이전에는 옴람왈루바에서 실행되었을 것이다(12장 3절 참조).

오마라카나에서 입수한 자료들을 다른 마을들 가운데 한 곳에서, 특히 루에빌라에서 점검해본다는 것은 매우 구미가 당기는 발상이었다. 그렇게 했더라면, 주술이 독립적인 사용 과정에서 어떻게 변화되었는지, 그리고 주술 의례와 문구들은 변하지 않는다는 토착민의 믿음이 얼마만큼 사실에 기인한 것인지 등과 같은 흥미로운 문제를 매우 잘 조명할 수 있었을 것이다. 그러나 평균적인 정보 제공자로부터, 특히 그와 친해져서 신뢰를 얻기 전에 주술 원문을 입수하는 일이 얼마나 어려운지를 아는 사람이라면, 왜 내가 이처럼 유혹적인 실험을 수행하지 않았는지를 분명히 이해할 수 있을 것이다. 심지어 바기도우처럼 예외적으로 지성적이고 호의를 가지고 있으며 인내심 있는 정보 제공자와 함께할 때조차도, 그의 주술에 대한 해설을 충분히 입수해서 받아 적고, 검토하고, 번역하기까지는 여러 달이 걸렸다.

기록 5에 포함된 더 많은 자료들을 보면, 마을 다섯 곳에서 각각 두 개의 체계들이 더 실행되고 있다는 것을 알 수 있다. 그중에서 기율루투 체계는 카브와쿠에서, 그리고 와카일루바, 카우리크와우, 투보와다, 와카이세 마을들에서 실행된다. 이 마을들은 명백히 하나의 문화적인, 심지어 정치적인 단위를 형성하며, 그 중심지인 카브와쿠의 지배를 받는다. 반면 비살로크와 체계는 서쪽 해안의 카바타리아로부터 북쪽의 카불룰로까지, 그리고 동쪽 해안의 오브웨리아(틸라타울라), 쿠두크와이켈라(쿠보마), 쿨루와까지 띄엄띄엄 나타난다. 또한 몸틸라카이바 체계는 오마라카나에서 엎어지면 코 닿을 만큼 가까운 거리에 있는 쿠로카이와 마을들(요우라워투, 틸라카이바, 그리고 쿠프와코풀라)에서 실천되며, 초호 연안의 투크와우크와에서, 그리고 가장 서쪽의 수비야길라에서도 실행된다. 카이가이와 같은 일부 체계들은 하층민 중에서도 최하층민인 브워이탈루 사람들에 의해서,

그리고 얄루무그와의 귀족 마을에서, 또한 몰리길라기의 평민 마을에서 마찬가지로 실행된다.

주술 체계들의 분포는 대체로 별다른 일관성을 나타내지 않는다. 그러나 주술 체계들이 그처럼 흩어져 있으며 신분이나 어떠한 지정학적 원칙과도 뚜렷하게 연관되지 않는다는 바로 그 사실이야말로 트로브리안드 전역에서 경작지 주술의 본질적 통일성을 보여준다. 나는 실라크와 체계 전체를 가까이에서 관찰할 수 있었는데, 왜냐하면 그것이 오마라카나의 누이 마을인 카사나이에서 실행되었기 때문이다. 나는 카사나이 출신의 몇몇 정보 제공자들의 도움을 받아서 오마라카나 주술의 모든 세부사항을 카사나이의 것들과 대조해볼 수 있었다. 그렇지만 이 두 가지가 너무나 밀접하게 합치했기 때문에 이 작업을 기록해둘 필요를 느끼지 못했다. 나는 기율루투 체계가 오마라카나에서 십 분 거리에 있는 와카이세 마을에서 실행되는 광경을 목격했다. 오보와다 마을에서는 브와이데다가 그 주술을 수행하였는데, 나는 그 광경을 사진으로 찍어두었고(〈사진 100〉) 주술의 여러 단계를 관찰했지만 상세하게 기록하지는 않았다. 나는 몸틸라카이바 체계를 부분적으로 관찰했고, 다음 절의 간략한 설명에서 드러나는 정도까지 기록해 두었다.

기억해야 할 것은, 내가 그처럼 연속적인 관찰을 해왔을 뿐 아니라, 이따금씩 경작 작업과 경작지 주술을 우연히 접하면서 대단히 많은 경험을 쌓아왔다는 점이다. 나는 그 지역을 걸어가다가 이러저러한 예식이 수행되는 광경에 갑작스럽게 맞닥뜨리곤 했으며, 예식이 실제로 수행되는 것을 관찰하기도 하고, 경작지에서 주문이 읊어지는 소리를 듣기도 했다. 다른 마을을 방문할 때면, 나는 경작지의 상태와 당시 진행되는 작업 혹은 주술에 대해서 스스럼없이 대화하곤 했다. 농부라면 누구나 그러하듯이, 트로브리안드인들은 언제나 그들의 경작지에 대해 이야기하기를 마다하지 않는다. 반면, 트로브리안드인들은 그들의 주술을 아직 제대로 알지 못하는 사람과 함께 주술에 관한 이야기를 나누고 싶어 하지 않는다. 그러나 그들은 내가 그들의 주술에 정통해 있음을 알았고, 따라서 언제나 나는 어떠한 주술 체계에서도 세부사항에 대한 정확한 서술을 입수할 수 있었다. 나는 표준에서 벗어나는 듯한 무언가를 발견할 때마다 나중에 그것에 대해 좀 더 자세히 알아보려고 애썼다.

2. 쿠로카이와 경작지의 공적인 예식

예를 들면, 나는 오마라카나에 인접한 쿠로카이와에서 시행되는 주술 체계 가운데 한두 가지 예식들이 바기도우가 수행하는 카일루에빌라 체계의 예식과 세부적으로 다르다는 사실을 발견했다. 쿠로카이와라고 불리는 마을 복합체는 세 개의 촌락들, 곧 쿠프와코풀라, 틸라카이바, 그리고 요우라워투로 구성된다. 처음의 두 마을들은 경작지를 함께 일구며, 세 번째 마을은 단독으로 일군다. 따라서 해마다 울타리로 둘러막은 두 개의 경작지가 존재한다. 쿠프와코풀라의 우두머리인 나시보와이가 두 경작지들을 위해 주술을 행한다.

그가 사용하는 체계는 몸틸라카이바라고 일컬어진다. 키리위나에서 수행되는 대부분의 주술 체계들과는 달리, 몸틸라카이바 체계는 **카야쿠**에서 시작되지 않으며 오히려 성스러운 작은 숲, 오바바빌레에서 예식과 함께 시작된다. 오바바빌레는 수세대 동안 손대지 않은 수많은 나무들로 이루어져 있으며, 오마라카나와 틸라카이바 마을의 중간쯤에 위치한다(오마라카나 경작지 평면도인 〈그림 13〉을 보라). 오바바빌레는 사실 오마라카나의 밭 한가운데에 위치하고 있지만, 그 금지된 작은 숲은 틸라카이바의 주술에서만 신화적으로나 전통적으로 일정한 역할을 담당한다. 오바바빌레에 들어가는 일은 주술사를 제외하고는 모두에게 엄격하게 금지되어 있으며, 주술사조차 의례를 수행할 목적으로만 그곳에 들어갈 것이다. 이러한 터부를 위반하는 사람은 프와와, 곧 성기에 종기가 생기는 병에 걸리기 쉽다. 토착민들은 누군가 그 숲에 들어가는 것을 너무나 반대했기 때문에, 나는 오마라카나에서 오랫동안 체류하는 동안 거의 날마다 돌 던지면 닿을 만한 거리에서 그곳을 지나치면서도 결코 그 내부를 조사해보지 못했다. 내가 들은 바에 따르면, 그 숲의 한가운데에 큰 돌이 있으며, 쿠로카이와의 토워시는 그 돌 위에서 의식을 수행한다. 그는 카야쿠가 개최되기 직전에 카시예나 종류의 큰 얌을 카보마로 가져와서, 그것을 조상의 영들에게 바치는 공물로 성스러운 돌 위에 올려놓고서 다음의 주문을 읊는다.

〈문구 32〉

"오바바빌레의 작은 숲에서 구부리고 있는 자, 누구인가?

나, 나시보와이가, 내가 오바바빌레의 작은 숲에서 구부리고 있다네.

나는 구부리고서 이것을 오바바빌레의 작은 숲에서 나를 것이라네.

나, 나시보와이가, 내가 오바바빌레의 작은 숲에서 구부리고 있다네.

나는 이것을 머리 위의 바구니에 담아서 오바바빌레의 중심으로 나를 것이라네.

나는 내 새로운 작물(의 보증물인) 이것을 오바바빌레의 중심으로 나를 것이라네."

이 의식에서 우리는 금지된 작은 숲, 조상의 영들, 성스럽고 금지된 대상, 돌, 그리고 주술사 사이의 직접적인 연관을 발견하게 된다. 비록 카일루에빌라 체계에서처럼 몸틸라카이바 체계에서도 영들에 대한 공물인 **울라울라**(2장 4절 참조)가 주술사의 집에서 바쳐지지만, 토착민들은 이 예식을 통해서 경작 주기 내내 조상의 영들의 직접적인 보호를 받게 된다고 이야기한다. 이때 조상의 영들이란 주술사 전임자들의 영들을 가리킨다.

시작 예식이 끝난 뒤 곧바로 **카야쿠**가 열린다. 경작지를 함께 일구는 두 마을은 나시보와이의 집 앞에서 **카야쿠**를 개최한다. 요우라워투 사람들은 그들의 우두머리인 기요카이타파의 집 앞에서 **카야쿠**를 개최한다. 이어서 마을 사람들이 물고기를 사고 주술사가 허브를 채집하고 난 뒤에, 오마라카나에서와 같은 방식으로 예식에 대한 보수가 증여되며 **울라울라**가 행해진다.

카야쿠 이후 첫 번째로 수행되는 중요한 예식은 오마라카나의 해당 예식과 본질적으로 동일하다. **토워시**는 마을에서 다음의 주문을 통해서 **케마**(도끼)와 주술용 혼합물의 일부에 마법을 건다.

〈문구 33〉

"줄줄이 열리네, 줄줄이 열리네…….

둘둘 감기네, 둘둘 감기네…….

그대는 줄줄이 열린다네, 오 타이투여, 그대는 둘둘 감긴다네, 오 타이투여

그대는 **와이비투** 식물처럼 풍성하네.

그대는 **요크와오마** 덩굴처럼 잎이 무성하네."

다음날 남자들은 각자 자신의 도끼를 들고서, 카일레파(경작지 주술사의 지팡이)를 들고 있는 토워시와 함께 경작지로 간다. 레이워타에서 토워시는 나쁜 나뭇가지(카이가가)를 잘라내어 던져버리면서 다음의 주문을 읊는다.

〈문구 34〉

"나는 그대를 두드리네, 오 흙이여,
일어나라, 오 흙이여,
그대의 농작물을 들어올리고 일으켜라, 오 흙이여,
그대의 농작물을 들어올리고 가라앉게 하라, 오 흙이여."

이 주문에서 흙이라는 단어는 경작지를, 그리고 좀 더 특별하게는 경작지 생산물을 은유적으로 나타낸다. 따라서 이 주문은 타이투가 일어나기를, 다시 말해서 성장하기를 기원한다. 또한 들어올리고 일으키라고, 즉 땅 위로 식물을 발육시키라고, 그리고 들어올리고 가라앉게 하라고, 즉 땅 속에서 풍성한 덩이줄기 농작물을 만들어내라고 기원한다. 이 주문을 오마라카나 체계의 카이가가 주문과 비교해보면, 이 주문이 전혀 다른 양식으로 구성되었다는 사실이 명백해진다. 이 주문은 사실상 땅 두드리기 주문이며, 주술사가 땅 두드리기 의식을 수행할 때 다시 읊어질 것이다. 그러나 그것은 오마라카나 체계의 카이가가 주문처럼 액막이 기능을 하지 않는다. 내가 나시보와이로부터 불충분한 혹은 혼동된 정보를 입수했기 때문인지, 아니면 이 체계에서는 실제로 동일한 주문이 두 가지 퍼포먼스를 위해 사용되는 것인지 명확하게 판단하기 어렵다.

그러고 나서 주술사는 좋은 나뭇가지(카요워타)를 잘라서 땅에 심고, 웅크리고 앉아서 그 나뭇가지를 좌우로 흔들면서 또 다른 주문을 읊는다.

〈사진 100〉 오보와다의 경작지 주술사인 브와이데다
이것은 포즈를 취하고 찍은 사진이 아니다. 이 사진은 기부비야카 의식을 실제로 수행하는 동안 찍은 것이며, 집중하고 있는 주술사의 표정을 보여준다. 그의 뒤에서는 그의 모계 조카가 깔개로 싼 횃불 몇 개를 들고 있다. (9장 1절)

그는 주술용 허브를 가지고 땅을 문지르는 동안에도 그 주문을 또다시 읊는다.

〈문구 35〉

"오 내 주술의 덤불암탉이여,
오 내 주술의 작은 덤불암탉이여,
오 유쾌한 웃음소리여, 오 쾌활한 장난이여!
나는 내 경작지 동무들의 목청으로 소리칠 것이라네.
그것은 그들의 목소리가 아니라네,
그들의 목소리는 쏙독새의 목소리라네.
그것은 그들의 목청이 아니라네,
그들의 목청은 카브와쿠 새의 목청이라네.

〈사진 101〉 어깨에 예식용 도끼를 메고 있는 나시보와이 (9장 2절)

우리는 작업할 때 소리치네.

우리는 우리의 경작지를 자랑하네."

그런 다음에 나시보와이는 카일레파로 땅을 두드리면서 〈문구 34〉, "나는 그대를 두드리네, 오 흙이여." 등을 되풀이한다. 남자들은 나무를 자르거나 나무에 표시를 남기기 위해서 각자의 발레코로 흩어진다. 주술사는 레이워타에서 일을 마무리한 뒤에 각각의 발레코에서 땅을 문지르고 두드린다. 기억하겠지만, 오마라카나에서 이 예식의 모든 세부사항은 명확한 의미를 지니고 있는데, 여기서도 각각 동일한 의미가 부여된다.

나쁜 나뭇가지를 잘라내는 것은 사악한 힘을 쫓아내고 땅을 비옥하게 만들기 위한 것이다. 좋은 나뭇가지는 비옥함의 상징이며, 잎으로 땅을 문지르는 것은 흙을 좋게 만들기 위해서다. 주술용 지팡이로 두드리는 것 또한 땅을 풍요롭게 만들기 위해서다. 이 체계의 모든 예식은, 다른 모든 예식에서와 마찬가지로, 일반적인 시작 기능을 지니고 있으며, 풍요의 생명력이 땅속에 스며들게 하기 위해서 수행된다.

보다시피, 이 체계의 주문들은 오마라카나에서 사용되는 주문들과 다르다. 주술용 혼합물 역시 그러하다. 바기도우가 사용하는 열세 가지 성분들 대신에, 나시보와이는 단지 네 가지 재료만을 사용한다. 나시보와이가 사용하는 재료는 바기도우의 주술적 처방에서도 사용되는 성분인 **게우**, 곧 덤불암탉의 둥지에서 가져온 모래 또는 흙과, **누누리**, 곧 매우 큰 열매를 많이 맺는 나무의 잎과, **카이타겜**, 곧 마찬가지로 풍성한 잎을 가진 식물이다.

주술사는 이 모든 성분을 둘로 나누어서 일상적인 태도로 깔개 사이에 집어넣고, 자신의 집에서 따로따로 치료한다. 일부는 한 무더기로 쌓아놓고 주문을 읊은 다음에 그 혼합물을 도끼날과 접힌 바나나 잎 사이에 집어넣는다. 그리고 도끼들에 마법을 건다(2장 4절 참조). 나머지 허브들은 경작지로 가지고 간다. 주술사는 경작지에서 **시시예이**(고사리)를 약간 뜯어내서 허브들과 혼합한다. 그는 땅을 문지르면서 **요워타** 문구를 읊는다.

다음 예식, 곧 덤불치기 후 마른 덤불의 화전(**가부**) 및 관련 의식들은 실제로 오마라카나에서의 절차와 다르지 않다. 이곳에서도 주술용 **카이카폴라** 횃불들은 이전의 수확기에 미리 준비되었는데, 그때 주술사는 오바바빌레의 작은 숲에서 읊었던 주문(〈주술 문구 32〉)으로 그것들에 마법을 걸었다. 최초의 화전(**바카바일라우**)은 오마라카나에서와 마찬가지로 별다른 예식 없이 수행되며, 심지어 여자들도 참석이 허락된다.

그다음 화전인 **기부비야카**는, 오마라카나에서 그러했듯이, 각각의 **발레코**에 마른 잔가지들로 작은 더미를 만들어서 주술용 재료의 일부를 그 속

〈사진 102〉 캄코콜라에 주문 읊기 (9장 2절)

〈사진 103〉 캄코콜라 예식을 위해 울타리 계단에 모인 사람들
"여자들은 타이투를 가져왔는데, 그들 가운데 몇몇은 아이의 손을 잡고 왔고, 다른 몇몇은 아이를 업고 왔다." (9장 2절)

에 집어넣은 뒤 카이카폴라로 그 더미(룸룸)에 불을 붙임으로써 시작된다. 그 카이카폴라는 사용 직전에 〈문구 32〉로 치료된 것이다.

그러고 나서 펠라카우크와, 혹은 타로에 주문 걸기와 쿠비나 큰 얌에 수행되는 칼리마마타 의식이 뒤따른다. 오마라카나에서처럼 크와나다 주문이 읊어지지는 않는다.

펠라카우크와에서는 타로 싹이 주술적 모퉁이에 파종되기 전에 다음의 짧은 문구가 읊어진다.

〈문구 36〉

"오 타로여, 고사리처럼 집요하네,
오 타로여, 닻을 내렸네, 단단히 닻을 내렸네,
만발하여라."

나는 이 문구가 명백하게 드러나는 목적 외에도 덤불돼지들을 을러서 내쫓으려는 의도를 가지고 있다는 말을 들었다. 비록 이 원문은 오마라카나의 주문처럼 그러한 의도를 표현하고 있지는 않지만 말이다.

쿠비에 읊어지는 칼리마마타 주문은 좀 더 길다.

〈문구 37〉

"누구의 아이들이 음식을 달라고 울부짖고 있느냐?
내 아이들, 덤불암탉의 아이들이 음식을 달라고 울부짖고 있도다.
우쿠우쿠 잡초가 구멍을 뚫는구나, 갈대가 꿰뚫는구나.
나와라(오 어린 얌 덩이줄기들이여), 그리고 둘러싸라(오래된 덩이줄기를)."

토워시는 오마라카나에서처럼 잔가지로 만든 모형 집, 시 브왈라 발로마를 세우지 않는다.

이러한 일련의 의식들에 뒤이어 코움왈라가 마무리된 후, 캄코콜라 예식이 개최된다. 나는 이전의 혹은 다음에 나올 예식들보다 이 예식을 훨씬 더 충실하게 설명하려고 한다. 캄코콜라 예식은 쿠로카이바[3] 주술 체계 가운데 내가 직접 세심한 주의를 기울여서 관찰했던 유일한 예식이다. 나는 우연히 어떤 의식을 마주치거나 또 다른 의식을 얼핏 보는 등, 한두 개의 의식들을 더 목격했다. 그렇지만 특히 유리한 조건에서 관찰할 수 있었던 것은 캄코콜라 예식이었다. 나는 사회학적 관점에서 볼 때 캄코콜라 예식이 대부분의 트로브리안드 주술보다 훨씬 더 발달한 예식이라는 정보를 미리 입수했기 때문에, 그 예식에 대해서 각별한 관심을 가지고 있었다. 이미 이야기했듯이, 나는 트로브리안드에서 처음으로 예식—오마라카나 빌라말리아의 두 번째 의식(7장 3절)—을 목격했을 때부터 키리위나의 주술이 별다른 꾸밈이 없다는 사실에서 깊은 인상을 받았었다. 이후 경작지에서 목격한 주술 퍼포먼스들도 모두 마찬가지로 수수하고 실제적이었으며, 신비스럽지 않았고, 사회적이거나 집단적이지도 않은 양상을 나타냈다. 그러나 마을 사람들이 가장 등한시하고 냉담한 것처럼 보이는 의식들조차 실제로는 그들 모두의 마음을 강하게 사로잡고 있다. 나는 이 사실을 주술 문구들에 대한 서론(제6부)에서 강조하였다. 그렇지만 당시에 나는 아직 그 점을 충분히 파악하지 못하고 있었다. 그 무렵 나는 지나치게 사회학적인, 거의 뒤르켐적인 사고방식[4]에 찌들어 있었기 때문에, 여자들과 소년들, 심

3) 〔역주〕 말리노프스키는 동일한 지역에 대해서 '쿠로카이와'와 '쿠로카이바'라는 명칭을 혼용해서 사용하고 있다.

지어 죽은 자들의 영들까지 포함해서 마을 사람 모두가 참석하는 예식이 바로 내 곁에서 수행될 것이라는 말을 듣고서 굉장한 흥미를 느꼈다. 또한 나는 **캄코콜라** 절차의 주요 윤곽이 오마라카나에서와 대체로 동일하다는 사실을 알고 있었다. 주술사는 터부의 상징인 **카일루발로바** 막대기를 준비한다. 그후 남자들은 며칠에 걸쳐서 **라푸**(곧은 장대들)를 가져온다. 며칠 뒤 주술사는 주술용 재료에 마법을 걸고, 다음날 그것을 **캄코콜라** 장대 밑에 집어넣는다. 그렇지만 뭐니 뭐니 해도 그곳에서는 오마라카나의 주술 체계에는 없는 중요한 공동 예식이 벌어졌다.

쿠로카이바의 경작지 주술사인 나시보와이를 따라가면서, 그가 예식을 조직하고, 열변을 토하고, 지시하며, 자신의 주문들을 읊는 모습을 지켜보자. 1915년 10월 초의 어느 수요일 오후에, 그는 자신의 공동체 사람들에게 장광설을 늘어놓으면서 다음날부터 **캄코콜라** 주기가 시작된다고 알렸다. 그는 내일부터 남자들은 모두 나가서 **캄코콜라**를 만들 만한 무거운 **라푸**를 골라와야 한다고 말했고 경작지에 평범한 터부를 부과했다. 다음날 그는 **발레코**에 가서, 각각의 **발레코**마다 그 경작지가 터부에 걸렸음을 표시하는 막대기인 **카일루발로바**를 심었다.

좀 더 야심찬, 혹은 세심한 경작자들은 곧바로 **카일루발로바**에 비스듬히

4) 〔역주〕 뒤르켐의 종교 정의에 따르면, "종교란 성스러운 것, 즉 구분되고 금지된 것과 관련된 신념과 의례들이 결합된 체계이다. 이러한 신념과 의례는 그것을 신봉하는 모든 사람들을 교회라고 불리는 단일한 도덕적 공동체 안으로 통합시킨다." 뒤르켐은 토테미즘을 분석하면서 사회 구성원은 집단적 공동의례에 참여하여 그 사회의 성스러움을 경험하고 구성원들 간의 연대감을 느낌으로써 자연스럽게 사회에 통합된다고 보았다. 말리노프스키는 현지조사를 수행할 당시 뒤르켐의 사회학 이론의 영향을 받았기에, 전체 마을공동체가 참여하는 의례에 큰 관심을 가졌다. 뒤르켐의 이론에 대해서는, Emile Durkheim, *Lés formes élémentaires de la vie religieuse : le systéme totemique en Australie*, 노치준 · 민혜숙 옮김, 『종교생활의 원초적 형태』(민영사, 1992) 참조.

기울어진 막대기 두 개를 덧대어서 작은 캄코콜라를 만든다(〈사진 102, 105, 그리고 106〉을 보라). 목요일, 금요일, 토요일, 그리고 일요일 동안 남자들은 라푸를 들고 뛰느라 분주했다. 글자 그대로 뛰는데, 왜냐하면 그들은 매우 무거운 짐을 운반할 때에는 걷는 것보다 뛰다가 일정한 간격을 두고 충분히 쉬는 쪽을 선호하기 때문이다.

월요일 아침에 주술사는 자기 집에서 두 종류의 허브, 누누리와 칼루와얄라, 그리고 게우(덤불암탉의 둥지에서 가져온 흙) 위에 〈문구 38〉(다음을 보라)을 읊었다. 우리는 지난번 의식을 통해 누누리와 게우를 이미 알고 있다. 칼루와얄라(히비스커스)는 비옥함의 상징으로서 사용된다.

월요일 오후 3시쯤, 토워시는 카메라를 들고 있는 민족지학자를 비롯한 몇몇 일행과 함께 경작지로 갔다. 경작지에서는 두 가지 서로 다른 활동이 이루어질 예정이었다. 우선 캄코콜라를 주술적 모퉁이에 세워야 했는데, 그 일은 우두머리 주술사나 그가 파견한 대리인이 해야 한다. 또한 세워진 캄코콜라 위에 주문을 읊어야 했는데, 이 일 역시 토워시가 해야 한다. 우리는 첫 번째 임무를 젊은 주술사에게 위임했고, 좀 더 중요한 임무, 곧 주문 거는 일을 우리 몫으로 남겨두었다. 따라서 나시보와이의 조카는 우리보다 앞장서서 캄코콜라를 준비하러 갔고, 나는 그가 다시 나시보와이 일행과 합류하기 전에 두세 곳의 발레코에서 작업하는 모습을 지켜보았다. 그는 자신의 다이마로 구멍을 팠고, 그날 아침에 나시보와이가 치료해놓은 잎 한 움큼을 장대 세 개에 골고루 문질렀으며, 그 허브들을 구멍에 넣은 뒤 캄코콜라를 손수 그 속에 집어넣었다. 그후 발레코의 소유자는 남아 있는 세 모퉁이에서 아마도 몇몇 다른 남자들의 도움을 받아서 캄코콜라를 세웠다. 카리비시가 이미 세워진 곳도 군데군데 눈에 띄었다. 밭은 이쪽 끝에서 저쪽 끝까지 장대들을 나르고, 세우고, 매만져 바로잡는 남자들로 활

기에 넘쳤다.[5)]

나시보와이는 조수가 지나간 길을 따라가면서 캄코콜라를 차례로 성화(聖化)했다. 그는 오른쪽 어깨에 베쿠(큰 예식용 도끼)를 메었는데, 베쿠의 날 아래 손잡이에는 아침에 마법을 걸어놓은 혼합물의 일부가 끼워져 있다(〈사진 101〉을 보라). 주목할 만하게도, 몇몇 주술체계에는 옛날의 기술적 수단들 혹은 과정들이 아직 남아 있다. 카바타리아의 화전에 대한 앞의 설명을 통해 독자들이 이미 알고 있겠지만, 나의 정보 제공자는 경작지 주술사가 마찰열을 이용해서 불을 피운다고 분명히 말해주었다. 그후 나는 카바타리아뿐 아니라 동일한 주술 체계인 비살로크와가 수행되는 마을들에서는 토착민들이 여전히 마찰열로 불을 피운다는 사실을 발견했다. 다른 모든 마을에서는 예외 없이 평범한 브라이언트 앤드 메이(Bryant and May)[6)]의 성냥이면 충분하다고 여겨진다. 또한 쿠로카이바의 몸틸라카이바 주술에서, 나시보와이는 여전히 오래된 예식용 칼날을 사용한다. 오마라카나를 비롯한 다른 모든 곳의 경작지 주술에서는 도끼가 필요할 때마다 평범한 강철 칼날이 오래된 베쿠의 자리를 대신해왔다. 내가 확인할 수 있었던 한에서, 몸틸라카이바를 사용하는 다른 세 공동체들도 강철 칼날을 사용했다.

각각의 주술적 모퉁이에서 토워시는 우선 손바닥을 펴서 두 개의 카이바바(캄코콜라의 비스듬한 가지들)를 두드렸으며, 뒤이어 캄코콜라 근처에서 특징적인 자세로 서서 주문을 읊었다. 그는 두 손을 카이바바 가운데 하나에 올려놓고, 한쪽 발을 다른 쪽 넓적다리 안쪽에 올려놓았다(실제로 주문을

5) 캄코콜라, 카리비시 등과 같은 기술적 표현들을 위해서는 3장 4절을 보라.
6) 〔역주〕 런던의 성냥공장.

읊는 동안 찍은 〈사진 23〉과 〈사진 102〉를 보라). 이 자세는 종종 남자들이 쉴 때 취하는 자세다. 그는 그 주문을 엄숙하게 큰 목소리로 읊었는데, 치료하는 동안 그의 얼굴은 발레코를 향해 있었다.

〈문구 38〉

"계속 닻을 내려라, 계속 닻을 내려라, 정박해라, 정박해라!

내 동무들 중 하나가 닻을 내리네,

나약한 닻 내리기, 힘없는 손아귀.

나의 닻 내리기는 견실하다네.

나는 내 경작지의 배[7]에 닻을 내리고 있다네.

올라오고 일어선다네, 내 경작지의 배는.

기반에 닻을 내렸다네, 내 경작지의 배는.

어두워진다네, 내 경작지의 배는.

오지(奧地)의 단단한 야자나무숲처럼 일어선다네, 내 경작지의 배는.

오지의 그늘이 많은 잎들처럼 일어선다네, 내 경작지의 배는.

오 조상의 영들 쿠토라와야, 토라와야, 와사이, 일루바포풀라 그리고 톰라와이여.

오 무크와이나, 울루발라이, 그리고 음워이시비가라는 이름의 조상들이여.

그리고 당신, 새로운 영인 나의 형 음와그워이레여.

닻을 내려라, 닻을 내려라, 정박해라, 정박해라!"

7) 〔역주〕 경작지의 배가 올라온다는 말은 땅속에 심어놓은 덩이줄기가 점점 커지고 있다는 것을 의미한다.

〈사진 104〉 주술 의식과 종교적 예식을 위한 재료들
주술용 허브들을 운반하는 남자가 "운반용 장대에 커다란 잎 다발 두 개를 올려놓고서 주술사 곁에 서 있는" 모습을 볼 수 있다. 오른쪽과 왼쪽에는 여자 두 명이 머리 위에 "영들을 위한 음식"이 담긴 접시를 올려놓고 있다. (9장 2절)

주문을 마친 후, 나시보와이는 어깨에서 **베쿠**를 들어올려서 똑바로 서 있는 **캄코콜라** 장대를 쳤다(〈사진 40〉을 보라). 그것으로 의식은 끝났다.

우리는 바쁘게 일하는 사람들 곁을 지나쳐서 이 **발레코**에서 저 **발레코**로 모든 밭을 돌아다녔다. 때로는 젊은 **토워시**가 분주하게 땅을 파서 문지르고 **캄코콜라**를 세우는 광경을 목격하기도 했다. 작업이 좀 더 진척된 요우라워투 경작지들을 지나갈 때는 사람들이 **야고구**(종자 타이투)를 파종하는 모습을 볼 수 있었다. 어떤 남자가 한 바구니의 **야고구**를 나시보와이에게 가져왔고, 그는 미모사 가지로 그것을 두드리면서 사적인 주문을 읊었다(4장 4절 참조). 또 다른 **발레코**에서 그는 어떤 남자를 위해 **비시콜라**를 수행했는데, 틸라카이바에서 이 의식은 공식적인 주술이 아니라 사적인 주술이다

(3장 1절 참조). 그러고 나서 나시보와이는 두 가지 퍼포먼스들에 대한 공식적인 수수료를 받았다. 경작지에서 이루어지는 작업은 매우 힘들었다. 맑고 무더운 날이었으며, 우리는 해질녘까지 일을 거의 마무리하지 못하고 있었다. 그렇지만 젊은 토워시에게 남은 작업을 끝내도록 위임함으로써 일을 덜었다.

주요 예식인 켈리비야카, 곧 캄코콜라 파묻기는 다음날 수행된다. 켈리비야카는 카바파투에 주문을 걸어서 집어넣는 일에 해당한다. 오마라카나 체계를 설명할 때 언급했듯이, 카바파투는 캄코콜라의 발치에 파묻히는 잎들이다. 그런데 몸틸라카이바 체계에서는 주술용 혼합물이 기능에 따라 두 가지 다른 명칭으로 일컬어진다. 곧, 토착민들은 캄코콜라의 발치에 파묻는 혼합물을 카바파투라고 일컫는 반면, 캄코콜라에 기대어 있는 카이바바의 갈라진 끝에 밀어넣는 혼합물을 브와보딜라라고 부른다. 주술사는 경작지에서 카바파투와 브와보딜라 모두에 주문을 읊는다. 그는 복사들의 도움을 받는데, 이때 복사들이 반드시 젊은 주술사들일 필요는 없다. 그렇지만 그들은 그날 예식이 끝날 때까지 철저히 금식을 지켜야 한다. 이것은 토워시와 주술 예식에서 적극적인 역할을 하는 모든 사람이 지켜야 할 의무이다. 이러한 조수들만이 캄코콜라 위에 브와보딜라 잎을 올려놓는 등의 특정한 의식들을 수행할 수 있다. 카바파투를 다루는 일은 남자들 가운데 누구라도 할 수 있다. 남자들은 저마다 카바파투를 자신의 발레코에 파묻음으로써 자기 역할을 한다. 쿠프와코풀라와 틸라카이바의 남자들과 여자들, 그리고 어린이들이 거의 모두 참여한 이 예식은, 내가 알기로는, 어느 정도 공개적인 전시도 하면서 공동으로 수행되는 유일한 경작지 의식이다.

예식 기간에 사갈리가 진행될 때면, 마을 여자들 역시 그들 몫의 일을 한다. 그들은 사갈리 하루 전날에도 열심히 일했었다. 월요일 저녁에 나시보

〈사진 105〉 영들을 위해 전시된 식량
이것은 캄코콜라 예식의 종교적인 면을 보여준다. 영들을 위한 식량은 "여자들이 치워버리기 전에 길 위에 몇 분 정도 놓아둔다." (9장 2절)

〈사진 106〉 주문 읊기
나시보와이는 "주술용 허브 다발들 앞에 웅크리고 앉았다. 그의 오른쪽에 있는 직사각형 바구니들 속에는 특별한 브와보딜라 잎들이 담겨 있었다." (9장 2절)

와이와 내가 첫째 날의 주술 순회를 끝내고 마을로 돌아왔을 때, 여자들은 마른 가지들과 장작을 한가득 들고서, 혹은 **쿰쿠물리**(흙속에서 굽기)에 필요한 돌과 물을 잔뜩 지고 오고 있었다. 또 다른 여자들은 큰 요리 단지(**쿠리아**)를 준비하는 등 내일의 **사갈리**를 위해 필요한 자잘구레한 일들을 하고 있었다. 다음날 아침 내가 도착했을 때, 마을은 혼잡했고 연기로 가득했다. **쿠리아**는 돌멩이 받침대 위에서 김을 내고 있었고, 토착민들은 **쿰쿠물리** 더미들을 열어서 구워진 얌을 꺼내고 있었다. 여자들은 각자 담당한 구운 타이투를 **카보마**(나무 접시)에 올려놓거나 **페타**(바구니)에 담아서 경작지로 가지고 갔다.

그러는 동안 주술에 필요한 허브를 구해오려고 남자들 몇 명은 덤불로, 몇 명은 해안으로 곧장 내려갔고, 또 다른 이들은 **라이보아그**(산호섬 능선)로 갔다. 허브들이 아주 많이 필요한데, 왜냐하면 예식이 끝난 뒤에 **카이바파투** 허브가 경작자들에게 분배되기 때문이다. 그들은 저마다 자기 몫을 받아서 자신의 소구획에서 사용한다.

마을 사람들 모두가 한꺼번에 경작지로 행진하는 것은 아니다. 사람들은 저마다 적당한 때에 경작지로 간다. 사실 마을에서 **레이워타** 소구획까지는 십 분도 채 안 걸릴 정도로 거리가 멀지 않았다. **토워시**, 나, 그리고 다른 몇 사람들은 열 시경에 출발해서 먼저 **레이워타**에 갔다. 우리는 그곳에서 눈에 띄는 그늘에 앉아서 모든 사람이 도착하고 모든 것이 준비될 때까지 참을성 있게 기다렸다. 울타리를 경계로 오마라카나 쪽에는 키가 작지만 빽빽하게 자란 **오딜라**(잘려나가지 않은 덤불)가 있었다. 우리 쪽의 경작지는 **타카이와**(덤불치기) 뒤에도 남아 있는 나뭇가지들과 새로 세워진 장대들을 제외하고는 아무것도 없이 깨끗하게 치워져 있었다. 밭들 너머로 눈을 돌리면 가까이에서는 요우라워투와 그 뒤의 틸라카이바와 카울라구의 여러 작은 숲, 그리고 몇몇 카포푸(금지된 작은 숲들)를 볼 수 있었고, 멀리로는 라이보아그의 나무가 우거진 능선을 볼 수 있었다. 요우라워투에서 오마라카나까지 길을 따라 두 줄로 반듯하게 세워진 시렁인 카리비시(〈사진 103~108〉 참조)는 레이워타 가장자리에 서 있는, 수평 막대기로 연결된 두 채의 특별히 훌륭한 캄코콜라까지 이어졌다. 그리고 그 자리에 일종의 입구가 만들어졌다(〈사진 103〉을 보라). 그러나 반드시 구조물을 그런 방식으로 만들어야 하는 것은 아니다. 이는 주술이 수행될 레이워타 캄코콜라에 장식적 솜씨를 가미한 것일 뿐이다.

우리가 도착한 후, 머지않아 다른 사람들이 하나둘씩 모여들기 시작했다. 여자들은 타이투를 가져왔는데, 그들 가운데 몇몇은 아이의 손을 잡고 왔고, 다른 몇몇은 아이를 업고 왔다(〈사진 104〉를 보라). 사람들은 모두 조금이라도 그늘이 있는 곳을 찾아서 밭의 샛길에 앉았다. 곧 타이투를 가지고 온 여자들이 모두 참석했지만, 우리는 아직 주술용 허브들을 찾아서 해안으로 떠난 남자들을 기다려야 했다. 이 예식에서는 네 가지 종류의 잎들이 필요한데, 세 가지는 카바파투를 위해서, 한 가지는 브와보딜라를 위해 사용된다. 전자를 위해서 사용되는 허브는 누누리, 칼룰루와, 그리고 워쿠빌라이다. 첫 번째 허브는 해안에서 자라며, 그다지 쉽게 발견되지 않는다. 두 번째 허브는 웨이카(마을의 작은 숲)에서 자라며, 세 번째는 오딜라(잘려나가지 않은 덤불)에서 자란다. 첫 번째와 세 번째 허브의 주술적 특성은 이미 언급했다. 그러나 나는 칼룰루와의 특성에 대해서는 확인하지 못했다. 브와보딜라를 위해서는 카이타겜 잎이 사용되며, 이것 역시 이전에 언급하였다. 잎은 사용하기 전에 미리 찢어놓지 않는다.

마침내 해안으로 갔던 무리가 도착했다. 우리는 그들 가운데 한 사람이 운반용 장대(카타케와)에 커다란 잎 다발 두 개를 올려놓고서 주술사 곁에

〈사진 107〉 주술용 잎들을 들고 있는 남자들
“남자들은 카바파투 잎들을 향해 달려들어서 한 움큼씩 낚아챘다. 그리고 그 잎들을 캄코콜라의 발치에 묻기 위해서 자신의 발레코를 향해 달려갔다.” 그러나 사진을 찍기 위해 잠시 멈추었다. (9장 2절)

〈사진 108〉 캄코콜라에서 이루어지는 의식
의식을 수행하는 사람은 “캄코콜라로 올라가서 브와보딜라를 카이바바 밑에 밀어넣는다.” (9장 2절)

서 있는 모습을 〈사진 104〉에서 볼 수 있다. 모든 것이 준비되었을 때 **사갈리**가 개최되었다. 타이투는 작은 더미들로 나누어졌고, 사람들은 저마다 자기가 내놓을 몫을 넓은 길 위에 펼쳐져 있는 **카보마**(나무 접시들) 가운데 하나에 올려놓았다. 남자들은 더미에서 더미로 다니면서 예식을 주도했던 주술사와 그의 조수들에게 그것들을 분배했다. 마을 분배에서 흔히 이루어졌던 **콜로바**(큰 소리로 이름을 호명하는 일)는 없었다.

이 **사갈리**는 두 가지 성격을 띠고 있다. 한편으로 그것은 **발로마**(영들)에게 음식을 바치는 의식이다. 이러한 관점에서 그것은 "**발로마의 음식**"(**발로마 카시**)으로 일컬어진다. 분배가 끝나면 여자들이 그것을 치워버리기 전에 길 위에 몇 분 정도 놓아둔다(〈사진 105〉를 보라). 토착민들이 말하듯이, 음식을 놓아둔 까닭은 죽은 자들의 영들이 자기 몫을 취할 수 있도록 하기 위해서이며, 이 일은 그들을 기쁘게 한다고 여겨진다. 그러나 토착민들은 영들에게 바치는 이 공물에 대해서 단지 어렴풋한 생각과 매우 막연한 느낌을 가지고 있을 뿐이다. 어떤 영들에게 이러한 공물을 바치는지, 혹은 심지어 영들이 와 있기는 한 것인지 그들에게 물어봤지만 아무도 내게 설명해주지 못했다(제7부 〈주술 문구 1〉 A, 그리고 부록 2, 4절, 주 8 참조). 그렇지만 토착민 사회의 친족 관습들과 비교해보면, 이 의식을 좀 더 쉽게 이해할 수 있을 것이다. 예를 들면, 해마다 **밀라말라** 때 마을을 방문하는 **발로마**에게 식량을 바치는 관습이나, 사람이 죽은 뒤 곧바로 죽은 자의 시신 주위에 귀중품들을 전시하는 관습과 비교해보라.[8)]

또 다른 측면에서 이 특별한 **사갈리**는 모든 가구가 어떤 걸출한 공동체 구성원에게, 이 경우에는 경작지 주술사와 그의 조수들, 그리고 몇몇 지역

8) 또한 나의 *Argonauts of the Western Pacific*, p. 512와 〈사진 65〉 참조.

유지들에게 제공하는 보수 혹은 선물이다. 나는 다음의 배당을 기록해두었다.

3더미는 토워시와 쿠프와코풀라의 우두머리에게,

1더미는 그를 도와주었던 그의 아들에게,

1더미는 그를 도와주었던 그의 카달라(모계 조카)에게,

1더미는 토브와보딜라(브와보딜라 잎을 놓아두었던 복사들)에게,

1더미는 허브를 가져온 조수들에게,

1더미는 요우라워투의 우두머리인 기요카이타파에게,

1더미는 틸라카이바의 지역 유지인 음와이와가에게,

1더미는 틸라카이바의 우두머리의 남동생인 토비야마이에게.

식량이 분배된 뒤에 여자들은 카보마를 마을로 가져가면서 어린아이들도 데리고 갔다. 남아 있던 소년들도 떠나야 했는데, 약간의 실랑이를 벌이다가 결국 그들도 자취를 감추었다. 민족지학자와 그의 고용인들, 그리고 오마라카나에서 온 남자들은 울타리에서 오마라카나 쪽으로 물러나야 했다.

그러고 나서 나시보와이는 계속해서 예식의 주요 부분인 주술용 허브에게 마법 거는 일을 했다. 그는 주술용 허브 다발들 앞에 웅크리고 앉았다. 그의 오른쪽에 있는 직사각형 바구니들(바타가, 〈사진 106〉을 보라.) 속에는 특별한 브와보딜라 잎들이 들어 있었다. 그는 약 15분 동안 〈문구 38〉을 읊었고, 남자들은 퍼포먼스가 진행되는 동안 침묵을 지키면서 움직이지 않았다. 주문을 다 읊은 뒤에, 그는 자기 앞에 놓인 다발들에서 잎(카바파투)을 약간 집어 들고, 그것을 두 레이워타 발레코의 캄코콜라 발치에 묻었다. 이 일이 끝나자마자 남자들은 카바파투 잎들을 향해 달려들어서 한 움큼씩

낚아챘다. 그리고 그 잎들을 캄코콜라의 발치에 묻기 위해서 자신의 발레코를 향해 달려갔다(〈사진 107〉을 보라). 그 일은 정말로 서둘러서 이루어졌고, 나는 이 예식에서는 당연히 그렇게 해야 한다는 말을 들었다.

두세 명의 조수들(이때는 토브와보딜라로 불린다)이 브와보딜라(카이바바와 캄코콜라의 갈라진 곳에 밀어넣어지는 잎들)가 담겨 있는 두세 개의 바구니를 가져왔다. 그들은 모든 발레코를 돌면서 의식을 수행해야 했다. 이것은 다음과 같은 방식으로 수행되었다(〈사진 108〉을 보라). 토브와보딜라는 카이바바의 오른쪽 발치로 다가간다. 즉 그는 구조물의 뒤에서 왼쪽으로부터 오른쪽으로 움직인다. 그는 마치 몰래 어떤 것을 가져가거나 누군가를 데려가는 것처럼, 눈을 피해서 조심스럽게 걷는 모양을 흉내 내면서 몸을 구부리고 움직였다. 카이바바가 땅과 만나는 곳에 다다르면, 그는 일부러 조심하는 척하던 태도를 던져버리고 똑바로 서서 또 다른 카이바바의 발치를 향해 달려 나간다. 우리는 땅에 닿아 있는 카이바바를 사진 중앙에서 볼 수 있다. 거기서 그는 카이바바를 붙잡고, 브와보딜라로 그것을 전체적으로 문지른다. 그러고 나서 그는 캄코콜라에 올라가서 브와보딜라를 카이바바 밑에 밀어넣는다. 〈사진 92〉에서 그러한 행동이 이루어지고 있다. 이 모든 일은, 토브와보딜라가 갑자기 하나의 카이바바에서 또 다른 카이바바를 향해 뛰기 시작하는 순간부터 순식간에 이루어진다. 이 의식이 끝나면 켈리비아카 예식이 마무리 된다.

몸틸라카이바 체계에서 켈리비아카 혹은 두 번째 캄코콜라 예식이 끝나고 나서 무슨 일이 일어났는지에 대해서 나는 그저 단편적으로 알고 있을 뿐이다. 그 예식이 끝난 후 나는 곧 그 지구를 떠났고, 인근에서 상대적으로 짧게 체류하는 동안에도 좀 더 긴급한 또 다른 문제를 주시해야 했기에 1918년에는 조사연구를 계속할 수 없었다. 나는 성장 주술과 관련된 일련

〈사진 109〉 나바빌레, 오부라쿠의 경작지 주술사
"우리는 주술사가 자신의 소구획과 남동생들의 소구획들에서 사용할 땅 파는 막대기 일곱 개를 놓아두고서 주술용 허브 옆에 앉아 있는 모습을 볼 수 있다." (10장 1절)

의 주문들이 읊어지고 의식들이 수행된다는 사실을 알고 있지만, 이어지는 예식들의 목록조차 제시할 수 없다. 바시, 타이투 솎아내기와 프와코바, 잡초 뽑기, 그리고 수확과 관련된 시작 의식들이 수행된다. 이것들 가운데 내가 기록한 것은 단지 잡초 뽑기 및 수확과 관련된 주문들이다. 다음은 잡초 뽑기 주문이다.

〈문구 39〉

"잡초를 뽑네, 나는 잡초를 뽑을 것이네.
잡초를 뽑네, 나는 잡초를 뽑을 것이네.

마을 쪽으로 잡초를 뽑네, 덤불 쪽으로 치우네.
덤불 쪽으로 잡초를 뽑네, 마을 쪽으로 치우네.
나는 치울 것이네, 나는 잡초를 뽑을 것이네.
나는 치울 것이네, 나는 잡초를 뽑을 것이네."

주술사는 땅 파는 막대기로 잡초 뽑는 동작을 흉내 내면서 이러한 주문을 읊는다.

다음 문구는 까뀌에 대고 읊어지는데, 수확기에 주술사는 그 까뀌로 첫 번째 식물을 자른다.

〈문구 40〉

"그것은 가고 있네, 그것은 갈 것이네.
그것은 떨어지네, 그것은 떨어질 것이네.
나는 네가 나오게 해주마, 네가 나오게 도와주마.
한 그루 나무여, 내 나무여, 주술적 나무여, 단단한 야자수와 같네.
나는 내 오른쪽에 세울 것이네.
그것은 낮에 뚫고 나올 것이네.
그것은 밤에 헤치고 나올 것이네.
그것은 우리의 교환 예식을 위해 뚫고 나올 것이라네."

이러한 증거는 비록 단편적이지만 그 문구가 단어 사용에서나 관념에서나 오마라카나의 문구와 비슷한 양식으로 이루어졌다는 사실을 보여준다는 점에서 어느 정도 가치가 있다.[9] 또한 오마라카나의 주술용 재료와 똑같은 재료가 몇 가지 사용되는데, 그 재료들을 선택한 원칙은 확실히 오마라카나에서와 동일하다. 문구들 가운데 실제로 퍼포먼스가 이루어질 때 밭에서 끝없이 되풀이되는 것을 내가 직접 들어본 문구는 단 하나뿐이다. 캄코콜라 예식에서 사용된 문구(〈주술 문구 37〉)가 그것이다. 나는 다른 경우에도 경작지에서 나시보와이를 한두 번 만났지만, 내 앞에서 수십 차례 이상 반복된 그 주문의 경우처럼 그의 말들을 세세하게 검토할 수는 없었다. 확신하건대 이 주문은 완전한 형태로 내게 제시되었다. 그러나 과연—오마라카나의 주문들보다 눈에 띄게 짧거나 더 단편적인—다른 주문들도 완전한 형태인지는 의심스럽다. 사실상 그 주문들 가운데 어떤 것에서도 주요 부분인 연도(連禱) 부분이 나타나지 않았다. 캄코콜라 주문의 경우에도 사정은 마찬가지다. 내 생각에는, 주술 문구들이 시간이 흐르면서 마멸되고 변질되는 과정을 겪는다는 점은 의심할 여지가 없을 것이다(제6부 참조). 그리고 아마도 쿠로카이바의 주술 문구들은 최근에 심하게 변질되고 마멸되었을 것이다.

가부에 뒤따르는 여러 소규모 예식 가운데 비시콜라 의식이 나타나지 않는다는 점은 주목할 만하다(3장 1절 참조). 내가 들은 바로는, 쿠로카이바에서 비시콜라라는 단어는 남자들이 저마다 자신의 큰 얌들(쿠비)을 위해서 수행하는 사적인 주술을 가리키기 위해서 사용된다. 남자들은 저마다 자신의 비시콜라 의례를 가지고 있으며, 그때 사용되는 주문들도 명백히 서로 다르다(또한 4장 4절 참조).

9) 또한 부록 2, 4절, 주 37을 보라.

제10장
타로, 야자, 바나나의 경작

1. 남쪽 지구의 경작 체계

지금까지 나는 주로 북쪽 지역에 대해서 이야기해왔다. 북쪽 지역의 경작이 더 중요하기 때문에 그랬던 것은 전혀 아니다. 그 까닭은 오히려 내 정보의 결함 때문이다.[1] 그럼에도 불구하고 트로브리안드에서 북쪽 지역은 농경 지구로서, 남쪽에서보다 경작이 상대적으로 더 중요한 역할을 하고 있다. 남쪽 지역에는 크와불로의 지협(地峽)[2]으로부터 아래로 기리브와 해협에 이르기까지 좁고 긴 땅이 이어지는데, 어떤 곳에서는 서쪽에서 내륙으로 잠식해오는 늪지와 동쪽 해안 사이의 마른 땅이 반마일 정도밖에 안 된다. 따라서 상대적으로 경작 가능한 토양이 작다. 카이브와기나의 남쪽에 있는 넓은 곤봉 모양의 공간과 카울라시의 북부와 와웰라의 남부 지대 등의 구간은 늪지와 산호 바위들로 뒤덮인 완전한 불모지이다.

1) 또한 부록 2, 4절, 주 38을 보라.
2) 〔역주〕 인접한 해안이나 해만으로 인해 육지가 매우 좁아진 지형.

카이브와기나에서 가장 좋은 땅은 시나케타와 오카야울로 사이에 있는데, 그곳조차 맹그로브 습지의 소금기 있는 진창과 넓은 라이보아그 사이에서 비교적 쓸 만한 땅이 좁고 길게 이어져 있을 뿐이다. 그리고 북쪽 지구보다 훨씬 더 돌이 많다.

그러므로 이 지구들은 경작 못지않게 고기잡이에 의존한다. 자신들의 요리단지를 채우기 위해서도 그렇고, 물고기를 덩이줄기와 교환하기 위해서도 그러하다(이점에 관해서, 그리고 다음 단락들에 관해서는 제1부 4~6절과 10절 참조). 오부라쿠와 카울라시, 그리고 예전에는 시나케타와 같은 몇몇 공동체들은 그들의 채소 식량 가운데 대단히 많은 부분을 물고기와의 교환을 통해서 얻었다. 오늘날(1918) 시나케타 사람들은 주로 쌀과 통조림 음식을 먹고사는데, 이 마을 복합체는 주요 진주 어장이라서 상인들이 유럽의 물품을 충분히 공급해주기 때문이다.

게다가 옛날에 국화조개잡이와 붉은 조가비 원반 만들기를 전문으로 하던 시나케타 사람들은 키리위나 출신의 여자들과 결혼하곤 했다. 우리가 알고 있듯이(6장 참조) 결혼은 항상 호혜적 선물을 수반한다. 아내의 친척 남자가 그녀의 가구에게 주는 채소 식량, 즉 해마다의 우리구부와, 답례로 남편의 친속이 아내의 친속에게 주는 귀중품들—이 경우에는 붉은 조가비 원반—이 그것이다. 이제 키리위나의 신분이 높은 사람들은 시나케타에 사는 누이의 남편에게 많은 양의 식량을 공급할 수 있게 되었다. 시나케타인들은 답례로 최고 족장과 다른 유지들에게 아주 중요한 물건인 목걸이와 조가비 원반 허리띠를 제공했다.

바쿠타 사람들도 조가비 원반을 생산했고 키리위나 여자들과 결혼했지만, 바쿠타 섬의 경작지는 대체로 시나케타보다 더 쓸 만했다.

북쪽 지구와 남쪽 지구의 또 다른 차이점은, 남쪽의 경작지에서는 습지에서도 자랄 수 있는 타로와 라이보아그의 구덩이에서도 잘 자라는 큰 얌들(쿠비)이 타이투보다 더 중요한 역할을 한다는 점이다. 타이투는 북쪽 지구와 남쪽 지구 모두에서 주요 식량으로서, 제법 오랫동안 저장되며 전시되고 출하되는 유일한 농작물이다. 그러나 남쪽에서는 타이투보다 얌의 비율이 다소 높다.[3)]

그렇지만 경작의 주술과 기술은 트로브리안드 전역에서 대체로 동일하며, 경작지 주술사는 시나케타와 오부라쿠 등지에서도 엄청난 영향력을 가지고 있다. 오부라쿠의 나바빌레는 여전히 경작지 주술사라는 직책으로 인해 공동체 안에서 가장 중요한 사람으로 여겨진다. 그는 경작지 주술사의 직책을 모계로 전수받은 것이 아니라, 자신의 인품 덕분에 아버지로부터 물려받았다. 족장제가 잘 수립되어 있는 시나케타에서 경작지 주술을 수행하는 사람은 언제나 정권을 장악한 타발루 씨족의 젊은 구성원 가운데 한 사람이다.

나는 오부라쿠에서 경작 활동과 경작지 주술의 목록을 점검해볼 수 있었는데, 그것은 오마라카나의 체계와 매우 흡사했다. 사소한 차이도 나타났는데, 예를 들면 오부라쿠에서는 소구획마다 캄코콜라가 하나씩만 만들어지며, 이수나풀로, 곧 큰 얌들과 타로의 수확 예식들이 좀 더 발달했다. 이미 살펴보았듯이(7장 6절), 그곳의 빌라말리아 주술은 키리위나에서보다 좀 더 광범위하게 진행된다. 또한 다른 의식들에 비해서 이수나풀로 예식은 키리위나의 예식과 거의 본질적으로 다른 것처럼 보인다. 만약 경작지 의식이 아닌 빌라말리아를 계산에 넣지 않는다면, 내가 그곳에서 실제로 목격한 예식은 이수나풀로뿐이었다는 점을 조심스럽게 밝히고 싶다. 따라서 다

3) 또한 부록 2, 4절의 주 39를 보라.

른 예식들에 대해서는 정보 제공자들에게 의존해야만 했다. 나는 이 자리에서 이수나풀로 예식에 대해서 간략히 서술할 것이다.

경작지 주술사인 나바빌레는 아침에 나뭇잎을 잔뜩 모아서 두 다발로 만든다. 다발 하나는 과일 나무인 메노니에서 채집했고 다른 하나는 케케와이라고 불리는 나무에서 채집한 것이다. 주술사는 나뭇잎 두 다발을 자기 집 앞의 단 위에 올려놓고, 자신은 그 옆에 앉는다. 그동안 마을 사람들은 최고의 다이마 재료인 붉고 단단한 맹그로브 나무로 새로운 땅 파는 막대기를 마련했다. 이제 그들은 주술사의 오두막에 차례로 이것들을 가지고 온다. 늘 그렇듯 각각의 다이마마다 마른 바나나 잎 한 장으로 날카로운 끝 둘레를 감싸놓았는데, 한쪽 자락은 펼쳐져 있다. 남자들은 저마다 자기가 가진 소구획의 수만큼 땅 파는 막대기들을 준비해야 한다. 〈사진 109〉에서 주술사가 자신의 소구획과 남동생들의 소구획에서 사용할 땅 파는 막대기 일곱 개를 놓아두고서 주술용 허브 옆에 앉아 있는 모습을 볼 수 있다. 나는 실제 모임이 시작되기 전에 그 사진을 찍어야 했는데, 왜냐하면 모임이 시작되자 주술사 주위로 모여든 군중과 땅 파는 막대기들의 큰 더미로 인해서 단이 가려졌기 때문이다.

모든 남자가 자신의 막대기들을 가져오면, 곧바로 깔개 두 장 사이에 이것들과 두 다발의 잎들을 놓아두고서 공개적으로 주문이 읊어진다. 나는 불행히도 그 주문을 기록할 수 없었다. 이 의식이 끝나자마자 남자들은 저마다 자신의 땅 파는 막대기들을 가져와서 바나나 잎의 열린 자락을 닫은 후, 막대기의 뾰족한 끝 둘레를 단단히 묶는다. 바나나 잎 속에는 어떠한 허브도 집어넣지 않았으며, 따라서 그렇게 갇힌 것은 단지 주문의 "주술적 본질"뿐이었다. 그러고 나서, 그들은 땅 파는 막대기와 각각의 허브 묶음에서 떼어낸 잎 약간을 들고서 경작지로 간다. 남자들은 각자 자신의 소구획에서, 보통 캄코콜라 근처에 있는 버팀대(카바탐)의 발치에 다이마를 세운다. 내가 방금 말했듯이, 캄코콜라는 주술적 모퉁이에 하나만 서 있다.

이번 기회에 나는 오부라쿠의 경작지에서 "주술적 모퉁이들"을 관찰할 수 있었고, 이전에 수행된 주술 예식들의 흔적에 주목했다. 거기서 나는 첫 번째 시작 의식인 요워타 때 끼워넣어졌고 시 가도이 발로마, "영들의 말뚝"이라고 불리는 끝이 뾰족한 막대기와, 펠라카우크와 의식에서 파종된 특별한 타로와, 칼리마마타 의식 동안 파종되었으며 오마라카나의 크와나다에 상응하는 얌과, 바쿠타나 시나케타에서도 그러하듯이 캄코콜라 때 공식적으로 파종되어서 이 의식을 명백히 파종의 시작 의식으로 만드는 타이투(기록 6, 그리고 이 절의 나머지를 보라.)와, 성장 주술의 의식들을 수행할 때 끼워넣어진 카이다발라 막대기, 그리고 성장 주술의 또 다른 의식에서 심어진 랄랑 풀잎(기프와레이) 등을 찾아볼 수 있었다.

이러한 관찰은 내가 직접 조사한 결과를 입증해주었다. 즉 비록 주문이나 의식에서 변형이 나타나지만, 오부라쿠에서도 키리위나의 공동체들에서 수행되는 것과 동일한 일련의 주술 활동들이 이루어진다는 것이다.[4]

이수나풀로 예식으로 되돌아가보자. 남자들은 저마다 자신의 땅 파는 막대기를 주술적 모퉁이 근처에 세운 뒤에, 카이바바와 캄코콜라가 만나는 지점에서 카이바바 아래에 치료된 잎들을 약간 밀어넣는다. 잎들의 일부는 카바탐을 타고 올라가는 타이투 잎들 사이에 밀어넣고, 일부는 캄코콜라의 발치에 묻는다. 이 마지막 것들은 보다라고 불린다. 반면 카이바바 아래와 타이투 잎들 사이에 놓이는 치료된 잎들은 파쿠라고 칭해진다.[5] 경작지에서

4) 또한 부록 2, 4절, 주 40을 보라.

5) 비록 여기서 묘사되는 의식은 이수나풀로의 일부이지만, 독자는 이 예식과 9장(2절)에서 서술된

는 어떠한 주문도 암송될 필요가 없었고, 우리가 살펴보았듯이, 주술적 물질을 놓아두는 일도 주술사가 아니라 평범한 경작자들이 했다.

잎과 다이마에 마법을 거는 일은 사람들 앞에서 공개적으로 이루어졌고, 그 자리에 있던 사람들은 나중에 이것들을 의례적으로 처분했다. 그러나 특별한 형식이나 터부가 있었던 것은 아니다. 여자들은 계속해서 풀잎 치마를 재단했고, 몇몇 나이든 남자들은 그물을 손질하고 있었다. 경작지로 가야 했던 사람들만이 주술사 주위로 몰려들었다. 그 예식은 대략 정오 무렵에 혹은 그보다 조금 뒤에 끝났고, 경작지에서 마지막으로 돌아온 남자들은 3시쯤 마을에 도착했다. 몸이 아프거나 다른 볼일이 있는 사람들은 그들의 친족 남자들이 대신 일을 해주었다. 날이 저물 무렵, 토착민들은 경작지에서 가져온 새로운 얌과 타로를 창고들 앞에 조금씩 놓아두고, 들보(카이타울로, 8장 3절 참조) 끝에는 잎을 약간 놓아두었다.

다음날 아침, 마을 사람들은 얌과 타로를 파내고 사탕수수를 잘라내기 시작했다. 그들은 녹색 코코넛도 채집했다. 지난해에 죽은 사람들의 무덤인 카리가바우 위에는 그들의 모계 친척이지만 공식적인 상제(喪制)가 아닌 사람들이 새로 거둔 첫 번째 수확물을 공물로 놓아두었다. 그 뒤에 고인의 친척 남자들이 상제들에게, 즉 고인의 아이들과 인척(姻戚)들에게 식량을 나눠주는 소규모 분배가 이루어졌다.[6]

그 더미들이 무덤 위에 놓여 있는 시간은 반시간이나 한 시간을 넘지 않았으며, 조상의 영들에게 바치는 진언(眞言)이나 기도는 없었다. 전체적으

쿠로카이와의 캄코콜라 의식 사이에서 유사성을 발견하게 될 것이다.

6) 애도 및 장례식 풍습의 사회학에 대해서는, *Sexual Life of Savages*, 6장, 특히 2~4절을 보라. 또한 이 책의 제1부 7절을 보라.

로 그날 하루는 경건하고 신성한 분위기를 띠고 있었다. 모든 사람은 마을 안에 혹은 근처에 머무르면서 식량 처리와 관련해서 자기가 할 수 있는 일을 하려고 애썼다. 그날에는 고기잡이 원정을 떠나는 일도 없었고, 경작지에서도 예비적으로 이루어지는 반쯤 의례적인 새로운 식량 파내기를 제외하고는 어떠한 작업도 허락되지 않았다(그러한 경우에 찍었던 〈사진 96〉을 보라).[7]

좀 더 남쪽의 시나케타로 가보자. 거기서도 키리위나에서와 거의 다르지 않은 경작과 경작지 주술의 일반적 체계를 발견할 수 있다. 사실 내가 오마라카나에서 처음 조사를 시작했을 무렵, 나는 현대 언어들에 능숙한 고마야라는 자를 통역으로 데리고 다녔다. 그는 시나케타에서 최고 신분인 타발루 하위 씨족에 속했지만, 악명 높은 불한당이었다. 고마야는 키리위나에서 여러 해 동안 거주했기 때문에 그곳의 경작에 대해 완벽하게 잘 알고 있었다. 물론 그는 시나케타의 체계에 대해서도 매우 잘 알고 있었다. 그 무렵 나는 키리위나의 체계에 대한 분명한 밑그림을 얻으려고 노력하면서, 근본적인 문제들을 가지고 씨름하고 있었다. 그리고 세부적인 비교에서 생겨나는 사소한 문제들로 혼란을 겪고 싶지 않았다. 따라서 나는 키리위나의 경작 관습에 대해 논할 때마다 고마야가 지역적인 자부심을 가지고 지적했던 차이점들을 기록해놓지 않았다. 그러나 고마야가 이야기했던 차이점들을 그대로 옮겨놓을 수는 없지만, 그래도 내가 기억하는 한 가지가 있다. 곧 그러한 차이들은 부차적인 성격을 지녔다는 점이다.

시나케타에서는 토지 보유권, **카야쿠**에서의 밭 선택과 소구획 분배가 키리위나에서와 동일한 방식으로 이루어진다. 시나케타에서 나는 가장 훌륭

7) 또한 부록 2, 4절의 주 21을 보라.

한 **카야쿠** 원문들 가운데 하나를 기록할 수 있었다(원문 28*c*. 2장 3절과 제5부 5장 21절 참조). 또한 이곳에서 최고의 정보 제공자들 가운데 한 사람이었던 모타고이가 경작지 요술과 덤불돼지의 역할에 대해 몇 가지 흥미로운 정보를 알려주었다(원문 78. 3장 2절, 그리고 제5부 11장 2절 참조). 그렇지만 불행히도 나는 **쿨라**의 교역과 항해 관습을 연구하는 데 너무 몰두해 있던 나머지, 모타고이와 경작 관습에 대해서 이야기를 나누지 못했다. 그의 해설은 항상 경청할 가치가 있었는데 말이다. 키리위나의 주술과 비교할 때, 시나케타의 의식들에서는 사소한 차이들이 나타나며, 주문들도 다르다. 그렇지만 이러한 사실은 주술의 구조나 주술과 작업과의 관계에서 드러나는 근본적인 유사성에 영향을 미치지 않는다. 시나케타의 의식들은 네 가지 주요 유형으로 나누어진다. 곧 **요워타**, **가부**, **캄코콜라**, 그리고 수확 의식이다. 마지막 의식은 **오크왈라**와 **툼**으로 구성되는데, **캄코콜라**와 수확 의식들 사이에는 성장 주술, 솎아내기와 잡초 뽑기 주술이 복잡하게 연속적으로 수행된다. 시나케타에서 **캄코콜라** 주술은 명백히 파종의 주술, 곧 타이투의 파종 주술이다.

내 기억이 맞는다면, 처음 세 예식들, 즉 덤불치기의 시작 예식, 화전과 정리의 시작 예식, 그리고 파종의 시작 예식은 키리위나의 예식과 비교해서 어떠한 본질적인 차이도 나타내지 않는다(시나케타의 **펠라카우크**와 의식에 대한 서술과 분석을 위해서는, 3장 2절을 보라). 시나케타에서는, 바쿠타에서와 마찬가지로(기록 6 참조), 성장 주술에서 차이가 나타난다. 오마라카나에서는 얌 장대인 **카바탐** 세우기와 관련된 주술이 존재하지 않지만, 테야바에서는 나타난다(기록 7을 보라). 그것은 **탈로바시 카이켈라 카바탐**, "우리는 카바탐의 발치에 던진다."라고 일컬어진다. 테야바 사람들은 또한 이 **카요시 다브와나 타이투**, '타이투의 머리 붙들기'라고 불리는 의식을 수행한다. 그 의식은 덩굴이 더 많은 잎과 뿌리를 생산하도록 만든다. 그리고 몸라라고 불리는 솎아내기의 시작 주술도 있는데, 그것은 이틀 동안의 터부를 수반한다. 시나케타 사람들은 탈로바 카이다바나, "우리는 머리—나무를 던진다."라고 불리는 프와코바 의식을 수행한다. 타사살리라고 불리는 또 다른 의식은 얌과 타로의 수확을 준비한다. 물론 이수나풀로는 이 두 농작물의 수확을 개시하는 주요 예식이다. 마지막으로 시나케타에서는 오크왈라가 수행되는데, 이때 주술사는 자신의 까뀌를 치료하고 예식적인 방식으로 타이투의 줄기를 자른다. 그리고 툼이 수행된다.

나는 이러한 세부사항과 용어들을 이따금씩 얻은 정보와, 내가 시타케타에서 정보 제공자들과 함께 경작지를 걸어가다가 메모해둔 기록에서 발췌하였다(〈사진 110〉 참조).

기록 6을 보면 토양이 좀 더 비옥하고 조건이 키리위나와 좀 더 비슷한 바쿠타에서는 어떠한 차이가 나타나는지를 손쉽게 살펴볼 수 있는데, 사소한 차이들이 무엇이든 간에 바쿠타의 경작과 경작지 주술은 기본적으로 키리위나의 것들과 동일하다. 수확 관습에서 나타나는 차이점을 살펴보자. 바쿠타에서는 남자가 카리부다보다 (답례)로 바이구아 (귀중품들)를 받는 경우를 제외하고는 결코 자기 매부를 위해 우리구부 선물을 수확하거나 운반하거나 저장하지 않을 것이다. 오히려 매부는 모든 수확을 스스로 해야 한다. 즉 타이투를 파내서 칼리모미오에 쌓아올리고, 그것을 자신의 얌창고로 운반하는 일을 혼자서 해야 한다. 다만 그는 그 소구획을 경작했던 남자를 위해서 종자 얌인 야고구를 남겨둔다. 바쿠타 사람은 발레코 하나를 통째로 누이를 위해 경작할 뿐 아니라, 보통 자기 가구를 위해 경작하는 소구획 혹은 소구획들에서 수확한 6~24바구니의 타이투, 칼라 타이투 페타를 그녀에게 준다.

이미 언급했던 대로(6장 1절), 본섬의 남쪽에서 **우리구부**는 남자가 자기 누이를 위해 경작하는 타로 소구획들이나 소구획의 일부를, 그리고 거기서 얻은 농작물을 가리키는 단어이다. 그런데 그러한 **우리구부**를 예식적으로 수확해서 대량으로 제공하는 것은 불가능하다. 그 이유는 단순하다. 타로가 여물고 나면 매부가 그것을 뽑아서 되도록 빨리 먹어치워야 하기 때문이다. 누이의 가구에게 기부되는 타이투는 **타이툼와이도나**, '타이투 모두'라고 불린다. 아마도 타로와는 대조적으로 타이투는 한 번에 모두 기부되기 때문에 그렇게 일컬어질 것이다. 바쿠타에서 타이투는 사회학적으로 타로와 같은 방식으로 취급되는데, 땅에 묻힌 채로 제공되며 수령자가 그것을 받으려면 답례를 제공해야 한다는 점에서 그러하다.(앞을 보라.)

2. 타포푸-타로 경작지

남쪽에 위치한 오부라쿠와 시나케타와 바쿠타의 경작지에 관해서는 무엇을 논의하더라도 모든 점에서 타로라는 주제로 되돌아가게 된다. 그러므로 오로지 타로만을 농사짓는 경작지인 **타포푸**에 대해서 몇 마디 하고자 한다. 우리는 시간 계산표(〈그림 3〉, 9단)를 통해서, 타로 경작지에서 첫 번째 주기의 수확이 열세 번째 토착민 달(**쿨루와사사**)에 이루어지는 것을 알 수 있다. 남쪽 사람들에게 **타포푸**는 영들에게 바치는 식량 공물인 **카시 발로마**를 제공해주는 경작지를 의미한다. 그들은 **타포푸**에서 수확한 타로를 가지고 푸딩과 포리지[8], **실라쿠투바**와 **우리포풀라**를 만들어서 **밀라말라** 축

8) 〔역주〕 곡물로 끓인 죽 같은 음식.

〈사진 110〉 순회 중인 시나케타의 경작지 주술사 두 사람
카이마타의 입구에 있는 모타고이와 토우다와다. 시나케타 족장들 가운데 일인자로 인정되는 토우다와다는 경작지 주술사이기도 하다. 모타고이가 흑단 지팡이를 들고 있는 것을 볼 수 있다. 두 사람은 나중에 각자의 경작지에서 임무를 수행하기 위해서 흩어졌다. (10장 1절)

제 때 되돌아오는 영들에게 바칠 것이다.

타포푸와 다른 경작지들 사이의 관계를 이해하기 위해서는, 타로가 익는 데 걸리는 시간이나 타로가 잘 자라는 조건, 그리고 타로의 저장성이 얌이나 타이투와는 매우 다르다는 사실을 기억해야 한다. 타로가 익는 데 걸리는 시간은 훨씬 더 짧다. 토착민들은 타로가 익는 데에는 넉 달이 걸리며, 다섯 번째 달에는 수확을 시작해야 한다고 내게 말해주었다. 따라서 한 해에 얌과 타이투는 한 번 수확하지만, 타로는 세 번 수확할 수 있다.

또한 충분한 수분만 확보된다면 타로의 파종은 그다지 계절에 구애받지 않는다. 타로는 얌과 달리, 수렁까지는 아니더라도 축축한 토양에서도 잘 자란다. 따라서 토착민들은 우기에 타로를 타이투, 쿠비, 그리고 다른 경작지 생산물과 함께 보통의 토양에서 파종할 수 있을 뿐 아니라, 건기에도 둠야(습지)에 특별한 타로 경작지들을 만들 수 있다. 만약 우기에 타로를 둠야에 파종한다면 수렁에 처박혀서 결국에는 썩어버리겠지만, 물기 없는 땅에서는 무성하게 잘 자랄 것이다.

따라서 타로는 익을 때까지 시간이 오래 걸리지 않으며, 좀 더 다양한 조건에서 자란다. 나는 트로브리안드의 타로 경작이 대략 다음과 같이 이루어진다고 생각한다.[9] 새해가 시작되기 직전에, 보통 쿨루와사사 달에 농작물을 이른 경작지인 카이무그와에 심는다(시간 계산표 8단, 13열을 보라). 이때 타포푸에서는 첫 번째 주기의 농작물이 (위에서 이야기했듯이) 여물어서 수확되고 있으며(9단, 13열), 카이무그와에서는 타로의 싹이 다시 파종되고 있다. 이미 알고 있듯이, 새로운 식물은 땅속에 넣어둔 오래된 식물의 싹에서부터 성장한다(제5부 3장 24~25절 참조). 이 농작물은 톨리야바타 달에 여물어서 수확되고 타포푸에 다시 파종된다(두 번째 주기, 8단과 9단, 4열). 카이마타에 파종할 타로(7단, 두 번째 달)의 재료는 아마도 타포푸 경작지에서 첫 번째 주기의 수확 단계(9단)에 얻을 수 있다. 이러한 수확은 열세 번째 달에 시작된다. 타로의 수확은 오랜 기간에 걸쳐서 이루어지기 때문에, 새해의 첫 번째나 심지어 두 번째 달까지 지속될 수도 있다. 카이마타가 너무 늦어진다면, 카이무그와에서 가장 빨리 수확된 타로를 재료로 삼을 수도 있을 것이다.

지금까지는 자료가 그럴듯하게 잘 들어맞았지만, 여기서 나는 내 자료의 경미한 불일치를 발견하게 된다. 우리는 7단에서 카이마타의 타로 수확이 6번째 달에 열거되어 있는 반면, 9단에서 이와 동시에 이루어져야 하는 타포푸의 파종은 9번째 달에 나타나는 것을 볼 수 있다. 물론 이러한 나중

9) 또한 부록 2, 4절, 주 41을 보라.

의 파종은 타포푸의 두 번째 주기의 수확물에서 재료를 얻어서 진행된다. 그러므로 카이마타의 수확물은 재파종을 위해서 사용되는 것 같지 않다. 대체로 타이투에 주력하는 주요 경작지에는 타로가 아주 조금밖에 없기 때문에 그럴 것이다.

나머지 타로 주기는 별문제 없이 넘어간다. 두 번째 주기의 타포푸는 8번째 달(9단)에 주로 익으며, 이때 수확된 타로가 첫 번째 주기에 재파종된다. 그리고 그것은 알다시피 넉 달 후에 익는다(13번째 달). 이제 우리는 출발점으로 돌아왔다.

그처럼 분명하게 정의된 타로의 삼중 수확과 재파종은 현실에서 일어나는 일을 도식적으로 나타낸 것임에 유의해야 한다. 실제로 타로의 수확과 재파종은 거의 연속적으로 일어나는 활동이다. 한 해 내내 타로는 다른 경작지들에서 보조적인 역할을 담당하며, 거의 언제나 수확되거나 재파종되고 있다. 그렇지만 나는 이러한 활동이 최고조에 이르는 때가 세 번가량, 혹은 카이마타에서 타로가 중요해질 경우에는 네 번가량 있다고 생각한다.

불행히도 나는 트로브리안드에서의 체류가 끝나갈 무렵에야 이러한 농작물들의 전혀 다른 성격을 깨달았다. 생각해보면, 시나케타를 마지막으로 방문했을 때 내 친구 모타고이(〈사진 111〉)가 그 점을 처음으로 설명해주었던 것 같다. 그는 타로 경작과 타로 주술에 대해서 너무 간략하긴 했지만 내가 들었던 것 가운데 가장 훌륭하게 설명해주었다. 나는 그후 오마라카나에서 짧은 시간을 보내면서, 모타고이에게서 얻은 결과를 빠르게나마 검토해볼 수 있었다. 오마라카나에는 분명히 타포푸를 위한 어떠한 주술도 없으며, 그곳에서 타포푸가 차지하는 역할은 남쪽에서보다 훨씬 덜 중요하다. 타로 경작지에 대해 주술이 수행될 경우, 그때 사용되는 의식들과 주문들은 언제나 일상적인 경작지 주술 체계에서 가져온 것이다. 바기

〈사진 111〉 타로 경작지의 주술적 모퉁이에 서 있는 모타고이
타로 경작과 타로 주술에 대해서 가장 훌륭한 설명을 해주었던 내 친구 모타고이. (10장 2절)

〈사진 112〉 새로운 타로 경작지의 광경
타로 경작지에 일찌감치 세워야 하는 울타리를 배경에서 볼 수 있다. 식물들 사이의 공간은 대략 반 야드가량 된다. (10장 2절)

도우는 자신이 타포푸를 치료한 적은 한 번도 없지만, 몇몇 남자들이 타로 경작지에 대해서 사적인 주술을 수행하고 있으며, 만약 공동체가 대가를 지불한다면 주술사는 일상적인 체계에서 가져온 일정한 예식들을, 좀 더 특별하게는 가부 주술을 부수적인 의식들인 펠라카우크와, 칼리마마타, 그리고 비시콜라와 함께 타로 경작지에 대해서 수행할 것이라고 내게 말해주었다. 때때로 캄코콜라가 타포푸 소구획에 세워질 수도 있다. 그러나 그것은 작은, 단지 상징적인 캄코콜라일 것이다. 왜냐하면 타로는 감아 올라갈 버팀대를 필요로 하지 않기 때문이다(〈사진 111과 114〉 참조).[10]

따라서 간략히 설명하면 다음과 같다. 오마라카나에는 어떠한 특별한 공식적인 타로 주술도 존재하지 않는데, 아마도 대부분의 북쪽 지역에서 그러할 것이다. 주요 경작지들의 공식적인 주술 가운데 일부가 타포푸에 대해서 수행될 수도 있다. 심지어 그것들은 카이무그와에 대해서 수행될 수도 있으며, 보통 수행되고 있다. 타로 경작지에는 어떠한 표준 소구획도 결코 존재하지 않으며, 종종 남자 여러 명이 소구획을 공유한다. 이 경우에 툴라 경계들이 실용적이고 경제적인 기능을 발휘한다. 타포푸를 위해서는 어떠한 카야쿠도 개최되지 않는다. 사실 타포푸는, 그해에 습도와 관련된 특별한 문제가 없다면, 일반적으로 주요 경작지 바로 근처에 만들어진다. 보통 요워타, 곧 주요 시작 의식은 그것이 주요 경작지들에서 수행될 때 미리 타포푸로 지정된 발레코에 대해서도 수행된다.

∴

10) 사실 내가 1915년에 오마라카나에서 처음 체류를 시작했을 때, 바기도우는 특별한 타포푸 주술은 없으며 단지 일상적인 경작지 주술이 타로 경작지에 대해서 수행된다고 반복해서 주장했기 때문에, 나는 남쪽 지역에서 타로 경작지가 차지하는 중요성을 알아차리지 못했다. 마침내 그 사실을 알게 되고, 또한 타포푸 주술은 내가 북쪽 지역에서 입수한 경작지 주술과 비견될 만하다는 사실을 알게 되었을 때는 너무 늦었다.

이제 섬의 남쪽 지역의 타로 경작지들에 대해서 주로 모타고이로부터 입수한 정보를 간략히 정리해보자. 시나케타를 비롯한 남쪽 마을들에서는 타포푸에 표준 소구획을 만들지 않는다. 남자들은 여럿이서 발레코를 공유하는데, 각자가 차지하는 부분은 툴라 막대기에 의해서 경계가 표시된다. 때때로 끝이 갈라진 작은 나뭇가지 위에 수평으로 막대기들을 올려놓음으로써 경계를 땅에서 약간 들어올려서 표시하기도 한다. 한 남자는 이렇게 나뉜 부분들 가운데 하나 혹은 그 이상을 자신의 가구를 위해서 경작할 것이며, 이것들은 보통 쿠부나 야마다(우리 손의 자리?)라고 불린다. 그리고 하나 혹은 그 이상의 소구획이 누이나 모계 친족 여자의 가구를 위해서 경작되며, 이것들은 우리구부라고 불린다.

타포푸에서는 요워타가 개최되지 않는다. 북쪽에서와 마찬가지로 남쪽 지역에서도 성대한 시작 의식은 경작지로 지정된 모든 땅에 적용된다. 가부 때 특별한 주술이 수행되는데, 그 의례는 얌 경작지에 수행되는 주술과 매우 비슷하다. 카이카폴라, 코코넛 잎의 어린 싹은 주술사의 집에서 마법에 걸린다. 토워시는 각각의 발레코마다 오 누눌라, 주술적 모퉁이에서 마른 찌꺼기에 불을 붙인다. 다음날 남자들은 각각 카이카폴라와 치료된 허브 약간을 주술사에게 받아서 자신의 경작지 소구획에 룸룸을 만든다. 그는 주술용 허브를 그 더미 속에 집어넣고서 불을 붙인다. 이것은 기부비야카에 해당하며, 내 생각에는 이러한 이름으로 불린다. 그러고 나서 그들은 펠라 카우크와라고 불리는 의식을 행하는데, 그때 그들은 덤불돼지들을 쫓아내고 불루크와 가도이, 경작지 말뚝의 돼지라는 이름의 신화적 돼지를 유인한다(3장 2절 참조).

두 번째 화전과 연계해서 타로 경작지의 캄코콜라가 세워진다. 그 의식은 칼리프왈라 캄코콜라, '캄코콜라를 위한 구멍 만들기'라고 불린다. 캄코콜라 주술은 대체로 파종 주술이라고 할 수 있는데, 그렇다면 타로가 주요 농작물인 남쪽에서는 마땅히 이번 단계에 그 주술이 수행되어야 한다. 왜냐하면 타로는 **코움왈라** 직후에 파종되기 때문이다. **카이마타**에서는 타로를 비롯한 하급 농작물의 파종이 **코움왈라** 직후에 이루어지지만, **캄코콜라** 의식은 나중에 타이투를 파종하는 진정한 **소푸**가 이루어지기 전에는 수행되지 않는다.

나는 타로를 파종하는 모습을 여러 차례 지켜보았고 도와주기도 했다. 토착민들은 마른 땅의 돌무더기 사이에 있는 깨끗한 땅뙈기인 **사포나**에, 혹은 **둠야**의 구멍에 대략 반 야드 간격으로 식물을 심는다(〈사진 112〉를 보라). 이때 세심하게 정리해놓은 땅을 타이투를 파종할 때처럼 깊게 팔 필요는 없다. 그저 땅의 표면을 성기게 흩뜨리고, 흙덩어리를 부수어 엎고, 돌과 잡초 뿌리들을 골라낸다. 그러고 나서 타로의 싹, 즉 잎이 약간 붙어 있는 덩이줄기의 윗부분을 땅속에 집어넣는다(〈사진 113〉 참조). 때때로 타로가 바람에 쓰러지거나 뿌리가 뽑히지 않고 제자리에 서 있도록 하기 위해서 막대기 두 개를 덧대어준다.[11] 나중에 일종의 잡초 뽑기가 이루어진다. 오래된 덩이줄기의 윗부분에서 새로운 식물이 싹트기 시작하면 덩이줄기의 쭈글쭈글한 겉껍질을, 곧 **밤**, 타로의 "태(胎)"라고 불리는 것을 제거해야 한다. 또한 바람에 흔들리는 딸랑이인 **카이고그와우**를 세우고, 새 잡는 올가미인 **시쿠나**를 설치해야 한다. 그리고 날카로운 말뚝과 울타리로 덤불돼지의 접근을 막고 타로를 세심하게 보호해야 한다(〈사진 114〉 참조). 타로는 지상에서 자라기 때문에 타이투보다 새, 덤불돼지, 그리고 곤충에게 더 많이 노출된다.

11) 또한 제5부, 원문 15, 3장 24~27절 참조.

토착민들은 텅 빈 크와두야(멜로 디아데마) 조가비로 바람에 흔들리는 딸랑이를 만들어서 덤불치기 뒤에도 남아 있는 줄기인 캄투야에 동여맨다. 조가비 속에는 돌멩이 하나를 집어넣고, 판다누스의 가늘고 긴 가지나 폭이 넓은 나뭇조각을 그 위에 달아서 바람이 불면 흔들리게 만든다. 유럽의 영향을 더 많이 받은 남쪽 지역에서는 텅 빈 등유 깡통이나 벤젠 깡통이 조가비를 대신해왔다. 북쪽 지역에서는 오래된 조가비 딸랑이들을 여러 곳에서 목격할 수 있었다.

이후 타로 경작지에서는 타로를 수확할 때까지 성장 주술을 수행하는 것 외에는 할 일이 거의 없다. 바프와니니 요타타, "새 잎이 나오게 만들기"라고 불리는 의식이 있는데, 이것은 경작지에 대고 읊는 주문이며 이렇다 할 작업 터부를 수반하지 않는다. 그후 각각의 발레코마다 식물 한 포기를 골라 아래쪽 줄기, 이키프워이시 시크와쿠를 약간 잘라낸다(〈사진 115〉 참조). 이러한 의식은 타로 잎들이 드러눕고 수그러들게 만든다. 왜냐하면 타로의 경우, 토착민들이 말하듯이, 다브와나 카이비야카, 카일라길라 피케키타, "큰 싹은 작은 뿌리를 만들기" 때문이다. 또 다른 의식인 카투타우나 역시 동일한 목적으로 수행된다. 주술사는 경작지 모퉁이에서 자신의 손바닥에 대고 주문을 읊는다. 그러고 나서 흙을 약간 긁어내어 타로 위에 뿌린다. 이 의식은 타로가 땅에 드러눕도록 만든다. 마침내 이수나풀로 주술이 시작되는데, 내 생각에 그것은 일반 경작지에서 수행되는 동일한 이름의 예식과 똑같은 것이지만, 타포푸에서 타로를 위해 별도로 수행된다. 이것으로 타로 주술의 주기가 끝난다.

3. 야자의 주술

경작지에서 키우는 농작물 외에도, 경제적으로나 토착민들의 즐거움을 위해서 가장 중요한 식물은 두 종류의 야자들, 곧 코코넛과 빈랑나무 열매이다. 두 야자들은 모두 비슷한 소유권 체계에 따라 전유되고, 둘 다 비슷한 방식으로 경작되며, 둘 다 다양한 방식으로 사용되고, 둘 다 비슷한 주술이 적용된다. 코코넛과 빈랑나무 열매에 관한 관념과 믿음은 서로 비슷한 것들이 제법 많다. 그러나 코코넛 야자가 좀 더 중요하다. 그것은 토착민의 기본적인 먹을거리 가운데 하나이기 때문이다. 실제로 흉년에는 몰루(굶주림)의 달 동안 견과류가 주요 식량이 될 것이다. 반면 빈랑나무 열매는 단지 흥분제일 뿐이다.

마을 안과 마을 주변에서 자라는 두 종류의 야자나무들은 마을의 풍경을 독특하게 만든다. 그 나무들은 공유지로 여겨지는 곳에 심어져 있지만, 개인적으로 소유된다. 일반적으로 우두머리가 일종의 전권을 장악하는데, 족장은 그 지구의 모든 야자나무의 명목상 소유자이다(제1부 10절 참조). 코코넛 야자의 열매, 잎, 그리고 싹은 다양한 용도로 사용된다. 식량의 한 품목인 덜 익은 코코넛에서는 가장 선호되는 음료인 "우유"를 얻을 수 있으며, 그 과육은 진미로 여겨진다. 익은 견과를 갈면 크림과 기름이 나오는데, 그것은 평범한 채소 음식에 풍미를 더하는 양념으로 사용된다. 코코넛 잎은 살림살이에서 요긴하게 활용된다. 그것은 하급 초가지붕을 만드는 재료이다. 토착민들은 코코넛 잎을 엮어서 창고의 벽을 덮는 덮개를 만들고, 집의 문과 칸막이를 만든다. 코코넛 잎은 바구니의 재료이기도 하다. 또한 토착민들은 땅에 무언가를 덮을 필요가 있을 때마다 코코넛 잎으로 거친 깔개를 만들어서 사용하고, 다 쓴 뒤에는 미련 없이 던져버린다. 주

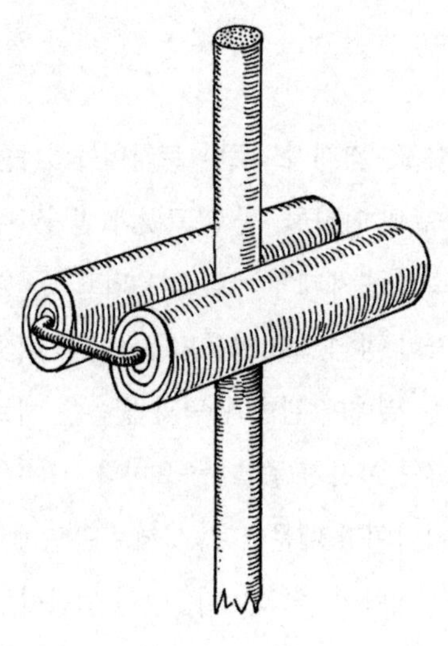

〈그림 9〉 카이투부타부 장대

술적 관습은 번번이 코코넛 야자와 관련된다. 코코넛 야자는 마녀와 요술사에 대한 믿음이나 미학적 관심과도 관련된다.

야자의 경작은 단순하다. 야자는 싹이 틀 때까지 내버려두었던 코코넛에서 자라난다. 싹이 어느 정도 높이로 자라면, 토착민들은 코코넛을 조심스럽게 열어서 먹을 수 있는 알맹이와 액체 속의 푹신푹신한 부분을 먹는다. 토착민들은 견과에서 싹이 붙어 있는 작은 조각만 남겨두었다가 이것을 심는다. 어떤 토착민은 다음과 같이 말해주었다(원문 19, 제5부 4장 9절).

"(1) 우리는 코코넛이 익을 때까지 통째로 놓아두고 떠납니다. 코코넛이 이미 커진 것을 보면 우리는 친구에게 말합니다. (2) '코코넛을 가지러 가서 이곳으로 가져오자. 우리의 코코넛을 심으러 가자.' (3) 여기서 어린 싹이 나타납니다.(그리고 이야기하던 사람은 실제로 싹 튼 코코넛을 실물로 보여준다.) 이 부분을 떼어냅니다. 나머지 부분을 떼어냅니다. 껍데기의 일부와 어린 싹과 뿌리가 남아 있습니다. (4) 우리는 코코넛 과육을 먹습니다. 푹신푹신한 알맹이를 먹습니다. 껍데기는 싹과 뿌리와 함께 심습니다. (5) 모로바우(토종 백합)도 함께 심습니다. (6) 우리는 땅을 팝니다. 땅 파는 일을 마치고 나면, 모로바우와 코코넛을 집어넣고 흙을 덮어줍니다. (7) 나중에 백합 뿌리가 코코넛 뿌리에 힘을 불어넣어서 코코넛이 싹 트게 됩니다." 뉴기니에 사는 백인 농장주는 이러한 절차가 나무의 성장에 이롭지 않으며, 몽땅 다 코코넛을 심는 편이 훨씬 더 낫다고 내게 말해주었다. 토착민들은 어린 나무 주위에 울타리를 쳐서 덤불돼지와 왈라비, 어린이와 개가 해치지 못하게 하며, 그 주변의 땅에서 잡초를 충분히 제거해서 어린 나무가 질식하지 않게 한다. 그러나 그 외에는 어떠한 돌봄도 필요하지 않다. 트로브리안드에서 생산되는 코코넛은 양이 아주 많은 것도 아니고 품질이 매우 훌륭한 것도 아니다. 그곳의 코코넛은 본격적인 코프라(copra)[12] 교역을 하기에는 턱없이 부족하다.[13]

빈랑 야자도 똑같은 방식으로 소유되고 경작되며, 동일하게 미학적으로 중요하다. 그것은 기분 좋은 자극제이기에 토착민의 사교 생활에서 중요한 역할을 한다. 이제는 수입 담배도 비슷한 역할을 하지만, 옛날에는 빈랑나무 열매야말로 모든 사회적 모임에서 제공되는 전형적인 선물이었다. 족장은 그가 가지고 있는 빈랑나무 열매를 숨기려고 애썼다. 심지어 족장은 구경꾼들의 호기심 많은 시선으로부터 빈랑나무 열매를 가리기 위해서 3단 바구니를 사용하기도 했다. 왜냐하면 족장은 구경꾼들의 눈에 띈 물

12) 〔역주〕 말린 코코넛 열매.

13) 최근에 와서, 정부의 압력 때문에 섬 주민들이 바라는 것과는 매우 다른 방식으로 상당히 많은 양의 파종이 진행되어왔다. 섬 주민들은 정부가 추진하는 계획의 물리적 이점을 인정하지만, 그 계획에 대해 열광하지는 않는다.

건은 무엇이든 노블리스 오블리주의 원칙에 따라 그들에게 대접해야 했기 때문이다(제1부 10절 참조).

성애의 봉사에 대한 보답은 부와나라고 일컬어지는데, 아마도 그것은 빈랑나무 열매, 부와에서 파생된 단어일 것이다.

두 야자들을 대상으로 카이투부타부라는 흥미로운 주술이 수행되는데, 그것은 열매가 풍성해지도록 야자에 부과되는 터부의 주술이다.[14] 토착민들에게 카이투부타부 주술은 판다누스 잎과 바나나 잎으로 각각 만들어진 띠 두 개와, 마을 한복판에 세워진 막대기와, 모든 야자 줄기 둘레에 묶여 있는 코코넛 잎의 띠(감)를 주로 연상시킨다. 이것들은 터부를 표시하는 효과적인 상징들이다. 예식이 계속되는 동안 주술이 효력을 발휘하려면 일정한 터부가 지켜져야 한다. 무엇보다도 코코넛을 따면 안 된다. 민족지학자가 볼 때, 카이투부타부는 의례적, 도덕적, 법적 그리고 경제적 측면을 지닌 복합적인 제도, 곧 수많은 다른 관심사 및 활동들과 관련된 제도이다. 그러나 이러한 측면들을 고려하기 전에, 우선 실제로 무슨 일이 이루어지는지를 살펴보자.

카이투부타부 절기는 두 가지를 고려해서 결정된다. 한편으로, 코코넛은 다른 식량이 부족한 대여섯 달 동안에는 너무나 중요한 먹을거리로 여겨지기 때문에 금지될 수 없다. 다른 한편, 카이투부타부 기간은 예식적 분배나 밀라말라 달과 관련된 다른 축제들이 시작되기 전에 끝나야 한다. 축

14) 유럽 독자들은 카이투부타부라는 단어를 보고서, 이것이 토착민들에게 전형적인 "터부"일 것이라고 자연스럽게 생각하게 될 것이다. 그러나 트로브리안드에는 터부를 가리키는 또 다른 특유한 용어, 보말라가 존재한다는 사실을 기억해야 한다. 보말라라는 용어는 인도네시아와 오세아니아 지역에까지 광범위하게 분포되어 있다. 트로브리안드 언어에서 카이투부타부와 어원이 같은 용어들을 조사함으로써 수많은 언어학적 의문과 간접적인 설명을 끌어낼 수 있다. 나는 이 주제를 적절한 자리에서 다루었다(제5부 4장 11절).

제가 시작되면 코코넛을 아껴둘 수 없기 때문이다. 사실 카이투부타부 터부는 좀 더 중요한 사갈리(분배들)나 춤의 절기(우시골라) 가운에 하나를 준비하기 위해서 부과된다. 나는 다음의 말을 들었다(원문 21, 제5부 4장 13절). "사갈리(예식적 분배)를 하기로 결정하면, 우리는 카이투부타부를 세울 것입니다. 그러고 나서 마법을 걸면 야자들이 빨리 자랄 것이며, 견과들은 풍성해질 것이고, 우리는 사갈리를 할 수 있을 것입니다." 그러므로 성대한 분배나 경쟁적인 활동(카야사) 혹은 춤추는 절기가 계획되면 코코넛 주술이 수행되어야 한다. 시간 계산표(〈그림 3〉, 10단)와 비교해보면 알 수 있겠지만, 코코넛 터부는 쿨루워투 달 이전에는 부과될 수 없으며, 새로운 달인 칼루왈라시를 지나서까지 연장될 수 없다. 그러나 코코넛 터부는 쿨루워투가 시작될 때부터 칼루왈라시가 끝날 무렵까지 다섯 달 가운데 언제라도 부과될 수 있다. 코코넛 터부는 대략 두 달 동안만 지속되기 때문에 여전히 선택의 여지가 많다.

코코넛 터부는 보통 이 기간 중에 일찌감치 수행된다. 즉, 쿨루워투 혹은 우토카카나의 만월부터 시작해서 일라이비실라 혹은 야코키의 만월까지 지속된다. 오마라카나, 올리빌레비, 혹은 구밀라바바와 같이 서열이 높은 지역에서는, 일반적으로 코코넛 터부가 평민의 마을에서보다 좀 더 일찍 시작된다. 왜냐하면 족장들은 모든 일에서 앞장서야 하고, 항상 그들이 예식적인 분배와 축제를 가장 먼저 시작해야 하기 때문이다.

만약 성대한 사갈리를 논의하는 과정에서 코코넛이 부족할까 봐 다소 염려된다면, 공동체의 우두머리는 이웃마을 사람들을 카야쿠로 소집할 것이다. 그러고 나서 카이투부타부의 수행 여부와, 그것을 언제 시작할 것인지, 누가 그것을 수행할 것인지를 결정하게 될 것이다. 어떤 마을에는 카이투부타부의 주문과 의례를 아는 주술사가 있다. 그러한 전문가가 없는 다른 마을들에서는 카이투부타부를 수행하기 위해서 외부자를 초대해야 한다. 오늘날(1918) 오마라카나와 카사나이에서 그 주술을 아는 유일한 사람은 토쿨루바키키인데, 그는 중심지에 거주하지만 그가 수행하는 주술은 자신의 진짜 마을인 투크와우크와에서 나온 것이다. 이웃에서는 단지 몇몇 사람—크와이브와가에서 한 사람, 오브웨리아에서 한 사람, 오보와다에서 한 사람, 그리고 카브와쿠에서 한 사람—만이 그 주술을 알고 있다. 다음의 설명은 토쿨루바키키가 내게 준 자료를 기초로 한 것이다.

어떤 경우든 주술사는 우두머리로부터 예식용 돌칼, 목걸이, 혹은 한 쌍의 조가비 팔찌 등과 같은 실질적인 보답을 받는다. 마을 사람들은 좀 더 가치가 낮은 귀중품을, 즉 깔개 몇 장, 바구니 한 개, 창, 혹은 요리용 단지를 그에게 가져올 것이다.

카이투부타부가 결정되면 야자들을 손질해서, 설익은 것뿐 아니라 익은 것까지 모든 견과를 모아놓는다. 두 달 사이에 시들어서 떨어지게 될 낮은 가지를 베어내고, 가운데의 어린잎 다발만 남겨둔다. 또한 주술사는 자신의 자잘한 용구들을 준비해야 한다. 그는 부사 혹은 요나키우 나무의 가벼운 목재로 만든 약 2.5미터에서 3미터에 달하는 곧은 장대를 고른다. 그는 또한 모디기야, 곧 카이브위브위 종류의 판다누스 나무의 마른 잎을 약간 채집한다. 그는 장대를 다듬고 껍질을 벗긴다. 그리고 도표(〈그림 9〉)에서 볼 수 있듯이, 판다누스 잎을 산뜻한 원통형으로 말아놓는다.

그러고 나서 주술사는 예식에서 사용할 수많은 허브들을 수집한다. 주술사는 준비된 장대와 같은 종류의 나무인 부사 혹은 요나키우의 잎—정보제공자들은 이것들을 사용하는 이유를 설명하지 못했다—과, 해안에서 자라는 콩나무인 크와이가가빌레의 잎을 수집한다. 콩나무는 풍성한 열매를 맺으며 수많은 큰 꼬투리를 만들어내기 때문에, 코코넛 야자도 마찬가지

〈사진 113〉 타로의 파종
"타로의 싹, 즉 잎이 약간 붙어 있는 덩이줄기의 윗부분을 땅속에 집어넣는다." (10장 2절)

〈사진 114〉 돌이 많은 땅의 타로 경작지
시나케타의 **라이보아그** 근처에 있는 몇몇 소구획들. 왼쪽 정면에서 작은 **캄코콜라**를 볼 수 있다. 중앙의 토착민은 넓은 판다누스 잎을 텅 빈 등유 깡통에 붙여서 만든, 바람에 흔들리는 딸랑이에 기대어 서 있다. 옛날에는 큰 **멜로 디아데마** 조가비가 사용되었다. 이러한 유형의 땅에 쌓여 있는 엄청난 돌무더기에 주목하라. (10장 2절)

로 되라는 뜻에서 사용된다. 또한 빽빽하고 무성한 잎이 토착민에게 풍요를 연상시키기 때문에 모든 경작지 주술에서 너무나 중요한 역할을 하는 야유, 곧 카수아리나 나무의 잎과 마키타라고 불리는 향기로운 덩굴식물을 해안에서 가져온다. 마키타는 강렬하고 달콤한 향기를 풍기는데, 주술사는 의례를 수행하는 동안 그것을 씹다가 야자 위에 뱉어서, 토착민들의 말에 따르면, 코코넛이 마키타처럼 향기가 달콤해지고 풍성해지도록 만든다. 뿌리는 먹을 수 있지만 다발로 풍성하게 자라는 열매는 먹을 수 없는 식물인 우브와나는 코코넛이 그 열매처럼 풍성하게 열리기를 바라는 마음에서 사용된다. 오딜라에서 자라며 몰루 때 먹는 식물인 노리우는 최악의 가장 메마른 계절에도 많은 열매를 맺기 때문에 사용된다. 세타가바는 마을 주변이나 작은 숲(웨이카)에서 자라는 풀이 무성한 잡초이다. 그것은 매우 강인해서 뽑아내거나 없애기가 대단히 어렵다. 그것은 심지어 이파리 하나에서 혹은 나무 조각에서도 새로 자라날 것이다. 보예야는 타임[15]처럼 작은 잎들이 피어나는 조그만 식물이며, 토착민들이 말하듯이 "카이카폴라의 코코넛처럼" 잎에서 풍성한 작은 열매가 나온다. 풍요의 주술에서 이러한 허브들을 사용하는 까닭은 명백하다.

이러한 잎들은 첫 번째 예식 하루 전날에 수집된다. 주술사는 그 잎들을 찢어서 섞는다. 또한 그는 장대를 준비하고 마른 바나나 잎(시기누부)을 찾아놓고서, 판다누스 잎이 단정하게 감겨 있는지 살펴본다. 그리고 주술사는 이 모든 것을 깔개 위에 모아놓고서 밤새도록 자신의 오두막 안에 놓아둔다. 그동안 마을 사람들은 감, 곧 주맥(主脈)에 소엽(小葉)[16]들이 약간 붙

15) 〔역주〕 꿀풀과의 여러해살이풀. 잎과 줄기는 향신료로 사용된다.

16) 〔역주〕 leaflet. 겹잎을 이루는 작은 잎.

〈사진 115〉 타로 경작지의 주술 의식
경작지에 주문이 암송된다. 각각의 **발레코**마다 타로 식물 한 포기의 아래쪽 줄기를 약간 잘라낸다. (10장 2절)

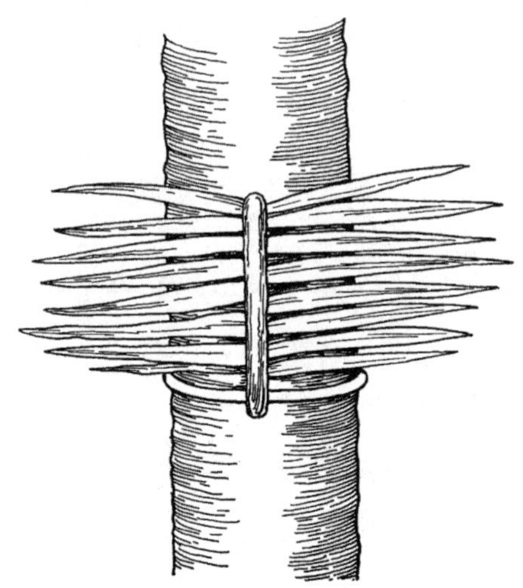

〈그림 10〉 야자나무에 표시된 터부

어 있는 코코넛 띠를 준비하고, 서로 반대쪽으로 자라는 한 쌍의 소엽을 사용해서 그곳에 있는 모든 코코넛과 빈랑 야자의 몸통에 감을 동여맨다(〈그림 10〉 참조). 이러한 띠들과 카이투부타부 장대는 그 기간 내내 터부를 나타내는 기호이다.

예식 당일에 주술사와 그의 조수들은 마을의 중앙 공터에서 만난다. 중앙 공터의 한복판에는 깔개 한 장이 펼쳐져 있고, 그 위에는 카이투부타부 막대기, 조가비 나팔, 그리고 주술용 허브들이 놓여 있다. 이내 주술사 근처에 서 있던 조수 한 사람이 땅 파는 막대기를 가지고 터부 장대를 꽂을 구멍을 판다. 그때 족장은 자기 아내들과 아이들에게 둘러싸여서 자신의 높은 단 위에 앉아 있다. 지역 유지들은 눈에 잘 띄지 않는 곳에 무리지어 있고, 평민들은 중앙 공터의 가장자리에 서 있으며, 여자들과 아이들은 집에 머물러 있다. 모든 것이 다 준비되면 주술사는 깔개 앞에 웅크리고 앉는다. 그리고 늘 해오던 대로 깔개 위에 또 다른 깔개 한 장을 덮어서, 자신의 말을 운반하는 숨을 깔개 두 장 사이에 가둔다. 그러고 나서 그는 큰 목소리로 카이투부타부의 첫 번째 주문을 엄숙하게 읊는다.

〈문구 41〉

1. "오 세울로, 오 밀라가우, 가서 우리의 코코넛을 실어놓으소서!

잎은 검게 퇴색하고 꼭대기는 좀 먹혀서 시들어버린 것들을 던져버리소서, 꼴사나운 것들과 이상한 모양으로 자란 것들을.

우리에게 알맞은 코코넛을 실어놓으소서. 물병을 만들기에 적당한 코코넛을. 그것들을 우리 마을로 가지고 오소서."

2. "나는 나쁜 코코넛들을 쫓아낼 것이니라. 나는 나딜리 섬에 그것들을

팽개칠 것이니라.

잎은 검게 퇴색하고 꼭대기는 좀 먹혀서 시들어버린 것들, 꼴사나운 것들과 이상한 모양으로 자란 것들을.

나는 코코넛 잎의 밑동(으로 만든) 내 카누를 띄울 것이니라.

나는 나에게 알맞은 코코넛을, 훌륭한 코코넛을, 예식에서 사용하기에 좋은 큰 코코넛을, 물병을 만들기에 적당한 튼튼한 코코넛을, 하얀 코코넛을 실을 것이니라.

나는 나쁜 코코넛들을 쫓아낼 것이니라. 나는 코이마라우 마을에 그것들을 팽개칠 것이니라.

잎은 검게 퇴색하고 꼭대기는 좀 먹혀서 시들어버린 것들, 꼴사나운 것들과 이상한 모양으로 자란 것들을."

(그러고 나서 주술사는 나딜리와 코이마라우 대신에 다양한 장소들을 넣어서 "나는 쫓아낼 것이니라"부터 "하얀 코코넛을 실을 것이니라"에 이르는 전체 절을 되풀이한다. 그는 우드락 섬의 마을들과 마셜 베넷 군도의 섬들, 보요와 동쪽 해안의 마을들을 거쳐서 점차 오마라카나에 접근한다.)

3. "그것은 헤치고 나간다. 그것은 둥글게 된다."

(이것은 아마도 싹이 헤치고 나가는 것과 코코야자 열매가 둥글게 되는 것을 가리키는 말이다. 이 말을 하고나서, 주술사는 첫 절(節)에서부터 "나딜리 섬에 그것들을 팽개칠 것이니라."까지를 되풀이한다.)

주문의 주요 부분인 타프와나[17]가 지명들의 긴 목록과 함께 되풀이된다

17) 〔역주〕 식물의 주요 부분을 가리키는 토착어. 그 단어의 의미는 비유적으로 확장되어서, 예컨

〈사진 116〉 모몰라의 바나나 재배지
한 여자가 바나나 경작지에서 일을 한 뒤에 집으로 돌아갈 준비를 하고 있다. (10장 2절)

는 점을 고려한다면, 이 주문이 얼마나 길게 이어질 것인지 충분히 상상할 수 있을 것이다. 이 문구의 주요 목적은 나쁜 결과들을 쫓아내고 좋은 것들을 유인하려는 것이다. 다른 많은 문구들과 마찬가지로, 그 문구에는 사악한 것들을 인접 지역으로 쫓아내는 흑주술의 액막이 주문과 자신의 마을에 행운을 비는 긍정적인 호소가 결합되어 있다. '팔은 안으로 굽는다.'는 주술 원칙과, '어디서나 모든 게 똑같이 좋을 수는 없다.'는 트로브리안드식 주술 원칙이 결합해서 이러한 형태의 주문이 만들어졌다.

덧붙여 말하자면, 토쿨루바키키는 만약 자신의 마을에서 이 주술을 읊게 된다면, 동쪽에 있는 마을들과 섬들을 열거하지 않을 것이라고 이야기했다. 그는 당트르카스토 군도의 도부 혹은 투우타우나 혹은 브와요와에

∴

대 주술의 주요 부분을 가리키기 위해서도 사용된다.

서 시작해서, 북쪽으로 사나로아, 테와라, 와메아, 구마실라, 돔돔 등을 열거하다가, 루산사이 군도의 여러 섬을 지나서 서쪽 해안의 마을에 이르게 될 것이다.

허브와 장대, 그리고 조가비 나팔에 주문을 읊고 나면, 장대를 세우는 동안 마을 전체를 향해 조가비 나팔 소리가 울려퍼진다. 주술사의 조수는 판다누스 잎들을 감아놓은 것과 마른 바나나 잎(시기누부)의 띠를 카이투부타부 장대의 둘레에 묶은 뒤에, 땅에 구멍을 파고 그 장대를 세운다. 먼저 주술적 효력이 있는 허브들을 구멍 속에 조금 집어넣고, 나머지는 바나나 잎의 띠 속에 찔러넣는다. 장대가 세워지면, 남자들은 때때로 중단되는 새된 외침소리인 쿠투고고바를 합창으로 외치는데, 손으로 입을 가볍게 쳐서 그러한 소리를 만든다. 타우요 소리도 다시 활기차게 울려퍼진다.

그러고 나서 남자들은 저마다 치료된 허브들을 조금씩 들고서 자신의 나무 혹은 나무들로 가서, 그것들을 감 아래에 밀어넣는다. 주술사는 향기로운 덩굴식물인 마키타의 잎을 조금 씹다가 장대에, 그리고 마을의 모든 야자나무에 뱉는다. 이로써 예식이 끝난다.

이날부터 마을에 정교한 터부가 부과된다. 주술사에게 가장 무거운 터부가 지워지는데, 왜냐하면 주술사는 그 기간 내내 코코넛이나 빈랑나무 열매를 씹는 것조차 철저히 금지되기 때문이다. 그는 여문 견과를 먹을 수도 없고, 우유를 마실 수도 없으며, 코코넛 기름을 자기 몸이나 발에 바를 수도 없다. 만약 그가 그러한 터부를 집 안이나 집 밖에서 깨뜨린다면, 주술의 효력은 사라져버릴 것이다. 마을 사람들의 경우, 마을 안에서는 코코넛을 먹거나 어떠한 방식으로든 코코넛을 사용하는 것이 허락되지 않지만, 마을 밖에서는 터부가 적용되지 않는다. 만약 덜 여문 초록 코코넛이 나무에서 떨어졌다면, 덤불에서 그것을 먹어도 된다. 그렇지만 마을 안에서는 코코넛을 여는 것조차 허락되지 않는다.

게다가 사람들이 소음을 내는 것을, 특히 나무를 쪼개거나 베어내는 것, 혹은 탕탕 두들기는 것을 금지하는 터부가 있다. 토착민들은 이러한 터부의 이유를 다음과 같이 설명했다. "한 남자가 앉아서 다른 곳을 보고 있다고 상상해봅시다. 당신이 와서 손가락으로 그의 갈빗대나 배를 찌릅니다. 그는 화들짝 놀라서 뛰어오를 것입니다. 이처럼 당신이 나무를 두드리거나 음와음와쿠와(두드리는 소리를 낼) 때, 카푸와(덜 익은 작은 코코넛)는 뛰어올랐다가 떨어질 것입니다."

터부 기간 내내 마을에서는 어떠한 불빛도 눈에 띄어서는 안 된다. 만약 한 장소에서 또 다른 장소로 횃불을 옮겨야 한다면, 그것을 잎으로 잘 감싸야 한다. 만약 밤에 요리를 해야 한다면, 새어나간 불빛이 마을을 밝히지 않도록 오두막의 가려진 곳에서 요리를 해야 한다. 만약 어떠한 불빛이라도 카푸와, 어린 코코넛에 닿게 된다면, 그것은 코코넛의 얼굴, 이밀라카틸레 미기시를 환하게 비출 것이며, 열매는 덜 여문 채 떨어져버릴 것이다. 어린 코코넛은 소리와 마찬가지로 빛에 의해서도 충격을 받으면 안 된다.

물론 누구도 야자나무에 기어 올라가면 안 되며, 또한 마을이나 작은 숲에 있는 다른 어떤 나무에도 기어 올라가면 안 된다. 이것은 카이투부타부 장대에 대한 존경의 표시다. 토착민들은 설명한다. "족장이 있을 때 평민들은 누구도 감히 나무 위에 기어 올라가지 않습니다. 그렇게 하면 그는 족장 위에(이파일리 구야우) 올라가 있게 됩니다. 족장은 화를 낼 것입니다. 마찬가지로 카이투부타부 막대기도 화를 낼 것이고, 우리의 코코넛은 떨어져버릴 것입니다."

따라서 이 기간 내내 토착민들은 조용하고 고요하게, 조심스럽게 생활한다.

터부가 지속되는 동안, 주술사는 여덟 번째 혹은 열 번째 날마다 간단한 의식을 수행해야 한다. 그는 마을의 야자나무 사이로 걸어가면서, 야자나무가 열매를 맺고 열매가 잘 여물도록 권하는 주문을 큰 목소리로 읊는다.

〈문구 42〉

"내 마을의 한복판을 걸어 다니고, 돌아다니는 자는 누구인가? (반복된다).

바로 나, 토쿨루바키키와 나의 할아버지 야우라나, 우리 둘이서 내 마을의 중앙 공터를 걸어 다니고 돌아다닌다.

코코야자가 열매를 맺는다. 한 다발의 코코야자 위에 또 다른 다발이 쌓이는구나. 야자나무는 견과들을 다발로 쏟아내는구나. 야자의 깃털 같은 꼭대기는 무거운 열매 때문에 구부러지는구나.

오마라카나에서 가장 큰 야자, 두브와데불라의 목구멍으로부터 소리가 나온다. 키이이이이……."

이 주문은 투크와우크와에서 나왔지만, 오마라카나에서도 그 주문이 사용되는 것을 볼 수 있다. 모든 마을에는 개별적인 이름으로 불리는 중요한 코코야자가 한 그루씩 있다. 오마라카나의 중요한 코코야자는 두브와데불라, "동굴"이라고 불린다. 그 나무가 사고로 인해 혹은 바람 때문에 부러지거나 전쟁 후에 베어지면, 그 자리에 새로운 나무를 심어야 한다. 의성어 소리인 '키이이이이'는 풍요를 상징한다. 왜냐하면 야자나무에 무겁게 많이 달린 열매와 잎들은 바람에 흔들려서 서로 비벼질 때 분명히 그렇게 높은 소리를 낼 것이기 때문이다. 사실 바람이 거세게 불면 코코넛들은 매우 불안하게 만드는 불유쾌한 소음을 낸다.

방금 인용된 주문과 거기에 수반되는 단순한 의식은 카일로울로, "이곳저곳 돌아다니기", 혹은 카투비사 카이카폴라, "코코넛의 발아"라고 불린다. 이미 언급했듯이, 그것은 8일 혹은 10일마다 되풀이되는데, 두 달의 터부 기간 동안 전체적으로 대여섯 차례 반복된다. 어떤 의미에서 그것은 경작 주기의 성장 주술에 상응한다. 카이투부타부 기간이 끝날 때가 다가오고 코코넛들이 풍성해지면, 족장이나 주술사는 이러저러한 날에 "코코넛을 열 것"이라고 알린다. 이것은 '감 제거하기 혹은 쫓아내기'(키빌라 감) 예식을 통해 이루어지는데, 그 예식은 "나무 꼭대기 부수기"(카투비사 카이다발라)라고도 불린다.

예식 전날 저녁에 주술사는 마을의 야자나무 사이로 걸어 다니면서 야자나무에 다음의 주문을 읊는다.

〈문구 43〉

"진홍잉꼬여, 잘라내라, 잘라내라, 그대의 목청을, 오 녹색 코코넛이여.
진홍잉꼬여, 잘라내라, 잘라내라, 그대의 목청을, 오 붉은 코코넛이여.
진홍잉꼬여, 잘라내라, 잘라내라, 그대의 목청을, 오 갈색 코코넛이여.
진홍잉꼬여, 잘라내라, 잘라내라, 그대의 목청을, 오 흰색 코코넛이여.
진홍잉꼬여, 잘라내라, 잘라내라, 그대의 목청을, 오 엷은 색의 코코넛이여.
진홍잉꼬여, 잘라내라, 잘라내라, 그대의 목청을, 오 오렌지 색의 코코넛이여."

이 주문을 통해 코코넛은 수확될 채비를 갖추게 된다. 아마도 진홍잉꼬는, 은유적으로 말하자면, 불 속에서 밤을 꺼내오는 희생양의 역할을 하도록 불러내진다.

다음날 남자들은 야자나무에 기어 올라간다. 남자들은 저마다 견과를 몇 개씩 가지고 내려온다. 그들은 외부의 겉껍질을 제거한 뒤, 껍질 속에 들어 있는 견과를 주술사에게 건네준다. 주술사는 자신의 까뀌로 그것들을 잘라서 열고 소유자에게 되돌려준다. 모두가 코코넛을 먹고 녹색 코코넛의 우유를 마신다. 이것으로 카이투부타부 기간이 끝난다.

비록 토착민들은 코코넛과 빈랑나무 열매가 모두 이 주술과 터부의 대상이라고 이야기하고, 두 야자나무 모두에 감을 묶으며, 두 야자나무 모두를 동일한 관심으로 존중하며 돌보지만, 주문과 의식을 살펴보면 그 주술이 명백히 주로 코코넛을 겨냥하고 있음을 알 수 있다.

토착민에게 카이투부타부의 핵심은 주술이다. 그것은 견과를 자라게 하고 풍요롭게 만드는 주술이다. 특히, 토착민들은 그 주술이 카푸와, 덜 여물은 어린 견과의 낙과(落果)를 방지하고 그것을 보호하려는 목적에서 수행된다고 말한다. 토착민들은 모든 터부가 똑같이 중요하고 효험이 있다고 생각한다. 견과를 따러 야자나무에 기어 올라가지 못하도록 금지하는 것은 단지 일련의 터부들 가운데 하나일 뿐이다. 토착민들은 그러한 금지의 부수적인 효과로 인해 사람들이 견과를 먹어치우지 않게 되고, 따라서 자연스럽게 견과의 수가 늘어나게 된다고 이해하고 있다. 그들은 이러한 방식으로 성대한 예식에 필요한 견과를 훨씬 더 많이 얻을 수 있다는 사실을 기꺼이 인정한다. 그러나 주술을 전혀 행하지 않더라도 터부만 지키면 마찬가지 효과를 거둘 수 있을 것이라고 넌지시 말해보았더니, 정보 제공자들은 그러한 발상을 일언지하에 거부했다.

외부자의 관점에서 바라볼 때, 주술이 이러한 제도의 필수적인 부분이라는 점은 명백하다. 사실 주술이야말로 터부가 지속되도록 하고 토착민들이 터부를 의식하게끔 만드는 진짜 동기이다. 족장의 권위가 충분하지 않더라도 사람들에게 넌더리나는 억제 기간을 강제할 수 있도록 해주는 것은 바로 주술이다. 주술에 대한 믿음은 예식용 견과를 충분히 공급하려는 욕망과 결합되어서 개개인에게 동기를 부여한다. 그러므로 여기서 주술은, 다른 많은 활동들에서 그러하듯이, 사회적으로나 각 개인의 심리적으로나 조직화하는 힘으로 작용한다. 주술은 터부에 동기를 부여하고 그것을 정당화한다. 또한 주술은 외부적으로 터부를 유효하게 만든다.

주술과 주술의 모든 장치—기호, 의례, 그리고 터부—가 없다면, 수백 명의 남자들과 여자들과 아이들을 통제해서, 참을 수 없이 유혹적인 데다가 손 닿을 만한 거리에 있는 것들에게 접근하지 못하도록 막는 일은 불가능할 것이다. 그들이 터부를 지키기 위해 겪는 바로 그 어려움이야말로 터부를 온전히 지키는 도덕적인 힘이 된다.

불행히도 나는 **카이투부타부**가 진행되는 절차들을 목격하지 못했다.[18] 현재 그것은 완전히, 혹은 거의 완전히 폐지되었다. 내가 도착하기 10년 전쯤에 지역의 부주재 지사는 마을마다 야자나무를 매해 수백 그루씩 심어야 한다는 매우 선의에서 나온, 아마도 유익한 법령을 내렸는데, 그 결과로 코코넛과 관련된 토착민의 관습은 심각하게 손상되었다. 토착민들은 내게 다음과 같이 이야기했다. "우리는 이제 언제나 **카이투부타부**를 수행합니다. 우리는 우리의 견과를 먹을 수 없습니다. 우리는 항상 그것들을 (파종을 위해 준비해야 하기 때문에) 저장하고 또 저장해야 합니다. 우리는 그런 일을 원하지 않아요. 우리는 마을에 충분할 만큼 코코넛을 가지고 있습니다."

어쨌든 백인 지사의 터부가 주술의 터부만큼 강력하지 않다는 것은 매

18) 또한 부록 2, 4절, 주 42를 보라.

우 확실하다. 나는 직접 목격했기 때문에 그 점을 보증할 수 있다.[19)]

4. 나무 열매와 야생 열매

경작지에서 격렬하고 끊임없는 노동에 의해서 생산되는 농작물들 외에도, 그리고 마을이나 작은 숲이나 산림의 일정한 자리에서 준경작되는 나무들 외에도, "그야말로 정글"(오딜라 왈라)의 혼란스러운 배경에서 돋보이는 수많은 나무들, 덤불들, 그리고 잡초들이 있다. 이것들은 평소에도 토착민들에게 그런대로 유용한 것들이지만, 기근이 든 해에는 없어서는 안 될 식량이 된다.

코코넛이나 빈랑나무 열매처럼 확실하게 파종되고 경작되는 나무들과, 완전히 야생이지만 유용한 오딜라의 나무들 사이에는 폭넓은 범위의 식물들이 존재하는데, 후자 쪽으로 갈수록 점차 개인적으로 사유되지 않고, 점차 덜 경작되며, 보통 경제적 중요성이 점점 떨어진다. 수많은 과일 나무들은 분명히 공동의 재산이다. 그것들은 누군가 의도하지 않았는데도 어떤 우연한 계기로 싹이 튼다. 그러한 과일 나무에 대한 소유권은 오로지 그것이 어떤 마을의 영토 안에서, 혹은 공동체의 이러저러한 구역에 속하는 작은 숲에서 자라나느냐에 따라 결정된다. 때때로 한 무리의 아이들이나 젊은 남자들이 과일을 훔쳐 먹는 일도 있다. 또한 토착민들은 기분전환으로 향기로운 열매인 메노니나 분홍색의 수분이 많은 모콜루, 혹은 즙이 많은 모카카나를 따러 가기도 한다.

19) 또한 부록 2, 4절, 주 43을 보라.

남자아이들은, 그리고 때로는 여자아이들도, 갈고리 모양으로 구부러진 막대기인 카이코사나 막대기 두 개를 예각(銳角)으로 묶어놓은 것을 들고 나뭇가지에 기어 올라가서 열매를 따 모으거나 땅에 떨어진 열매를 주워 모으려고 할 것이다. 혹은 젊은 사람들은 열매를 떨어뜨리기 위해서 짧고 단단한 막대기, 레워를 던질 것이다.

어떤 열매들은 크웰루바(제철)가 있다. 메노니는 한여름인 야바탐과 겔리빌라비에 여문다(시간 계산표, 〈그림 3〉 참조). 모카카나는 야코시와 야바타쿨루에, 작고 즙이 많은 열매인 나투는 타이투의 수확기에 나온다. 향기가 좋지만 별맛은 없는 라와 나무 열매는 쿨루워투에서 일라이비실라까지 먹을 수 있으며, 그와딜라는 야바탐과 겔리빌라비에 먹을 수 있다. 또한 요움웨기나를 비롯한 특정 종류의 견과들처럼 한 해 내내 열매가 열리는 나무들도 있다.

견과류는 중요한, 그리고 선호되는 종류의 음식이다. 대부분의 견과들은 먼저 맑은 물이나 짠물에 오랫동안 담가두어서 독성을 제거해야 한다. 사사나라고 불리는 라와의 알맹이, 요움웨기나 나무의 씨(우투크와키), 그와딜라의 알맹이(카니보기나), 그리고 비비의 알맹이(크와이가)는 토착민들에게 매우 인기가 좋다. 아무런 준비 없이도 먹을 수 있는 가장 중요한 견과는 길쭉하고 뾰족하게 나선형으로 감긴 모양의 사이다인데, 어느 정도 헤이즐넛과 같은 맛이 난다.

정글의 식용 잎들도 먹을거리 가운데 하나이다. 그것들은 공동의 재산이며, 최악의 기근이 들었을 때를 제외하고는 항상 풍성하다. 토착민들은 그것들 가운데 일부를 정말로 좋아한다. 토착민들은 식용 잎을 단지나 사금파리 같은 것에 담아서 짠물과 함께 끓이는데, 혼합물에 신맛을 가미하기 위해서 노란 큰개미도 넣는다. 그리고 보통 그것을 식혀서 먹는다. 식용 잎을 진흙 화덕에서 구울 수도 있다. 보통 작은 가지를 잘라서 어린잎들을 뜯어낼 것이다.

로크와이는 먹을 수 있는 잎이 달리는 아마도 가장 중요한 나무이지만, 족장들에게는 금지되어 있다. 어떤 잎은 모든 사람이 먹을 수 있다.

경작이 가능하지만 한 경작 주기가 끝나고 또 다른 경작 주기가 시작되기 전에 묵혀두는 땅에서는 키 작은 덤불이 생겨나는데, 그러한 덤불에서는 대체로 먹을 만한 열매나 잎, 견과를 찾아볼 수 없다. 그처럼 묵혀두는 땅에는 큰 나무가 거의 남아 있지 않다. 경작지가 만들어질 때마다 큰 나무들은 대부분 화전(**가부**)으로 제거되기 때문이다. 판다누스는 예외이다. 우리가 알고 있듯이, 판다누스는 여러모로 유용하며, 토착민들은 무더운 날씨에 판다누스 열매인 **바딜라**를 빨아 먹는다. 토착민들은 엄청난 기근이 닥쳤을 때에만 **노리우**와 **노쿠**(가장 단단한 두 관목) 열매를 먹는다. 개가 **노쿠**를 먹었기 때문에 루쿠바 씨족이 원래의 신분을 잃어버렸다는 전설에도 불구하고(*Myth in Primitive Psychology*, 2장), 족장에게 **노리우**와 **노쿠**는 금지되지 않는다. 제5장에서 토종 열매의 완전한 목록을 찾아볼 수 있다(4장 17절).

대부분의 얌은 야생 잡초와의 생존경쟁에서 살아남을 만큼 튼튼하지 않지만, 어떤 종류의 얌은 경작지에서 **오딜라**로 퍼진다는 점을 언급할 필요가 있다. 경작지 바깥에서 자라는 **쿠비**의 주요 품종은 **크와나다**인데, 알다시피 그것은 오마라카나의 경작지 주술, **부브와케타**와 **뭄왈루**에서 일정한 역할을 담당한다. 그러나 그것들을 덤불 속에서 찾아내서 파내는 일이 매우 어렵기 때문에, 이처럼 야생에서 자라는 종류는 경제적으로 중요하지 않다.

습지(**돔야**)에서는 확실히 **오딜라**에서보다 먹을거리가 적게 생산된다. 습지에서 자라는 열매 가운데 토착민들이 **몰루**뿐 아니라 **말리아**의 시기에도 즐겨 먹는 유일한 열매는 **피피**이다. 그것은 작고 노르스름하며 매우 시지만 매혹적인 향기가 난다.

식량으로는 사용되지 않지만 산업적인 목적으로 사용되는 식물들과 나무들에 대해서는 여기서 간략히 개관하는 것으로 충분할 것이다. 판다누스, 카이브워브워는 아마도 그 가운데 가장 중요하다. 판다누스의 기근(氣根)에서 섬유, 임을 얻고, 이 섬유에서 가장 좋은 끈과 밧줄이 만들어진다. 판다누스의 꽃잎, 가예워는 장신구로 인기가 좋은데, 향기가 좋기 때문에 더욱 선호된다. 판다누스의 열매인 바딜라는 토착민들이 무척 좋아하는 원기회복제이다. 토착민들은 무더운 날씨에 그것을 빨아 먹는다. 아카시아, 바야울로의 가벼운 목재는 방패를 만들기 위해 사용된다. 맹그로브는 집 짓는 재료를, 특히 지붕을 만들 때 사용되는 다양한 장대들을 제공해준다. 부티아 나무의 꽃은 히비스커스, 칼루와얄라 꽃과 함께 밀라말라 절기 때와 그 이후에 장식용으로, 그리고 방향제로 사용된다. 야생 생강인 레야와, 민트와 비슷한 향기로운 잡초인 술룸워야는 주술 예식과 관습에서 중요한 역할을 한다.

5. 중요하지 않은 경작 유형과 보조 농작물

그다지 중요하지 않은 농작물과 경작 형태들에 대해서 몇 마디 할 필요가 있을 것이다. 바나나는 토착민에게 매우 중요한 식량이지만 비가 오지 않으면 시들어버리기 때문에 가뭄 때에는 금방 동난다. 여자들은 거대한 바나나 품종인 와카야에서 열매뿐 아니라 풀잎 치마를 만들 재료까지 얻는다. 바나나는 마을 주위에서 자라는데, 일부는 경작지에서도 자란다(〈사진 30, 32, 그리고 112〉 참조). 바나나의 파종을 위해 가장 선호되는 장소는 라이보아그 동쪽의 모몰라에 있는 촉촉하고 비옥한 지대이다. 이곳에서 정글을 개간해서 바나나 나무를 심는데, 토착민들은 그곳이 지나친 햇빛과 바람으로부터 보호되기 때문에 바나나가 특히 잘 자란다고 이야기한다(〈사진 116〉 참조). 남쪽으로 빌라일리마, 오코푸코푸, 그리고 오보와다 주변의 몇몇 지대는 농작물이 특히 잘 자라는 것으로 유명하다. 아마도 그곳에 물이 충분하다는 사실과 관련이 있을 것이다.

내가 듣기로는, 이러한 마을들에서는 토워시의 공식적인 체계 속에 비시콜라라고 불리는 특별한 바나나 주술이 존재하는데, 가부가 이루어질 동안 소규모 의식들 가운데 하나로 수행된다. 주술사는 경작지 안으로 들어가서 바나나 묘목을 주술적 모퉁이의 땅속에 집어넣으면서 주문을 읊는다. 나중에 남자들은 저마다 바나나를 자신의 발레코에 심는다.

키리위나에는 사적인 바나나 주술이 존재하는데, 나는 내 친구인 오마라카나의 토쿨루바키키를 통해서 그가 알고 있던 문구 하나를 입수했다. 그 의식은 매우 단순하며, 꽃에서 열매가 막 생기기 시작한 바나나 나무를 대상으로 수행된다. 바나나 나무의 소유자는 자신의 손바닥에 주문을 읊고 나서 어린 바나나 다발을 건드린다. 이 주술은 바나나 다발이 커지고 열매가 단단해지도록 만든다. 그 문구는 다음과 같다.

〈문구 44〉

"죽은 남자여!

밤에 변해서 부풀어라.

낮에 커지고 커져라."

"바나나, 쿠쿠바 열매처럼 크고 노란 것들, 그런 것들이 내 바나나라네.

바나나, 보와다 열매처럼 큰 것들, 그런 것들이 내 바나나라네.
바나나, 사방에 향기를 풍기네, 그런 것들이 내 바나나라네.
바나나, 많고 크다네, 그런 것들이 내 바나나라네."

"그들은 내 바나나를 잘라내기 위해 자르는 조가비를 들고 있다네."

그러한 문구들은 매우 많다. 어떤 사람은 토쿨루바키키처럼 그러한 문구를 자기 손에 대고 읊는다. 다른 사람들은 시기누부, '마른 바나나 잎'에 주문을 읊고 나서 그것을 바나나 다발 속으로 밀어넣을 것이다. 이 주술과 연관된 터부는 없다. 바나나의 소유자들이 저마다 자기 바나나를 위해 만든 이러한 사적인 주술 유형은 키울라올라로 일컬어진다고 한다. 주술의 주요 효과는 바나나가 부풀어 오르게 만드는 것이다.

죽은 남자나 시체를 향한 불유쾌한 간청은 시체의 부푸는 특성과 관련된다. 아마도 손가락과 바나나의 유비도 그것과 다소 관련이 있을 것이다. 나는 이 주술을 들은 뒤로 한동안 바나나를 먹을 수 없었다.

그저 식품 저장실에 추가된 별미가 아니라 생존을 위한 수단으로서 정말로 중요한 열매가 두 가지 더 있다. 토종 망고인 와이워와 빵나무 열매인 쿰이다. 망고는 야코시, 야바타쿨루, 그리고 야바탐 달에 익는데, 풍년에는 매우 풍성하게 열린다. 망고는 토착민이 좋아하는 먹을거리이며, 망고가 충분히 많이 있을 때에는 거의 타이투나 얌과 마찬가지로 주요 식량으로 사용된다. 농작물 수확이 흉작이더라도 좋은 날씨가 이어진다면 풍성한 망고 덕분에 기근 대신 풍요를, 혹은 적어도 편안함을 누릴 수 있을 것이다. 이러한 관점에서 보면, 망고는 상당히 중요하다. 토종 망고의 종류는 매우 다양하다. 그것들 각각은 특별한 이름을 가지고 있지만, 나는 그것들을 기록하지 않았다. 토착민들은 망고를 날것으로 먹기도 하고 요리해서 먹기도 하는데, 주로 끓이거나, 뜨거운 열기로 익히거나, 직화(直火)로 굽는 등의 방식으로 요리한다. 보통 마지막 방법으로 망고를 요리한다. 토종 망고를 날것으로 먹으면 수입 망고보다 좀 더 끈적끈적하며 진한 송진 맛이 난다. 따라서 아주 맛있는 것은 아니다. 그러나 불에 직접 구우면 엄청나게 맛이 좋아진다. 망고를 먹거나 요리하는 것과 관련된 터부는 없다. 토착민들은 **카이코사**로 망고를 채집한다.

빵나무 열매 역시 가치 있는 식량 품목이다. 빵나무 열매는 훨씬 일찍, **일라이비실라**와 **야코키** 달에 익는다. 따라서 빵나무 열매의 계절은 토착민의 수확기와 일치하기 때문에 망고처럼 중요하게 여겨지지 않는다. 그렇지만 만약 가뭄이나 땅의 비옥함과는 무관한 이유로, 예컨대 타이투와 얌의 병충해 등으로 경작이 실패했을 경우에, 빵나무 열매는 망고와 함께 반년 동안 계속 비상식량으로 이용될 것이다. 빵나무 열매를 딸 때는 **카이코사** 막대기를 사용한다. 덜 여문 빵나무 열매는 뜨거운 깜부기불 속에서 굽거나 끓여서 먹는다. 여문 것들은 뜨거운 돌들 속에서 익힌다. 군밤처럼 매우 좋은 냄새가 나는 씨앗은 **크웨타**라고 불리며 토착민들에게 대단히 인기가 있다.

최근 트로브리안드에는 유럽산 과일이 많이 들어왔는데, 그 가운데 파파야 혹은 미라사과(mummy-apple)는 트로브리안드식으로 **모미아이푸**라고 불린다. 파파야 나무는 자생하며 엄청나게 빨리 퍼지기 때문에, 이제 그 나무는 마을 변두리 곳곳에서 매우 많이 자라게 되었다. 그런데 흥미롭게도 나머지 수입 과일들은 그다지 환영받지 못하고 있다. 파인애플을 경작하는 사람은 그리스도교로 개종한 소수의 토착민들, 좀 더 특별하게는 토착민 교사들밖에 없는 것 같다. 단지 한두 가지 품종의 망고만 재배되고 있으며, 커스터드애플[20]이나 아구아카테(아보카도)와 같은 다른 열대 과일나무들은 찾아보기 어렵다. 고구마(심심와야)는—나는 유럽인들이 그것을 들여왔다고 믿는다—이미 5장(5절)에서 언급되었다.

또한 나는 사탕수수와 여러 가지 완두와 호리병박이 경작지에 파종된다고 이야기했다. 이 세 가지 농작물은 모두 경제적으로 그다지 중요하지 않다. 토착민들은 무더운 날씨에 행진을 계속할 때 특히 사탕수수를 빨아 먹는데, 그것은 그들이 아주 좋아하는 원기회복제이다. 토착민들은 완두를 다른 채소와 함께 뭉근한 불로 끓인다. 호리병박의 과육은 끓이거나 뜨거운 열로 익히거나 불에 직접 굽지만, 빵나무 열매만큼도 중요하지 않다. 다른 한편, 잘 여문 호리병박의 껍질은 제조업에서 중요하다. 왜냐하면 그것은 빈랑나무 열매를 씹을 때 필요한 석회 단지를 만들 때 사용되기 때문이다. 이미 언급했듯이, 토종 빈랑나무는 코코넛과 함께 마을 안에 심어져 있다. 토착민들은 빈랑나무 잎과 꼬투리를 빈랑 열매와 석회를 곁들여서 씹곤 하는데, 그 나무는 덤불에서 자생한다. 그렇지만 내가 생각하기로 한두 종류의 빈랑나무는 마을 숲에서 준(準)경작된다.

이제 엄밀한 의미의 경작지로 되돌아가보자. 아직 경작지의 한두 가지 형태를 더 언급할 필요가 있다. 그렇지만 불행히도 그것들에 대한 나의 정보는 전혀 완전하지 않다. 내가 말하려는 것은 라이보아그의 경작 가능한 땅뙈기와 해안지대에 이따금씩 만들어지는 경작지들이다. 풍요로운 시기나 평범한 계절에 이것들은 그다지 중요하게 여겨지지 않으며, 말하자면 경제활동의 변두리에 머물러 있다. 비옥한 부식토로 채워져 있는 산호섬 능선의 오목한 골이나 구덩이는 개인적으로 소유된다. 큰 얌의 종류인 쿠

20) 〔역주〕 열대지방의 과일나무. 과실이 크고 흰색 과육에 단맛이 있다.

비만이 그곳에 파종된다. 이것들은 커다란 부식토 구덩이에서 매우 잘 자라는데, 특히 긴 종류의 얌들은 거기서 2미터(6.6피트)가 족히 넘는 엄청난 길이로 자란다. 때때로 토착민들은 높고 가파른 벽에서 내려오기 위해서, **도가라**는 이름의 길고 약간 구부러진 장대를 내려야 한다. 그 단어는 사다리를 가리키기 위해서도 사용된다. 내가 알고 있는 한에서는, 그처럼 작은 경작지 땅뙈기에서는 파종 외에 별달리 해야 할 작업이 많지 않다. 때때로 잡초 뽑기를 해야 하며, 덩굴을 위한 버팀대, **카바탐**을 세워야 한다. 보통 **카바탐**을 비스듬하게 세워서 오목한 골의 벽에 기대어둔다. **라이보아그**의 경작지들에 수행되는 주술은 두 가지 예식으로 구성된다. 주술사는 적절한 주문을 읊으면서 땅을 두드린다. 동시에 주술용 허브로 땅을 문지르는 **요워타** 의식이 수행된다. 그 주술은 모든 구덩이에서 수행되지 않으며, 특히 다루기 쉬운 구덩이 한 곳에서, 보통은 얕은 구덩이에서 수행된다. 또한 주요 경작지들이 화전될 때, 주술사의 복사는 횃불 하나에 불을 붙여서 구덩이들 가운데 한 곳에 던져넣는다.

해안 지대의 경작지들은 **카시수와**라고 불리며, 특히 가벼운 가뭄과 궁핍의 시기에 좀 더 중요하게 여겨진다. 나는 해수면 근처의 토양이 내륙보다 더 오랫동안 습기를 머금는다고 들었다. 보통 이 경작지들은 주로 바나나, 타로, 사탕수수, 그리고 큰 얌의 경작을 위해 사용된다. 와웰라, 브와가, 쿠밀라브와가, 오카야울로, 기리브와 등의 마을들, 즉 동쪽 해안이나 그 근처에 있는 마을들은 바다 근처에 몇몇 큰 경작지를 가지고 있다. 이 마을들에서는 해안 경작지에 대해 평범한 **토워시** 주술 체계를 수행한다. 키리위나에서는 사적인 주술만이 **모몰라**에서 수행된다.[21)]

21) 또한 부록2, 4절의 주 44를 보라.

이것으로 내가 수집한 자료의 한계 안에서 트로브리안드 경작에 대한 설명을 마친다.

제11장
현지조사의 방법,
그리고 토착법과 경제의 보이지 않는 사실들

토지 보유권에 대한 연구는 사회학적 종합과 연관된, 다소 어렵기는 하지만 매우 흥미로운 주제이다. 토지 보유권의 문제를 어떻게 연구하고, 기록하며, 제시해야 하는지에 대한 분석이야말로 원주민과 함께 지내면서 수행하는 사회학적 관찰의 구성적인 혹은 창조적인 면을 가장 잘 드러낸다.

현지조사가 이루어낸 주요 성과는 사실들의 수동적 기록에서가 아니라, 오히려 토착 제도들의 헌장이라고 불릴 만한 것들의 초안 구성에서 드러난다. 관찰자는 단지 자동 기계의 구실만 해서는 안 된다. 즉 관찰자는 토착민의 진술을 축음기나 속기를 통해 기록하고 사진을 찍는 역할에만 머물러서는 안 된다. 현지조사자는 관찰을 수행하면서 끊임없이 구성해야 한다. 그는 고립된 자료들을 서로서로의 관계 속에서 정돈하고, 그것들이 어떤 방식으로 통합되는지를 연구해야 한다. 역설적으로 다음과 같이 이야기할 수 있을 것이다. 물리적 현실에서 그러하듯이, 사회학적 현실에서도 '사실들'은 존재하지 않는다. 즉 사실들은 숙련되지 않은 눈으로도 볼 수 있는 시공간의 연속체 속에 있지 않다. 관찰자는 겉으로 드러난 가지각

색의 의미와 관련성으로부터 사회 조직화, 법 제정, 그리고 경제와 종교의 원칙들을 구성해야 한다. 문화 연구에서 과학적으로 중요한 것은 이처럼 귀납적인 계산에 의해서만, 선택과 구성에 의해서만 발견할 수 있는 눈에 보이지 않는 현실이다. 토지 보유권은 그러한 '눈에 보이지 않는 사실들'의 대표적 사례이다.

법의 제재, 생산의 경제적 원칙, 부족의 정치 제도 역시 '눈에 보이지 않는 사실들'이다. 사회학 이론에 정통한 독자라면, 이전 장들에서 논의된 대단히 많은 부분이 이와 같은 구성적 일반화의 결과물이라는 점을 잘 알고 있을 것이다. 6장에서 경작지 생산물의 분배에 대한 우리의 설명, 주술이 농경 작업에 미치는 영향력에 대한 분석, 동기이자 기본 헌장으로서 신화의 중요성, 경작의 미학 등은 모두 이러한 범주에 속한다. 그러나 구성적인 추론을 통해서 눈에 보이지 않는 사실들을 발견하는 방법은 무엇보다도 토지 보유권의 문제에서 가장 잘 드러날 수 있다.

또한 토지 보유권의 문제는 인류학을 실제로 적용할 때 가장 중요한 부분이기 때문에 어느 정도 특별한 관심의 대상이 될 만하다. 토지 정책에서 일어난 실수야말로 식민지와 대영제국의 엄청나게 많은 곤경을 야기했다고 주장하더라도 과언은 아닐 것이다. 과거 아일랜드의 사례에서나 오늘날의 인도와 동아프리카 보호령들과 남아프리카 연방의 사례에서나, 토지 문제, 임의적 몰수 또는 무분별한 배당의 문제, 전혀 불필요한 책략이나, 심지어 의도는 좋지만 격변을 일으키는 개혁의 문제들이 인종적, 민족적 갈등에서 두드러지게 나타난다. 그렇지만 인류학적 현지조사의 기록은 토지 보유권의 문제를 거의 언급하지 않는다. 그 주제가 논의되는 책도 한 손으로 꼽을 수 있을 정도이다. 이 모든 이유로 인해서, 나는 여기서 현지조사의 방법과 이론을 잠시 논하고, 토지 보유권의 문제를 제대로 다루기

위한 기초를 수립하려고 시도할 것이다.[1)]

1. 토지 보유권의 예비적 정의

토지 보유권의 연구는 필연적으로 공동체와 그 구성원들이 토지를 어떻게 사용하는가에 대한 수많은 물음으로 이어지게 된다. 따라서 이러한 명백히 단순한 문제에서도 조사자는 혼란에 빠진다. 누가 이 소구획의 소유자인지, 혹은 누가 지배권을 행사하며, 누가 땅의 일정한 부분에 대해 법적인 권리주장을 하는지에 대하여 몇 가지 질문을 던지는 직선적인 접근은 곧 난국에 봉착한다. 그러한 접근법은 기껏해야 관습적인 혹은 법적인 소유권 체계를, 즉 땅에 대한 권리, 특권, 그리고 책임의 체계를 드러내줄 수 있다. 그러나 이러한 체계는 땅의 용도로부터, 그리고 땅을 둘러싸고 있는 경제적 가치로부터 생겨나기에, 토지 보유권은 법적 체계일 뿐 아니라 경제적 사실이다.

따라서 토지 보유권을 단지 법적인 관점에서만 연구하려는 시도는 반드시 불만족스러운 결과에 이르게 된다고 곧바로 단언할 수 있을 것이다. 토착민의 경제생활을 총망라한 지식이 없으면 토지 보유권을 정의하거나 서술할 수 없다. 이것은 결코 판에 박힌 말이 아니다. 왜냐하면 대부분의 조사 연구들, 특히 공식적인 조사 연구들은 법적인 측면에만 집중된 질문 공

1) 토지 보유권의 원칙들과 관련해서 순전히 이론적인 분석과 방법에 그다지 관심이 없는 독자는 다음의 논의를 다소 복잡하고 난해하다고 여길 수도 있겠다. 다음 장에서는 토지 보유권과 관련된 모든 증거를 차례로 살펴볼 것이다. 12장을 먼저 읽고 당면한 문제를 해결하고 나서 이러한 방법론적 여담으로 되돌아오는 편이 독자에게 더 쉬울 수도 있겠다.

세를 통해 토지 보유권을 조사할 수 있다는 잘못된 생각을 바탕으로 진행되어왔기 때문이다. 이삼 주 안에 동아프리카 부족의 토지 보유권 체계를 조사하라고 지시받은 어떤 위원회가 몇 차례 주민 모임을 소집해서 조사를 수행할 때, 서아프리카에서 아프리카 문화를 잘 알지도 못하고 그들의 언어에 친숙하지도 않은 한 무리의 저명한 영국인 변호사들이 토지 보유권에 대해 조사할 때, 오세아니아의 식민지 관리들이 토지 보유권에 대해 보고하라는 통지를 받고서 토지가 여기서는 공동으로 소유되고 저기서는 개인적으로 소유된다고, 즉 토지가 어떤 부족에게는 "씨족의 재산"이며, 다른 부족에게는 "족장의 영역"이고, 또 다른 곳에서는 "가족 사이에서 분배된다."고 보고할 때, 그 결과는 기껏해야 현실을 매우 개략적으로 나타내는 근사치를 제공할 수 있을 뿐이다. 그런데 실제로 이루어지는 전형적인 조사는 이보다 더 나쁘다. 보통 전형적인 조사는 질문지를 중심으로 이루어지는데, 그러한 질문지는 고정되고 특화된 유럽식 관념에 기초한 것이거나, 혹은 인류학 작업에서 고질적으로 나타나듯이 공산주의와 개인주의의 대립처럼 연역적으로 상상된 구별에 영감을 얻어서 작성된 것이다. 그렇게 해서 얻어낸 관찰은 곧 쓸모가 없어지거나 잘못된 관념을 낳게 되며, 그렇게 얻어낸 결과는 허구적인 해결책을 제시함으로써 진짜 문제를 덮어버리게 된다.

그렇지만 토지 보유권에 대한 "실무자의 접근법"을 비판할 때, 나 자신 역시 한 사람의 인류학자로서 어떠한 자기 정당화도 할 수 없다는 말을 즉시 덧붙이고 싶다. 확실히 인류학은, 토지 보유권이 인류학에서 매우 중요한 문제임에도 불구하고, 이 문제에 대하여 지금까지 어떠한 유용한 정보도 제공하지 못했다. 나 역시, 출판되었거나 원고로 적어둔 나 자신의 자료에서 몇 가지 가장 노골적인 오류를 예로 들 수 있다. 자신의 전문직에서 나타나는 잘못에 대해서는 자기 자신을 질책하는 것이 항상 최선이다.

그런데 토지 보유권의 문제는 생각보다 더 복잡하다. 알다시피, 순전히 경제적인 토지 이용은 정착의 권리, 정치적 권리 주장, 소통과 이동의 자유, 그리고 예식적 · 주술적 · 종교적 생활과 관련된 영토적인 특권에서 분리될 수 없다. 물론 토지의 경제적 활용이야말로 이 모든 특권과 주장에서 실질적으로 가장 핵심적인 부분이다. 그러나 토지 보유권은 좀 더 포괄적인 방식으로 이해될 필요가 있다. 가장 광범위한 의미에서, 토지 보유권은 인간과 땅과의 관계 문제이다. 적어도 토지 보유권이 토착민의 법과 관습에서 어떻게 규정되는지, 그리고 그것이 어느 정도로 정치 생활을 지배하고 공공 예식의 수행에 영향을 미치며 오락과 스포츠를 가능하게 하는지를 살펴본다면 그렇게 말할 수 있을 것이다. 한 인간이 자기 땅에서 부여받은, 문화적으로 정의되는 그의 자리와, 그의 영토적 주민권과 거주 유형, 그리고 자기 땅을 두루 사용할 권리들은 모두 하나의 유기적 전체로 합쳐진다. 거기서 경제적 이용은, 비록 가장 중요한 부분이지만, 단지 일부에 불과하다.

토지 보유권의 복잡성과 다양성에 대한 이러한 불가피한 깨달음은 우리의 임무를 명확하고 간단하게 해주기보다는 다만 모호하고 다루기 힘든 것으로 만들어 버리는 듯하다. 토지 보유권은 인간 생활의 모든 측면에 매우 깊숙이 연관되어 있다. 인간이 토지를 사용하고, 토지에 갖가지 감정과 탐욕과 신비적 관념과 전통적 가치를 부여하는 여러 가지 방식은 토지 보유권의 문제에서 전적으로 드러난다. 그러면 우리는 모든 것에 대한 연구 속으로, 다시 말해서 끝없는 뒤얽힘과 재진술과 재해석 속으로 뛰어들어야만 하는 것일까? 그러한 어려움은 실제적인 문제로서, 왜 인류학자나 관리들이 지금껏 토지 보유권의 문제를 정확하게 다루는 데 실패해왔는지를 설명해준다. 그 주제는 기본적으로 이론가와 실무자 모두와 관련되어 있음에도 불구하고 복잡하고 파악하기 어려운 문제이다. 그리고 이러한 까닭에 토지 보유권은 기능적 방법의 몇 가지 원칙적인 논점들을 수립하기에 적당한 사례가 된다.

게임 자체를 알지 못하면 게임의 규칙을 이해할 수 없다는 격언은 이 방법의 핵심을 잘 말해준다. 우선 당신은 인간이 어떻게 자신의 땅을 사용하는지, 그가 어떤 식으로 땅과 관련된 전통적인 전설들, 믿음들, 신비적 가치들을 엮어내는지, 그가 어떻게 땅을 위해 싸우고 그것을 방어하는지를 알아야 한다. 그후에야 비로소 당신은 인간과 땅 사이의 관계를 정의하는 법적, 관습적 권리들의 체계를 파악할 수 있을 것이다. 우리는 이미 트로브리안들과 땅과의 관계가 어떠한지, 그들이 땅에 대해 어떻게 주술을 수행하는지, 나아가 그들에게서 종족과 주민권에 대한 자부심과 친족 정서와 가족 감정이 경작지 및 경작지 생산물과 어떻게 결합되는지 충분히 알고 있다. 지금 우리에게 토지 보유권은 생생하고 현실적인 문제이다. 이제 우리는 그 뒤얽힌 관계들을 속속들이 분석할 수 있다.

어떤 주제를 유기적으로 다룬다고 해서—이것은 기능적인 방법의 두 번째 원칙이다.—혼돈이나 끝없는 반복에 빠지게 되는 것은 아니다. 모순들을 해명하고 살아 있는 관계성 속에서 사실을 파악한다는 정말로 고된 과정을 거치고 나면, 복합적인 그림 속에서 단순성과 통일성을 찾아낼 수 있다.

2. 인류학적인 탐색 실험

이제 우리의 당면 과제는 트로브리안드의 토지 보유권과 관련된 증거를 과학적으로 조직화하는 일이다. 트로브리안드 농경의 '게임'을 우리는 이미 알고 있다. 또한 이 책과 트로브리안드인들의 생활과 문화에 대한 이전의 출판물들을 통해서, 우리는 그들의 다른 '영토 게임'과 정착 양식, 길과 통로와 물구덩이와 놀이마당을 사용하는 방식, 그리고 신화적 장소와 주술적 중심지의 중요성에 관해 엄청나게 많은 것들을 알고 있다. 이제 실제적 정보 면에서는 덧붙일 내용이 거의 없다. 그럼에도 불구하고, 트로브리안드의 토지 보유권이 실제로 무엇인지를 정의하는 과제가 여전히 우리 앞에 놓여 있다.

나는 모든 퍼즐 조각을 손에 들고 있으면서도 여전히 퍼즐을 풀어야 한다는 다소 역설적인 상황으로 독자들을 일부러 유도해왔는데, 추리소설을 풀어가듯이 이 마지막 두 장을 더 흥미진진하게 만들려고 그런 것은 아니다. 내가 그렇게 한 까닭은, 방금 증거의 조직화라고 불렀던 것의 과정을 예시하기 위해서, 그리고 현지조사의 구성적 측면을 조명하기 위해서였다. 앞으로 살펴보겠지만, 자료를 수집하는 현지조사자는 자신이 알고자 하는 것을, 이 경우에는 토지 보유권이 정말로 무엇인지를 명확히 이해하기 위해서 꾸준히 노력해야 한다. 이러한 이해는 자기 앞에 놓인 증거로부터 서서히 나타나야 하기 때문에, 그는 관찰하고 증거를 수집하는 일에서 이론적인 틀 만들기로, 그리고 나서 다시 자료를 수집하는 일로 끊임없이 전환해야 한다.

이러한 절차의 필요성을 스스로 노력해서 깨닫고 싶은 독자들은 여기서 약간의 실험을 시도할 수 있을 것이다. 잠시 책을 덮고 이전 장들을 다시 기억해보라. 그리고 우리의 주제와 밀접한 관계가 있는 모든 정보를 골라내려고 시도해보라. 토지 보유권과 관련된 모든 사실을 적어본 뒤, 그것들을 가려내고 분류해서 트로브리안드인과 땅과의 관계에 대해 조리 있게 설명하려고 시도해보라. 그런데 그렇게 시도해보려면, 먼저 토지 보유권이 무엇인지에 대한 어떤 생각을 가지고 시작해야 한다. 그리고 당신은 사건들을 목격하고 조직화된 행동을 관찰하면서, 토지 보유권에 대해 이미 갖고 있던 생각을 관찰한 사실과 비교해서 끊임없이 재수정해야 할 것이다. 그러므로 토지 보유권에 관한 당신의 생각은 매우 유연하고 수정 가능한 것이어야 한다. 왜냐하면 당신의 구체적인 자료들은 당연히 '수정될' 수 없기 때문이다.

실제로 현지조사가 무엇으로 이루어지는지를 이 실험처럼 잘 보여주는 것도 없을 것이다. 이 실험을 통해서 이론 없이는 관찰이 불가능하다는 사실을 분명히 알 수 있다. 그리고 당신이 관찰을 시작하기 전에 이론이 형성되어야 하며, 그렇지만 그러한 이론은 관찰과 구성 과정에서 기꺼이 버려지거나 적어도 수정되어야 한다는 점을 명확히 알게 된다. 이제 당신은 현지조사란 곧 법적 혹은 경제적 제도가 무엇인지, 신화가 어떻게 행동 양식들을 통합하는지, 신화가 어떻게 주술이나 실제적 작업과 뒤섞이는지 등을 파악하려고 끊임없이 힘겹게 몸부림치는 일임을 깨닫게 될 것이다. 당신이 토착적인 제도들을 명확하고 분명하게 파악한다면, 여러 가지로 연관된 하찮은 사건들과 세부사항들의 혼돈 속에서 질서를 수립할 수 있다.

심지어 나는 당신에게 몇 가지 실마리를 주려고 한다. 당신은 토지 구획에 관한 언어학적 자료들과 전문용어들을 알고 있다.[2] 만약 당신이 경작지 회의와 마을과 경작지에서 이루어지는 소구획의 집계에 대해 내가 서

2) 2장 3절과 기록 7과 8, 제5부의 1장(특히 13~27절), 5장(특히 7~24절), 그리고 12장(특히 8~13절과 36~37절)을 보라.

술한 부분을 다시 읽어본다면, 토지가 어떻게 분할되는지 뿐 아니라, 이렇게 분할되고 세분된 토지가 어떻게 분배되고 사용되는지를 알기 위해 필요한 모든 자료를 발견하게 될 것이다. 또한 수확물 선물에 대한 분석을 통해서 토지 보유권에 관한 또 다른 일련의 자료들을 찾아볼 수 있을 것이다(6장 1절과 2절 참조). 아마 당신은 수확기의 관습이나 경작 활동과 주술 예식들에 대한 이전의 설명을 읽으면서 토착민의 경작지와 주변 환경을 너무나 자주 누비고 다녔기 때문에, 지정학적인 내용에 완전히 익숙해졌을 것이다. 또한 6장에서 수확의 의무와 권리들을 정의하면서, 우리는 주민권과 재산에 관한 모계 법칙, 혼인법, 부모의 의무와 자식의 호혜적 보답의 법칙, 남자 형제와 누이 사이의 관계, 외삼촌과 조카 및 질녀 사이의 관계 등을 진술했다. 마지막으로 주술사의 직위, 주술사와 족장 및 공동체와의 관계에 대한 연구를 통해서, 우리는 토지에 관한 또 다른 일련의 권리들과 의무들을 알게 되었다.[3]

이 자료들은 인간이 어떻게 토지를 사용하는지, 어떻게 토지에서 원하는 것을 얻어내는지, 법적 권리주장을 통해 무엇을 획득하는지, 의무는 어떻게 할당되는지와 관련해서 핵심적인 내용을 모두 알려준다. 그러나 그럼에도 불구하고, 나는 내가 트로브리안드인들의 경작지 작업과 대부분의 신화적 관념들과 사회 조직에 제법 친숙했던 시절에 그곳의 토지 보유권에

3) 토지 보유권과 관련된 일부 정보를 찾아보려면, 내가 신화에 대해 쓴 작은 책을 읽어야 할 것이다. 그 책에서 나는 기원 신화들을 좀 더 충분히 서술했다. 여기서는 그 주제를 1장 7절과 12장 1절에서 간략하게만 언급할 수 있었다. *Argonauts of the Western Pacific*의 3장에서는 트로브리안드인들의 사회 조직을 일반적으로 요약했다. *Crime and Custom*의 제2부 3장과 *Sexual Life of Savages* 7장은 트로브리안드 사회에서 모계제와 아버지의 영향력 사이의 관계를 좀 더 충분히 다룬다. 물론, 토지 보유권의 문제를 체계적으로 설명한 다음 장에서, 나는 내 다른 저술들에서 찾아볼 수 있는 관련 자료 전부를 간략하게라도 다시 서술해야 할 것이다.

대해 알았던 내용과 지금 당신이 알고 있는 내용 사이에는 별반 차이가 없다고 확신한다. 진정한 정신적인 노력, 곧 정말로 고통스럽고 힘든 작업은 '사실들을 얻는' 일이라기보다는 이러한 사실들의 관련성을 이끌어내고, 그것들을 유기적 전체 속으로 체계화하는 일이다.[4)]

이 장은 어느 정도까지는 현지조사에서 있었던 실수들과 잘못들의 자서전이라 할 수 있다. 그렇기 때문에 이 자리에서 나는 내가 토지 보유권 문제를 연구할 준비도 하지 않고서 트로브리안드로 간 것은 아니라는 말을 덧붙이고 싶다. 나는 뉴기니 남쪽 해안에서 연구 조사를 수행했기에 약간의 경험을 갖추고 있었다.[5)] 거기서 나는 토착민과 그의 영토 사이의 관계가 부족 생활에서나 식민개척자, 선교사, 관리와 토착민 사이의 교류에서 엄청나게 중요하게 작용한다는 점을 깨닫게 되었다. 또한 나는 인종 접촉에서 생겨나는 문제들의 절반 이상이 토지 보유권에 대한 백인의 무지로부

4) "사실" 혹은 "자료"와 "일반화" 또는 "구성" 사이의 구별처럼 어렵고 규정하기 힘든, 그리고—인식론적으로 궤변적인 성향의 독자에게는—논란의 여지가 있는 구별도 없다. 나의 주장에 대해 학자연한 태도를 취하려는 사람이라면, 이전 장들에 포함된 모든 자료 역시 "가공하지 않은 사실"이 아니라 오히려 이미 "구성물"이라고 반박할 수 있을 것이다. 이에 대해서는, 가공하지 않은 사실이란 존재하지 않기 때문에, 관련된 어떠한 민족지적 관찰도 항상 일종의 노작(勞作)이며, 인간의 행동 유형들, 기술적 장치들, 환경의 요소들을 서로 관련시키는 문제라고 대답할 수 있다. 그런데 내가 이전 장들에서 논의했던 자료들은 서로 다른 맥락에서 상세히 설명되었다. 이전 장들에서는 트로브리안드 농경의 전형적인 순환과, 예식적 행위로서 밭의 분배에, 그리고 농경에 대한 토착민의 관심을 조명해줄 수 있는 한에서 신화적 관념들에 초점을 맞추었다. 이러한 자료들과 토지 보유권과의 관련성을 논의할 때, 우리는 이미 입수한 자료를 일정한 맥락 속에서, 즉 인간과 땅과의 관계 속에서 가능한 모든 함축적 의미와 함께 재구성해야 한다. 이러한 구성이 단순히 연속적인 농경 활동을 설명하는 것보다 더 복잡하고 더 깊이 세분되는 작업이며 더 큰 정신적 노력을 요구한다는 사실은 이 장과 다음 장을 정독한 독자라면 누구라도 명백히 알 수 있을 것이다.

5) "The Natives of Mailu"(*Transactions of the Royal Society of South Australia*, pp. 592~594, Vol. XXXIX, 1915).

터 생겨난다는 사실을 알게 되었다.[6] 어떠한 시각에서 보더라도 토착민에게 토지는 반드시 필요한 것이다. 그런데 토착민의 토지를 빼앗아버림으로써, 그것도 특히 고통스러운 방식으로 빼앗아버림으로써 모든 부족 혹은 마을은 엄청난 타격을 입었다. 나는 초기의 현지조사를 통해서 소유권이란 결코 '간단한 사실'이 아니라는 것을 알게 되었고, 토지가 어떻게 소유되는지를 이해하기 위해서는 무엇보다도 토지가 어떻게 사용되며 그것이 왜 소중히 여겨지는지를 알 필요가 있다고 인정하게 되었다. 그렇지만 나는 여전히 "개인적인" 것과 "공동체적인" 것 사이의 조야한 대립에 깊숙이 빠져 있었다. 나는 여전히 씨족 도그마를 믿고 있었고, '씨족', '소유자', 혹은 '토지'라는 말이 무엇을 뜻하는지 제대로 이해하지도 못하면서 "씨족이 토지의 진정한 소유자이다."라고 그럴듯하게 이야기했다.

"토지의 특정한 부분과 관련해서 **개인**이나 **사회 집단**이 독점적으로 누리는 모든 권리를 조사하는 것만이 올바른 방향이다"(앞의 책, 592쪽). "경작지를 일굴 권리는 **씨족에게 귀속되어** 있다. 각각의 **씨족은** 한 울타리 안에서 **공동으로 경작지를 일군다(틀린 말이다!)**. 그리고 각각의 씨족은 다른 씨족을 배제하고 자신들의 경작지를 일굴 수 있는 그들의 영토를 **가지고 있다**. 경작지의 토지 보유권은 일반적으로 이러한 형식으로 형성되는 듯하다."(굵

6) 내 책을 읽은 많은 독자들은 이러한 일이 종종 조직적인 악의와 탐욕과 부정직함으로 인해 일어난다고 주장할 텐데, 그것은 정말 맞는 말이다. 최근 케냐 정부가 토착민과의 엄숙한 서약을 깨뜨린 것과 비슷한 사례들은 미국의 인디언 정책이나 남아프리카 연방의 정책사에 필적할 만한 것들로서, "친-토착민"적인 사람들의 맹렬한 공격을 받기 쉽다. 나는 만약 책임을 져야 할 사람들 혹은 당국에 있었던 사람들이 사실을 명확히 파악하고 있었더라면, 그들이 그토록 쉽게 자신의 양심을 속여가면서 토지를 정당한 소유자들로부터 빼돌리고, 담보로 삼고, 약정하고, 빼앗을 수 있다고 믿을 수는 없었을 것이라고 여전히 확신한다. 그렇지만 그들은 계속해서, 체계적으로, 백인의 평판을 나쁘게 하거나 그보다는 덜 중요한 정신적 관심사를 위험에 빠뜨리면서도 그렇게 해왔다.

은 글씨와 느낌표는 그 이후에 얻은 지혜의 산물이다.)

나는 무루아(우드락 섬)의 디코야스 마을에서 잠시 체류한 뒤에, 심지어 대담하게 다음과 같은 진술을 했다. "북부 맛심의 우드락 섬에서, 나는 코이타 및 마일루 본섬과 거의 동일한 토지 보유권 체계를 발견했다."(앞의 책, 593쪽 주석)

이 책의 독자는 이러한 세 가지 진술이 모두 얼마나 공허한지를, 특히 트로브리안드인들이 대부분 거주하고 있는 북부 맛심에 대한 나의 추측이 얼마나 경솔했는지를 알아차릴 것이다.

마일루에 대한 진술들은 충분히 그럴듯하게 들리며, 비록 간결하지만 모든 면에서 정확한 것처럼 보인다. 그러나 "씨족이 토지를 소유하며 경작지를 일군다."고 단언한 뒤에, 어떻게 "씨족"이 토지를 "이용하는지"를 말해주는 매우 긴 이야기가 이어져야 했다. 나는 씨족을 의인화했는데, 그것만으로도 단지 표현에 있어서 뿐 아니라 사유에 있어서도 용서할 수 없는 잘못이다. 씨족에게는 다리도 팔도 위장도 없다. 씨족은 한 무리의 사람들이다. 나의 진짜 임무는 생산과 분배 과정에서 씨족 내부의 개인들이 어떻게 협력하는지를, 그리고 작업과 생산물의 소비 과정에서 그들이 어떻게 조직화되는지를 보여주는 것이라야 했다. 토지 보유권에 관해서는, 토지에 대한 법적 권리주장이 어떻게 능동적인 힘으로 생산과 소비 체계에 작용하는지를 보여줄 필요가 있었을 것이다. 마일루의 토지 보유권을 연구할 때, 나는 정직한 사회학적 분석 대신 허구와 은유를 사용했다. 집단적 실재로서의 "씨족"은 사회적 현실에서도 토착민의 관념 속에서도 존재하지 않는다.

둘째로, 나는 어떻게 법적인 권리주장이 사용되고, 철회되고, 혹은 교환되는지를 조사하지 않았다. 나는 어떻게 일정한 권리주장의 덕택으로 명목상의 토지 소유자들이 경제적으로 혹은 존경을 나타내는 칭호를 통해 보답을 받는지를 확인하지 않았다. 또한 나는 토지와 관련된 토착민들의 기본 관념이 어떠한지를 조사하지 못했다. 현재 나는 마일루의 토착민들이 뉴기니의 다른 모든 멜라네시아 부족과 마찬가지로 반쯤은 신화적이고 반쯤은 법적인 종류의 이론을 가지고 있다고 완전히 확신한다.

3. 현지조사에서 엄청난 실수들의 오디세이

이미 독자들이 내가 제안한 대로 트로브리안드의 토지 보유권 문제를 혼자 힘으로 해결하려고 시도해보았다고 가정하고서, 이제는 독자들을 초대해서 내가 현지에서 거쳤던 파란만장한 과정을 따라가보려고 한다. 모든 현지조사자가 그러하듯이, 나는 가장 피상적인 방법, 곧 질의응답 방법으로 조사를 시작했다. 또한 나는 당연히 우선 피진어로 작업해야 했다. 왜냐하면 트로브리안드어는 현지에서가 아니면 배울 수 없었기 때문이다. 따라서 나는 "누가 이 소구획의 소유자입니까?"에 해당하는 피진어로, "무슨 남자 이 친구 경작지 그에게 속합니까?(What man belong him this fellow garden?)" 따위의 질문을 던져야 했다. 게다가 나의 조사는 피진어를 수박 겉핥기식으로라도 알고 있던 매우 소수의 토착민들에게 한정되었다. 나는 이러한 접근법이 부정확하고 통찰력도 부족하다는 사실을 아주 잘 알고 있었으며, 따라서 결과물이 모순적이고 모호하더라도 놀라지 않았다. 조사 결과는 족장이 그 자리에 있느냐 없느냐에 따라서 달라졌다. 족장이 있는 경우에, 족장은 자신이 토지의 소유자라고 여봐란듯이 선언했다. 다른 경우들에는 우리가 이미 알고 있는 바기도우가 토지 소유자로 지목되었다. 만약 그 자리에 족장이나 경작지 주술사는 없고 다른 지역의 하위 씨족 우두머리들이 있었다면, 그들이 땅의 실제 소유자로 거명될 것이다. 때때로 나의 통역자가—나는 원래 이름은 구미가와야지만 톰이라는 이름으로 불렸던 교활한 녀석과 함께 조사를 진행했다—토지의 한 부분을 자기 것이라고 주장하고 자신이 방금 그 소구획을 경작하고 있었다고 내게 말하기도 했다. 혹은 나는 그와 함께 경작지 사이를 걸어가면서 밭의 소구획들을 지도에 표시하고, 그곳들을 가리키는 이름을 줄줄이 알아내기도 했다. 나는 내가 현지조사를 시작한 지 얼마 되지 않아서 토지 보유권에 대한 예비적인 설명을 써내려갔던 것을 기억하는데, 불행히도 그 글을 출판하지는 않았다. '불행히도'라고 말한 까닭은 그 글이 방법적 오류들을 잘 보여주는 흥미로운 증거자료가 될 수 있었을 것이기 때문이다. 나는 그 글에서 트로브리안드의 토착민들은 실제로 누가 토지를 소유하고 있는지 알지 못하며, 족장은 모든 영토에 대하여, 그가 없을 때에는 막연하게 인정되지만, 그 자신이 분명히 주장하고 있으며 그를 두려워하는 토착민들이 수용하는 전반적인 권리를 가지고 있다고 주장했다. 또한 나는 토착민들이 아무렇게나 땅을 경작하며, 누가 소구획을 양도받게 될 것인지 결정하는 분명한 규정이 전혀 없다고 진술했다. 그러한 설명에는 어느 정도 진실의 요소들이 담겨 있었다. 그렇지만 이러한 요소들로 구성한 관점이 잘못되었다.

사실 나는 이러한 주장을 전개했을 무렵에 이미 키리위나어로 이야기하는 법을 습득하고 있었다. 나는 토착민들이 명사적 접두사인 톨리-를 사용하거나 소유대명사인 '나의', '너의', '그의'를 사용해서 소유를 표현한다는 사실을 알고 있었다. 내가 이 점을 언급하는 이유는, 비록 토착어를 통한 접근법이 영어를 통한 접근법보다 훨씬 더 낫지만, 토착용어를 배우는 것 자체가 "토착민의 사유 범주들" 혹은 "토착적인 분류체계"에 이르는 지름길은 아니라는 사실을 강조하기 위해서다. 이 중요한 사실은 제4부에서 반복적으로 나타나는 주요 주제들 가운데 하나이다. 키리위나어의 톨리-와 피진어의 'belong him'은 서로 대단히 정확하게 상응하는 단어들이다. 둘 다 포괄적인 용어들이며, 둘 다 대단히 광범위한 동음이의어적 용도로 사용된다. 둘 다 이야기와 상황의 맥락 속에서만 훨씬 더 정확하게 이해될 수 있다. 이 책의 언어학적 보충편(제5부)을 정독해보면, 이것이 실제로 의미하는 바를 알 수 있을 것이다. 제5부에서는 맥락에 따른 의미의 분화 이론이 제시되고 예시되며 토지 보유권에 대한 언어학적 접근이 이루어질 것이다(12장, 특히 8~13절). 어쨌든 피진어를 사용하는 것이 언어적 접근의 진짜 문제점은 아니다. 그리고 토착어 단어들을 잡다한 영어 단어들로 정확하게 대체한다고 해서 언어적 접근의 실제적인 문제를 해결할 수 있는 것도 아니다. 지금으로서는 이러한 사실을 깨닫는 것만으로 충분하다. 현지조사를 진행할 때 토착어 사용의 장점은, 우선 토착민들끼리 자연스럽게 대화하거나 주장하는 내용을 더 잘 파악할 수 있게 해주며, 둘째로 말과 손짓이 뒤섞인 그들의 총체적인 행동을 더 잘 이해할 수 있게 해준다는 데 있다. 그러나 당신이 토착민과 그의 사회와 언어에 아무리 익숙해지더라도 본질적인 것들을 포착할 수 없다면, 토착 문화의 추상적이고 이론적인 문제를 이해하지 못할 것이다. 무역상인 내 친구들 몇몇은 어떤 유럽말보다 트로브리안드어를 더 잘 한다. 그러나 그들은 비록 장례 예식에서, 카야쿠에서, 혹은 마을의 떠들썩한 싸움에서 토착민처럼 행동할 수 있었지만, 정보 제공자로서는 전혀 쓸모가 없었다. 심지어 그들은 부족 법의 구성을 대강대강 설명하지도 못했다. 나는 경제적, 법적, 그리고 신화적 상황이라고 정의될 만한 것들을 이해하고 나서야, 비로소 토지 보유권의 현실을 파악하게 되었다.

그러나 그 단계에 이르기 전에 내가 후퇴해야 했던, 혹은 적어도 지식에 대한 지름길을 포기해야 했던 또 다른 곤경을 독자들이 더듬어보기를 바란다. 그 무렵 나는 현지조사의 절대 확실한 방법들에 대한 믿음 때문에 곤란을 겪었다. 나는 여전히 "계보학적 방법"으로 며칠 혹은 몇 시간 안에 친족 체계에 대한 절대적으로 확실한 지식을 얻을 수 있다고 믿었다. 그리고 "계보학적 방법"의 원칙을 "객관적 기록의 방법"이라고 할 만한 좀 더 광범위하고 야심찬 기획으로 발전시키려는 포부를 품고 있었다. 마일루의 실패 이후에—나는 내가 그곳에서 토지 보유권에 대해 정말로 중요한 것들을 모두 밝혀내는 데 실패했다는 사실을 알고 있었다—나는 주제에 대한 정면 공격의 전략을 발전시켰다. 오마라카나에서 작업하던 초기에, 나는 그 지역의 약도를 그렸다(〈그림 13〉 참조). 나는 밭들을 구분했고, 개인 소구획들을 대강 측정했으며, 여러 경우에 각각의 소구획을 누가 경작하고 있었는지, 그리고 그 소구획의 소유자가 누구였는지를 기록했다. 그렇게 해서 내가 얻은 기록은 매우 귀중한 것이었다. 나는 이 책에 그러한 기록, 곧 지도, 밭과 밭의 경계 및 소구획과 소구획의 경계를 가리키는 전문 용어들, 그리고 상속의 원칙들, 포칼라 체계와 다중적인 법적 권리주장들을 다시 수록했다. 그러나 이러한 정면 공격은 산만하고 실제로는 근거가 없는 복잡한 주장들로 귀결되었다. 나는 내가 기록한 자료를 사용해서 이 책에도 실려 있는 법적 소유권의 목록을 작성할 수 있었다. 그리고 이러한 목록이 질의응답 방법을 통해 얻은 목록과 일치한다는 것을 발견했다. 그러나 앞으로 알게 되겠지만, 이러한 접근법들 가운데 어떤 것도 우리의 문제를 해결해주지 않는다.

사실 이처럼 직접적인 공략을 진행하면서도, 나는 계속해서 사실을 관찰함으로써 가장 가치 있는 지식을 조금씩 축적하고 있었다. 내 필드노트를 훑어보면, 작업의 제법 초창기에 속하는 1915년 7월의 어느 때에도, 토착민이 농작물을 수확하는 방식을 관찰했던 수많은 기록들—농작물의 분배를 통해 간접적으로 토지 보유권과 관계되는 기록들—이 흩어져 있는 것을 볼 수 있다. 즉 경작자가 경작 기간 동안 소구획을 "소유하기" 때문에 경작자가 사용하는 "자기 자신의" 농작물(권리주장 8번, 다음을 보라), 땅의 소유자인 족장에게 바치는 공물(권리주장 1번을 보라), 누이의 가구에 대한 기부(권리주장 9번), 지역의 하위 씨족 우두머리에게 바치는 선물(권리주장 4번), 동일한 하위 씨족의 친속에게 주는 선물(권리주장 5번), 동일한 마을의 친척에게 주는 선물에 대한 기록들을 찾아볼 수 있다. 그러나 당시 나는 이러한 자료들 가운데 어떤 것도 토지 보유권과 관련짓지 못했다.

다른 한편, 필드노트를 보면 내가 얼마 후 **카야쿠**에 참석했으며, 비록 토착어로 절차를 따라갈 수는 없었지만 그 내용을 몇몇 정보 제공자들과 논의했다는 사실을 알 수 있다. 당시 나는 족장이 예식에서 주인 역할을 했으며, 어떤 의미에서는 마을 토지를 처분할 때 그가 최종적인 발언권을 가지고 있었고, 어떠한 용도로든 토지를 사용하려면 사전에 그의 동의가 필요했다는 사실을 알고 있었다(권리주장 1번). 나는 또한 특정한 하위 씨족들의 우두머리들이 "동의해야" 했으며(**타그왈라**, 권리주장 4번), 회의에서 적극적인 개인 소유자들이 있다는 사실을 발견했다(권리주장 5번, 6번, 그리고 7번이 결합되었다). 물론 토지의 소유권과 관련된 모든 논의와 언급에서 한 사람이 매우 두드러지는데, 그는 곧 주술사이며, 오마라카나에서 그러했듯이 족장과 동일인은 아니라는 사실을 발견했다(권리주장 3번). 여기서 세부사항을 더 깊이 파고들 필요는 없다. 이전 장들을 주의 깊게 읽었고, 현재 논의 중인 문제에 초점을 맞춰서 그것들을 다시 훑어보는 사람들은, 이후 내가 트로브리안드의 경작을 경험하면서 관점이 약간 바뀌었다는 사실을 눈치챌 것이다. 주술사가 훨씬 더 전면으로 등장했고(권리주장 3번), 경작 작업조 역시 그러했다(권리주장 8번). 오마라카나에서 주술사와 조직자의 기능을 상실했던 족장(권리주장 1번)은 잠시 뒤로 물러났다. 마을에 거주하지 않는 하위 씨족 우두머리들은 완전히 망각되었고(권리주장 4번), 개인 소유자들(권리주장 7번)과 독립적인 단위로서 지역의 하위 씨족 역시 그러했다(권리주장 5번).

나는 피진어로나 토착어로 "질의응답 방법"을 통해 수집했거나, 혹은 "객관적 기록"에 의해 입수했거나, 혹은 그 땅에서 일어나고 있는 일을 직접 관찰함으로써 얻은 모든 자료를 가지고 〈권리주장 목록표〉를 편집했으며, 여기에 그것을 다시 수록했다. 그것은 현지조사의 특정 단계에서 내가 알고 있던 것들을 거의 정확히 나타낸다. 사실 나는 두 번째 원정과 세 번째 원정 사이의 기간에 표의 초안을 작성했다. 독자들은 다음 표의 허점을 분명히 알 수 있을 것이다. 좀 더 쉽게 대조해가며 볼 수 있도록 이 책에서 참조할 만한 장들을 표기해두었다.

1. 지구의 족장—이 범주에는 오마라카나의 최고 족장, 그의 군사적 경쟁자이며 틸라타울라 지구를 통치하는 카브와쿠의 톨리와가, 쿠보마를 통치하는 구밀라바바의 타발루 신분의 족장, 카바타리아의 타발루 통치자 등과 같은 정치적 족장들이 속한다(제1부 4절 5절, 그리고 9절 참조). 그는 자신의 지구 전체에 대해서 **톨리프와이프와야**(땅의 주인)로 일컬어지며, 수확기에 그 지구에서 일정한 공물에 대한 권리를 주장한다. 이러한 공물들은 **우리구부**(결혼 선물) 형식에서 실질적으로 가장 많은 부분을 차지한다.[7)]

7) 2장(3절), 기록 7과 12장(4절)에서 **카야쿠**에 대한 언급들과 비교하라. 족장과 주술사 사이의 관

또한 전쟁이 일어나거나 공공 예식과 부족 모임이 개최될 경우에 토착민들이 그의 소집에 복종한다는 의미에서, 그는 토지에 대한 정치적 지배력을 어느 정도 가지고 있다.

2. 마을 공동체의 우두머리—한 지구의 중심지 마을에서는 족장이 마을 공동체의 우두머리이기도 하다(제1부 9절 참조). 그는 우두머리의 지위 덕분에 마을 회의에서 예식의 주인 역할을 하며, 경작지 주술을 휘두르거나 자신의 계승자들 가운데 한 사람에게 혹은 예외적인 경우에는 자기 아들에게 그 주술을 양도할 권리를 지닌다. 다른 마을들에서는 지배적인 하위 씨족의 우두머리가(12장 3절 참조) 정치적인 우두머리이다. 그는 모든 마을 토지의 **톨리프와이프와야**라고 불린다. 그는 또한 자기 마을의 경작지 회의에서 예식의 주인 역할을 하며, 보통 경작지 주술을 수행하고, 토지를 분배하며, 작은 선물과 **우리구부** 형식의 공물을 받는다. 그의 공물은 족장의 공물보다 양이 훨씬 더 적다(6장 1절, 특히 기록 2~4 참조).

3. 경작지 주술사—그는 2번과 일치할 수도 있고, 다른 사람일 수도 있다. 왜냐하면 족장이나 우두머리가 자신의 특권을 양도했을 수도 있고, 아니면 어떤 마을들의 경우처럼(12장 3절), 정치적 지도자와 경작지 주술사의 공직은 여전히 분리된 채 남아 있을 수도 있기 때문이다. 그는 **톨리프와이프와야**라고 불린다. 그의 활동, 경작에 대한 그의 영향력, 나아가 그가 받는 보수에 대해서는 이전 장들에서 세부적으로 설명했다. 요약해서 말하면, 그가 '땅의 주인'으로서 수고한 대가로 받는 직접적인 물질적 이익은 매우 적지만, 그는 엄청나게 많은 영향력과 **부투라**(명성)를 가지고 있다.

⁚

계에 대해서는 1장(6절)과 2장(1절) 참조. 또한 **우리구부**의 정치적 측면에 대해서는 6장(1절)과 제1부(9절과 10절)를 보라.

4. 하위 씨족의 우두머리—대부분의 마을들에는 지배적인 하위 씨족 외에도 한두 개의 다른 하위 씨족이 속해 있다. 그러한 이류 하위 씨족의 우두머리는 자신의 특별한 밭들에 대해서 톨리프와이프와야라고 불릴 것이다. 경작지 회의에서 그가 "소유하는" 밭들 가운데 하나를 경작하기로 결정되면, 형식적으로 그의 동의가 요청된다(12장 4절 참조).

5. 이류 하위 씨족 전체—이류 하위 씨족의 모든 구성원은 그 하위 씨족이 소유한다고 여겨지는 밭들과 관련해서 땅의 주인이라고 할 수 있을 것이다. 4와 5의 경우에 우두머리뿐 아니라 하위 씨족 전체가 부재(不在) 지주들일 수 있다는 데 주목해야 한다. 이러한 경우에 그들은 그들이 떠났던 마을에서 다소 모호한 주민권을 여전히 보유하지만, 그러한 권리는 매우 드물게 행사된다.

6. 마을 공동체 전체—마을 공동체의 모든 구성원은 하위 씨족과 무관하게 마을의 모든 영토에 대한 권리를 일반적으로 주장할 것이다. 그러한 권리주장은 결코 공허한 것이 아니다. 마을 공동체의 모든 구성원은 야생 열매를 찾거나 사냥과 채집을 위해서, 그리고 땅을 경작하기 위해서 공공의 길과 샘 및 그 영토의 대부분을 사용할 권리를 가지고 있다.

7. 공동체의 개인 구성원들—밭의 모든 소구획은 개인에게 할당된다. 가끔씩 영향력 있는 우두머리나 족장이 자신의 모든 밭의 소구획 전체를 소유하는 경우도 있다. 혹은 다양한 소구획들에 대한 소유권이 하위 씨족의 구성원들 사이에서 분배되기도 한다. 이때 개인 소유자의 소구획을 다른 누군가가 경작하고자 한다면 그의 동의를 받아야 한다. 물론 그는 자기 소구획을 직접 경작할 권리를 가지고 있다.

8. 실제 경작자—마을 공동체의 모든 성인 남자는, 주민이든 아니든, 다음 주기의 경작지 부지로 정해진 밭들 가운데 한 곳에서 소구획 혹은 소

구획들을 요구할 권리를 가지고 있다. 일단 소유자의 허가를 얻고 나서 주술사와 족장이 이를 승인하면, 그는 한 경작 주기 동안 자신이 경작하는 소구획들에서 전적으로 땅의 주인이 된다.

9. 경작자의 누이 혹은 다른 여성 친척—여성은 자기 몫의 **우리구부**가 어떤 소구획에서 경작되고 있을 때, 종종 그 소구획을 "내 소구획"이라고 이야기할 것이다. 그녀의 권리주장은 앞으로 논의하게 될 트로브리안드 토지 보유권의 다소 복잡한 원칙들에 간접적으로 근거한다.

이 장의 목적은 트로브리안드의 토지 보유권 문제를 진술하는 것이 아니며, 오히려 내가 어떻게 다소 에두르고 서투른 방식으로나마 문제를 이론적으로 정확하게 파악하게 되고, 따라서 만족스러운 방식으로 증거를 수집하고 조직화할 수 있었는지 그 과정을 되밟아보기 위한 것이다. 이 점을 다시 한 번 기억하기 바란다. 내가 이야기했듯이, 위에서 제시한 표는 일정 단계에서 내가 파악하고 있던 내용을 거의 정확히 나타낸다. 그 속에는 분명히 허점이 있다. 따라서 지금 내가 알고 있는 내용으로 표를 작성한다면, 그리고 그 속에 모든 유효한 권리주장을 포함시키고 싶다면, 나는 "경작 작업조"를 하나의 항목으로, 아마도 가장 중요한 항목으로 집어넣어야 할 것이다. 하지만 위의 표에서는 단지 개인 경작자만을 찾아볼 수 있다(8번 이하). 앞으로 분석을 진행할 때 참조할 수 있도록, 당장 경작 작업조의 권리주장을 8*a*번에 포함시켜보자. 토지에 대한 이러저러한 권리주장을 통해서 경작지로부터 간접적으로 이익을 얻는 사람들의 목록을 좀 더 정확히 나타내려면, 9번 아래에 한두 개의 세부항목을 만들어야 할 것이다.

현지에서 나는 이 표를 분석하느라 한동안 골머리를 썩였지만, 그것만으로는 내 문제를 해결하는 데 별다른 도움이 되지 않았다. 단지 그러한 기록을 숙고하는 것만으로는 아무 쓸모가 없었다. 문제를 해결하기 위해서는 그 표와 경제 활동들, 법적 권리주장들, 신화적 관념들 사이의 상호 관계를 살펴봐야 했다. 다시 말해서, 토착 농경, 주거 법, 친속과 인척들에 대한 농작물 선물과 의무 등의 맥락에서 증거를 다시 조직해야 했다. 이전 장들을 읽은 독자는 이 표에 포함된 모든 권리주장이 유효하다는 것을 알고 있다. 우리가 트로브리안드의 농경에 대해 알고 있는 사실에 비추어 볼 때, 그 가운데 관계없다고 배제될 만한 항목은 없다. 독자는 또한 그 표만으로는 불충분하다는 것을 알아차릴 것이다. 그 표는 더 이상의 증거가 없다면 서로 조화되지 않고 무관할 수도 있고 혹은 조화를 이루면서 연관될 수도 있는 가지각색의 권리주장들을 나타낸다.

독자들은 표의 권리주장들이 서로 조화를 이룬다고 짐작할 것 같다. 왜냐하면 독자들은 토지에 대한 심각한 다툼이나 토지 보유권과 관련된 극적인 동요, 혹은 폭력을 통해 영토를 바꾸는 일 따위는 벌어지지 않는다는 것을 알고 있기 때문이다. 토착민들은 그들의 토지에서 조직적으로 무리를 지어서 일하는데, 이러한 조직은 어느 정도까지는 영토적인 권리에 기초한다. 영토적으로는 경작지 울타리가 경작의 단위를 나타낸다는 사실을 우리는 알고 있다. 노동의 사회적 단위는 한편으로는 울타리 안에서 작업하는 한 무리의 사람들이며, 다른 한편으로는 경작자의 가족, 곧 협력해서 하나의 소구획 혹은 여러 소구획을 일구는 구성원들이다. 이미 알고 있는 지식에 비추어서, 다양한 권리주장들은 광범위한 질서와 조화에 기초한다고 가정할 수 있을 것이다. 그러나 그것이 토착민의 관념과 실천 속에서 어떻게 수립되는지를 밝혀내기 위해서는 좀 더 세밀하게 자료를 분석할 필요가 있다.

4. 토지 소유권에 대한 기능적 분석

그렇다면 우리가 해야 할 작업은 적합성과 관련성의 원칙에 따라서 토지의 소유권들을 조직하고 분류하는 일이다. 트로브리안드인들의 공동체와 같은 농경 공동체에서 사람들은 땅을 일궈서 생계를 이어간다. 그러므로 토지를 경작이라는 방식으로 사용하는 것은 인간과 땅 사이의 모든 관계 가운데 명백히 가장 중요하다. 다른 모든 농사꾼이나 경작자에게 그러하듯이, 트로브리안드인에게 토지란 곧 토지가 주는 것을 의미한다. 이 경우에는 좀 더 특별하게, 토지는 그에게 얌과 타이투와 타로와 코코넛과 바나나를 제공해준다. 트로브리안드인은 생산자로서 그리고 소비자로서 이러한 경작지 농작물에 관심을 가진다. 생산자로서 트로브리안드인은 (1) 그의 토지가 가구에 필요한 농작물의 일부를, 그리고 다음 해의 경작을 위한 종자를 제공해주기 때문에, (2) 그는 동료 마을 사람들과 힘을 합해 토지를 일궈서 마을 전체를 풍요롭게(**말리아**) 하고 따라서 굶주림(**몰루**)을 막아내기 때문에, (3) 그는 경작지에서 자기 누이의 가구 혹은 다른 어떤 모계 친척들의 몫인 **우리구부**를 생산하기 때문에, (4) 그는 경작지 덕분에 족장에게 공물을 지불할 수 있기 때문에, (5) 그는 경작지 덕분에 교역을 위한 수단과 부족 예식에 기부할 식량을 얻기 때문에, 그리고 (6) 경작이 잘되면 그의 명성(**부투라**)이 높아져서 수확물의 양뿐 아니라 경작지의 배치와 아름다움에 대해서도 자부심을 갖고 즐거워할 수 있기 때문에, 자신의 토지를 소중하게 여긴다.

이러한 관점에서 보면, 권리주장 목록표 가운데서 가장 부각되는 항목이 하나 있다. 자신이 사용하는 토지에 대한 개인 경작자의 권리주장을 정의하는 8번이 그것이다. 실제 경작자는 자신과 자기 가족이 작업할 수 있을 만큼의 소구획들에 대하여 권리를 주장할 수 있다. 그러한 권리에 따라서 그와 그의 가구 구성원들은 개간하고, 부수고, 파종하고, 수확하며, 수확물을 전시하고 분배하도록 땅을 부여받는다.

그러나 알다시피, 8번에는 8*a*번을 덧붙여서 보충할 필요가 있다. 다시 말해서, 전체 경작 작업조의 권리주장이 추가되어야 한다. 진정한 의미에서 농경은 개인이나 심지어 가족의 토지 이용이 아니라 경작 작업조의 공동 작업을 의미하기 때문이다. 독자들은 이미 알고 있으며 뒤에서 특별히 다시 언급되겠지만, 트로브리안드 경작의 기본 원칙들 가운데 하나는 수많은 사람들이 경작 작업조로 조직되어 있으며 따라서 땅을 공동으로 개척한다는 점이다.

이러한 사회 집단과 땅과의 관계를 이해하기 위해서는 땅이 어떻게 항구적으로 세분되며 그것이 어떻게 사용되는지를 연구할 필요가 있을 것이다. 토지가 실제로 사용될 때 토지 소유권이 어떠한 기능을 담당하는지를 알아내려면, 마을 영토를 밭들(**크와빌라**)과 소구획들(**발레코**)로 구획하는 것, 경작지를 **카이마타**와 **카이무그와**, 그리고 **타포푸**로 분류하는 것(1장 3절, 2장 3절, 그리고 제5부 1장 14, 19, 27절 참조) 등이 우리가 알고 있는 트로브리안드의 사회 조직과 어떠한 관계가 있는지 밝혀내야 한다. 그러므로 토지가 어떻게 사용되는지를 파악하기 위해서, 우리는 한편으로 토지의 구획과 분류 문제를 분석해야 하고, 다른 한편으로 경작지 작업과 관련된 사회 조직의 문제를 연구해야 한다. 요약하면, 권리주장 8번과 8*a*번은 경제적인, 그리고 실용적인 시각에서 볼 때 다른 모든 항목보다 가장 눈에 띄게 연관된 항목들이다. 만약 주로 경제 활동에 초점을 맞추어서 토지의 경작 문제를 바라본다면, 가장 중요한 것은 하나의 마을이나 하나의 마을 복합체, 혹은 마을 안에서 한 곳에 모여 거주하는 모든 사람이 땅의 일부를 공동으로 사용할 권리를 지닌다는 사실이다. 마을 공동체가 한두 개의 경작 작업조로 세분되거나, 혹은 여러 작은 마을이 협력해서 하나의 경작지를 일굴 경우에, 작업 방식에는 다양성과 융통성이 존재한다. 따라서 경작 작업조(8*a*)를 고려하는 것은 마을 공동체(6)를 고려하는 것과 구별된다. 그러나 그 두 가지는 분명히 관련되어 있다. 또한 여기서 우리는 하위 씨족, 마을 공동체, 그리고 경작 작업조 사이의 관계를 규정하는 다소 복잡한 일련의 조건들을 고려해야 한다. 우리는 이미 문제를 해결하기 위한 자료들을 거의 다 손에 쥐고 있다. 왜냐하면 특히 우리는 트로브리안드의 마을 공동체가 단순히 하나의 단위가 아니라 여러 하위 씨족으로 구성된다는 사실을 알고 있기 때문이다(제1부 9절 참조). 또한 우리는 하위 씨족들의 신분, 곧 특권과 권력이 다양하게 나타난다는 사실과, 하위 씨족들 가운데 하나가 주도권을, 특히 경작의 주도권을 가진다는 사실을 알고 있다. 그러나 여기서 그 자료들 가운데 토지 보유권에 대한 내용을 한 번 더 체계적으로 검토하고, 통합하고, 고려해야 한다(12장 2절 3절, 그리고 4절).

권리주장에 대한 위의 표를 훑어보고 다양한 항목들 사이의 또 다른 관계들을 꼼꼼히 살펴보면, 우리는 7번, 곧 개인 소유자의 권리주장이 8번에도 연결된다는 사실을 알게 된다. 경작지 회의에서 개인 소유자는 그의 소구획들에 대한 권리를 주장하면서 소유권을 행사해야 하며, 그렇지 않으면 소유권을 양도해야 한다(앞의 인용문 중 4절 참조).

경제적으로 연관된 두 항목들인 8번과 8*a*번에는 세 가지 권리주장들, 즉 경작과 관련해서 정치적 지도자로 행세하는 족장의 권리주장(1)이나 몇몇 공동체들에서 족장을 대신하는 우두머리의 권리주장(2), 그리고 1번이나 2번과 동일할 수도 있지만 구별될 수도 있는 주술사의 권리주장(3)이 서로 관계된다. 우리가 알고 있듯이, 주술사는 작업조를 실제로 조직하는 동인(動因)이며, 경작의 지도자이다. 주술사가 우두머리나 족장과 동일인이 아닌 경우에, 그들의 정치적 권력과 지도력 역시 경작 집단의 활동에서 일정한 역할을 담당한다. 그러므로 토지의 경제적 이용을 중심으로 보면 토지의 효율적인 사용자로서 경작 작업조가 강조되는 것을 알 수 있는데, 경작 작업조의 권리주장은 다른 수많은 권리주장들과도 관련된다.

지금까지 우리는 생산에 대해서만 이야기해왔다. 소비자로서 트로브리안드인은 자신의 가구가 소비하려고 경작한 농작물이나 아내의 우리구부 몫의 농작물을 소중하게 여긴다. 또한 그는 다양한 경제적, 사회적 행사가 열릴 때 타이투, 쿠비, 타로, 바나나, 그리고 코코넛을 전시한다. 족장이나 우두머리는 부족 사업의 밑천을 대고 분배하기 위해서 그러한 농작물들을 사용하며, 이를 통해 권력을 행사하고 위신을 세운다.

소비자로서 토착민과 생산자로서 토착민 사이의 이러한 구별은 단지 현학적인 것은 아니다. 생산자로서 트로브리안드인의 관심은 수확과 관련된 모든 찬미 행위에서 구체적으로 표현된다. 5장과 7장을 고려해보라. 경작지 정자에서 중앙에 자리하고 있는 것은 선물 혹은 공물 타이투이다. 세고, 나르고, 감탄하고, 자랑하는 대상은 거의 다 타이투와 관련되는데, 경작자는 그것을 생산하지만 소비하지는 않을 것이다. 마침내 이 타이투가 창고 속으로 들어가면, 소비자로서 관심을 가지고 평가하는 또 다른 남자의 재산이 된다. 여기서 6장과 8장을 상기해보라. 칼리모미오와 대비되는 브와이마에서는 소비자의 태도가 구체화된다. 이 둘 사이의 대비는 여기서 언급했던 생산자의 관심과 소비자의 관심 사이의 구별을 나타낸다.

소비자를 중심으로 볼 때, 토지 보유권과 관련해서 매우 중요한 역할을 하는 토착 경제의 원칙은 우리구부 원칙이다(표의 9번). 나는 6장에서 우리구부에 대해 충분히 논의했었고 다음 장의 2절에서 다시 그 문제를 살펴볼 것이다. 그렇기 때문에, 여기서는 **우리구부**가 실제로 경작지 생산물에 대한 권리주장이며, 그것은 여자가 자신의 하위 씨족이 소유한 토지에서 자기 몫을 주장할 권리에 근거한다는 점만 지적하고 싶다. 그러나 그녀는 그 토지에서 몸소 일을 해서 이러한 권리를 행사할 수는 없다. 왜냐하면 그녀는 부거제 혼인법에 따라서 남편의 주거지로 이사했기 때문이다. 이 권리주장은 8번과 8*a*번 주위의 권리주장들과는 전혀 무관하다. 그것은 명백히 자기가 생산하지 않은 어떤 것에 대한 소비자의 권리주장이다. 그것은 부거제 결혼과 함께 사회의 모계 구조와 결합되어 있다. 그러나 결혼을 통해 어떤 남자에게 토지에 대한 간접적인 지배를 허락하고 권리를 부여하는 이러한 원칙이 우리 표의 권리주장 1번과 2번에도 관련된다는 사실에 주목할 필요가 있다. 족장은 주로 자기 영토 안의 다른 공동체에 속한 여자들과 결혼함으로써 자신의 영토에서 토지와 생산물의 사용을 지배한다. 보통 두세 명의 아내가 있는 우두머리의 경우에도, 그 범위는 훨씬 더 작지만, 마찬가지다.

족장을 지켜보면, 최고 족장이든 하위 족장이든, 생산자와 소비자 사이의 구별이 매우 분명해진다. 왜냐하면 족장의 경우에 그의 엄청난, 그리고 심지어—최고 족장의 경우에는—헤아릴 수 없는 농작물 재산은 생산자로서 자기 자신의 노력이나 관심 덕분에 생겨난 것이 아니기 때문이다. 그는 토지에 대한 권리주장들을 통해서 이러한 부(富)를 이루었는데, 그러한 권리주장들은 직접적으로 행사되지 않는다. 최고 족장은 자기 지구의 지배자로서 모든 공동체의 여자와 결혼할 권리를 가지고 있지만, 반면 몇몇 이류 족장들은 인접한 마을 출신의 두세 명의 여자와 결혼할 권리를 가지고 있다. 족장과 결혼한 여자들의 친속은 그들의 정치적 군주를 위해 땅을 개척하며, 족장에게 **우리구부**의 형식으로 생산물을 바친다. 그러므로 권리주장 1번, 곧 자신의 지구 전체에서 땅의 주인인 정치적 통치자의 권리주장은 일부다처제와 함께 영속적인 결혼 기부의 장치를 통해서 간접적으로, 그러나 효과적으로 행사된다.

아직까지 살펴보지 못한 두 가지 권리주장이 있다. 권리주장 4번과 5번이다. 우리는 경제적 면에 관심을 집중하면서 당연히 그것들을 한쪽으로 밀쳐놓았다. 하위 씨족이 그들이 출현한 영토를 떠날 경우에—우리는 이러한 일이 결코 예외적인 사건이 아님을 알게 될 것이다(12장 3절)—권리주장 4번과 5번은 때때로 경제적으로 전혀 행사되지 않는다. 다른 경우에 그러한 권리주장들의 경제적 의의는 2번, 3번, 그리고 7번을 통해서, 다시 말해서 당시 마을 공동체에서 지배적인 위치에 있는 우두머리나 주술사를 통해서 하위 씨족의 권리주장들이 행사되는 한에서만 유효하게 나타난다.

그 문제를 좀 더 자세히 살펴보자. 권리주장 8번과 8*a*번을 논의할 때, 우리는 주민 소유자와 외래 거주자 사이를 구별해야 했다. 그런데 외부인이라도 실제로 거주한다면 주민 소유자와 마찬가지로 땅을 사용한다. 따라서 경제적 사용을 중심으로 볼 때, 한편으로 이러한 두 범주 사이에는, 그리고 다른 한편으로 4번과 5번의 법적 권리주장들을 가지지만 그것들을 행사하지 않는 사람들 사이에는 어떠한 실제적인 차이도 없다.

법적인 관점에서는 그 문제를 어떻게 볼 수 있을까? 트로브리안드인들은 특정 하위 씨족이 특정한 토지 구획에 대한 영토적 권리를 지닌다고 깊이 확신한다. 이러한 확신은 원초적 출현을 통해 인류가 생겨났다는 토착민들의 신조에서 표현된다(12장 1절 참조). 그 신조에 따라, 하나 이상의 하위 씨족이 법적으로 특정한 영토의 정당한 소유자인 동시에 공동체의 주민이 된다. 또한 트로브리안드의 관습과 전통에 따라, 그러한 태고의 주민권은 곧 살펴보게 될 특정한 조건 하에서 하나의 하위 씨족으로부터 또 다른 하위 씨족에게로 양도될 수 있다(12장 3절). 소유권을 강제하는 힘—즉 어떤 권리주장들은 참이고 유효하며 다른 것들은 가짜이며 폐기될 수 있다는 확신—은 모두 이러한 신화적, 역사적, 그리고 관습적인 관념들에 근거한다. 만약 우리가 경제적 관련성을 기준으로 삼고 다른 고려 사항들을 배제한다면, 4번과 5번은 관계가 없다는 이유로 표에서 지워야 할 것이며, 또한 7번의 소유자-주민과 8번의 비-주민 권리주장자 사이의 차이를 삭제해야 할 것이다. 그러나 그렇게 하면 토착민의 견해를 묵살하게 되는데, 어떠한 인류학자도 토착민의 입장을 무시해서는 안 된다. 법적이고 경제적인 문제들에서 토착민들의 태도를 재진술하는 것이 인류학자의 임무 가운데 하나이다. 게다가 우리가 그렇게 한다면, 토착민들이 가장 중요하게 여기는 경작지 회의(카야쿠)의 일부 절차들이 설명되지 않은 채 남겨진다. 이보다 더 나쁜 것은, 토착민들의 관념과 확신은 종종 구속력이 있는 책임과 의무를 수반하기 때문에 우리가 당면한 문제와 관련되지만, 그렇더라도 그러한 요소를 무시해야 한다는 점이다. 사실, 우리가 비-주민(8번)의 경작이 허락되는 까닭을 좀 더 충실히 조사한다면, 그가 6번, 즉 마을 공동체의 구성원 자격을 갖고 있기 때문이라는 대답을 가장 먼저 듣게 될 것이다. 이러한 자격, 곧 낯선 마을에서 거주할 권리는 항상 한 남자나 여자가 지역 하위 씨족의 일부 구성원과 맺고 있는 관계에 기초한다. 달리 말하면, 6번은 5번에서 파생된다. 이러한 관계는 이중적이다. 다음 장에서 사례들을 통해서 살펴보겠지만, 역사적으로 볼 때 이주한 하위 씨족은 낯선 영토에서 서서히 성장할 것이며, 결혼을 통한 양자 결연을 기초로 그곳에 편입될 것이다. 결혼해서 그 마을로 들어간 신분이 높은 여자와 그녀의 후손은 그곳에서 항구적으로 정착하도록 허락된다. 그러나 그러한 역사적 사건은 모든 가구 내에서, 그리고 모든 남자와 여자에게서 일어나는 일이 확대되고 안정화되어 나타난 것일 뿐이다. 즉 여성은 부거제 혼인법에 따라 평생 남편의 공동체에서 거주해야 하고 그녀의 아이들도 성장할 때까지 그곳에서 거주해야 하는데, 그와 같은 원칙이 확대되어 그러한 현상이 나타난다. 그러므로 결국 일시적인 거주자의 권리나 항구적인 주민권은 모두—권리주장 4번과 5번에서 표현되듯이—지역의 원주민 하위 씨족이 그 영토를 지배하거나 이러한 지배권을 다른 이들에게 위임할 수 있는 특권에서 비롯된 것이다.

모든 권리주장의 바탕에는 몇 가지 근본적인 원칙들이 깔려 있으며, 그러한 원칙들이 토지와 관련된 모든 실천을 지배한다는 사실이 매우 분명해졌다. 이러한 원칙들, 혹은 내가 신조라고 부르기를 선호하는 것들을 이제 간략히 열거할 수 있다.

A. 트로브리안드에서는 한 가지 중요한 확신이 땅에 대한 인간의 모든 태도를 지배한다. 즉 남자나 여자는 모계 혈통의 여성 조상이 특정한 성스러운 장소의 땅속에서 출현했다는 사실 덕분에 해당 영토에 대한 권리를 지닌다는 것이다. 그러므로 모계 혈통 체계는 원초적 출현 신조라고 일컬을 만한 것과 결합해서 트로브리안드 토지 보유권의 법적, 신화적 토대를 구성한다.

B. 족외혼과 부거제 혼인법에 따라, 한 남자는 자신과는 다른 하위 씨족 혹은 씨족에 속한 여자와 혼인해야 한다. 그녀는 남편의 공동체에서 살림을 차리고, 생애를 마칠 때까지 혹은 결혼 생활이 끝날 때까지 거기 머무른다. 그녀의 자녀들은 비록 어머니의 하위 씨족과 어머니의 공동체에 속하지만, 성숙할 때까지는 아버지의 마을에서 거주권을 가진다. 이러한

족외혼과 부거제 혼인법은 원초적 출현 신조와는 무관하다. 그것은 이중적인 방식으로 토지 보유권에 영향을 미친다. (1) 족외혼과 부거제 혼인법은 여자를 그녀 자신의 토지로부터 분리시키지만, 조상의 땅에 대한 그녀의 권리는 **우리구부** 제도를 통해 인정된다. (2) 족외혼과 부거제 혼인법으로 인해 그녀와 그녀의 자손은 남편 공동체의 비-주민 거주자가 되고, 이를 통해 남편의 공동체에서 농경 생산자들의 집단, 곧 경작 작업조에 참여할 권리를 얻는다.

C. 주술이 경작을 지도한다는 신조에 따라 한울타리 안에서 한 경작지를 함께 경작하는, 하나로 뭉친 작업조가 수립된다. 이 신조는 아마도 이전 신조들과 그다지 무관하지 않다. 주술이 특정 지역에서의 원초적 출현의 산물인 한, 그 신조는 A에서 파생된 것이다. 또한 주민권과 거주권의 결과로 경작 작업조의 구성원이 결정되는 한, 이 신조는 A와 B로부터 동시에 유래한 것이다. 주술의 조직력은 우두머리와 족장의 정치적 조직력과도 결합된다. 뿐만 아니라 이러한 신조는 주술사의 영적인 권리주장에 대한 토착민의 믿음에서 중요한 부분을 차지한다. 곧 주술사는 그의 주술 덕분에 땅의 진정한 주인이며, 심지어 주술사가 우두머리와 동일인이 아닌 경우에도 그러하다는 것이다. 이 신조가 경작 작업조의 통합과 결속을 나타내는 한, 그것은 토지 보유권에도 영향을 미친다.

D. 신분이 지역적 출현의 권리주장보다 중요하다. 이러한 신조는—토착민들 스스로가 종종 명확하게 말하듯이—최고의 하위 씨족인 타발루가 모든 땅의 주인이며, 그들이 원한다면 어느 곳에서나 그 땅에 대한 권리를 주장하고 사용할 수 있다는 원칙으로 표현된다. 신분이 높은 다른 하위 씨족들은 그들의 등급에 따라 이러한 특권을 공유한다. 이러한 신조는 역사적으로도 표현되었는데, 실제로 신분이 더 높은 하위 씨족들은 그들의 원

래 영토로부터 좀 더 비옥한 지구들로 점차 이동해왔고, 최고 하위 씨족인 타발루는 농경에서 가장 앞서나가고 정치적 영향력과 경제적 개발에서 가장 두드러지는 모든 중심지를 서서히 점유하게 되었다.

물론 이러한 네 가지 신조는 어떠한 토착 전승에서도 체계적으로 정리되어 있지 않다. 그 신조들은 트로브리안드인들에게 중요한 의미를 지니고 있지만, 신화, 역사적 전승, 혼인법 원칙의 여기저기에 산발적으로 표현되어있다. 우리는 그 신조들이 제도 속에서 어떻게 작동하는지를 일일이 보여주고, 토착민들의 진술을 통해 증명할 수 있다. 사회학자가 해야 할 일은 사실과 진술을 서로 관련지어서 배치하고, 그것들로부터 정말로 타당한 원칙을 뽑아내는 것이다. 나는 토지 보유권의 완전한 법적 이론이 네 가지 신조에 담겨 있으며, 토지 보유권과 관련된 가장 중요한 경제적 용도들도 이 신조들 속에 요약되어 있다고 생각한다. 신조 A는 법적인 관점에서 볼 때 가장 핵심적이다. 신조 B는 경작을 실제로 조직할 때 이중적으로 심대한 영향을 미친다. 신조 C는 토착민들이 주술의 중요성을 강조한다는 사실을 나타내며, 신조 A와 B에 이미 포함된 내용에 별달리 덧붙이는 것은 없다. 신조 D는 과거의 관행에 영향을 미쳤고, 따라서 현재의 관습에도 영향을 미친다. 아마 이전의 서술에서 이것과 관련된 내용은 가장 적게 다루어졌지만, 다음 장에서 충분히 논의될 것이다.

다음 장에서는 이러한 네 가지 신조를 상세히 다루면서 토지 보유권의 문제를 설명하려고 한다. 이때 우리는 그 신조들이 어떻게 결합되는지를, 그리고 그것들이 어떤 방식으로 작동하는지를 보게 될 것이다. 그렇지만 지금도 〈권리주장 목록표〉를 살펴보면, 신조 A는 무엇보다도 권리주장 4번과 5번에서 표현되며, 신조 C가 신조 A에서 도출되는 한 권리주장 3번에서도 표현된다는 점이 명백하다. 권리주장 1번과 2번이 취득한 권리에서 유래한 것이 아니라면, 그것들 역시 신조 A에 근거한다. 그렇지만 실제로 최고 족장의 경우에 권리주장 1번은 신조 A에 근거하지 않는다. 신조 B는 권리주장 6번에서 가장 분명하게 표현되는데, 왜냐하면 그것은 마을 공동체를 구성하는 기초가 되기 때문이다. 신조 A와 B(1)의 결합은 권리주장 9번을 지배하는, 그리고 어느 정도까지는 권리주장 1번과 2번에 관련된 우리구부 원칙을 나타낸다. 신조 C는 주로 권리주장 3번에서 구체화된다. 신조 D는 우리의 표에서 직접적으로 표현되지 않는다. 신조 D는 역사적 과정에서 나타나지만, 우리의 표는 단지 이러한 과정의 결과들을 가리킬 뿐이다. 그래서 표에서 명백히 드러나지 않는 것이다. 한 지역에서 족장의 전반적 권리가 신분의 영향력에 근거한다는 점에서, 신조 D는 권리주장 1번의 역사적 선례들을 결정한다고 말할 수 있다. 혹은, 신조 D를 신분이 높은 사람이 선택하고 싶은 영토에 대해 가지는 일반적인 권리주장이라고 공식화한다면, 그것은 또한 권리주장 1번, 2번, 그리고 3번뿐 아니라 권리주장 4번과 5번에도 결합될 수 있을 것이다. 그렇지만 확실히 그런 식으로는 신조 D가 우리의 권리주장 목록표에서 구체적으로 드러나지 않는다. 우리는 아마도 항목들을 서로 구별함으로써, 즉 4*a*번과 5*a*번, "원출지(原出地)의 권리주장에 따라 토지를 소유하는 하위 씨족과 그 우두머리"와, 4*b*번과 5*b*번, "취득한 권리에 따라 토지를 소유하는 하위 씨족과 그 우두머리", 그리고 4*c*번과 5*c*번, "부재하는 하위 씨족과 그 우두머리" 사이를 구별함으로써 신조 D를 표현할 수 있을 것이다. 그러나 이것은 너무 지나친 구별이기에, 다음의 논의들에서는 식별의 표시인 *a, b, c*를 생략할 것이다.

우리는 이처럼 권리주장들의 바탕에 깔려 있으며 토착민의 관념이나 사회적 현실 모두에 부합하는 좀 더 근본적인 원칙들을 발견함으로써, 혼란스러운 권리주장들에 어떤 질서를 부여하였다.

동시에 우리는 네 가지 신조의 분석과 무관하지 않은 또 다른 분석을 통해 권리주장 목록표에 어떤 질서를 부여할 수 있었다. 토지 보유권의 법적, 경제적, 신화적, 그리고 정치적인 여러 측면에 대한 고찰이 그것이다. 경제적 시각에서 보면, 주로 신조 B(2)와 C에 근거하고 있는 권리주장 8번과 8*a*번이 전면에 부상하며, 권리주장 1번, 2번, 3번이 그것들과 연관된 것을 볼 수 있다. 법적인 시각에서는 권리주장 4번과 5번이 눈에 띄며, 신조 A와 B가 가장 중요하다. 동시에, 법적인 개념들을 이해하기 위해서는 기본적인 권리와 원칙들을 정당화하는 부족 헌장인 신화를 연구할 필요가 있다(12장 1절 참조). 우리는 신화를 연구할 때, 전설과 과거 사건들의 기억에 담겨 있는 지나간 역사를 고려해야 한다. 이러한 측면은 명백히 신조 D와 관련된다.

첨언하면, 토지 보유권의 법적인 측면에 대한 연구는, 만약 우리가 토지 보유권의 경제적인 측면에만 몰두했더라면 완전히 놓쳐버렸을 어떤 핵심을 제시해준다. 왜냐하면 법적인 분석은 상속, 양도, 그리고 임대를, 다시 말해서 소유권 7번과 8번의 이전(移轉)을 연구하도록 요구하기 때문이다. 우리는 양도가 결코 경제적인 거래가 아니며, 정복을 통해 이루어지는 것도 아니라는 사실을 알게 될 것이다. 원초적 출현에 따른 권리를 나타내는 신조 A는 심지어 양도될 때에도 양도자의 행동을 통해 작동하는데, 이러한 신조 A와 신분의 권력을 나타내는 신조 D, 그리고 양도의 장치를 제공하는 신조 B가 결합해서 양도가 이루어지는 것이다. 또한 자연적 상속에서도 단순히 모계 원칙만 작동하는 것은 아니며, 포칼라라고 불리는 체계 하에 보충적 양도가 이루어진다. 그러므로 법적인 측면의 연구는 규정들을 열거하거나 권리주장들의 목록을 만드는 데 있지 않으며, 오히려 법적 제재(制裁)들을 연구하고, 규정들과 제재들이 작동하는 방식을 발견하는 데 있다.

만약 도표를 사용해서 결과물을 간략히 요약하고 싶다면, 첫 번째 단에 네 가지 신조의 목록을 싣고, B를 두 가지 사회학적 효과에 따라 세분할 수 있을 것이다. 그리고 나서 각각의 신조마다 사회 집단의 유형을 대충 대응시킬 수 있는데, 두 번째 신조는 명백히 이중의 사회적 영향력을 지닌다. 세 번째 단에서 우리는 각각의 원칙에서 나타나는 주요 영향력을 열거할 수 있다. 그러면 다음과 같은 도표를 얻게 된다.

<table>
<tr><th colspan="2">신 조</th><th>사회 집단</th><th>양 상</th></tr>
<tr><td colspan="2">A. 원초적 출현</td><td>하위 씨족</td><td>법적, 신화적</td></tr>
<tr><td rowspan="2">B. 결혼과 모계제, 그리고 족외혼의 법칙</td><td>우리구부</td><td>모계 친족 : 어머니, 남자 형제, 아이들</td><td>법적 그리고 경제적 (소비)</td></tr>
<tr><td>아내와 아이들의 거주권</td><td>가족, 그리고 가족들이 뭉쳐진 마을 공동체</td><td rowspan="2">법적 그리고 경제적 (생산)</td></tr>
<tr><td colspan="2">C. 주술적 조직화</td><td>경작 작업조</td></tr>
<tr><td colspan="2">D. 신분</td><td>정치적 단위들 : 최고 족장의 영역, 지구들, 복합적인 마을 공동체들</td><td>(역사적) 정치적</td></tr>
</table>

그렇지만 이 도표에 집착하지 않는 것이 중요하다. 그것은 단지 결과물 가운데 일부를 편리하게 요약한 것에 지나지 않는다. 첫 번째 단은 법적이고 신화적인 네 가지 기본 신조를 보여준다. 또한 트로브리안드의 토지 보유권 문제를 체계적으로 진술할 때, 이러한 신조들을 분석함으로써 이야기를 진행하는 것이 최선이라는 점을 보여준다. 이러한 신조들은 서로 독립적이면서도 상호 맞물려 조정되기 때문에, 그것들이 어떻게 결합되는지를 검토할 필요가 있을 것이다.

두 번째 단은 각 신조의 사회적 결과들과 그 신조를 통해 사람들이 특정한 집단의 형태로 통합되는 것을 보여준다. 세 번째 단은 토지 보유권의 신조가 공동체의 정착 양식과 토지에 대한 법적, 경제적, 그리고 정치적 관계들을 어떻게 제한하는지를 보여준다.

이제 우리는 비록 단조롭고 추상적인 방식일지라도 트로브리안드의 토지 보유권 문제에 대하여 흠잡을 데 없는 도식을 제시하였다. 그리고 그것을 지배하는 네 가지 주요 토착 신조를 지적하였다. 또한 소유권, 사용, 정착, 그리고 정치적 지배의 사실들이 어떻게 하나의 이용 체계 속으로 결합되는지를 보여주었다. 그러한 이용 체계 속에서, 모든 트로브리안드인은 저마다 영토의 일부를 배당받아서 개척하고 그 생산물을 수많은 사람들에게 분배하는데, 그들은 토지에 대한 권리주장 덕에 자기 몫의 농작물을 받는다. 그러나 이 체계의 핵심을 드러내기 위해서, 또한 현지에서 내가 결론에 도달하게 된 방법을 밝히기 위해서, 이 장에서는 신화적 믿음의 구체적인 현실이나 법적 권리주장과 특권의 세부사항들, 혹은—우리가 무사히 재구성할 수 있는 한에서—역사적 변천 과정, 혹은 실제로 토지가 사용되는 생생한 현실 등을 제시하지 않았다. 이러한 뼈만 앙상한 설명에 살을 입히기 위해서는 토착적인 토지 보유권의 이야기를 다른 형식으로, 이번에는 일관되게, 체계적으로, 그리고 토착민의 관점과 토착적 사용의 세부사항들을 충분히 고려해서 한 번 더 이야기해야 한다.

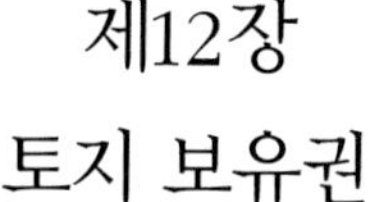

제12장 토지 보유권

앞 장에서 우리는 트로브리안드의 토지 보유권에 대해 추상적으로 간략하게 정의했다. 이제 우리는 토착민의 관념들, 좀 더 정확히는 네 가지 토착 신조들의 체계가 토지 보유권과 관련되며, 토지 보유의 법칙과 주민권을 지배한다는 사실을 알고 있다. 그것들은 인간과 땅 사이의 관계에 대한 토착민들의 생각에 엄청난 영향을 미치며, 따라서 사람들을 수많은 사회적 단위들로 통합하고, 땅을 단지 물리적 대상에서 문화적으로 결정되는 대상으로 변형시킨다.

그렇지만 무엇보다도 신화적, 법적 신조들은 트로브리안드인이 자신의 토지를 실제로 사용하는 방식과, 농경의 필요조건과, 농작물의 돌려짓기와, 개인이 토지를 개척하는 방식 및 생산물이 다른 사람들에게 분배되는 방식에 주로 영향을 미친다. 그러므로 이 장에서는 토지 보유에 대한 설명을 체계적으로 다시 진술하고, 토지 보유에 영향을 미치는 다양한 요소들을 적절한 시각에서 알맞은 자리에 배치해야 할 것이다. 인간과 땅과의 관계를 정의하는 기본 신조라고 이야기할 만한 진술, 곧 원초적 출현 신화에서부터 시작하는 것이 가장 좋겠다.[1)]

1. 토지 보유권의 주요 헌장인 원초적 출현 신조

남자든 여자든 모든 트로브리안드인은 태생적으로 그 혹은 그녀가 일정한 지점과 연결되며, 이를 통해 마을 공동체와, 그리고 영토와 연결된다고 믿는다. 왜냐하면 모든 사람은 자신의 종족이 자신의 직계 여성 시조의 모습으로 트로브리안드 영토의 특정한 지점에서 출현했다고 믿기 때문이다.[2] 원초적 출현 신화는 명백히 모계 신화이다. 그 신화는 항상 한 여자를 언급하는데, 때때로 남자가 함께 등장하기도 하지만, 그는 그녀의 남편이 아니라 남자 형제이다. 이러한 믿음은 모계 혈통의 원칙들과 결합해서 모든 트로브리안드인에게 주민권과 토지 보유권을 정당화하는 헌장으로서 작용한다. 왜냐하면 원초적 출현에 의해서, 최초의 여성의 모계에 직접적으로 속한 모든 후손은 그녀가 출현한 지점을 둘러싸고 있는 영토에서 주민권을 획득하기 때문이다. 이러한 믿음은 거의 모든 영토적 권리와 주장의 토대가 된다. 전부가 아니라 거의라고 말하는 이유는, 삶은 언제나 가장 강한 믿음과 가장 정연한 법적 규정보다도 더 복잡해서, 앞으로 보게 되겠지만 원초적 출현 신조는 때때로 전혀 본모습을 찾아볼 수 없을 만큼 그것을 개조하는 다른 관념들과 결합되거나, 심지어 종종 그것들에 의해 가려지기 때문이다. 그렇지만 각각의 신조를 따로 진술하면 원초적 출현 신조가 좀 더 분명하게 드러날 것이다.

출현 지점 혹은 구멍은 보통 **브왈라**(집)라고 불린다. 때로는 좀 더 특별

1) 또한 부록 2, 4절의 주 45를 보라.
2) 1장 7절 참조. 독자는 투다바 신화가 어떤 의미에서는 지역의 기원 신화들과 일치하지 않는다는 점에 주목하게 될 것이다.

하게 **두브와데불라**(동굴), **프와나**(구멍), 혹은 **칼라 이수나풀로**('그의'—혹은 오히려 '그녀의'—'출현 지점')라고 불리기도 한다. 모든 경우에 토착민들은 그곳의 위치를 표시하는 정확한 실제적 표지들을 가리킬 수 있다. 예를 들면, 오마라카나에는 오부쿨라라고 불리는 마을의 작은 숲 쪽에 불리마울로라는 이름의 물웅덩이가 있는데, 바로 거기서 칼루바우 하위 씨족이 나왔다고 한다(기록 4, 혈통표 2 참조). 또한 오마라카나 근처에는 사카푸라는 이름의 작은 숲이 있는데, 이 숲의 땅에는 바위 자국이 있다. 마찬가지로 사카푸라고 불리는 이 구멍은 크와이브와가의 부라야마 하위 씨족이 출현한 장소인데, 그들은 오마라카나의 토지에 대하여 아직도 약간의 권리를 보유하고 있다. 다른 마을들에서는 **바쿠**(중앙 공터)에 있는 둥근 산호석이나 돌무더기가, 혹은 주변의 작은 숲이나 밭에 있는 구멍이나 노두(露頭)가 출현 지점을 표시한다. 따라서 여러 하위 씨족으로 구성된 천민 마을인 브워이탈루에서는 마을에 거주하는 모든 하위 씨족이 저마다 출현 구멍을 가지고 있는데, 각각의 출현 구멍은 마을 안에서 혹은 바로 주변의 영토에서 찾아볼 수 있다. 역시 서열이 매우 낮은 마을인 바우와 라와이워에 관해서도 마찬가지로 이야기할 수 있다. 곧 살펴보겠지만 내가 이 점을 강조하는 까닭은, 일부 높은 신분의 공동체들은 그들이 출현한 흔적을 자신들의 거주 영토에서 찾지 않기 때문이다.

와야(후미)의 갑(岬)에서는 몇몇 하위 씨족들, 곧 오부라쿠의 하위 씨족인 크와쿠, 오코푸코푸의 하위 씨족, 투크와우크와의 하위 씨족, 그리고 크와불로의 하위 씨족의 출현 구멍을 찾아볼 수 있다.[3] 동쪽의 카프와니, 이달레야카, 릴루타와 몰리길라기 마을의 일부 하위 씨족들은 그들이 내

3) 이누바일라우의 연관된 신화에 대해서는, *Sexual Life of Savages*, pp. 347~355 참조.

려온 혹은 오히려 거슬러 올라가는 혈통의 유래를 라이보아그에 있는 동굴에서 각각 발견한다. 그러한 출현 구멍들 가운데서 가장 유명한 것은 오부쿨라라고 불린다. 그곳은 최초로 지상에 나온 네 씨족의 원래의 동물 조상들이 출현한 장소로 여겨지기 때문에 다른 모든 구멍과 구별된다. 또한 엄청나게 많은 귀족적인 혹은 오래된 하위 씨족들은 자신들이 그 구멍에서 최초로 출현했다고 여긴다. 이 점에서도 오부쿨라 구멍은 변칙적이다. 신분이 가장 높은 하위 씨족, 곧 말라시 씨족의 타발루 하위 씨족과, 루쿠바 씨족의 음와우리, 투다바, 그리고 물로브와이마 하위 씨족들, 그리고 루쿨라부타 씨족의 카일라바시 하위 씨족은 모두 오부쿨라 구멍에서 나왔다. 이러한 신화와 토지 보유권과의 관계는 나중에 고찰하도록 하자.

원초적 출현 신화들에 대해 이야기할 때, 그것들의 신조적 성격을 명백히 할 필요가 있다. 그렇지만 단순한 주장인 원초적 출현에 대한 단조로운 진술과 우연히 발전되고 윤색된 진술 사이에 뚜렷한 선을 긋는 일은 쉽지 않다. 트로브리안드에서는 단 하나의 원초적 출현 신화가 길고 극적인 이야기로 확대되었다. 네 개의 주요 씨족이 기원한 네 조상의 최초 출현 신화가 그것이다. 다른 진술들은 보통 매우 단순하며, 간단한 단언으로 환원될 수 있다. “불리마울로의 구멍에서 최초의 칼루바우와 그의 누이, 보칼루바우가 나타났다. 그들은 우리 땅에 주술과 다른 많은 허브들을 가지고 왔다.” 그러나 이러한 단언은 그 하위 씨족의 혈통이나 토지 구획과 관련된 이야기에서, 나아가 인접한 여러 하위 씨족의 영토에 대한 각각의 권리 주장과 관련된 이야기에서 빠지지 않고 등장한다. 때때로 어떤 특별한 주술이 논의될 때, 그러한 신화는 더 풍부해진다. 예컨대 비와 가뭄의 주술에 관해서는 불리마울로에서 여성 조상인 보파다구가 출현한 이야기가 전해진다. 그 뒤에는 어떻게 그녀가 비의 주술과 관련된 다양한 동물들, 비 자체, 그리고 한두 명의 아이를 탄생시켰는지에 대한 이야기가 이어진다. 그리고 그녀가 자기 자궁에서 나온 중요한, 그렇지만 위험한 열매인 비를 어떻게 다루었는지에 대한 극적인 이야기가 전개된다. 그러나 특별한 주술과 관련이 없을 경우에 원초적 출현 신화는 출현 지점과 첫 번째 조상들의 이름들과 그들이 가지고 온 신분과 직위의 표지를, 그리고 그들이 땅속에서 가져온 다양한 유형의 주술들이나 때로는 경작지 주술만을 매우 단순한 형식으로 간단히 언급한다.

원초적 출현은 토지 보유권에 관한 토착민의 관념에서 너무나 중요하기 때문에 이러한 구체적인 사례들을 제시할 필요가 있었다.[4] 특히 흥미로운 것은, 그러한 출현 구멍은 항상 어떤 마을이나 마을의 일부, 그리고 어떤 영토 혹은 갖가지 유형의 땅과 연관되는데, 그곳들은 모두 그 구멍에서 나온 사람들의 소유라는 점이다. 보통 불모의 땅 약간, 금지된 작은 숲 한두 곳, **라이보아그**의 일부, 그리고 아마도 **둠야**(습지)에 있는 한두 개의 밭이 여기에 포함된다. 어떤 경우든 상당한 면적의 경작 가능한 덤불(**오딜라**)이 여기에 포함되는데, 그것은 수많은 밭들로 나누어지고 다시 소구획들로 세분된다. 동쪽의 외해(外海) 근처에 있는 마을들은 동쪽 해안(**모몰라**)의 일부 및 고기잡이와 수영을 위한 해변을, 그리고 카누를 넣어두는 헛간 몇 채를 소유한다. 서쪽 초호(礁湖)에서는 그 해변이 **코발라와**라고 불리는데, 카누는 여기에 보관된다. 따라서 출현 구멍은 항상 마을을 둘러싸고 있거나 마을의 일부로 부수적으로 딸려 있는 영토의 중심이며, 구성원들에게 다음과 같은 경제적 기회를 제공한다. 곧 구성원들이 기름지고 경작 가능한 땅

4) 부록 2, 4절의 주 49를 보라.

에 항상 출입할 수 있게 해주며, 때로는 항해와 고기잡이 영역에 접근할 수 있게 해준다. 또한 휴양을 위한 일정한 구역 및 다른 마을들과 통해있는 길들을 제공해준다.[5]

따라서 원초적 출현 신조와 모계 혈통의 신조가 서로 결합해서 하위 씨족이 직접 경제적으로 뿐 아니라 전반적으로 해당 영토를 충분히 사용하고 누리도록 승인해주고, 거기에 포함된 경작 가능한 토지를 소유하도록 인가해주며, 하위 씨족에게 수많은 전통적, 주술적, 그리고 종교적 권리주장들을 부여한다는 사실을 알 수 있다.[6] 하위 씨족의 모든 구성원은 이 영토가 그들의 것이라고 주장할 수 있으며, 구성원 각각은 이러한 공동의 권리주장에서 자신의 몫을 가지고 있다(11장의 표에서 5번). 나아가 트로브리안드에서 이러한 권리주장들은 궁극적인 법적 효력을 지닌다. 다시 말해서, 그러한 권리주장들이 원초적 출현 신조조차 무효로 만드는 하나의 영향력, 곧 신분의 영향력에 의해 기각되거나 양도되지 않는 곳이라면 어디서든지 그러하다. 단지 그 하위 씨족의 구성원들만이 마을의 경작지 토지 및 신화적 지점들과 관련해서 **톨리**(~의 소유자), **톨리발루**(마을의 소유자들),[7] **톨리프와이프와아**(땅의 소유자들), **톨리보마**(금지된 작은 숲의 소유자들)라는 칭

5) 토지의 분류를 위해서는, 제5부의 1장, 6~8절과 제2부의 1장 8절 참조. 경작 가능한 땅의 분배를 위해서는 제5부 1장 13~20절과 제2부의 2장 3절 참조.

6) 나는 또 다른 저술에서 이것을 다음과 같이 공식화했다. "기원에 대한 이러한 설명들의 사회학적 관련성은 지역의 주민권 및 영토와 어장과 지역 활동에 대한 세습적 권리들과 관련해서 토착민의 법적 관념들을 포착한 유럽의 조사자에게만 명백해질 것이다."(*Myth in Primitive Psychology*, p. 54). 기원 신화들과 관련된 또 다른 부가적 자료들도 찾아볼 수 있을 것이다.

7) **톨리발레코**라는 단어는 해당 계절에 소구획을 경작하는 남자와 관련해서도 관례적으로 사용되곤 한다. 그렇지만 만약 당신이 뭔가를 찾는 말투로 "그 소구획의 진정한 주인은 누구입니까?"(**아바이타우 톨리발레코 모키타?**), 혹은 "그것은 누가 소유한 경작지 소구획입니까?"(**아바일라 라발레코 토울렐라?**)라고 질문한다면, 항구적인 법적 소유자의 이름을 듣게 될 것이다.

호를 사용할 수 있다. 하위 씨족의 구성원들은 주민권, 즉 절대적이고 확실한 거주권을 가진다. 그들은 또한 파생된 거주권이나 관습적인 무관심 덕분에 마을에서 살고 있는 사람들이 더 이상 거주하지 못하도록 그들을 거부할 수도 있다. 또한 주민들은 공동의 땅에서 필요한 만큼의 소구획을 경작할 궁극적인 권리를 가지고 있다. 땅을 경작할 권리는 마을을 자신들의 것이라고 주장하고, 거기서 살며, 주술을 수행할 수 있는 권리와 뗄 수 없이 결합되어 있다.

따라서 신조 A는 영토를 문화적으로 형성하거나 구성한다. 신조 A는 토지 보유권에 대해서 영토의 분배와 분류만큼 매우 중요한 사회학적 결과들을 가져온다. 이러한 사회학적 결과들은 하위 씨족의 형성에서 절정에 이른다. 트로브리안드에서 하위 씨족의 구조는 무엇보다도 먼저 모계 혈통의 원칙에 의해 결정된다. 이 점을 다시 간략하게 진술해보자. 출계[8]는 오직 여성의 계열만 따른다. 즉 아이는 어머니의 신체적 본질에 속하며 그녀의 사회적 특질과 권리주장들을 상속받는다. 하위 씨족의 구성원 자격은 절대로 양도될 수 없다. 당신은 그것을 바꿀 수도 거기에 영향을 미칠 수도 없다. 여성의 경우에, 혈통은 어머니로부터 딸에게로 곧바로 이어진다. 남성의 경우, 계승과 상속은 형제 계열을 따른다. 즉 한 남자를 계승하는 사람은 바로 아랫세대의 최근친이 아니라 자신의 남동생이며, 남자 형제들이 다 죽고 난 후에는 모계 조카가 그를 계승한다.

트로브리안드의 상속에서, 특히 토지와 주술의 상속에서 흥미로운 점은, 비록 그러한 상속이 젊은 남자의 당연한 법적 권리이지만, 그는 포칼라

8) 〔역주〕 세대간의 관계를 추적하고 혈통을 따져서 개인을 그 혈통에 따라 형성된 특정 친족집단의 일원으로 귀속시키는 것을 출계(descent)라고 한다.

라고 불리는 특별한 보답 체계를 통해 그것을 구매해야 한다는 사실이다.[9] 예를 들면, 만약 명목상 소유자의 남동생이나 모계 조카가, 즉 그의 직접적인 상속자나 다음 단계의 상속자가 톨리크와빌라 혹은 톨리발레코의 칭호를 얻고자 한다면, 그는 자신의 연장자에게 여러 가지 물질적인 보답을 제공할 것이며, 그 칭호는 말하자면 점차적으로 양도될 것이다. 보통 그러한 거래는 사전에 서로 동의된 것이며, 이미 언급했듯이, 관련된 칭호들은 거의 전적으로 경의를 표하는 말로서 어떠한 경제적인 이익도 수반하지 않는다.[10]

하위 씨족의 구조는 연장자 특권의 원칙에 의해서도 수정된다. 즉 나이가 많고 세대가 높은 사람일수록 더 중요하게 여겨지며, 하위 씨족 안에서 더 높은 지위를 얻게 된다. 이것은 하위 씨족 내부의 친속 집단들 혹은 종족들이라고 불릴 만한 것과도 관계된다. 하위 씨족의 모든 구성원은 그들의 혈통이 이론적으로 공통의 여성 조상에게서 이어져왔다고 여긴다. 그렇지만 실제로는 그들 모두가 그러한 관계를 계보학적으로 입증할 수 있는 것은 아니다. 왜냐하면 트로브리안드에서 친속 계산은 조부모 혹은 증조부모를 넘어가지 않기 때문이다. 계보학적으로 그들의 관계를 수립할 수 있는 사람들은 계보학적 친속 혹은 친속 집단이라고 일컬어질 수 있을 것이다. 다양한 집단들은 서로 간에 상대적 연장자 집단을 인정한다. 따라서 집단들 가운데 한 집단이 최연장인 것으로, 즉 가장 중요한 것으로 여겨진

9) *Argonauts of the Western Pacific*, pp. 185와 186, 그리고 *Sexual Life of Savages*, p. 178 참조.
10) 연장자에게는 물질적인 선물을 제공하지만 구매자에게는 거의 어떠한 이익도 전혀 주지 않는 포칼라 체계는 구매자의 역할을 하기보다는 그의 전임자에게 공물을 제공하고 싶어 하는 상속자의 욕망을 훨씬 더 많이 표현하는 것처럼 보인다. 이것은 "공물"과 동일한 포칼라라는 이름을 쉽게 이해할 수 있도록 해준다.

다. 최연장 종족의 최연장 남성은 모든 하위 씨족의 우두머리가 된다. 왜냐하면—그리고 여기서 우리는 하위 씨족 구조에 영향을 미치는 또 다른 원칙을 만나게 된다—혈통에서는 여성적 요소가 결정적인 요인이지만, 하위 씨족의 위계에서는 남성적 요소가 영향력을 발휘하기 때문이다. 하위 씨족의 공동 영토에 대한 공식적인 소유권은 하위 씨족의 우두머리에게 명목상으로 귀속된다(표의 4번). 사람들은 그를 하위 씨족의 다른 어떤 구성원보다 좀 더 특정한 혹은 사적인 의미를 담아 **톨리프와이프와야**(땅의 주인) 혹은 **톨리크와빌라**(밭의 주인)라 부른다.

어떠한 트로브리안드 공동체도 완전히 동질적이지는 않다는 사실로 인해서 상황은 좀 더 복잡해진다. 즉 같은 영토 안에서 그리고 같은 마을 공동체 안에서 우리는 보통 둘 이상의 원주민 하위 씨족들[11]을 찾아볼 수 있는데, 그들의 영토와 그들의 권리주장들은 서로 정확히 구별되지 않고 뒤섞여 있다. 먼저 오마라카나를 예로 들면, 그 지역에는 두 개의 출현 구멍, 곧 불리마울로와 사카푸가 있으며, 상응하는 두 개의 하위 씨족, 칼루바우와 부라야마가 존재한다(기록 8 참조). 두 하위 씨족은 모두 오마라카나에 거주할 권리를 지니며, 모두 공동의 영토 안에서 토지를 소유한다. 나아가 그들의 경작지 소구획들은 영토를 둘로 분리해서 각각 한 곳에 모여 있는 것이 아니라, 오히려 다양한 밭들 여기저기에 흩어져 있다. 그렇지만 오마라카나에 타발루가 도래함으로써 조건들이 복잡해졌는데, 우리는 곧 그러한 역사적인 사실을 좀 더 충분하게 분석할 것이다. 조건이 더 단순한

11) 〔역주〕 autochthonous sub-clans. 해당 지역에서 직계 여성 시조가 출현했기에 그 지역에 대한 권리를 가지고 그곳에서 살아왔지만, 더 높은 신분의 하위 씨족이 유입되면서 점차 밀려나게 된 하위 씨족들을 가리킨다.

낮은 서열의 마을에서는 공동체를 구성하는 각각의 하위 씨족이 분명하게 정의된 영토의 한 부분을 갖거나 혹은 두세 개의 특정한 밭들을 소유한다. 또한 공동체를 구성하는 하위 씨족은 각 마을 안에서 작은 고리 형태로 늘어선 집들 전체를 차지하거나, 혹은 큰 고리 모양으로 늘어선 집들 가운데서 지역적으로 인접한 구획을 점유한다.

하위 씨족의 분포에 관해서 살펴보자. 마을 공동체는 보통 하나의 하위 씨족으로 이루어지기보다는 여러 개의 하위 씨족으로 구성된다. 다만 수비야길라, 루야, 그리고 로부아와 같은 몇몇 공동체들은 하나의 하위 씨족만으로 구성된 독립적인 마을들이다. 요우라워투, 틸라카이바, 그리고 쿠프와코풀라 마을들은 각각 하나의 중심 장소 주변에 모여 사는 하나의 하위 씨족으로 이루어져 있다. 그러나 사실 이 마을들은 서로 너무 가까이 있어서 하나의 혼성 무리를 형성한다. 시나케타, 카바타리아, 크와이브와가, 얄루무그와 같은 큰 마을 복합체들은 그것을 구성하는 여러 개의 마을로 이루어져 있는데, 그러한 구성 마을들은 동질적일 수도 있고 각각 하나의 하위 씨족으로 이루어진 여러 구역이 혼합되어 있을 수도 있다. 마지막으로 큰 마을들이 있는데, 오마라카나가 한 사례이며, 또 다른 사례로는 오브웨리아, 구밀라바바, 오카이코다, 그리고 카브와쿠가 있다. 그처럼 큰 마을에서는 두세 개의 하위 씨족들이 공동의 바쿠(중앙 공터) 둘레로 어느 정도 비슷한 크기의 땅을 부채꼴로 각각 차지하고서 나란히 살고 있다. 오마라카나에는 타발루라는 지배적인 하위 씨족 외에도 칼루바우와 부라야마가 있다. 반면 구밀라바바에는 타발루와, 루크와시시가 씨족에 속하는 두세 개의 하위 씨족들이 있다.

이러한 복잡성은 공동체를 구성하는 여러 하위 씨족 가운데 하나가 본질적으로 손위이거나 더 높은 신분에 속한다고 인정함으로써 다시 단순화된다. 그렇게 인정되는 하위 씨족의 지도자는 마을 공동체의 우두머리가 되며, 트로브리안드에서 각각의 마을 공동체는 한 사람의 우두머리를, 단지 한 사람의 우두머리만을 가지고 있다.

이 우두머리에게 모든 존칭이 부여될 뿐만 아니라, 마을 공동체에 총괄적으로 귀속되는 모든 예식적 기능과 관직과 활동, 그리고 권력이 우두머리에게 위임된다. 좀 더 특별하게, 그는 그 하위 씨족이 소유한 주술을 공동체 전체를 위해 휘두를 것이다. 그렇지만 때때로 그는 몇몇 열등한 하위 씨족들의 주술을 인수하기도 한다. 잘 알려진 사례로는, 계보학적으로 칼루바우에게 속해 있지만 실제로는 오마라카나의 타발루가 휘두르는 비와 햇빛의 주술이 있다.

그렇지만 열등한 신분이거나 최근에 그들의 권리를 양도한 하위 씨족들은 공동 영토에서 토지에 대한 권리를 보유한다. 경작지 회의에서는 그러한 열등한 하위 씨족 우두머리의 의견을 특별히 구해야 하는 일이 매우 자주 일어난다. 그는 땅의 소유자라는 입장에서 그에 따른 예식적인 권리들을 누리는데, 오부라쿠의 정보 제공자는 이에 대해 다음과 같이 잘 설명해 주었다. 다음은 그 땅의 원주민인 크와쿠 하위 씨족의 우두머리였던 모사굴라 도가에 대한 이야기이다(원문 94, 제5부 12장 36절).

"(1) 마을의 주인(즉 마을을 구성하는 일부, 이 경우에는 사실상 그 하위 씨족)은 또한 밭들의 주인입니다. (2) 모사굴라 도가의 친족 남자들은 옛날부터 오부라쿠에서 살아왔습니다. (3) 많은 사람들은 와그왐이라고 불리는 밭에 자기들의 소구획들을 가지고 있습니다. 이 남자(모사굴라 도가)는 그 밭의 주인입니다. (4) 나바빌레(경작지 주술사)의 집 앞에서 경작지 회의가 개최될 때, 나바빌레는 물을 것입니다. '당신은 어떻게 생각하시오? 우리가 당신의 밭들을 덤불치기 해도 좋겠소?' 그리고 모사굴라 도가는 대답할 것입니다. (5) '좋소, 내 경작지 부지를 두드리시오.'"

이 하위 씨족은 오부라쿠에서 가장 오래 살았을 뿐 아니라 사실 처음부터 그곳에서 살아왔다. 그들이 그 지역 시내의 발원지에서 출현했기 때문이다. 그러나 가장 오래 살았음에도 불구하고 크와크 하위 씨족은 전체 공동체의 우두머리 자격이나 공동의 경작지 주술을 보유하고 있지 않다. 그렇지만 그들은 연장자로서의 예식적인 특전을 부여받아서, 경작지 회의에서 특별히 의견을 구하는 대상이 되었다. 경작지 주술사가 곧바로 경작지 부지를 선택하지 않고 허가를 구해야 한다는 사실은 트로브리안드인들에게 엄청난 의미가 있다.

다른 공동체의 경우 그다지 중요하지 않은 하위 씨족들이 그처럼 특별한 권리를 누리지는 않겠지만, 그들은 저마다 영토의 일부를 소유한다. 또한 그러한 이류 하위 씨족의 모든 성인 남자는 각각 하위 씨족의 밭(**크와빌라**)에 위치한 한두 곳의 소구획(**발레코**)에 대하여 일정한 사적인 권리를 가진다(우리 목록의 7번). 앞으로 경작지의 토지 분배와 임대를 논의할 때, 소구획에 대한 사적인 소유권이 정확히 무엇을 의미하는지를 알게 될 것이다(이 장의 4절 참조).

하위 씨족의 영속성과 각 개인의 사회학적 본성의 불변성은 영적인 연속성(spiritual continuity)이라고 불릴 만한 것에서 표현되는데, 그것은 영토적인 혹은 지역적인 성격도 띠고 있다. 인간은 죽은 뒤에 다른 세계로 이주하는데, 그곳은 북서쪽에 실재하는 섬인 투마의 지하나 지상 어느 곳에 위치한다. 영들은 그곳에서도 함께 모여서 한 곳에 계속 머무른다. 영들은 이승에서와 마찬가지로 공동 소유의 땅에서 공동 경작지를 경작한다. **밀라말라** 축제 기간에 영들은 그들의 장소로 돌아와서, 친족의 접대를 받고, 그들의 땅에서 거둔 식량을 공물로 받는다. 인간의 물질적인 유해 역시 그의 혈통을 탄생시켰던 땅과 계속해서 밀접한 관계를 맺는다. 남자 혹은 여자는 자신의 마을에 묻혀야 한다. 뼈는 일단 매장되었다가 다시 파내어져서 여러 가지 변화를 겪게 된다. 마침내 그 뼈는, 그의 하위 씨족에게 속해 있으며 태고부터 내려온 영토에 위치한 공동체의 동굴에서 안식을 누릴 것이다.

따라서 신체적 유해를 다루는 방식뿐 아니라 죽음 이후의 삶에 대한 믿음은—그리고 이것들 사이에는 밀접한 관련성이 없다—하위 씨족의 구성원들을 영적으로 한층 더 결합시킨다.[12] 씨족의 통일성을 영적으로 강화하는 또 다른 요인은 주술이다. 왜냐하면 우리는 이미 최초의 조상들이 땅속에서부터 후손에게 줄 가장 중요한 선물을 하나 더 가져왔다는 것을 알고 있기 때문이다. 그것은 바로 다양한 주술 체계들이다. 그 가운데 일부는, 비록 최초의 여성 조상들과 함께 땅속에서 나왔지만, 그 하위 씨족이 보유하지 않는다. 다른 주술들, 예컨대 전쟁 주술, **카이투부타부**(10장 3절을 보라.) 주술, 다양한 유형의 고기잡이 주술, 카누 만들기 주술의 몇 가지 형식들, 그리고 사랑의 주술의 한 가지 체계 등은 조상의 출현을 통해 주술을 부여받았던 원래의 하위 씨족이 여전히 그 주술을 독점하고 있다. 그렇지만 토지 보유권과 직접적으로 관계가 있으며 여기서 주로 우리의 관심을 끄는 주술 형태는 **토워시**의 주술이다. 한 쌍의 조상, 곧 오누이는 주술용 혼합물을 위한 허브들과 다른 재료들을, 혹은 적어도 그것에 관한 처방을 가져다주었다. 그들은 모든 주술 의례와 절차, 그리고 지켜야 할 터부들을 위한 규정을 가져다주었다. 무엇보다도, 그들은 주술에 사용될 주문들의 완전한 원문을 가지고 왔다(1장 7절 참조). 이 주술은 보통 재산, 특권, 신분의 전달을 지배하는 것과 동일한 원칙에 따라서 직접적인 모계 혈통으로

12) 또한 나의 글, “Baloma” in *J.R.A.I.*, 1916 참조.

전해진다. 덧붙여 말하자면, 주술은 토지 소유권과 마찬가지로 포칼라 체계를 통해 구매되어야 하는데, 여기서 구매 절차가 생략될 수 없다는 것은 분명하다. 주술의 증여는 문구들을 가르치고 의례를 교육하는 것으로 이루어지기 때문에, 죽은 사람으로부터 계승자에게로 전수될 수 없기 때문이다.

어떤 땅을 비옥하게 만들 수 있는 것은 원래 그 땅에서 나온 주술뿐이라는 신조는 매우 중요하다. 그러나 비록 그 신조가 진정한 토착민의 태도를 전형적으로 보여준다고 해도, 역사적 사실로서 지속되어 온 것은 아니었다. 여러 공동체가 동일한 주술 체계를 실천한다는 사실을 알려주는 기록 5를 슬쩍 보기만 해도, 공동체들 사이에서 엄청난 이동과 차용이 있었음에 틀림없다는 점을 충분히 깨달을 수 있을 것이다. 좀 더 명확하게 말하면, 오마라카나에서 실천되는 주술은 아마도 한때는 루에빌라 마을의 소유였으며 그 마을의 이름을 따서 명명되었다(카일루에빌라). 또한 이주한 하위 씨족이 그 지역 고유의 주술을 수행하는 경우도 종종 있다. 그러나 이러한 예외들에도 불구하고, 토착민들은 한 영토에서 어떤 식으로든 실천되는 주술이 그 영토와 깊이 관련되어 있으며, 그곳에서 최초의 조상들과 함께 출현했거나 신비적 귀화(mystical naturalisation)라고 불릴 만한 과정을 거쳤다고 깊이 확신한다.

엄밀히 말해서 모든 하위 씨족의 주술은 항상 손위 종족의 가장 나이가 많은 구성원이 수행해야 한다. 때때로 그는 이러한 특권과 의무를 직접적인 계승자에게, 혹은 우두머리 직책을 조만간 계승하게 될, 자기 종족의 또 다른 젊은 구성원에게 양도한다. 그렇지만 때로는 그러한 특권과 의무가 남동생이나 모계 조카에게 계승되지 않고, 오히려 그 종족에서 어떠한 법적인 지위도 가지고 있지 않은 사람에게, 즉 우두머리 자신의 아들에게 계승된다. 그러한 경우에 보통 아들은 교차사촌혼을 통해서 자기 아버지의 공동체에서 거주할 수 있는 거의 충분한 법적 권리를 얻는다. 이 문제는 다음 절에서 다룰 것이다.

지금까지 신조 A에 포함된 원칙들을, 즉 이 신조의 영토적, 사회학적 결과와 몇 가지 절차상의 문제 및 함축적 의미를 충분히 이야기했다. 이전 장의 논의에서는 신조 A가 간단하게 보였겠지만, 그것은 그렇게 단순하지 않다. 그러나 여러 하위 씨족이 섞여서 하나의 공동체를 형성하기 때문에 생겨나는 우발적인 문제는, 언제나 하나의 유력한 하위 씨족에게 모두를 종속시키는 트로브리안드의 부족법에 따라 효과적으로 처리된다. 또한 우리는 그 하위 씨족이 단순한 통합 집단이 아니며, 오히려 연장자 특권과 종족을 중심으로 하는 독특한 구조를 가지고 있음을 알았다. 그럼에도 불구하고, 신조 A의 취지와 작용은 이대로 충분히 단순하다. 신조 A는 영토를 창조하며 하위 씨족을 발생시킨다. 그것은 조직된 사람들의 집단—하위 씨족—과 그들이 소유하는 영토를 결합한다. 요약하면, 신조 A는 트로브리안드에서 주민권 관념—토착용어 **톨리발루**(마을의 주인들)와 **톨리프와이프와야**(땅의 주인들)에 상응하는 관념—을 창조한다.

주민들은 공통의 신화적 정서와 엄청나게 많은 경제적 이해관계로 결합되어 있다. 또한 그들은 영토를 방어하기 위해서가 아니라 명성을 높이기 위하여 연합군을 결성한 하나의 정치 공동체로서, 그들은 스스로를 자신들의 영토와 동일시하며, 이러한 동일시 덕분에 그것을 소유한다. 하나의 출현 구멍에 하나의 하위 씨족, 하나의 영토—혹은 그 영토의 한정된 일부—그리고 하나의 우두머리라는 원칙이 트로브리안드의 모든 사회 조직을 관통하고 있다. 트로브리안드인에게 토지, 영토, 그가 밟는 흙과 그가 일하는 땅, 바위, 작은 숲, 그리고 그가 활동하고 살아가는 밭들은 단지 법적으로 뿐 아니라 실제로도 그와 결합되어 있다. 트로브리안드인에게 토지는 진정한 어머니 대지이다. 토지는 여성 시조의 모습으로 그에게 혈통을 가져다주었고, 그를 먹여 살리며, 장차 다시 그를 그녀의 자궁에 받아줄 것이다. 첫 번째 원칙은 사람마다 거주권과 토지의 일부에 대한 권리를 부여해주며, 진정한 은신처를, 결코 누구도 그를 강제로 떠나게 만들 수 없는 장소를 제공해준다.

그러므로 남성이든 여성이든 누구라도 자신의 종족 및 자신의 토지와 관련된 원초적 출현 이야기를 말해줄 수 있는데, 이러한 짧은 신화적 이야기가 단지 무익한 설화가 아님을 알 수 있다. 그것은 생생하고 능동적이며 효과적인 힘으로서, 인간의 작업을 조정하고, 인간의 집단을 통합하며, 사람들에게 매우 뚜렷한 경제적 이익을 가져다준다. 이러한 믿음의 기능을 이해하면, 신화, 도덕적 확신, 법적 관례, 그리고 경제적 조직화 사이의 상호관계에 대한 통찰을 얻게 된다.

그럼에도 불구하고, 하위 씨족의 구성에는 신조 A의 단순한 작용을 상당한 정도로 해체하고, 신조 A가 단독으로 토지 보유권을 결정짓기 어렵게 만드는 어떤 원칙들이 포함되어 있다. 지금까지 살펴본 대로라면 이 신조는 땅에 대한 법적, 경제적 권리들에 관해서 매우 분명하고 연속적이며 정확한 이론을 제공해줄 것이다. 액면 그대로 그 신조는 남성과 여성으로 이루어진 한 무리의 주민들이 그들의 영토를 함께 사용하고, 그들의 노동의 열매를 함께 생산하며, 그것들을 함께 소비할 권리를 가진다는 단순한 의미를 지닌다. 그런데 모계 친족 신조의 매우 핵심적인 원칙은 하위 씨족을 함께 살지 않고 협력하지 않는 집단으로 바꾸어버린다. 왜냐하면 트로브리안드에서 오누이의 관계는—이러한 관계가 그들의 친족 체계의 핵심이라는 사실을 기억하자—협력하라는 명령이 아니라, 그들을 분리하는 엄격한 터부의 지배를 받기 때문이다. 오누이는 모든 친밀한 접촉에서 제외되며, 스스럼없고 자유로우며 구속받지 않는 모든 사적인 교제에서 배제된다. 그들은 같은 가옥에서 살아서는 안 된다. 심지어 그들은 함께 작업해서도 안 될 것이다. 왜냐하면 작업은 자유로운 대화와 때때로 신체적인 접촉을, 그리고 어느 정도 금지가 풀리는 것을 의미하기 때문이다. 그러한 일들은 모두 이 두 사람에게 허락되지 않는 것들이다. 같은 자궁에서 태어난 오누이에 대한 엄격한 터부는 친족 집단까지 확장되는데, 범위가 넓어질수록 터부는 약해진다. 같은 씨족에 속하는 남자와 여자는 결혼으로 결합될 수 없으며, 따라서 가구를 공유할 수 없고, 협력적인 경작 작업조의 구성원들이 되기에 적합하지 않다.

요약하면, 신조 A가 하위 씨족의 구성을 정당화하는 헌장을 포함하는 한, 그것은 하위 씨족을 토지 소유권의 법적인 단위로 만든다. 그렇지만 신조 A는 오누이 터부 및 그와 연관된 하위 씨족의 족외혼(族外婚) 관습을 통해서, 비록 하위 씨족이 토지를 소유하더라도 생산이나 소비를 위해 그들이 소유한 토지를 사용하지 못하도록 금지한다. 따라서 현재 상태 그대로의 신조 A는 내적인 모순을 안고 있으며, 결과적으로 땅을 경제적으로 이용할 때에는 토지 보유권의 효력이 완전히 사라질 것이다.

그렇지만 신조 A는 단독으로 존재하지 않는다. 이전 장에서 신조 B로 열거되었던 혼인법이 신조 A를 보충해준다. 신조 B는 지역 집단의 구성을 완전히 변경한다. 하위 씨족은 지역 집단의 핵심으로 남아 있지만, 여기에 새로운 구성원들, 즉 주민의 아내들과 아이들이 추가된다. 아내들은 구성원 자격을 가지고 올 뿐 아니라 우리구부 형태의 경제적 기부를 수반한다. 따라서 결혼을 통해 생산과 소비 집단인 가구(家口)가 형성된다. 그리고 수많은 가구들이 합해서 마을 공동체가 이루어진다. 또한 마을 공동체는 경작 작업조로 재조직되어서 농경 생산의 효율적인 단위를 이룬다. 게다가 결혼은 신분의 신조와 결합해서 신조 A의 작용을 교란시키는 또 다른 영향력을 끌어들인다. 그러므로 이러한 신조들의 상호작용에 따른 최종적인 결과는, 단순하고 법적으로 명백하며 신화에 근거한 토지 보유권의 헌장과는 매우 다를 것임을 얼핏 보기만 해도 알 수 있다.

2. 혼인법과 그 이중적 효과

남자와 여자는 반드시 결혼해야 한다. 트로브리안드에서 아내가 없는 성인 남성은 완전하지 않다. 그에게는 어떠한 지위도 부여되지 않는다. 여자는 인생의 주된 목적인 아이를 낳기 위해서 남편이 있어야만 한다. 결혼은 부거제이다. 달리 말하면 남편과 아내는 남편의 공동체, 즉 그의 어머니와 외삼촌의 공동체에서 새로운 가구를 이룬다. 또한 결혼은 족외혼으로 이루어지며, 여자는 자기가 살던 마을을 떠나야 한다. 그녀는 그녀 자신의 공동체가 아닌 남편의 공동체에서 살아간다. 동시에 결혼은 본질적으로 모계적이다. 즉 여자는 자신의 하위 씨족의 구성원 자격을 결혼 후에도 유지하며, 이것을 자기 아이들에게 물려준다.

이 자리에서는 혼인법의 주요 원칙들을 이처럼 짧게 진술하는 것만으로도 충분하다. 결혼 자체는 순수 사회학의 영역에 속한다. 더욱이 우리는 그 문제를 6장(2절)에서 다루었다. 거기서 우리는 트로브리안드인들의 결혼 동기를 남자와 여자의 입장에서 각각 세세하게 이해했고, 어머니와 자식들, 아버지와 자식들 사이의 관계의 성격을 각각 보여주었으며, 또한 트로브리안드 결혼의 가장 독특한 특징인 우리구부 기부 문제를 다루었다. 이때 결혼은 아내와 그녀의 아이들의 거주에 영향을 미친다는 점에서 관심을 끈다. 특히 농경에서 실질적인 경제적 협력은 거주지를 바탕으로 이루어지기 때문에, 거주는 토지 보유권과 깊이 관련된다.

좀 더 정확히 이야기하면, 트로브리안드에서 토지 소유권과 관련된 거주 문제는 토지 보유권의 주요 요소들 가운데 하나이다. 이러한 관점에서 볼 때 혼인법은 토지 보유권에 관해서 이중적인 결과를 가져온다. 첫째로, 그것은 새로운 경제적 협력 단위인 가족을 수립한다. 그리고 마을 공동체는 수많은 가족들로 이루어져 있기 때문에, 혼인법은 또한 마을 공동체 구성의 토대가 된다. 둘째로, 여자는 마을에 거주하면서 유능하고 협력적인 마을 공동체 구성원이 되었지만, 법적으로는 자기 하위 씨족의 구성원으로 남아 있다. 이러한 구성원 자격으로 인해 그녀는 또 다른 공동체—그녀의 하위 씨족—의 생산물에서 일정한 몫, 즉 **우리구부**에 대한 권리를 가진다.

우리구부는 토지 보유권과 얼마나 관련이 있을까? 앞에서 이 선물을 제법 충실하게 분석했지만(6장 2절), 그러한 맥락에서는 이끌어낼 수 없었던 한 가지 요점이 있다. 우리는 결혼생활에서 **우리구부**가 여자의 지위를 높이는 데 엄청나게 기여한다는 사실을 알았다. 또한 **우리구부**는 처남이 누이의 가구에게 주는 기부이며, 한 남자와 그의 누이와 그녀의 자손을 실제적 혈통 단위로 만드는 트로브리안드의 친족 원칙 때문에 **우리구부**가 증여된다는 사실을 알았다.

여자의 경제적 지위를 그녀의 일생에 걸쳐서 좀 더 가까이에서 살펴보자. 부모의 가구에 속하는 소녀일 때 그녀는 아버지의 땅에서 일하며, 부분적으로 부모의 가구에서 소비될 농작물의 재배에 기여한다. 성장하면, 그녀는 남편의 경작지를 공유하면서 거기서 나오는 생산물의 일부를 사용할 것이다. 그러나 그녀 자신의 땅은 어디에 있을까? 그녀의 어머니의 남자 형제가 그 땅을 가지고 있다가, 그녀 자신의 남자 형제가 나중에 그 땅을 상속받을 것이다. 어머니의 남자 형제는 현재 해마다 **우리구부** 선물을 그녀 부모의 가구에 제공하고 있다. 그녀는 어머니와 아버지, 그리고 다른 자식들과 함께, 부분적으로는 그녀 소유의 땅에서 난 생산물로 살아간다. 그녀 차례가 와서 그녀가 자신의 가구를 위해 **우리구부** 선물을 받게 될 때, 그 선물 역시 그녀 소유의 땅에서 재배된 것이다. 그러므로 토지 보유권을 중심으로 보면, **우리구부**를 공동의 세습 재산으로부터 나오는 해마다의 수익으로 여길 수 있다. 그 몫은 남자 형제가 누이에게 주는 것이다. 그가 경작하는 토지는 부분적으로는 그의 것이고, 부분적으로는 각 세대의 여성들을 위해 위탁받은 것이기 때문이다. 이 토지를 이용하는 사람은 그곳에서 **우리구부** 선물을 재배해서, 그곳에 대한 권리를 가지고 있지만 부거제 혼인법에 따라 "부재지주들"이 되어버린 사람들에게 그것을 증여한다.

우리구부는 공식적으로는 처남이 매부에게 제공하는 선물이지만, 사실은 수령인의 아내에게 주는 선물이다. 그녀가 죽으면 **우리구부**는 자동적으로 중지된다. 아이들은 그들 자신의 공동체로 되돌아가야 한다. 만약 그들이 자기 아버지의 공동체에 머무른다면, 외삼촌은 그들에게 채소 식량을 제공할 필요가 없다. 그렇지만 실제로는 매우 자주 그들에게 채소 식량을 제공하는 것 같다.

우리구부와 토지 보유권은 모두 친족 및 토지 분배에 관한 일련의 동일한 관념들에서 비롯된 것임을 강조할 필요가 있다. 토착민들은 **우리구부**를 서술할 때, 그것이 여자가 자신의 토지에 대해 가지는 소유권의 결과라고 있는 그대로 정의하지는 않을 것이다. 그러나 그들은 그녀와 그녀의 아이들이 실제로 그녀의 남자 형제가 속한 친족 집단의 일부이기 때문에 **우리구부**가 그녀의 가구에게 응당 치러져야 한다는 것을 매우 확실히 알고 있다. 또한 토착민들은 그녀와 그녀의 아이들이 **우리구부**가 재배되는 땅의 진정한 소유자들이라는 점을 충분히 알고 있다. 따라서 법적 일반화는 관찰자의 몫이겠지만, 트로브리안드의 토착법 이론 속에 구체적인 전제들이 모두 담겨 있는 셈이다. 실제로 **우리구부**는 결혼생활에서 여자의 지위에, 가정에서 그녀의 영향력에, 그리고 마을 공동체에서 그녀의 입지에 엄청난 영향을 미친다. 또한 **우리구부**는 여자가, 특히 그녀에게 여러 명의 남자 형제들이 있을 경우에, 남편을 폭넓게 선택할 수 있게 해준다.

남자와 여자는 모두 토지에 대한 권리를 가진다고 말해도 좋을 것이다. 그러나 남자는 자신의 토지를 직접 사용할 수 있는 반면, 여자와 그녀의 미성년 자녀들은 거기서 간접적으로 이익을 얻는다.

우리구부와 토지 보유권의 관계는 이제 매우 분명해졌다. 만약 가장 넓은 의미에서 토지 보유권이 토지를 활용할 때 유효한 소유권의 사용으로 정의된다면, **우리구부**는 여성이라는 성별 때문에 하위 씨족의 영토에서 거주할 수 없지만, 그래도 그 생산물의 일부에 대한 권리를 주장하는 하위 씨족 구성원들에게 해마다 농작물의 일부를 전해주는 원칙이다. 혼인법에 따라 서로 다른 친족과 이중적으로 연결된 가구들이 형성된다. 이미 살펴보았듯이, 가구들은 이와 같은 이중의 친족관계에 상응하는 두 가지 원천으로부터 식량을 공급받는다. 가족은 부분적으로는 그들이 거주하는 땅에 의지해서 살아가지만, 또한 부분적으로는 외래 거주자인 여자와 그녀의 자손이 전통적으로 법적인 권리를 주장하는 땅의 농작물을 먹고살아간다.

그렇지만 가족이 단지 농작물을 소비만 하는 집단인 것은 아니다. 가족은 또한 생산의 단위이다. 여기서 혼인법이 또다시 토지 보유권에 지대한 영향을 미친다. 토지에 대한 소유권은 가족의 아버지에게 귀속된다. 그는 지역 공동체의 주민이고, 하위 씨족의 구성원이며, 따라서 땅을 경작할 기본적인 권리를 가지고 있다. 혼인법은 그와 아내를 결합한다. 결혼을 통해 그녀는 경작지 작업에서 그를 도울 권리를 얻는다. 그 권리는 또한 의무이기도 하다. 그리고 그녀는 공동 생산물의 일부에 대한 권리를 얻는다. 어떤 의미에서는 여성 거주자가 결혼을 통해서 토지에 대해 가지는 권리주장은 남편의 권리주장만큼 견고하고 확실한 것이다. 그렇지만 그러한 권리주장은 덜 근본적인데, 왜냐하면 그것은 결혼 계약에 의존하고 있으며, 트로브리안드에서 그러한 계약은 이혼에 의해 해지될 수 있기 때문이다.

덧붙여서, 보통 트로브리안드 여자는 결코 그녀가 진정한 주민권을 소유하는 마을 구간에서 살지 않는다는 점을 언급할 수 있을 것이다. 그녀가 아직 어릴 때는 아버지의 마을에서 산다. 아버지는 그녀의 어머니의 씨족에 속하지 않으며, 아버지의 공동체는 그녀의 공동체가 될 수 없다. 유일한 예외는—알다시피 모든 사회학적 규칙에는 예외가 있기 때문이다—교차사촌혼을 통해 처거제의 배치를 따르면서, 소녀가 자신의 공동체로 이동하는 경우이다. 이때 그 공동체는 또한 그녀의 외삼촌, 즉 남편의 아버지의 공동체이다.

생산 단위로서 가족의 성격을 굳이 강조할 필요는 없다. 이전 장들을 통해서 우리는 농경 활동에서 남자, 아내, 아이들로 구성된 집단의 중요성을 이해할 수 있었다. 가족마다 남자는 덤불을 치고 여자는 잡초 뽑기를 해야 하는데, 파종과 수확은 남자와 여자 모두의 일이다. 공동 노동이 없을 때, 가족 구성원들은 그들의 경작지 소구획 혹은 소구획들에서 성별에 따라 일을 분담한다(1장 8절, 그리고 4장 5절 참조).

그러므로 경작 활동 전반에 걸쳐서, 가족은 어떤 의미에서는 가장 중요한 공동 개척자들이다. 일단 경작지 회의에서 토지의 한 부분이 한 남자에게 할당되면, 그와 그의 아내, 그리고 그의 아이들은 전체 경작 주기 동안 그 땅을 생산적으로 사용할 수 있는 확실한 권리를 가진다. 남자의 권리가 일차적이며, 아내와 아이들의 권리는 파생된 것이다. 그러나 실제로 이 모든 권리주장은 하나의 통일된 체계를, 정말로 하나의 권리주장을 형성한다. 이러한 권리주장에 따라 그들은 토지를 경작해서 필요한 만큼의 생산물을 가구를 위해 떼어놓을 수 있다. 자기 가구의 몫으로 떼어놓는 농작물의 양을 제한하는 것은, 단지 상당한 몫을 누이나 누이들, 혹은 친족 여자들에게 기부하도록 강요하는 친족 정서와 남편으로서의 자존심밖에 없다.

가족이 생산을 담당하고 있지만 결코 독립적인 생산 단위는 아니라는 사실이 중요하다. 생산의 진정한 단위는 경작 작업조이다. 경작 작업조는 어떤 의미에서는 경작을 위해 재조직된 마을 공동체에 불과하다. 또한 마을 공동체는 단지 그 안에 거주하는 가족들의 총합에 불과하기 때문에, 경작 작업조는 모든 가족의 모든 우두머리와 그 자손들이 경작을 위해 구성한 하나의 집단이라고 이야기해도 좋을 것이다.

우선 눈에 띄는 곤란한 문제를 살펴보자. 이미 이전 장에서는 하나의 마을 공동체가 종종 여러 개의 하위 씨족들로 구성된다는 사실을 다루었다. 또한 이러한 하위 씨족들 가운데 언제나 하나의 하위 씨족이 정치적으로 지도적인 역할을 담당한다고 언급했다. 보통 이러한 하위 씨족들 가운데 하나가 경작에서도 선도적인 역할을 한다. 그 하위 씨족의 우두머리 혹은 그의 대리인은 공동의 경작지 주술사일 것이며, 마을 전체는 그의 지도 아래 경작을 위한 경작 작업조로 재편성될 것이다. 그렇지만 때때로 하나의 경작 작업조 대신에 동일한 지역 집단 내에서 두 개 혹은 심지어 세 개의 작업조가 구성될 수도 있다. 연합 마을인 오마라카나와 카사나이는 요그와부와 카타쿠빌레 등의 오래된 정착지들로 이루어져 있는데, 이들의 경작 작업조는 두 개로 나누어졌다. 한 조는 카사나이의 경작지 주술사—내가 있을 때는 토콜리베바—가, 다른 한 조는 바기도우가 이끌었다. 얄라카 마을의 경우에는 네 개의 독립적인 하위 씨족들이 마을에 둥근 고리 모양으로 늘어선 집들 가운데 각각 한 구획씩을 차지하고 있지만, 경작지 울타리는 하나만 있으며 주술사도 한 사람만 있다. 연합해서 쿠로카이바라고 불리는 세 마을에는, 우리가 알고 있듯이(9장 2절), 경작 작업조는 두 개 있지만 동일한 주술사가 그들을 인도한다. 구밀라바바와 오브웨리아에서는 마을 전체를 위해 공동으로 주술이 수행된다. 그곳에서는 경작 작업조도 하나이고, 토워시도 한 사람이다. 시나케타에서는 네댓 개의 경작 작업조를 찾아볼 수 있다. 반면 일곱 개의 마을들로 구성된 오부라쿠에는 단지 하나의 작업조와 한 사람의 토워시만이 존재한다. 공동체가 두 개 혹은 그 이상의 경작 작업조들로 나누어지고, 또한 각각의 경작 작업조는 두 개 혹은 그 이상의 구성 마을들로 세분된다는 사실은 문제를 엄청나게 복잡하게 만드는 듯하다. 그렇지만 실제로 이러한 복잡성은 생산, 법적 조건들, 혹은 농경의 사회적 조직화에 전체적으로 어떠한 영향도 미치지 않는다. 그것은 마을 사람들에게 흥미로운 변화를 제공하며, 근거리에서 경쟁적인 열정을 불러일으킨다. 그러나 나는 그 점을 설명하기 위해서 새로운 신조 혹은 새로운 원칙을 도입하지는 않을 것이다. 나는 마을들을 경작 작업조로 재조직하는 일이 우발적이라고 할 만큼 별다른 연관성이 없다는 사실을 발견했다. 그것은 지나간 역사적 과정에서 일어난 어떤 우연이나 변덕에 의해서만 설명될 수 있는 사실들 가운데 하나이다. 즉 이러한 과정은 추적 불가능하기 때문에, 전혀 설명될 수 없는 것이다.

이제 경작 작업조의 조직과, 그것이 토지 보유에서 차지하는 역할 문제로 넘어가보자. 우선 경작 작업조는 마을 공동체 전체이거나 아니면 마을에 속하는 독립적인 하나 혹은 그 이상의 부분들이다. 왜냐하면—그리고 이 점을 매우 분명히 해야 한다—오마라카나와 카사나이 같은 연합 마을이 두 개의 경작 작업조로 나누어질 때, 이러한 분열은 마을의 지역적 구분을 정확히 따라가기 때문이다. 오마라카나 전체와 오마라카나에 속하는 카타쿠빌레는 하나의 경작 작업조를 구성한다. 카사나이 전체와 그 근교의 요그와부는 또 다른 작업조를 이룬다. 그러므로 공동체 전체가 하나의 경작 작업조를 이루는 경우도 있고, 큰 공동체 가운데 지역적으로 인접한 구역끼리 하나의 경작 작업조를 구성하는 경우도 있다.

경작 작업조의 내적인 조직화에 대해서는, 이미 알고 있는 관련된 요점을 재빨리 요약하고 넘어갈 것이다. 경작 작업조는 우선 우두머리와 경작지 주술사로 구성되는데, 그들은 동일 인물일 수도 있다. 주술사는 주술에서 뿐 아니라 작업에서도 실제적인 지도자다. 우두머리가 주술사와 다른 인물일 경우에, 우두머리는 예식적인 그리고 법적인 한두 가지 행위를 수행할 것이다. 그는 **카야쿠**에서 절차들을 시작하며 소구획들의 분배를 지도한다. 그러나 그후에 그는 모든 업무 행위를 경작지 주술사에게 위임한다. 경작 작업조의 일반 구성원들은 여러 면에서 구별된다. 우선 **카야쿠**에 참석하는 성인 남성들이 있는데, 그들은 소구획을 개인적으로 할당받아서 독립적으로 경작을 한다. 실제적인 경제적 작업에서 이 집단은 그들의 여성 가족들의 도움을 받으며 아이들의 도움도 약간 받는다. 그렇지만 우리는 첫 번째 집단을 좀 더 구별해야 한다. 경작 작업조는 그들 자신의 권리로 토지를 소유하는 주민 거주자들과 부차적인 거주권 주장에 의해 하나 혹은 그 이상의 소구획을 분배받은 외래 거주자들로 구성된다. 우리는 이러한 분배와 관련된 전문적인 문제를 곧 다시 살펴보게 될 것이다. 외래 거주자들은 주로 주민의 성인 아들들로 구성된다. 그리고 앞으로 살펴보겠지만, 높은 서열의 마을에서 족장 혹은 우두머리는 보통 그에게 의존하는 종자(從者)들을 두는데 그들이 반드시 그의 아들일 필요는 없다.

만약 수년에 걸쳐서 경작 작업조를 관찰한다면, 사회학적 관점에서 볼 때 경작 작업조가 변화하는 단위라는 점을 발견하게 될 것이다. 거기서 항구적인 핵심을 이루는 것은 하위 씨족이다. 우두머리, 주술사, 주민 구성원들은 항상 지역 집단에 속하며, 비록 그들이 죽어서 계승자들이 그들을 대신하더라도, 사회학적으로 이러한 핵심은 안정적으로 유지된다.[13] 다른 한편, 주민이 아닌 거주자들은 바뀌는데, 그것도 다소 우발적인 방식으로 바뀐다. 주민들은 엄청나게 많은 또 다른 하위 씨족 출신의 여자들과 결혼할 수 있다. 그러한 혼인에서 생겨난 자식들은 외래 친족 집단에 속하는데, 그 종류는 항상 바뀐다. 어린 소년들이 자라나면 한동안 경작 작업조에 참여하면서 약간의 소구획들을 경작한다. 성인이 되거나 결혼하면, 그들은 보통 그들의 모계 공동체로 되돌아간다. 그들의 빈자리를 채우는 사람들은 혈통에 따라 그 지역 집단에 속하며, 외삼촌과 합치기 위해 자기 아버지의 마을로부터 돌아와서 자신의 하위 씨족과 함께 영주하게 된 젊은 남자들이다. 이 남자들은 때가 되면 다른 하위 씨족의 소녀들과 결혼하며, 따라서 순환이 계속된다.

경작 작업조는 농경 작업이 토지 보유권에 미치는 통합적인 영향력에 따라 생겨난 사회 조직의 특별한 단위이다. 이러한 영향력은, 알다시피, 주로 원초적 출현과 결혼이라는 두 가지 신조의 작용으로 나타난다. 경작 작업조의 조직에는 또 다른 영향력이 개입되는데, 곧 주술의 영향력이다. 혹

13) 우리는 이미 주술사가 우두머리의 아들일 수도 있다는 사실을 알고 있다. 이것은 물론 예외이며, 일반적 규칙에 영향을 미치지 않는다. 왜냐하면 주술사의 직위는 항상 그 하위 씨족에게 귀속되기 때문이다.

은 주술사의 경제적 지도력이라고 말하는 편이 더 낫겠다. 이전 장의 분석에서는 그것을 토지 보유권의 독립적 신조로서 언급했다(신조 C). 그렇지만 이제 우리는 주술의 영향력이 이전의 두 신조들의 영향력에 비견될 만한 어떠한 방식으로도 토지 보유권에 영향을 미치지 않는다는 것을 알 수 있다.

그럼에도 불구하고 주술의 영향력은 결코 무시할 만한 것이 아니다. 토지를 효율적으로 이용하거나 땅을 개척해서 비옥하게 만드는 것은 분명히 경작 작업조에게 속한 일이다. 이는 경제적인 현실에서나 토착민의 관념 속에서나 모두 그러하다. 왜냐하면 트로브리안드의 농경을 그처럼 생산적으로 만들기 위해서는 무엇보다도 각 개인의 노력과 가족 안에서의 협동, 그리고 상당한 양의 협력 작업이 필요하기 때문이다. 따라서 경작 작업조의 구성원들은 경작지 전체를 보호하기 위해서 한꺼번에, 일정한 표준에 따라, 수많은 임무들을 수행해야 한다. 공동 울타리를 세우는 일이 그러한 활동들 가운데서 가장 중요하지만, 대부분의 경작지 작업도 마찬가지 방식으로, 그렇지만 좀 더 소규모로 진행된다. 모든 소구획이 완벽하게 덤불치기 될 필요는 없지만, 만약 너무 많은 덤불이 그대로 남아 있다면 이미 덤불치기가 끝난 소구획들에서도 화전이 효과적으로 이루어질 수 없다. 불꽃이 고르게 밭을 휩쓸지 않을 것이며, 불이 적당한 세기로 타오를 수도 없을 것이기 때문이다. 그 결과 코움왈라 때 해야 할 작업이 더 많아진다. 작업조의 조직과 토워시의 영향력이 가져오는 한 가지 효과는 사람들이 너무 멀리 앞서나가거나 혹은 너무 많이 뒤쳐지게 하지 않는다는 점이다. 잡초 뽑기를 할 때 한 여자가 너무 굼떠서 그녀의 소구획이 잡초로 무성해지면, 잡초는 당연히 다른 소구획들까지 퍼져나가게 될 것이다. 이때도 토착민들은 경작지 작업에서 일정한 연대를 기대하고 또한 실천한다. 솎아내기를 할 때, 특히 만약 뿌리에 어떤 질병이 생겨서 나쁜 뿌리를 골라내야 할 때면, 경작자 한 사람의 게으름도 이웃들에게 해를 끼친다. 따라서 경작 작업조의 조직화는 토지의 경제적 사용에 영향을 미친다. 달리 말하면, 그것은 토지에 대한 권리의 사용, 곧 토지 보유권의 문제에도 영향을 미친다.

그러므로 땅의 주인임을 주장하는 주술사의 권리주장(우리 목록의 3번)이 쓸모없지는 않다는 사실이 분명해진다. 우리는 그 점을 이전 장들 전반에 걸쳐서 살펴보았지만, 여기서 주술사의 권리주장이 지니는 효율적인 가치를 강조할 필요가 있었다. 우리는 또한 밭에서 공동 작업을 통해 이루어지는 연대, 곧 주민 구성원들과 그들의 아내들, 가족들, 나아가 비-주민 거주자들을 결합하는 연대가 토지를 효율적으로 이용하기 위한 특별한 힘으로 작용한다는 사실을 알고 있다. 경작 작업조는 신조 A, B, 그리고 C의 작용에서 파생된 매우 복잡한 산물이다. 우리는 이러한 신조들이 정확히 어떻게 함께 작용해서 트로브리안드의 농경에서 가장 중요한 집단, 곧 경작 작업조를 만들어내는지를 살펴보았다. 그렇지만 이 집단의 구성은 신조 A의 작용뿐 아니라 또 다른 원칙의 영향을 받는다. 이제 우리는 그 문제를 살펴볼 것이다.

3. 영토 점유의 원칙으로서 신분

우리는 신조 A가 신조 B의 작용에 의해 얼마나 많이 수정되는지를 알게 되었다. 그러나 그럼에도 불구하고 혼인법이 원초적 출현 신조를 무효화할 수 없는 부분이 하나 있다. 곧 영토적 결합의 궁극적인 연속성이 그것이다. 왜냐하면 우리가 이미 알고 있듯이, 각 세대의 남성들을 조상의 고향으로 되돌아가게 만드는 재조정 장치가 존재하기 때문이다. 트로브리안드 사회에서는 분리 거주의 원칙이 작용한다. 즉 남자가 어른이 되거나 결혼하면 자기 어머니의 공동체로 되돌아가서 남은 생애 동안 그곳에 정착하게 만드는 법과 관습이 존재한다. 따라서 하위 씨족의 남성 구성원들은 각 세대마다 재결합되며, 하위 씨족은 단지 친족 단위일 뿐 아니라 또한 지역적인 단위가 된다. 만약 또 다른 영향력이 작용하지 않는다면, 혼인법은 하위 씨족의 영토적 통일성을 깨뜨릴 수 없을 것이며, 하위 씨족은 자신의 토지를 영원히 지킬 것이다.

그렇지만 또 다른 한 가지 신조가 정착 문제 전체와 관련되어 있다. 그것은 가족 내부에서 아버지의 원칙과 어머니의 원칙 사이의 조화에 영향을 미침으로써 신조 A와 B의 재조정을 뒤집어엎는다. 신조 A는 본질적으로 모계적이다. 결혼에 의해 무시되더라도, 신조 A는 **우리구부**를 통해서, 그리고 남자 아이들을 외삼촌의 공동체로 돌려보냄으로써 다시 등장한다. 신조 B는 본질적으로 가부장적이며, 우리는 아마 그것을 부애적(父愛的) 신조라고 부를 수 있을 것이다. 신조 B는 가부장적 가구와 가부장적 마을 공동체를 수립하는데, 마을 공동체에서 가장 중요한 하위 씨족의 가장 나이가 많은 남성이 우두머리가 된다. 또한 신조 B는 경작 작업조를 만들어 낸다.[14)]

14) 나는 여기서 “가부장적”, “부애적(patrophilic)”, “모권적(matriarchal)”, 그리고 “모계적”이라는 용어들을 맥락에 의해 분명히 정의되는 의미에서 사용하고 있다. 지성을 갖춘 독자라면 내가 단지 일정한 배열들, 법들, 그리고 관습들의 성격을 정의하려고 한다는 사실을 알아차릴 것이다. 아버지의 권력을 강화하는 것들을 나는 “가부장적”이라고 부르며, 어머니의 남자 형제의 권력을 강화하는 것들을 “모권적”이라고 부른다. 나아가 만약 독자가 나의 다른 저술들 가운데 일부를 읽었다면, 어떠한 인간 사회도 오로지 모권제 혹은 가부장제의 원칙 위에서만 구성되지 않고, 심지어 혈통도 결코 배타적으로 모계적 혹은 부계적이지 않으며, 비록 이쪽 혹은

그렇다면 트로브리안드 사회에는 명백히 두 가지 종류의 힘 혹은 영향력이 작용한다. 한 가지 힘은 가족의 아버지에 의해 구체화되고, 다른 하나는 아내의 남자 형제에 의해 구체화된다. 다른 곳에서도 그렇겠지만, 트로브리안드에서 이 두 사람은 단순한 기호가 아니라 인간이기 때문에 상황에 맞춰서 행동한다. 저마다 자신의 법적 권리주장에 근거하여 가능한 대로 많이 얻으려고 애쓰며, 동시에 그는 자신의 영향력과 권력에 거슬러서 작용하는 법적 권리주장들을 약화시키려고 노력한다. 한편으로 가족의 아버지는 모계제에서 부여받는 특권들에 완전히 만족한다. 그는 우리구부의 충분한 몫을, 심지어 여분을 기쁘게 받는다. 그는 아내의 남자 형제와 다른 친족 남자들의 봉사를 받아들인다. 그리고 그는 모권적인 법에 따라 자기 자식, 특히 아들의 수고를 요구하는데, 모권적 법에 따르면 그의 아들은 그의 인척들과 함께 분류되며 따라서 그에게 신세를 지고 있다. 다른 한편, 그는 가부장제의 원칙을 주장하며, 심지어 다정한 아버지로서 행동한다. 따라서 예를 들면 그는 멀리 있는 아들들로부터 법적인 증여를 받는 데 만족하지 않는다. 대체로 그는 그들에 대한 애정을 품고 있고 그들과 함께 있기를 바라기 때문에, 그들이 성장한 뒤에도 집에 두려고 노력하면서, 모계의 재조정 원칙에 따른 분리 거주의 관습과 성숙하면 조상의 마을로 되돌아가는 관습을 무시하려고 시도한다. 따라서 그는 자기 아들의 외삼촌의 권위를 침범한다. 그뿐 아니다. 그가 자신의 하위 씨족의 우두머리이며 대표자인 경우에, 그는 자기 아들을 집에 머무르게 함으로써 자신과 관련된 모계 원칙을 침범한다. 왜냐하면 아들이 그와 함께 머무를 때,

저쪽의 무게가 단연 우세할 수는 있겠지만, 항상 두 원칙들이 혼재되어 나타난다는 나의 의견을 알고 있을 것이다.

그는 엄격한 법에 따라 누이의 아들에게 속하는 다양한 특권과 공직을 항상 자기 아들에게 제공하기 때문이다. 그는 이렇게 할 수 있다. 그는 교차사촌혼과 같은 관습적인 장치를 통해서, 혹은 엄격한 모계 법에 따르면 결코 아들이 소유하거나 행사할 수 없는 일정한 사적인 물품, 전통적 특권, 주술의 행사를 아들에게 넘겨주도록 허용해주는 관용의 관습을 통해서 실제로 도움을 받고 부추겨진다.

트로브리안드에서는 가부장적 원칙과 모권제 원칙 사이에서 역동적인 조정이 일어난다고 말할 수 있다. 그것은 정적인 조화라기보다는 끊임없는 갈등인데, 가족이나 마을 공동체 안에서, 그리고 전체적인 부족 구성에서부터 사적인 관계들까지 스며드는 갈등이다. 그러나 만약 두 남자—아버지와 외삼촌—의 사적인 영향력이 자연스럽게 그리고 정상적으로 동일하다면, 갈등이나 재조정 혹은 침해의 여지는 없을 것이다. 인물에 따라 불가피한 변화가 있겠지만, 이것은 어떠한 지속적인 혹은 깊은 영향을 미치지 못한다. 그렇지만 트로브리안드에서는 사회학적 성격을 띤 한 가지 요소가 더 들어와서, 이쪽저쪽에서 변동을 일으킨다. 곧 살펴보겠지만, 이 원칙이 언제나 가부장적 영향력의 편에서 우세하게 작용하는 것은 아니기 때문이다. 그 원칙은 신분의 원칙이며, 이중적인 방식으로 작동한다.

우선 신분이 어떻게 가구와 공동체 안에서 한 남자의 권력을, 즉 가장으로서 한 남자의 권력을 강화시키는지를 다시—왜냐하면 이미 우리는 대부분의 사실을 알고 있기 때문이다—간략히 요약해보자. 신분이 높은 남자는 일부다처의 특권을 누리는데, 여기에 각각의 아내를 위한 더욱 실속 있는 **우리구부**의 이득이 보태어진다. 따라서 모계 원칙의 작용과 본질적으로 가부장적인 개인의 지위가 결합해서, 그 남자는 상당한 양의 재산을 얻게 된다. 생산과 토지 보유권을 중심으로 보면, 이것은 그가 신분, 모계제, 그리고 가부장제를 통해서 어느 정도 확장된 영토에 대해 유효한 권리주장 체계를 획득한다는 사실을 의미한다. 이러한 권리주장들은 우리의 첫 번째 소유권 목록에서 족장이 자기 영토의 토지에 행사하는 전반적인 권리로 나타났다. 우리는 키리위나의 최고 족장의 경우에 소유권과 실제 이득이 상당하다는 것을 알고 있다. 신분이 높은 다른 몇몇 우두머리들의 소유권과 실제 이득도 무시할 수 없다. 여기서 신분은 다른 원칙들과 함께 농작물의 궁극적인 사용에 영향을 미치며, 이와 나란히 토지에 대한 공식적인 권리주장 체계가 통용된다는 점을 강조할 필요가 있다. 그러므로 트로브리안드에서 신분은 토지 보유권의 구성에 확실히 연관된다.

그러나 신분의 이러한 작용이 모계 원칙과 가부장적 원칙 사이의 재조정에 직접적으로 영향을 미치는 것은 아니다. 이러한 재조정은 신분이 높은 남자가 자기 아들에 관한 모계의 영향력을 쉽사리 뒤집을 수 있는 한에서만 이루어진다. 어떤 외삼촌도, 만약 조카의 아버지가 자신보다 신분이 더 높은 남자라면, 자기 조카에 대한 권리를 주장하면서 그와 다툴 수 없다. 그 아들은 서열이 높은 마을에서 머무를 특권을 가지고 있다. 그의 외삼촌은 이를 통해 사적인 영향력을 획득하기에, 종종 조카를 되찾으려고 하지 않는다. 특히 족장의 아들은 오만할 뿐더러 터무니없는 요구를 많이 해대는 까닭에, 하위의 친척들은 그를 달갑지 않게 여기기 때문이다. 그러나 만약 한 남자가 외삼촌으로서 자신의 권리를 행사하기를 원하더라도, 자기보다 신분이 높은 매부의 뜻에 거슬러서 그렇게 할 수는 없다.

최고 족장이든 아니든, 족장이라는 지위는 자기 공동체 안에서 자식을 편애하는 문제에 다소 방해가 된다. 신분이 높은 남자는 어느 정도까지는 신분이 낮은 남자보다 좀 더 손쉽게 자기 아들을 위해서 친족의 권리주장들을 제압할 수 있다. 왜냐하면 하위 씨족의 최연장자 우두머리의 신분이 효과적인 정치권력으로 작용하기 때문이다. 그러나 족장, 예컨대 최고 족장은 그의 남자 형제들 및 모계 조카들보다 신분이 더 높지 않다.

여기서 좀 더 공평하게 조화가 이루어진다. 지나친 편애 때문에 족장의 아들의 지위가 이례적으로 높아지면, 족장의 친척들은 단지 분개하는 데 그치지 않고 행동에 나설 수 있다. 나는 이러한 원인에서 생겨난 정치적 긴장과 분열의 사례들을 한두 번 서술했는데, 그 가운데 가장 눈에 띄는 사례는 최고 족장의 뜻을 거슬러서 남와나 구야우를 중심지에서 추방한 사건이다. 트로브리안드의 다른 여러 공동체에서도 비슷한 상황이 종종 일어났다. 카바타리아에서 높은 신분의, 실질적으로 마지막 족장인 풀리탈라는 마을의 다른 모든 타발루의 강력한 반대를 무릅쓰고 자신의 아들인 다이보야를 거의 자기 후계자의 지위까지 끌어올렸다. 내 생각에는, 일반적으로 전통을 약화시키며 특히 부계제를 선호하는 유럽의 영향이 없었더라면, 다이보야는 그의 아버지가 사망한 뒤에 카바타리아를 떠나야만 했을 것이다. 당시 카바타리아에서는 긴장과 음모와 무정부 상태가 나타났고, 한때 정말로 중요한 마을이었던 카바타리아는 무질서하게 뭉쳐진 당파들로 전락했다. 내가 들은 바로는, 구밀라바바의 족장인 미타카타의 아들은 내가 트로브리안드에 도착하기 얼마 전에 주술로 살해당했는데, 족장의 친척들이 족장의 지나친 편애에 대해 분노했기 때문에 그러한 일이 일어났다고 한다. 다른 한편, 한두 곳의 공동체에서 족장의 아들은 매우 높은 지위에 올랐으면서도 자기 아버지의 친척들의 동의를 얻고 개인적인 호의를 유지할 수 있었다. 잘 알려진 사례로는 카사나이의 늙은 족장인 음타발루의 아들, 카일라이의 경우가 있다. 나의 두 번째 원정 기간(1915~1916)에 음타발루는 살아 있었으며, 직접 카사나이를 통치했다. 그러나 그의 아들인 카일라이가 경작지 주술을 수행했고 심지어 중대한 비와 햇빛의 주술에서 잠시 주술사의 역할을 했다. 즉 그는 당연히 최고 족장에게 속하는 권력을 가지고 있었다. 마지막으로 방문했을 때(1917~1918), 나는 음타발루가 사망한 것을 알았다. 그러나 카사나이에서 카일라이의 지위는 손상되지 않고 유지되었다. 그러한 사례는 옛 법이 쇠퇴해서 생겨난 예외가 아니다. 알다시피 바기도우의 토워시 직책의 선임자는 그의 아버지 요와나였다. 요와나는 오마라카나를 통치하는 최고 족장의 아들이었고, 자신의 아버지로부터 경작지 주술과 몇몇 발레코에 대한 소유권을, 그리고 내가 듣기로는 심지어 하나의 크와빌라를 받았다. 요컨대 그는 오마라카나에서 지도적인 인물이 되었다. 그는 루크와시시가 씨족의 크워이나마 하위 씨족에 속했는데, 그 하위 씨족은 타발루가 결혼하는 하위 씨족들 가운데 어느 정도 수위(首位)에 해당했다. 오마라카나에서 그의 지위는 타발루 소녀—바기도우의 어머니—와의 교차사촌혼에 의해서 더욱 확고해졌다. 그리고 그의 승급에 대한 분노나 음모는 전혀 없었다.

이러한 사례들을 볼 때, 신분이 거주와 관련해서, 따라서 영토의 사용과 관련해서 신조 A와 B의 작용을 뒤집는 것을 알 수 있다. 심지어 신분은 하위 씨족이 경작지 주술을 행사하고 토지를 지배할 권리를 무효화할 수도 있다. 트로브리안드의 중심지에서 권력의 가장 중요한 주술적 수단인 비와 가뭄의 주술이 외부인에 의해 수행된다는 사실, 그리고 경제적으로 가장 중요한 주술인 토워시의 주술이 외부인들의 손에서 되풀이되어왔다는 사실은 신분의 영향력이 신조 B의 힘을 빌려서 얼마나 강력하게 신조 A의 작용을 뒤집을 수 있는지를 보여준다. 왜냐하면 이 경우에 신분은 항상 아버지와 아들의 관계—트로브리안드에서 본질적으로 혼인법에 토대를 둔 관계—를 통해 작용하기 때문이다. 이 점을 잊지 말자.

그렇지만 신분은, 이미 말했듯이, 두 가지 방식 모두로 작용한다. 신분은 단지 더 높은 신분의 아버지가 혈통의 기본 원칙들을 무시하고 자기 아들을 공동체 안으로 끌어들이는 것을 허락함으로써 모계제를 뒤엎기만 하는 것은 아니다. 신분은 또한 모계 원칙을 위해서도 결정적 역할을 한다. 더 높은 신분의 아내가 더 낮은 신분의 남자와 결혼해서 그의 공동체에서 거주할 때 이러한 일이 발생한다. 그녀의 아이들은, 그중에서도 그녀의 아들은 그들의 아버지에게 개인적으로 소중할 것이다. 마치 높은 신분의 아버지가 낮은 신분의 아들들을 자신의 마을에 붙들어두고 싶어 하는 것과 마찬가지로, 그는 아버지로서 그들을 자신의 공동체에 붙들어두고 싶어 한다. 그리고 여기서 신분이, 비록 약간 다른 방식에서지만, 그를 도와준다. 그는 자기 자신의 신분을 통해서가 아니라, 자기 아내와 그녀의 후손들의 신분 덕분에 지원을 받는다. 신분이 높은 여자는 보통 공동체의 우두머리와 결혼하기 때문에, 그는 자신의 친척들에 대해서 어떤 권력을 지니고 있을 것이다. 그러나 이러한 권력은 그가 자기 아들을 영원히 자기 곁에 둘 수 있을 만큼 충분하지 않다. 그렇지만 자기 아들은 높은 신분에 속하기 때문에, 그리고 외삼촌의 후원을 받기 때문에, 자기의 뜻대로 행동할 수 있다. 만약 아들이 동의한다면 그는 아버지의 마을에서 살 수 있으며, 어느 누구도 감히 그에게 반대하지 않을 것이다. 신분의 차이가 클수록, 아내가 더 고귀한 신분으로 태어났을수록, 마을에서 그의 항구적인 거주를 반대하는 세력도 한층 약해진다. 그러므로, 곧 살펴보겠지만, 가장 고귀한 종족인 타발루는 그 지구 전체에 뿌리를 내릴 수 있었다. 원주민인 하위 씨족 구성원들의 느낌은 복합적이다. 한편으로 그들은 자기들의 마을에 높은 신분의 종족을 보유한다는 자부심을 가진다. 그것은 공동체 전체에 특권을 더해주며, 각 개인의 권력과 입지를 강화시킨다. 동시에, 원래 그곳에서 살던 연장자들은 종속적 위치로 밀려난 데 대해서 분노한다.

왜냐하면 더 높은 하위 씨족의 남자들이 마을에 정착하면, 언제나 그 남자들의 권력은 점점 더 커지기 때문이다. 그 이유는, 우두머리가 자신보다 더 높은 신분의 아들들을 데리고 있을 때, 확실히 단지 개인이 아니라 종족 전체가 그 마을 공동체와 인연을 맺게 되기 때문이다. 신분이 더 낮은 우두머리나 지역 유지의 신분이 높은 아들은 자기 아버지의 신분, 권력, 영향력이 아니라 자기 자신의 개인적 지위 덕분에 평생 거주할 권리를 얻는다. 이러한 지위 덕분에 그는 원하는 곳에 머무를 수 있으며, 자동적으로 공동체에서 가장 중요한 인물이 된다. 새로운 공동체는 그에게 종속되기에, 그곳은 또한 그의 모계 후손들의 본거지가 된다. 그는 새로운 본거지에서 자기 누이들을 위한 **우리구부**를 준비할 것이며, 이러한 누이들의 아들들은 자연히 그에게 돌아와서 그와 함께 머무를 것이고, 또한 그의 관직을 계승할 것이다. 머지않아 제시할 구체적인 사례들을 통해서 이러한 과정이 얼마나 점진적인지, 어떻게 높은 신분의 하위 씨족이 새로운 공동체에서 점차 뿌리를 내리고 다양한 관직들과 특권들을 차례로 획득하게 되는지를 알 수 있을 것이다. 경작지 주술의 획득은 보통 가장 마지막 차례에 온다.

비록 족장이 자신의 우월한 신분을 이용해서 아들을 붙잡아두는 일이 대체로 좀 더 자주 일어나고 종종 더욱 극적이지만, 그것은 한 여자가 열등한 하위 씨족과 결혼함으로써 높은 신분의 사람들이 서열이 낮은 마을에 정착하는 일보다 덜 중요하다는 사실이 이제 분명해졌다. 신분이 낮은 아들이 신분이 높은 아버지의 마을에 거주하는 것은 결코 한 세대 이상 지속될 수 있는 현상이 아니다. 만약 그 아들이 자기 아버지의 모계 조카와 결혼한다면, 자손은 자동적으로 충분한 권리를 지닌 주민들이 될 것이며, 유입된 종족은 제거될 것이다. 만약 그가 주민권이 없는 하위 씨족의 여자와 결혼해서 자기 아버지의 마을에서 머무른다면, 그 여자의 자손은 어머니의 하위 씨족에 속할 것이며, 아버지의 아버지—신분이 높은 우두머리 혹은 족장—의 영향력은 결코 그의 아들의 아들들을 공동체에 붙들어 둘 만큼 충분하지 않을 것이다.

요약하면 다음과 같다. 아버지를 통해 작용하는 신분은, 계속 되풀이되지만 산발적인 외래 거주자들의 유입 현상을 초래한다. 그것은 중요한 현상이지만 지역 공동체의 구성과 토지 보유의 기본권에 대해 어떠한 지속적인 흔적도 만들어내지 않는다. 아버지로부터 아들에게 작용하는 신분은 신조 A를 뒤집을 수 없다. 아내를 통해 작용하고 신분이 높은 아들들이 열등한 마을에 정착하도록 허락하는 신조 D, 즉 신분의 신조는 권위와 주권이 새로운 영토로 항구적으로 이동하도록 만든다. 그것은 또한 신조 A를 강력하게 뒤집고 수정한다.

이제 이러한 일반적인 고찰을 구체적인 사례들을 통해 예시하는 것이 가장 좋겠다. 신분이 아버지로부터 아들에게로, 가부장적으로 작용하는 사례는 이미 충분히 기록되었다. 단지 덧붙여야 할 내용은, 〈문구 2〉에 나타난 조상의 이름들의 목록을 검토할 때, 바기도우는 자기 아버지인 요와나뿐 아니라 크워이나마 하위 씨족의 구성원들인 다른 몇몇 이름들을 내게 말해주었다는 점이다. 달리 말하면, 외래의 하위 씨족 구성원이 경작지 주술을 행사하는 것이 이례적인 일은 아니었다. 분명한 것은, 단지 크워이나마 하위 씨족의 구성원들에게만 이러한 특권이 허락되었다는 점이다.[15)]

이제 다른 현상으로 넘어가자. 우리는 신분이 높은 하위 씨족들이 퍼져나간다는 것, 그리고 그들이 정착해서 실제적이고 충분한 권리를 얻고, 토지에 대한 **톨리** 칭호를 획득하며, 그곳의 주술 및 관직들을 획득한다는 것

15) 제7부, 〈주술 문구 2〉의 논평 2 참조.

이 결코 가설적인 재구성이 아니라는 점을 알고 있다. 우리는 가장 높은 신분의 하위 씨족, 타발루가 그 지구에서 가장 살기 좋은 모든 장소에서 기반을 마련했음을 이미 알고 있다. 높은 신분의 다른 하위 씨족들—크워이나마, 부라야마, 투다바, 그리고 음와우리—은 모두 그들이 원래 출현했던 장소를 떠나서 다른 공동체로 이주했다. 전체적으로 이주는 덜 비옥하고 여건이 좋지 않은 곳에서부터 오마라카나 주위에 몰려 있는 부유한 지구의 중심지들을 향해서 이루어졌다. 다른 한편, 낮은 신분의 하위 씨족들, 예컨대 브워이탈루의 네 종족, 바우 사람들, 오마라카나의 원래 하위 씨족, 그리고 여기서 열거할 필요가 없는 일련의 다른 모든 하위 씨족은 언제나 그들이 유래한 지역에 머물러 있었다. 한편으로 높은 신분과 이동성 사이의, 다른 한편으로 낮은 신분과 영토적 항구성 사이의 상호 관계는 명백하다. 신분이 높은 중요한 사람들이 원초적 출현 장소에서 여전히 살고 있는 유일한 사례는 카브와쿠의 톨리와가이다.

최고의 하위 씨족인 타발루를 통해서 영토적 확산 과정을 가장 잘 살펴볼 수 있고 그들의 사례를 통해서 다양한 확장 단계와 장치를 연구할 수 있기 때문에, 그들의 역사를 간략하게 개관하는 것이 좋겠다. 타발루 하위 씨족의 첫 번째 조상은 라바이 근처 오부쿨라에 위치한 작은 숲의 땅에서 나왔다. 이 마을은 특징적으로 섬의 북서쪽 해안에 위치한다. 왜냐하면 조상의 영들에 대한 모든 믿음과 최초의 것들에 대한 대부분의 전설은 북서쪽을 가리키며, 한편 문화적이고 사회학적인 전개는 북서쪽에서 남동쪽을 향해 이루어지는 경향이 있기 때문이다. 타발루가 언제 라바이를 떠났는지를 알려주는 전설상의 자료는 존재하지 않는다. 현재 그곳은 비록 말라시 씨족에게 속해 있지만 타발루가 아니라 신분이 낮은 하위 씨족이 통치하고 있다. 타발루는 한때 루에빌라 마을을 소유했음에 틀림없다. 이 하위 씨족의 역사를 좀 더 따라가보면, 오랫동안 그들의 주요 중심지는 라바이와 오마라카나 사이의 일직선상에 있는 카야길라 마을이었다. 그렇지만 그들은 그 마을도 버렸다. 토착민의 전승에 따르면, 나중에 옴람왈루와—지금은 없어졌지만, 현재 오마라카나의 작은 숲 부지에서 혹은 북쪽으로 바로 인접한 곳에서 번성했던 마을—가 중심지가 되었다. 그들은 그곳에서 몇 백 야드 남쪽으로 이동해서 오마라카나와 카사나이로 갔는데, 더 오래된 종족은 현재의 중심지에 정착했고, 손아래 종족은 카사나이에 정착했다. 이러한 일이 몇 세대쯤 전에 일어났는지를 재구성하는 것은 내게 불가능한 일이다. 옴람왈루와의, 심지어 다야길라의 전승들은 명료하지만 결코 구체적이거나 상세하지 않다. 루에빌라에 대한 전승은 모호한 반면, 라바이의 기원에 대한 전승은 고정되어 있지만 분명히 신화적이다. 그 외의 대부분의 자료들은 역사적으로 훨씬 더 정확하다. 타발루의 연장자 종족은 오마라카나에 머물렀지만, 타발루 신분의 여자들은 결혼해서 쿠보마의 중심지인 구밀라바바, 초호의 가장 중요한 마을인 카바타리아, 카일레울라 섬의 카두와가, 시나케타와 바쿠타로 갔다. 타발루의 중심지 한 곳—올리빌레비—은 결혼에 의해서가 아니라 독립적으로 건설되었다. 오마라카나의 수많은 사람들이 2~3세대 전에 그곳으로 옮겨가서 새로운 마을을 세웠으며, 다른 하위 씨족들을 끌어들여서 그들의 심복과 부하로 삼았다. 여러 정착지, 특히 오이웨요와 및 오사이수야는 결혼이라는 장치를 통해 그곳에 정착한 타발루의 지배를 받게 되었다. 그렇지만 나중에 그 계통은 소멸되었다. 빌라일리마에서는 2~3세대 전에 타발루 여자인 카브와이나야가 우두머리와 결혼했다. 그녀는 일생 동안 그 공동체에서 사실상의 통치자였으며, 그녀가 죽은 뒤에는 그녀의 아들들이 계속해서 그 공동체와 지구의 족장직을 맡았다. 그녀에게는 딸이 하나만 있었는데, 그 딸은 아이 없이 죽었다. 따라서 그 마을은 두 세대 동안 타발루의 중심지였으며 그후 원래의 소유자들에게 되돌아갔지만, 분명히 그러한 과정을 통해서 서열이 높아졌다. 가장 최근의 사례는 모시리부라는 이름의 타발루 족장이 투크와우크와에 정착한 일이다. 그의 어머니는 지역의 우두머리와 결혼했다. 모시리부에게는 자식을 둔 한두 명의 누이가 있기 때문에, 투크와우크와는 또 다른 타발루 중심지가 될 가능성이 충분하다.

이처럼 구체적인 자료들을 연구할 때 가장 흥미로운 것은, 결혼을 통해 유입된 높은 신분의 하위 씨족이 지역적인 권리주장과 특권을 어느 정도까지 획득했는가 하는 점이다. 중심지를 먼저 생각해보자. 타발루는 오마라카나에서 여러 세대 동안 거주해왔다. 그들은 그곳에 견고하게 뿌리내리면서 이중적인 영향을 끼쳤다. 한편으로, 그들은 이제 그 공동체가 제공할 수 있는 모든 것, 즉 토지와 모든 형태의 주술과 그 지구의 최고 족장직을 소유한다. 키리위나는 그들의 토지이며, 키리위나의 중심지인 오마라카나는 그들의 거주지이고, 그들의 영토이며, 그들이 묻히는 땅이다. 요약하면, 그들은 그 땅과 완벽하게 동일시된다. 다른 한편, 타발루의 모든 신화적 영광과 권력은 그 지구의 중심 마을에 부여되어왔다. 전체적으로 볼 때 키리위나는 그곳이 타발루의 지구(地區)이며, 오마라카나가 그 중심지라는 사실로 인해서 중요하게 여겨진다. 여기서 사회학자는 법과 전승 신화와 신분과 관련된 토착민 심리의 몇 가지 측면들을 좀 더 세밀하게 파고들어야 한다. 이 장의 앞부분에서 논의했던 일부 자료들로 되돌아가보자. 토지 보유와 관련해서 으뜸가는 개념은 영토의 한 부분에 대한 모든 권리와 주장은 원초적 출현에 기인한다는 것이다. 그렇지만 이 시점에서 우리는 하나의 하위 씨족이 열네댓 곳에 이르는 수많은 중심지들에서 영토의 통치권을 주장하는 것을 볼 수 있는데, 이것은 분명히 원초적 출현에 근거한 권리주장은 아니다. 게다가 역설적이게도 이 하위 씨족이 출현했던 공동체는 더 이상 그 하위 씨족에게 속하지 않는다. 모순이 존재하는 듯하며, 신조 A의 중요성은 모두 지나치게 과장된 것처럼 보인다.

그러나 이것은 진실의 일부에 지나지 않는다. 실제로 신조 A는, 비록 신분 원칙에 의해서 뒤집히고 가려지지만, 결코 그것으로 인해 무효화되지 않는다. 왜냐하면 타발루는 각각의 경우에 원래의 하위 씨족에게서 원초적 출현의 권리를 양도받음으로써 토지에 대한 권리를 획득했기 때문이다. 이 점은 트로브리안드인들의 법적, 신화적 관념들의 조화를 이해하기 위하여 매우 중요하다. 나는 이 문제를 오마라카나에서 가장 잘 연구할 수 있었다. 가장 비천한 지역 집단들 가운데 하나가 최고 씨족의 가장 중요한 종족에게 자리를 내어준 오마라카나의 사례는 정말로 전형적이다. 우리는 오마라카나에서 타발루가 칼루바우의 자발적이고 명백한 양도를 통해 모든 특권을 획득했다는 생생한 전승을 발견할 수 있다. 특히 비와 햇빛 주술의 기원 신화와 관련해서, 나는 토착민들이 내게 그 이야기를 해줄 때마다 거의 언제나 비와 비의 주술을 탄생시킨 여시조가 자신의 권력을 타발루에게 넘겨주었다거나 이후의 어떤 때에 그러한 일이 일어났다는 사실을 언급하는 것을 알아차렸다. 경작지 토지의 소유권은 분명히 족장에게 부여된다. 그러나 이류 하위 씨족은 여전히 몇몇 소구획들에 대한 소유권을 보유하고 있다. 이류 하위 씨족인 메마오쿠와의 우두머리는 항상 그 영토의 공동 소유자인 부라야마 하위 씨족의 우두머리뿐 아니라 토울루와와도 동급으로 여겨진다. 나는 전승에 나타난 지배 과정을 다음과 같이 요약하고 싶다. 즉 오마라카나의 원래 소유자들은 타발루가 들어와서 큰 영예를 얻었고, 당연히 그들은 기꺼이 자신들의 권리를 양도했다. 그러나 이러한 양도는 필연적인 것이었다. 현재 타발루의 권리는 다음의 법적 사실들의 결과이다. 첫째로 원래의 하위 씨족이 출현했고, 둘째로 오마라카나 공동체에 타발루 여자들이 들어와서 결혼했고, 셋째로 원래의 하위 씨족이 모든 주민권과 토지와 주술을 양도한 결과이다.

지금 오마라카나에서 실천되는 주술이 라바이의 지역 주술도 아니고 칼루바우 하위 씨족의 지역 주술도 아니라는 사실 때문에 문제는 더욱 복잡해진다. 알다시피 그 주술은 루에빌라에 속한다. 이 주술이 오마라카나에서 실천되는 이유를 조사할 때마다, 나는 그 주술이 트로브리안드에서 가장 탁월하기 때문에 가장 높은 하위 씨족이 그것을 선택했다는 말을 들었다. 그러한 확신은 미묘한 정신적 과정을 통해서 이 주술이 정말로 오마라카나의 땅에 속한다는 믿음으로 발전했다. 내가 오마라카나에서 실천되는 주술이 그 땅의 주술이 아니라는 사실을 상기시킬 때면 토착민들은 언제나 약간 놀라워했다. 그러나 그러한 모순은 토착민의 믿음과 법적 제도의 어디에서나 존재한다. 가령 타발루가 퍼져나가는 모든 과정에서 또 다른 흥미로운 현상을 찾아볼 수 있다. 타발루는 항상 자신들의 고유한 영예를 그들이 정착하는 마을에 조금 부여한다. 또한 언제나 그들은 원래 거주자들의 지역적인 색채에 엄청나게 많은 영향을 받는다. 나는 이미 제1부에서, 그들이 키리위나의 엄격한 의례와 규범에 따라서 신분의 핵심을 구성하는 준엄한 터부들을 초호에서는 지키지 않았다고 이야기했다. 또한 초호의 타발루 계열들이 이처럼 의무를 이행하지 않음으로써 자기들의 신분의 일부를 포기했다는 점은 의심의 여지가 없다. 그들은 실제로 오마라카나나 올리빌레비에 거주하는 그들의 친척들과 완전히 동등하지 않다. 따라서 타발루가 퍼져나가는 과정은 상호 적응의 과정이다.

타발루의 지배력이 이미 확고하게 수립된 공동체와 좀 더 최근에 타발루가 유입된 공동체들을 비교해보면, 양도 과정이 매우 점진적이라는 것을 알 수 있다. 카바타리아와 구밀라바바, 그리고 시나케타뿐 아니라 오마라카나에서도 그 지역을 통치하는 하위 씨족은 모든 관직과 특권을 완벽하게 양도받았다. 바쿠타에서는 타발루가 대부분의 경작지를 소유하지만, 경작지 주술은 여전히 루쿠바 씨족에 속하는 원래의 하위 씨족이 소유하고 있다. 빌라일리마에서 타발루의 짧은 통치기간 동안에도 마찬가지였다. 투크와우크와에서 타발루 족장은 현재 단지 하나만 밭을 가지고 있다. 그는 경작지 주술을 실행하지 않으며, 보통 마을의 우두머리 행세도 하지 않는다. 현재 타발루가 안정적으로 견고하게 자리 잡고 있는 모든 곳에서는 비슷한 유형의 점진적인 취득 과정이 있었다고 추측해도 좋을 것이다. 토지와 다른 특권들의 소유권은 결혼을 통해 유입된 더 높은 신분의 하위 씨족에게 하나씩 양도된다. 그리고 그 과정이 끝난 뒤에는, 새로 온 사람들이 절대적인 통치권, 주민권, 그리고 토지에 대한 권리를 획득한다. 원래의 하위 씨족이 지닌 소유권들은 잠복한 채 부차적인 것으로 남아 있지만, 절대로 완전히 소멸되지는 않는다. 그러한 소유권들의 존재는 신화와 밭 한두 곳에 대한 어떤 부차적인 칭호들을 통해서 영원히 전해진다. 그리고 주술이 마지막으로 양도될 것이다.

여기서 한 가지를 덧붙일 수 있다. 알다시피, 지역의 출현 신화들 외에도 라바이 근처에 위치한 오부쿨라의 성스러운 작은 숲의 땅에서 어떻게 네 씨족이 출현했는지에 관한 중요하고 명쾌한 이야기가 존재한다. 이 이야기는 어떻게 네 씨족의 신분이 등급으로 나누어지게 되었는지를 말해준다(*Myth in Primitive Psychology*, 2장 참조). 말라시는 결국 가장 중요한 지배 씨족이 되었다. 그러나 토착민들은 이러한 구별이 말라시 가운데 하나의 하위 씨족, 즉 타발루에게만 해당된다는 것을 조금도 의심하지 않는다. 토착민들은 이러한 일반적인 신화가 타발루를 전체 지구의 대군주로 확립한다는 점을 전혀 의심하지 않는다. 원하는 곳이라면 어디든 퍼져나가서 그곳에 정착할 수 있는 타발루의 권리는 주로 이 신화에 근거한 것이다. 두 가지 영향력 사이에 갈등이 있을 때마다—그리고 나는 그러한 갈등을 바쿠타와 투크와우크와에서 확실히 목격했으며, 카바타리아에서는 그러한 갈등이 약간 다른 형태로 되살아나는 것을 발견했다—타발루는 그 지구의 모든 땅이 그들의 원초적 출현 덕분에 그들에게 속한다는 사실을 언급할 것이다.

따라서 원초적 출현 신조에는 두 가지 측면이 있다고 말할 수 있다. 하나는 원초적 출현에 관한 수많은 지역 신화들로 나타난다. 다른 하나는 네 씨족의 원초적 출현에 관한 일반적인 혹은 공통의 신화로 나타난다. 그처럼 보완되고 보충된 신조 A는 어느 정도 신조 D를 포괄한다. 그리고 신조 A의 유효성은 신분의 원칙에 의해서 무효화된다기보다는 보완된다. 하여간 우리가 어떤 방식으로 생각하든 간에, 신조 A와 D를 독립된 것으로 여기든 혹은 상호 관련된 것으로 여기든 상관없이, 우리는 이제 어떻게 신조 A와 B와 D가 함께 작동하는지를 알 수 있다.

또한 우리는 토지 보유와 관련해서 신분의 신조가 특정하게 기여하는 바를 간략하게 요약할 수 있다. (1) 그것은 마을의 토지를 한 지구를 대표하는 더 큰 단위들로 조직한다. 그러한 지구 내에서 토지의 이용은 **우리구부**, **포칼라**, 그리고 또 다른 선물의 형태로 족장에게 바쳐지는 실질적인 공물과 관련이 있다. 다른 한편, 족장은 그 지구 생산물의 이러한 몫을 축적하고 저장하며, 나중에 부족 사업, 전쟁, 그리고 공공 예식들이 진행될 때 그것을 사용한다. 이러한 경제가 가장 큰 규모로 나타나는 키리위나 외에도, 틸라타울라, 쿠보마, 카일레울라, 루바 지구들에서도 그러하다. 시나케타에서 이러한 지구 경제는 그다지 뚜렷하게 나타나지 않는다. (2) 신분의 신조는 하위 씨족들이 하나의 지역 공동체에서 또 다른 공동체로 이동할 때 영향력을 발휘한다. 그리고 그렇게 함으로써 신분의 영향력은 원초적 출현 원칙을 부분적으로 무효화한다. 그렇지만 실제로 원초적 출현 신조가 토지 보유권을 정당화하는 유효한 헌장이 되는 한, 신분의 신조는 원초적 출현 신조와 결합해서 궁극적인 힘을 끌어낸다. (3) 높은 신분의 하위 씨족이 정착할 때, 그들은 전임자들을 내쫓지 않으며 오히려 그들의 동의를 받아서 토지에 대한 유효한 권리주장을 그들로부터 얻어낸다. (4) 또한 신분은 모계 체계 속으로 가부장적인 변칙을 끌어들이는데, 그에 따라 주민권이나 토지에 대한 어떠한 법적인 권리주장도 없는 성인 구성원들이 경작 작업조에 포함된다. 그들이 해당 공동체에서 뿐 아니라 경작지 주술 및 경작지 작업의 조직에서도 종종 지도적인 역할을 한다는 점에서 그러한 개인들의 지위는 더욱 주목할 만하다.

4. 토지 보유권의 작용

이제 논의의 마지막 순서에 따라 경작 작업조로 되돌아왔다. 그 문제는 명백히 토지 보유권이라는 주제에 관련되어 있다. 이전의 논의는 아마도 잠시 동안 우리를 순수한 사회학, 역사학, 그리고 신화학의 영역으로 인도하는 것처럼 보였을 것이다. 그러나 실제로 토지 보유권은 계속해서 우리의 주요 주제로 남아 있었다. 토지 보유권은 본질적으로 인간과 땅과의 관계 문제이며, 이러한 관계는 우리 논의의 모든 세부사항과 관련된다는 점을 기억할 필요가 있다. 우리는 땅을 사용하는 전문적인 방법들이 아니라 영토에 대한 인간의 권리주장의 궁극적인 토대에 대해서 관심을 가졌다.

우리는 결혼과 신분을 논의했다. 그러나 트로브리안드에서 결혼은 거주의 본질적인 요소이며, 신분은 권력에 대해 본질적인 요소이다. 토지 보유권은 사실상 거주와 권력이 결합된 문제이기 때문에, 우리는 결혼과 신분을 논의하면서도 토지 보유권의 토대를 논의하고 있었던 것이다. 알다시피, 주술 역시 토지에 관한 어떠한 논의와도 연관된다.

그렇지만 이제 영토에 대한 권리주장들을 다루고 이용하는 것과 관련해서 실제적인 절차상의 문제들을 살펴보아야 한다. 왜냐하면 지금 우리는 네 가지 신조의 전체적인 작용을 평가하는 자리에 있기 때문이다. 가장 중요한 요인들은 문화적으로 결정되는 땅과 땅을 사용하는 집단인 경작 작업조이다. 이때 한 가지 활동, 곧 경작 주기에 따른 경작 활동이 인간과 토지의 관계에서 다른 모든 것을 지배한다. 토지 보유권과 관련해서 볼 때, 경작 주기에서 가장 중요한 한 가지 일은 카야쿠에서 이루어지는 토지 분배이다.

땅과 관련해서, 일정한 범위의 영토가 거기서 살고 있는 한 무리의 사람들에게 속한다는 근본적인 사실은 신조 A와 D의 결과이다. 그 영토를 거주용 땅과 성스러운 작은 숲, 그리고 경작 가능한 토지로 세분하는 것은 물론 수많은 경제적 요구들, 관습들, 그리고 믿음의 결과이다(기록 8을 보라).[16] 토지를 밭들과 소구획들로 세분하는 것은 정기적으로 땅을 경작하는 곳이라면 어디서나 볼 수 있는 현상인데, 이는 네 가지 신조 가운데 어떤 것의 결과도 아니며, 오히려 주어진 토지를 경작의 필요에 따라 처리하고 배분하기 위하여 적절히 조정한 결과이다. 동시에 더 큰 밭들은 하위 씨족의 몇몇 우두머리들에게 거의 예식적으로 그리고 공식적으로 분배되

16) 또한 부록 2, 4절의 주 47을 보라.

는 반면, 소구획들의 정식 소유권은 개별적으로 할당된다는 사실은 전통적인 주민권을 가지는 사람들만이 토지를 영원히 소유할 수 있다는 확신의 결과이다. 우리는 이제 주요 밭들에 대한 권리를 주장하는 몇 명의 지도자적인 인물들이 그 영토에 출현했던 지역 하위 씨족들의 우두머리들, 그리고 그곳에 정착한 더 높은 신분의 하위 씨족의 우두머리라는 사실을 알고 있다. 이전 절을 논의하고 나서, 이제 우리는 소유권의 이전(移轉), 즉 토지의 양도를 지배하는 규정들에 한 가지 원칙을 덧붙일 수 있다. 하나 혹은 여러 개의 밭과 소구획은 원주민 하위 씨족으로부터 결혼을 통해 유입된 더 높은 신분의 씨족에게로 양도될 것이며, 그들은 그러한 소유권을 영원히 유지할 것이다. 또한 높은 신분의 족장은 때때로 하나 혹은 그 이상의 소구획들 또는 심지어 밭에 대한 권리를 낮은 신분의 자기 아들에게 영구적으로 부여한다. 그러한 순전히 형식적인 소유권은 그것을 보유한 사람이 사망하거나, 심지어 그의 아버지가 사망하면 소멸할 것이다. 이러한 소유권들은 11장의 권리주장 목록표에서 열거되지 않는다. 왜냐하면 그것들은 매우 예외적이며, 그것들이 등장할 때조차 그다지 연관성이 없게 나타나기 때문이다.

땅의 법적 측면에 대해서 이야기할 것은 너무나 많다. 이제 경작 작업조로 넘어가보면, 2절 끝부분에 제시된 설명에 덧붙일만한 내용은 별로 없다. 그러나 우리는 경작 작업조의 성인 구성원들 가운데서 원초적 출현 원칙이나 혼인법을 통해서 거기에 낄 만한 권리를 얻지 못한 사람들을 발견하더라도 놀라지 않을 것이다. 즉 우리는 관습적인 관용에 의해 아버지의 공동체에 머물러왔던, 족장의 성인 아들들의 경우를 볼 수 있다. 심지어 우리는 그들 가운데 한 사람이 경작지 주술사로서 행동하면서 절차를 인도하는 광경을 보더라도 놀라지 않을 것이다. 우리는 이러한 현상을 요와나, 모타고이, 다이보야, 카일라이에게서 발견했다. 알다시피 이러한 현상들은 한 가지 유형의 표본으로 취급될 수 있다. 또한 우리는 어떤 경우에는 경작 작업조에 지역 주민들보다 신분이 높은 외부인들이 포함되기도 한다는 점을 알고 있다. 이들은 결혼해서 평민의 마을로 온 신분이 높은 여자들의 아들들일 것이다. 우리는 이들이 신분이 높은 새로운 정착자 계열의 선구자들이라고 예언할 수 있다. 이들은 경작 작업조에 참여한다는 바로 그 사실로 인해서, 족장의 아들들보다 토지에 대해서 본질적으로 더 확실한 소유권을 지닐 것이다.

이제 토지 분배가 이루어지는 주요 활동인 **카야쿠**로 관심을 돌려보자. 2장(3절)에서 이 모임의 절차를 묘사했지만, 지금은 토지 보유권과 관련해서 모임의 절차를 더욱 상세히 진술할 수 있다. 여기서 가장 오래된 원주민 하위 씨족이나 가장 신분이 높은 하위 씨족을 대표하는 우두머리의 주요 역할을 해설할 필요는 없을 것이다. 우두머리와 동일인이거나 우두머리와 가장 가까운 친족 혹은 그의 특권층 아들과 동일인일 수도 있는 **토워시**의 역할을 깊이 파고들 필요도 없을 것이다. 더 이상 족장이나 주술사 노릇을 하지 않는 원주민 하위 씨족들의 우두머리들은 그들이 소유권을 보유하고 있는 밭에서 경작지가 일구어질 경우에 사전에 동의를 해주어야 하는데, 이제 우리는 그 까닭을 이해할 수 있다.

각각의 밭에서 개별적인 소구획들의 분배로 넘어가면, 우리의 정보는 좀 더 실질적으로 보충될 필요가 있다. 소구획들의 실제적인 분배는 **카야쿠**에서 공공연하게 일어난다기보다는 오히려 그 이전에 사적인 합의를 통해 이루어진다. 경작을 위해 선택된 밭의 소구획에는 저마다 개별적인 소유자가 있으며, 이 소유자는 자신의 소구획에 대한 우선적인 권리를 가지고 있다. 만약 일반적인 이유로 그가 그곳을 편리하게 경작할 수 있다면,

그는 별도의 격식을 차리지 않고도 그렇게 할 권리를 지닌다. 그러나 소구획의 소유자가 부재지주일 수도 있다. 혹은 한 남자가 스스로 경작하기에는 너무 멀리 떨어진 밭의 소구획을 소유하고 있는 경우도 있다. 다른 한편, 공동체에는 경작하고픈 각각의 소구획을 경작하도록 허가받기 위해 소유자에게 이야기를 꺼내야 하는 사람들이 언제나 있게 마련이다. 가령 외래 거주자들, 지역 하위 씨족들의 젊은 구성원들, 혹은 소구획들을 소유할 권리를 얻었지만 경작을 위해 선택된 밭에서는 소구획을 소유하지 않은 사람들이 언제나 존재한다. 간청 혹은 부탁을 가리키는 일반적 용어인 **니가다**는 경작을 위해 허가를 구하는 행동을 묘사할 때 사용된다. **카야쿠** 무렵이면 사람들은 이미 소유자들의 동의를 얻었고, 모든 사람은 자신이 어떤 소구획을 경작하게 될 것인지를 매우 잘 알고 있다. 그러나 **카야쿠**에서 이루어지는 소구획의 공식적인 배분은 문제를 매듭짓고 경작 주기 동안 소구획들의 효과적인 사용을 결정하는 법적인 기능을 한다. 신분이 높은 공동체에서 소구획 대부분의 소유권은 한 사람의 손에 집중된다(기록 8 참조). 신분이 낮은 공동체에서는 대체로 소유권이 훨씬 더 다양하게 나타난다.

경작 주기 동안 이루어지는 소구획의 임대에는 보통 경제적 거래가 뒤따른다. 수확 후에 경작자는 소구획의 소유자에게 대략 두 바구니의 타이투와 아마도 추가로 한 바구니의 **쿠비**를 가져다준다. 이러한 선물은 **카이케다**라고 불리며 전체 생산량의 대략 20분의 1에 해당한다. 그 선물은 토착민들의 심리에서나 양이 너무 적다는 점에서나 그다지 경제적인 임대료로 여겨질 수 없다. 그것은 오히려 감사의 표시이며, 모든 법적인 거래에 부수적으로 나타나는 선물 유형에 속한다. 사실 소유자는 **카이케다** 선물 혹은 사례에 대해 **타콜라** 혹은 **타크왈렐라**라고 불리는 선물로 답례하는

데, 그 단어는 창이나 방패, 혹은 작은 요리 단지나 작은 돌칼과 같은 유용한 물건(구구아) 또는 귀중품(바이구아)으로 식량에 답례하는 것을 가리키는 포괄적인 용어이다. 보통 원래의 선물보다 더 가치 있는 그러한 타콜라는 경작지 생산물로 다시 답례되며, 이러한 답례는 카리부다보다 혹은 베워울로라고 불린다. 그 양은 다양하게 나타나는데, 타콜라 본래의 가치에 상응해야 하지만 그것을 초과해서는 안 된다. 북쪽 지역의 카이케다는 남쪽에서보다 좀 더 양이 많으며, 동시에 더욱 세심하게 답례된다. 바쿠타에서는 심지어 첫 번째 보답(카이케다)조차 때때로 생략된다. 아주 대충 말하면, 소유자는 소구획을 경작하도록 허가해 준 대가로 사용자에게서 어떠한 실질적인 보답도 받지 않는다고 말할 수 있다. 농산물이 제조품에 비해 가치가 떨어지는 근대적인 조건에서, 소유자는 심지어 거래를 통해 손해를 보게 될 수도 있을 것이다. 이러한 까닭에 현재는 아마도 발레코의 소유자가 임차인에게 선물을 줘야 하는 어떤 외부적인 이유가 있을 경우에만 타콜라가 매우 드물게 증여된다.[17)]

때때로 밭(크와빌라) 전체가 임대될 수도 있다. 그러한 거래는 모든 구성원의 동의를 얻어서 두 공동체의 우두머리들 사이에서 이루어진다. 어떤 마을의 경우에는 영토가 마을 사람들이 필요로 하는 것보다 더 작다. 다른 마을들에서는 오로지 외부인들만 거주하고 있다. 전쟁이 일어나고 나서 약 삼사십 년 뒤에 설립된 오카이코다의 식민지, 쿨루와의 경우가 그러했다. 또한 어떤 공동체들은 그들의 정착지에서 너무 먼 곳에 한두 개의 밭을 "소유"하는데, 그러한 밭들은 때때로 이웃하는 마을에 임대된다(기록 8 참조). 크와빌라의 임대는 임차 공동체가 밭의 우두머리 혹은 "소유자"에

17) 또한 부록 2, 4절의 주 48을 보라.

게 주는 훨씬 더 실질적인 선물을 수반한다. 이것은 귀중품, 바이구아로 답례될 것이다. 여기서 거래는 경제적 임대료라기보다는 선물 교환의 성격을 지닌다.

경작지 회의 이전에 이루어지는 조정과 경작지 회의의 과정은 아마도 소구획을 실제로 배분하는 법적 절차에서 가장 중요한 부분이다. 우리는 공공연한 절차, 엄숙한 장광설, 그리고 공개적인 토지 분배에서 파생되는 법적 효력을 논의해왔다. 카야쿠에서의 모든 결정과 분배는 공적인 계약의 성격을 지닌다. 그렇지만 경작지 회의의 일처리는 누가 이러저러한 소구획을 경작할 것인지를 공개적으로 선언하는 것 이상의 어떠한 중요성도 지니고 있지 않다. 모든 사람은 자신이 필요한 만큼 충분한 토지를 제공받아야 한다. 토지에 대한 기본권은 카야쿠의 일처리를 통해서 생겨나는 것이 아니라 거주한다는 사실에서 비롯한다. 만약 토지 분배를 지배하는 힘들의 범위를 충분히 이해하고자 한다면, 여기서 또다시 법적 · 경제적 측면들을 나란히 조사해보아야 한다. 마을에 거주하는 일부 사람들, 곧 주민들은 직접적인 법적 권리주장을 가진다. 족장의 아들들이나 우두머리보다 더 높은 신분을 가진 우두머리의 아들들은, 그들이 마을에 거주할 수 있게 해준 바로 그 이유를 근거로 토지에 대한 권리를 주장한다. 마지막으로, 족장의 심복들 혹은 우두머리의 식객들은 유능한 경작자들이기 때문에 그곳에 거주한다. 그들의 권리주장은 한편으로는 그들이 권력을 지닌 누군가에게 증여하는 생산물의 경제적인 유용성에, 다른 한편으로는 그들의 후견인의 법적인 지위에 토대를 두고 있다. 개인의 확실한 권리가 작을수록, 보통 그를 돌보고 고용하는 사람의 영향력은 더 크다. 농경 생산의 두 가지 주요 요소인 토지와 노동은 트로브리안드에서 잘 조화된다. 주로 노동력을 공급하는 사람들은 그들의 노동력을 유용하게 사용할 만큼의 토지를 충분히 분배받는다. 이러한 체계가 어떻게 작동하는지, 그리고 살펴보았듯이 어떻게 매우 순조롭게 작동하는지를 이해하는 것은 단지 사실을 전체적으로 살펴봄으로써만 가능하다.

이제 우리는 트로브리안드에서 권리 침해가 매우 드물고, 단지 이따금씩만 토지와 농작물 재산을 도둑질로부터 보호하기 위한 장치가 마련되는 이유를 간략히 요약할 수 있다. 토지와 농작물 재산을 보호하는 실제적인 힘은 농경의 경제 체계 전체의 통합적 작용, 경작자로서 인간의 역할에 대한 고유한 관념, 그리고 농작물이 사용되는 방식에서 생겨난다.

물론 토지는 주로 농작물의 생산, 즉 식량 생산을 위해 사용된다. 트로브리안드인에게 식량이란, 마치 한 사람이 장차 전유하고 사용할 수 있는 어떤 것을 선망하듯이 선망하고 소비하는 단순한 실용품이 아니다. 수확에 대한 서술에서 알 수 있듯이, 생산되는 많은 양의 식량은 전시되고, 생산자의 영예를 높이며, 일부는 개인과 가족의 자부심을 위해 증여되고 일부는 저장되는 어떤 것이다. 증여한 것이든, 받은 것이든, 소유한 것이든, 많은 양의 식량은 곧바로 개인적 지위와 관련된 문제이다. 식량의 양은 한편으로 그 사람의 신분에 의해 제한된다. 알다시피, 그것은 일정한 분량을 초과해서는 안 된다. 그러나 다른 한편, 식량의 부족은 개인적으로 통렬하게 수치스러운 문제이다. 식량 구걸은 가장 불명예스러운 일이다. 또한 누군가가 식량을 필요로 한다, 누군가에게는 식량이 없다고 말하는 것은 최악의 모욕이다.

이러한 태도는 너무나 깊이 뿌리내리고 있어서, 식량을 불법적으로 충당하는 문제를 둘러싸고도 이러한 태도가 스며들어 있다. 토착민들은 식량 도둑질인 **바일라우**와 다른 어떤 물건의 도둑질인 **크와파투**를 구별하는데, 전자는 훨씬 더 괘씸하고 수치스러운 일이다. 개방된 경작지에는 여문 곡식을 보호하기 위한 어떠한 장비도 갖춰져 있지 않다. 수확기 때 모든 사람이 덩이줄기들을 뽑아내고 그것들을 정자에서 더미로 배열하느라 바쁜 무렵, 경작지에는 잠을 자거나 망을 보기 위한 설비가 없다. 나는 종종 누구도 **바일라우**(농작물 훔치기)를 하지 않을 것이라는 말을 들었다. 그렇지만 그 단어의 존재 자체와 토착민이 그것을 생각만 해도 느끼는 매우 강한 경멸은 그러한 사례들이 틀림없이 일어난다는 사실을 암시한다. 그러나 그러한 일은 드물다. 탄로 날 위험과 수치는 분명히 일어날 수 있는 침해를 방지하는 충분히 강력한 보호 장치가 된다. 나아가 누구도 정말로 농작물을 식량으로 필요로 하지는 않는다. 왜냐하면 누구든 필요하면 자동적으로 자신의 친족 남자들이나 친척들로부터 충분한 식량을 얻을 수 있기 때문이다. 게다가 자신의 정자에 넣을 만큼 훌륭한 덩이줄기들을 충분히 훔친다는 것은 기술적으로 너무 어려운 일이며, 너무 쉽게 발각될 것이다. 훌륭한 경작과 관련된 개인적인 야망과 명예 의식은 공고하게 발달해 있다. 평균적인 트로브리안드인은 누구라도 다른 누군가의 타이투를 사용한다는 생각 자체를 경멸하는 도덕적인 마음을 갖고 있다. 그리고 이러한 도덕적인 정서가 실제적인 설비, 특히 수확의 공공연함과 개방성, 그리고 타이투를 즉시 더미로 쌓아서 전시하는 관습과 결합해서 효과적인 보호 장치의 역할을 한다.[18]

농작물에 대한 태도는 토지까지 확장된다. 만약 어떤 공동체에게 너희

18) 내가 아는 한, 트로브리안드인들은 주술을 통한 덩이줄기의 도둑질을 믿지 않는다. 포춘 박사(Dr. R. Fortune)에 따르면, 그러한 믿음은 도부의 토착민들 사이에서 매우 두드러지게 나타난다(*Sorcerers of Dobu*, 특히 농경에 관한 장을 보라). 나는 그 주제에 대해서 어떠한 직접적인 조사 연구도 하지 않았지만, 만약 그러한 믿음이 있었다면 내가 그것을 눈치채지 못했을 리는 없다.

에겐 토지가 부족하다고 암시한다면 그 공동체는 심한 모욕을 당했다고 느낄 것이다. 위에서 언급했듯이, 전쟁에서 패배한 뒤에 낯선 영토에 정착한 쿨루와와 같은 공동체들은 토지를 얻기 위해 다른 공동체들에게 의존해야 했고, 그 때문에 그들의 사적인 야망에 깊은 상처를 입었을 것이다. 옛날 같으면 그러한 공동체는 몇 년 뒤에 자신의 영토로 되돌아갔을 것이다. 쿨루와가 되돌아가지 않은 까닭은 옛날의 부족 질서가 쇠퇴했기 때문이며, 또한 공동체의 구성원들이 상당히 감소해서 그들은 이제 더 많은 토지를 가지게 되었고 새로운 마을에 잘 적응할 수 있었기 때문이다. 올리빌레비 역시 그렇게 건설되었다. 옛날에는 모든 공동체가 자기 본래의, 양도할 수 없는 영토로 되돌아갔을 것이다. 영토적 경계의 공고함은 거의 자연 그대로의 사실처럼 여겨졌다. 나는 과연 마을 밭들의 외부 경계가 이동한 적이 있었는지를 확인할 수 없었다. 아마도 오마라카나나 다른 타발루 마을들처럼 강력한 공동체들은 느리게 지속적으로 경계를 확장할 것이다. 누구도 감히 그들이 그렇게 한다고 비난하지 않을 것이기 때문이다. 그러나 사실 통상적인 계절에는 모두에게 충분한 토지가 있었고, 반면 가뭄의 계절에는 토지의 많고 적음은 문제가 되지 않았다. 소구획들의 경계는 아마 변경되지 않았을 것이다.

토지와 비옥함과 관련해서 도둑질의 위험에 노출된 유일한 대상은 과일과 과일 나무인데, 특히 코코넛과 빈랑나무 열매이다. 여기에는 도둑질을 막기 위한 일정한 장치들이 존재했다. 야자 잎이나 마른 잎 한 장으로 **카이타파쿠**라고 불리는 띠를 만들어서 나무 몸통에 감았다. 그 위에 나무 열매를 건드리는 자에게 저주를 내리는 보호 주술이 읊어진다. 도둑질한 사람은 주문에 포함된 어느 한 가지 질병에 걸리게 될 것이다. 보통 그러한 문구들은 위반자가 병에 걸리게 만들어서 소유물을 보호하는 나무 요정들(**토**

크와이)에게 호소했다. 토착민들은 질병에 걸리는 이유가 항상 그러한 보호 표시를 침해했기 때문이라고 믿으며, 사람들은 모두 그러한 "위험 경고" 신호들에 엄청난 관심을 기울인다.[19]

5. 요약, 그리고 토지 보유권에 관한 이론적 성찰

이 책에서 토지 보유권이라는 주제는 한두 가지 방법론적 문제를 규명하기 위해서 활용되었다. 이처럼 특별하게 취급함으로써 좋은 점도 있었지만, 또한 어느 정도 곤란한 점도 있었을 것이다. 토지 보유권은 11장에서 처음 해체되고 심지어 해부되었다가 임시로 기워졌다. 그러고 나서 이를 발판으로 삼아서 다소 지나친 설명으로 재구성되었다. 어떠한 측면도 놓치지 않기 위해서, 서술과 논의는 어쩌면 너무 멀리까지, 특히 신화, 사회조직, 역사, 그리고 법적 전문용어들의 영역까지 나아갔을지도 모르겠다. 그렇지만 나는 이 모든 것을 통해서, 토지 재산에 관한 논의가 농경의 한 가지 측면이라는 점이 분명해졌다고 생각한다. 그러므로 어떤 의미에서 보면 토지 보유권의 가장 중요한 요소들 가운데 일부가 직전의 두 장들에서는 단지 간략하게만 요약되었고, 그 이전 장들에서는 충분히 논의되었다. 동시에 토지 보유권은 인간, 곧 개인들 및 집단들과 그들이 경작하고 사용하는 땅과의 관계라는 사실은 아무리 강조해도 지나치지 않다. 또한 이러한 관계는 토지를 변형시킨다. 인간은 토지를 세분하고, 분류하며, 분배하고, 그것을 법적 관념, 정서, 신화적 믿음으로 둘러싼다. 다른 한편, 인간

19) 또한 부록 2, 4절의 주 49를 보라.

과 땅과의 관계야말로 인간이 가족을 이루고, 마을 공동체에서 작업하며, 작업조를 이루어 생산하고, 주술적 성격을 띤 공동의 믿음과 공동의 의례로 조직되는 데 영향을 미친다. 따라서 토지 보유권을 논의하려면 지형학적 세부사항은 물론이거니와 반드시 사회학을 다루어야 하며, 무엇보다도 경제적 활동을 끊임없이 언급해야 한다. 소유한다는 것은 또한 보유권과 소유권의 보장을 의미하기 때문에, 역사적 전통과 신화적 토대를 심층적으로 탐구할 필요가 있다.

그렇다면 나는 내가 토지 보유권을 설명하면서 주민권에 대해서도 상세히 진술하거나 경제적 활동과 나란히 법적이고 신화적인 토대를 설명했다고 해서 독자에게 사과할 필요가 없다. 하지만 좁은 의미에서의 토지 보유권을 앞에서 서술한 관념들과 실천들의 복잡한 그물로부터 구분하는 것도 흥미로울 것이다. 좁은 의미에서 토지 보유권은 경작과 농작물의 분배 관습을 지배하는 일련의 규정들이다. 우리는 수집된 지식을 통해 농경의 결과 뿐 아니라 농경의 과정을 거의 상상해볼 수 있다. 트로브리안드에서 경작의 한 주기 동안 벌어지는 일의 조감도를 그려보자. 일정 기간 동안 그 영토를 주시하면서 사실들을 통합하는 가상의 민족지학자의 눈(an imaginary Ethnographer's Eye, 만약 당신이 기계에 관심이 있다면, 비행기에서 작동하는 슈퍼 필름 카메라를 상상해도 좋을 것이다.)은 우선 영토와 인간 집단들 사이의 조화를 지각하게 될 것이다. 어떻게 보면 그곳에서 진행되는 절차들이나 이따금씩 이루어지는 경제적 거래들이 유사하기 때문에, 트로브리안드는 동질적인 영역이며 그곳에서는 토지 보유가 동일한 방식으로 이루어진다고 생각할 수도 있을 것이다. 그러나 실제로 적절한 관찰 단위는 지구(地區)들이다. 그것(민족지학자의 눈)은 농작물이 해마다 지구의 중앙—중심지—에 축적된다는 점에 주목할 것이며, 또한 이러한 농작물이 지구 전체의 다양한 구역들 사이에서 이따금씩 재분배된다는 점을 알아차리게 될 것이다. 이렇게 관찰 가능한 객관적 현실은 족장이 자기 지구의 영토에 대해 가지는 권리주장들과, 그가 거기서 획득해서 항상 재분배하는 이익을 요약해서 잘 보여준다.

또한 '민족지학자의 눈'은 각각의 공동체에서 여러 소구획이 가장(家長)이나 성인 거주자들에게 해마다 배분되는 과정을, 그리고 영토가 밭들로 영구적으로 나누어지고 그 밭들이 지울 수 없는 경계로 뚜렷하게 표시된 소구획들로 세분된 것을 알아차리게 될 것이다. 만약 우리의 기록 장치가 예컨대 각 개인에게 부착된 채색 꼬리표를 통해서 친족 집단들을 구별할 수 있다면, 경작 작업조의 사회학을 쉽게 정의할 수 있을 것이다. 마찬가지로 해마다 전체 농산물의 분배를 지배하는 원칙들도 감지할 수 있을 것이다. 전체 농산물 가운데 상당한 부분은 마을 공동체에 남아 있다. 아마도 절반 이하의 농산물은 가구의 어떤 여자와 그녀의 아이들과 동일한 색깔을 지닌 하위 씨족(들)의 여러 장소까지 추적될 수 있을 것이다. 또한 '민족지학자의 눈'은 경작 작업조 안에서 가족이 담당하는 역할을 명확히 기록할 것인데, 가족 구성원들이 규칙적으로 그리고 체계적으로 동일한 몇몇 소구획들에서 협력해서 작업한다는 것을 알 수 있을 것이다.

우리가 과거의 역사에 대해 그럴듯하게 추론했던 것을 재구성해보기 위해서, 트로브리안드의 상공에 배치된 우리의 장치가 훨씬 더 긴 시간—세대들과 시대들—동안 일어나는 일을 기록한다고 상상해보자. 그러면 우리의 장치는 원초적 출현 때 일어난 사실을 우리에게 보여줄 것이다. 그 일이 실제로 어떠했는지, 곧 한 여자와 그녀의 남자 형제가 땅 밑에서부터 모든 종류의 자잘한 용구들을 가지고 기어 나온다는 토착민의 믿음에 상응하는 실제 역사적인 과거는 무엇이었는지 우리는 어렴풋하게 짐작할 수 있다.

아마도 트로브리안드의 현재 인구는 종족들과 문화들이 혼합된 결과이다. 지역의 출현 신화들은 아마도 이주해온 종족의 정착 활동을 나타낸다. 즉 지역의 출현 신화들은 아마도 원주민 씨족의 권리주장이 침입자들에 의해 일련의 신화적 관념들로 번역된 것이다. 이것들은 모두 흥미롭게 보이겠지만, 이에 대해 숙고하는 것은 그다지 유익하지 않다. 어쨌든 그 장치는 항상 어떤 하위 씨족들의 이동과 다른 하위 씨족들의 정주를 기록할 것이다. 또한 그 장치는 이러한 이동이 일어나는 메커니즘을 보여줄 것이다. 보통 이러한 메커니즘은, 알다시피, 결혼을 통한 양자결연이라고 불릴 만하다. 그런데 역사적으로 좀 더 폭력적이고 파국적인 이동이 존재했을까? 전승에서는 그러한 흔적을 찾아볼 수 없다. 그리고 트로브리안드 문화가 지금과 비슷한 모습을 유지해왔다면, 정복에 의한 영토 변화는 일어날 수 없었을 것이다. 공동체의 대대적인 이동에 대해 기록된 유일한 두 가지 사례, 곧 쿨루와와 올리빌레비의 사례는 모두 정복에 의한 것이 아니라 패배로 인한 것이었다.

바로 그러한 과정을 통해서 토지 보유권이 어떻게 형성되는지를 객관적으로 알 수 있다. 한편으로 그것은 경작 작업조에 부여된 실제적이고 유효한 토지 사용 체계이다. 다른 한편, 그것은 다양한 권리주장을 나타내는 법적인 소유권들의 긴 목록을 의미하는데, 그것들 대부분은 어떤 특권을, 때로는 어떤 부담을 수반한다. 알다시피, 최초에 출현한 하위 씨족들 혹은 높은 신분의 하위 씨족들에게는 공식적이고 법적으로 유효하며 신화에 근거한 소유권이 부여되지만, 그렇다고 해서 그들이 항상 그 토지를 사용하는 것은 아니다. 우리는 지금 소유권과 토지 사용의 대응 관계가 어디서, 왜 어긋나는지, 그리고 어떤 방식으로 그것이 첨가된 신조 혹은 관례를 통해 재조정되는지를 정확히 알고 있다. 트로브리안드에서 문제의 본질은 다음과 같은 상황에 있다. 곧 토지 보유권은 법적으로 그 하위 씨족에게 귀속되는 반면, 토지를 유효하게 경제적으로 사용하는 자들은 친족의 인연으로 결합된 한 무리의 남자들인데, 거기에는 아내들과 자식들도 포함된다. 이처럼 뒤엉킨 상황을 푸는 실마리를 찾기 위해서는, 트로브리안드의 모계제, 부거제 결혼, 아버지의 제한된 영향력, 그리고 모계의 원칙과 아버지의 원칙이라는 두 가지 원칙 사이에서 이루어지는 다양한 조정들—신분이 두드러진 역할을 하는 조정들—의 사회학적 작용을 충분히, 분명하게 알아야만 한다. 트로브리안드에서는 이처럼 소유권에 관해서 항구적인 분열이, 혹은 더 낫게 표현하면, 이중의 양상이 존재한다. 생산적인 면에서 소유권은 지역 공동체의 남자들에게, 그리고 그들의 배우자들과 자식들에게 귀속된다. 또한 그러한 가족들이 합쳐서 주로 소비자 집단을 형성한다. 동시에, 동일한 하위 씨족에 속한 남자들과 여자들은 그들의—만약 이런 합성어를 만들 수 있다면—모계 세습재산에 대한 법적인 권리주장을 공동으로 보유한다. 그리고 이러한 공유는 **우리구부** 제도에서 구체화된다.

여태까지 우리는 토지 보유권과 관련된 보이지 않는 사실을 구성하기 위해서 필요한 모든 자료를 수집하려고 노력했다. 이제 우리는 그동안 광범위하게 살펴본 문제들을 되돌아볼 수 있다. 이제 우리는 이전의 추측과 방법론적 요점들 가운데 일부를 입증할 수 있다. 우리는 손쉬운 접근법—그것을 토지 보유권이나 유사한 문제들을 연구할 때 현지조사자가 걸려들기 쉬운 불가피한 덫이라고 부를 수도 있겠다—을 비판하면서 분석을 시작했다. 소유자가 누구인지에 대한 진술들을 수집하는 언어적 접근에 치중하다 보면, 정치적 관리나 유럽의 변호사에게 어울리는 법 중심적 접근에 이르게 된다. 이를 통해 소유권들의 일람표를 얻을 수는 있겠지만, 이미 지적했듯이(11장 3절) 그것만으로는 쓸모가 없다. 우리는 토지와 관련해서 명백히 잘 수립된 소유권들 가운데 어째서 일부는 단지 낡은 의미만 지니고, 어떤 것들은 순전히 존경을 표시할 뿐이며, 어떤 것들은 법적으로 중요하지만 경제적으로는 무관하고, 또 어떤 것들은 단지 비유적인 의미만 가지는지 그 이유를 살펴보았다. 소유권들을 서로의 상호 관계 속에서 관련성의 정도에 따라 정의하려면, 기능적 관점에서 그것들을 분석해야 한다. 우리는 토지에 대한 소유권이 생산과 관련해서—어떤 사람들에게는 해마다 결혼생활의 수익을 요구하도록 허용해주고 다른 사람들에게는 그러한 수익을 많은 양으로 축적할 수 있게 해주면서—어떻게 작용하는지, 그리고 일부 소유권들은 어떻게 하위 씨족의 통합을 지탱하는 데 기여하는지를 연구하면서, 그 제도의 법적 측면과 경제적인 측면을 연결하는 방법을 알게 되었다.

이러한 과정을 통해서, 우리는 토착민의 특권과 권리주장의 법적 근거뿐 아니라 신화적인 근거까지 반드시 연구해야 하는 까닭을 알게 되었다. 토지 보유권에 대한 토착민들의 믿음은 이러한 신화적인 근거에 바탕을 둔다. 비유하자면, 토지 보유권은 그 신화적인 씨실과 법적인 날실에 의해서 모계 사회라는 직물 속으로 짜넣어지기 때문이다.

우리는 경제적 분석을 통해서 어떻게 다양한 권리주장들, 소유권들, 그리고 존경을 표시하는 부탁들이 생산과 소비의 효과적인 동기로 작용하는지를 알게 되었다. 생산과 관련해서, 효과적인 농경 작업은 협동을 통해서 이루어진다는 것을 알 수 있었다. 경작에서 협동이란 거주를 의미하며, 따라서 거주는 토지 보유권에 대한 우리의 논의에서 줄곧 핵심어로 사용되었다. 원초적 출현에서 파생된 양도할 수 없는 권리 덕분에 거주하고 있든지 신분이나 관습적인 관용에 따라 정착했든지 간에, 어떤 곳에 거주하는 사람은 항상 그곳에서 땅을 경작할 완전한 권리를 가진다.

지금까지의 논의에 비추어 볼 때, 공동 소유권과 개인 소유권 사이의 구별이 얼마나 쓸모없는 것인지를 지적하는 것도 어느 정도 흥미롭겠다. 우리는 조사하는 내내 모든 권리주장이, 즉 인간과 땅 사이의 모든 관계가 어떻게 뚜렷하게 개인적이면서도 공동의 것이 되는지를 보여줄 수 있었다. 왜냐하면 원초적 출현이라는 개념 자체가 큰 친속 집단인 하위 씨족을 암시하지만, 이 집단은 태곳적에는 개인, 곧 여성 시조와 또 다른, 아마도 그녀의 남자 형제에 의해 원초적으로 대표되며, 오늘날의 구조에서도 마찬가지로 개인, 즉 우두머리에 의해 대표되기 때문이다. 하위 씨족은 성별에 따라 분화되고, 나이에 따라 층을 이루며, 하위 종족들로 세분된다. 나아가 하위 씨족 안에서도 토지 보유와 관련해서 개인적인 소유권이 존재하는데, 말하자면 대체로 토지는 소위 개인적 구별에 대한 바람을 존중해서 세분된다. 어떤 의미에서는 소구획들의 사적인 소유야말로 우리가 토지 보유의 궁극적 사실이라고 생각하는 것에 근접하지만, 트로브리안드에서 사적 소유의 경제적 관련성은 매우 미약하다. 그러나 그것은 토착민의 경제적 태도에서 소위 "원시 공산주의(primitive communism)"가 얼마나 하찮은 것인지를 보여주는 한에서는 매우 중요하다. 트로브리안드인은, 인류학 이론가들을 거의 괴롭히다시피 하면서, 자기 개인의 이름과 관련된 자신의 소구획을 가지고 있다고 주장한다. 개인주의와 공산주의의 낡은 대조는 비지성적이고 잘못된 노선이다. 왜냐하면 이러한 논의 전반에 걸쳐서 우리 앞에 놓여 있는 진짜 문제는 개인주의냐 공산주의냐의 문제가 아니라, 오히려 집단적인 권리주장과 사적인 권리주장 사이의 관계 문제였기 때문이다.

또한 땅의 개척과 관련해서 우리는 새로운 집단들, 곧 가족, 마을 공동체, 그리고 경작 작업조를 만났다. 여기서도 남자는 종종 개인으로 활동한다. 그는 여러 소구획으로 이루어진 자신의 경작지에 책임이 있다. 만약 결혼했다면, 그는 개별적인 가족의 가장 역할을 한다. 그러나 결혼하지 않은 남자라면, 누이의 가족에게 개인적인 가장 역할을 하게 되어서 자신의 농작물을 처분해야 하기 전까지는, 혼자서 그리고 자신을 위해서 경작할 것이다. 그러나 그때도 그는 결코 고립된 채 행동하지 않는다. 그 개인에게서 보통 두 집단, 곧 자신의 가구와 그가 남자 형제로서 속해 있는 모계 친족 집단이 만난다. 또한 그는 공동작업의 특정 단계에는 거의 틀림없이 협력 집단—경작 작업조—의 구성원으로서 줄곧 일정한 공동의 책임을 져야 할 것이다.

족장과 우두머리는 수익의 상당한 몫을 개인으로서 받는다. 그러나 그들은 명백히 그들의 가족들을 대신하는 것이며, 반면 지구의 족장은 마을 공동체의 집단 전체를 대신하는 것이다. 눈에 띄는 대표적 개인은 그가 주술사든 정치적 족장이든 간에 항상 이중의 자격으로, 곧 개인으로서, 그리고 집단을 통해, 집단을 위해서 행동하는 대표자로서 활동한다고 말할 수 있을 것이다.

원시 사회학에서는 개인주의와 공산주의 사이의 구별보다 더 무익하고 헛된 구별은 없다. 문화적 현실로서의 공산주의는 기계의 출현을 통해서만 가능하다. 인간이 기계에 봉사하고 자신의 일과 마음을 기계장치(mechanism)에 적응시켜야 할 뿐 아니라 생존을 위해 기계로 만든 상품들에 의존해야 하는 한, 새로운 사회학적 현상이 전개된다. 즉 한편으로, 인간은 그들이 덜 구별될수록 더 유용해진다. 인간은 단지 물질적 기계장치의 대응부인 광대한 인간적 기계장치의 교체 가능한 부품이 되어야 한다. 다른 한편으로, 개인의 사적인 만족과 행복은 그가 같은 상품을 소비하고, 같은 신문을 읽고, 같은 영화에 감격하며—공산주의를 찬양하면서 부르든 아니면 파시즘을 찬양하면서 부르든—같은 곡조의 동일한 찬가에 맞춰서 행진하는 대다수 동료 시민들의 평균치와 완전히 조화를 이루는 경우에만 성취될 수 있다.

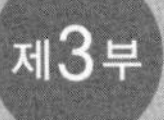

기록과 부록

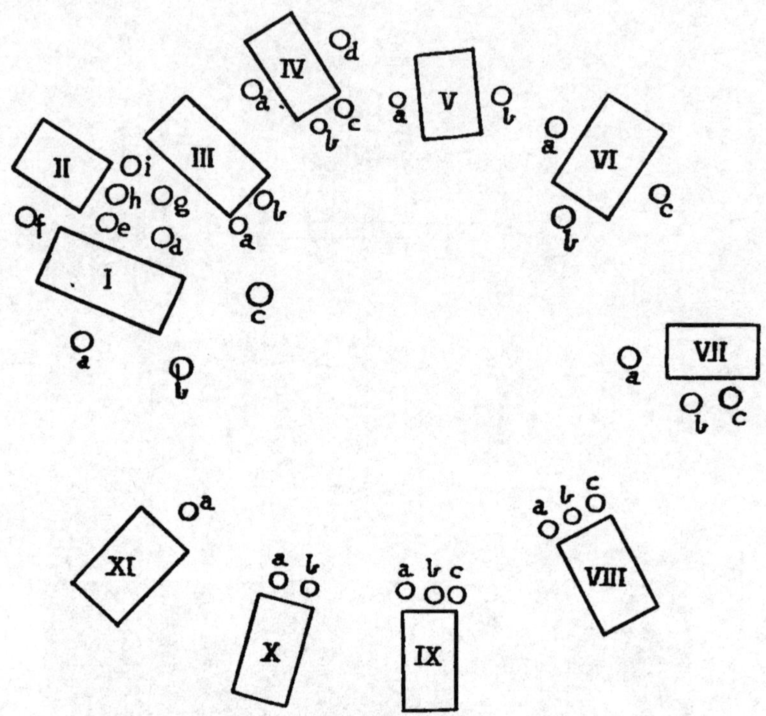

〈그림 11〉 얄루무그와 마을의 바쿠(중앙 공터) 평면도
1915년 8월, 수확기의 브와이마(창고)와 구굴라(타이투 더미)의 위치를 보여준다.

기록 1

얄루무그와의 도디게 브와이마(얌 창고 채우기)

(6장 3절)

옆에 있는 평면도는 얄루무그와의 구성 마을들 가운데 한 곳의 중앙 공터와 그 주위의 식량 창고들, 그리고 창고 곁에 쌓여 있는 해마다의 수확물 더미들을 보여준다. 이 마을은 가장 높은 신분은 아니지만 귀족 하위 씨족(달라)인 굼구야우 신분의 공동체이다(12장 3절과 제1부 9절 참조). 원칙적으로 그 달라의 구성원과 하위 신분에 속해 있지만 보통 더 오래된 주민권을 가진 "소유자" 혹은 "주인"만이(12장, 특히 1~3절 참조) 바쿠에 자신의 브와이마를 가질 수 있도록 허락된다. 얄루무그와에서는 루크와시시가 씨족의 구성원들이 여덟 채의 얌창고를 소유하고 있다. 그 가운데 일곱 채(I, II, III, V, VI, X, 그리고 XI, 〈그림 11〉과 기록 1의 마지막 표를 보라.)는 현재 얄루무그와의 소유자들인 크워이나마 하위 씨족에게 속한다. 한 채는 루크와시시가 씨족의 또 다른 달라의 굼구야우에게 속하는데, 그는 그 하위 씨족 출신의 여자와 결혼했다.[1] 다른 세 채의 브와이마(IV, VIII, 그리고 IX)는

1) 이 결혼이 과연 족외혼 규정이 지켜지지 않은 여섯 가지 결혼 사례 가운데 하나인지, 아니면 그 남자가 루크와시시가 씨족에게 속한다고 기록하려다가 내가 실수로 그렇게 적어놓은 것인지

말라시 씨족의 토카이(평민들)에게 속하는데, 아마 그들이 얄루무그와의 원래 "소유자들"이었을 것이다.

독자들은 〈사진 75~77〉을 통해 여기서 묘사된 중앙 공터를 볼 수 있다. 〈사진 75〉는 브와이마 I과 XI 사이에서 찍은 것이다. 그것은 왼쪽으로 창고 VI과 오른쪽으로 창고 VII을 보여주며, 배경에서 바깥 고리의 작은 얌 창고들 몇 채를 보여준다. 전경(前景)의 더미들은 브와이마 I에 속하며, 그것은 왼쪽 맨 끝에서 볼 수 있다. 오른쪽 맨 끝에서는 브와이마 XI의 끝을 볼 수 있는데, 한 남자가 그 위에 앉아 있다. 브와이마 VI의 더미들은 이미 창고에 저장되었다. 〈사진 76〉은 바쿠 중앙에서 찍은 것으로서 브와이마 I을 보여준다. 브와이마 II는 브와이마 I에 가려서 사진에서는 볼 수 없다. 〈사진 76〉은 브와이마 III, IV, 그리고 V도 보여준다. 〈사진 77〉은 브와이마 VII 바로 앞에서 찍은 것이며 더미 a, b, 그리고 c를 보여준다.

이 기록의 끝에서 제시한 도표는 평면도 및 설명에 도움을 주는 혈통표와 함께 다음의 규칙들을 예증해준다. 단지 마을의 소유자들[2] 혹은 (보통 교차사촌혼으로, 12장 2절 참조) 결혼을 통해 유입된 높은 신분의 남자들이 안쪽 고리의 얌 창고들을 소유한다. 수확기에 각각의 브와이마 곁에는 여러 더미(구굴라)가 쌓인다. 각각의 더미는 한 남자—증여자 혹은 브와이마를 채우는 자—에게 할당된 일정한 지점에 놓인다. 그는 해마다 자신의 발

확실하지 않다.

2) 12장 1~3절에서 당신은 여러 부류의 소유자가 있으며 결혼을 통해 유입된 남자들이 한두 부류를 차지한다는 사실을 발견하게 될 것이다. 여기서 서술된 얄루무그와의 구성 마을에는 주민권을 가진 두 종류의 하위 씨족들이 존재하며, 그들은 "소유자들" 혹은 "주인들"로 일컬어진다. 그 가운데 한 하위 씨족은 배타적인 소유권을 지니고 있다. 그 밖에도 결혼을 통해 유입된 남자가 한 사람 있다.

레코에서 나온 농작물을 이곳에 더미로 쌓아놓으며, 이내 그것들을 자신에게 배당된 칸막이방 속에 저장한다.

현재 마을의 우두머리인 요비시는 우두머리 직을 카달라(외삼촌)인 토피나타우로부터 물려받았는데, 그는 현재 너무 늙고 약해서 일을 수행할 수 없다. 토피나타우 이전에는 지금은 사망한 구마부디가 마을의 우두머리이며 토워시였다.

다음의 목록은 열한 채의 브와이마와 각 더미의 증여자 이름 및 그가 기부하는 이유를 보여준다.

브와이마 I과 II는 현재 토카라이와가(우두머리)인 요비시에게 속한다(혈통표 1).[3] 그에게는 아내가 둘 있으며, 인척들과 자기 아들로부터 아홉 개의 더미를 받는다. 혈통표 1과 2는 이러한 의무의 사회학을 설명해줄 것이다. 이름에 붙어 있는 문자들은 평면도를 가리킨다.

III은 야부나(혈통표 1)에게 속한다. 그는 해마다 더미를 두 개씩 얻는데, a는 야부나의 아내 투기니투의 남자 형제인 베워나가 기부한 것이고, b는 야부나의 남동생인 토카바타리아가 준 것이다.

IV는 말라시 씨족의 평민인 구바일라데다(혈통표 1)에게 속한다. 그는 요비시의 처남이라는 특권을 지닌다(혈통표 1 참조). 그는 네 개의 더미를 받는데, a는 남동생인 사무그와로부터, b는 요비시로부터, c는 가풀루폴루로부터, d는 자기 아들인 토비유미로부터 받는다. 따라서 더미들 가운데 두 개는 아내(아이카레이)의 남자 형제들로부터 받으며, 하나는 아들에게서(그는 또 한 사람의 인척으로 계산된다), 하나는 자신의 남자 형제에게서 받는다.

V는 가풀루폴루(혈통표 1)의 브와이마이며, 더미 a는 처남인 메갈라브왈

3) 여기서 언급된 혈통표에 대해서는, 이 기록의 끝부분을 보라.

리타로부터, 더미 b는 자신과 아내의 아들인 무카바우로부터 받는다.

VI은 토피나타우(혈통표 1)의 브와이마이다. 더미 a는 아내의 자매의 아들인 루바게워가 그에게 준 것이며, 더미 c는 아내의 카달라(외삼촌 혹은 조카)인 칼룸와이워가, 주요 더미인 b는 자신의 카달라(모계 조카)인 요비시가 준 것이다.[4)]

VII은 얄루무그와에 속하지 않지만 정착해서 마을에 받아들여진 루크와시시가 씨족의 굼구야우인 음와이돌라(혈통표 3 참조)의 브와이마이다. 그는 더미 세 개를 받는데, a는 자기 아들인 델리비야카로부터, b와 c는 처남들인 모노리와 굼루에빌라로부터 받는다.

VIII은 인쿠와우(혈통표 3 참조)의 브와이마이다. 더미 a는 처남인 카두구야가 그에게 준 것이며, 더미 b는 아들인 토카바타리아가, 더미 c는 그의 카달라(모계 조카)인 모라이와야가 준 것이다.

IX는 모노리(혈통표 3 참조)의 브와이마이다. 그는 더미 a를 아들인 투크왈라피에게서 받고, 더미 b와 c를 두 명의 친척 남자들(베욜라)로부터 받는데, 나는 그들의 정확한 관계를 확신할 수 없다. 그는 아내가 사망했기 때문에, 인척으로부터 아무것도 받지 못한다.

X는 토부구야우(혈통표 1 참조)의 브와이마이다. 그는 더미 a를 처남으로부터 받는데, 그 처남은 토피나타우에게 타이투를 주는 루바게워와 동일인물로서, 그들 모두의 인척이다. 더미 b는 처남의 아들인 유바타우가 준 것이다. 유바타우는 아버지가 죽은 후 그를 대신해왔다. 따라서 이것은 가짜 우리구부 유형이라고 불릴 만한 것에 속한다(기록 2 참조).

---

4) 친족 용어인 카달라는 상호적인 용어로서 외삼촌과 조카를 의미하는데, 그들은 서로를 동일한 단어로 부른다.

XI는 토부구야우의 형인 토가부투마의 브와이마이다(혈통표 1 참조). 그는 아직 재혼하지 않은 홀아비이며, 확실히 인기가 별로 없었다. 왜냐하면 그가 마을에서 우두머리인 양 하고 다닌다는 소문이 돌고 있었기 때문이다. 그는 자신의 남동생 토부구야우로부터 더미 한 개만을 받는다.

수령인과 증여자의 표를 훑어보면, 열한 개의 창고에 서른두 개의 더미가 있다는 것을 알 수 있다. 비록 이러한 더미들은 이론적으로는 해마다 동일한 양으로 제공되어야 하지만, 어떤 해에는 한두 명의 정기적인 증여자가 병 때문에 혹은 부재중이라서 빠질 수도 있으며, 혹은 심한 흉년일 때에는 완전한 구굴라(더미)를 만들기에 충분한 양을 제공할 수 없어서 빠질 수도 있다. 이러한 더미 서른두 개 가운데 단 하나의 더미, Xb(〈그림 11〉을 보라)만이 명백히 비정기적인 더미인데, 그것을 제공한 사람은 아내의 베욜라(혈족)가 아니라 그녀의 남자 형제의 아들이다. 이것은 부계 원칙이 모계 체계를 잠식해가는 사례들 가운데 하나이다. 남아 있는 서른두 개 가운데 여섯 개는 더 어린 친척 남자들이 더 나이든 친척 남자들에게 기부한 것이다. 그것들은 코비시 유형의 선물에 속한다. 압도적인 다수를 차지하는 남아 있는 스물다섯 개는 정통 우리구부 유형의 선물이며, 아내의 친척 남자들이 남편에게 준 것이다. 트로브리안드에서 아들은 아내의 친척 남자이며, 그의 기부는 엄밀한 의미에서 우리구부 정의에 들어맞는다는 점을 기억해야 한다.

수령인과 증여자 목록

* *I*. 요비시. (+브워다마일라의 브와이마)
+a 카비탈라 (W. Br., Ur.)
+b 사무그와 (W. Br., Ur.)
+c 모칼라갈루마 (W. Br., Ur.)
* d 구바일라데다 (W. Br., Ur.)
+e 톨루구야 (W. Br., Ur.)
+f 카다카야울리 (W. Br., Ur.)

* *II*. 요비시 (+누에레베의 브와이마)
+g 토갈루마 (W. Br., Ur.)
+h 구밀라부아 (W. Br., Ur.)
* i 누굴라바우 (son, Ur.)

* *III*. 야부나
* a 베워나 (W. Br., Ur.).
* b 토카바타리아 (Y. Br., Ko.)

**IV*. 구바일라데다 (말라시).
+a 사무그와 (Y. Br., Ko.)
* b 유비시 (W. Br., Ur.)
* c 가풀루폴루 (W. Br., Ur.)
* d 토비유미 (son, Ur.)

* *V*. 가풀루폴루
* a 메갈라브왈리타 (W. Br., Ur.)
* b 무카와우 (son, Ur.)

* *VI*. 토피나타우
* a 루바게워 (W. S. son, Ur.)
* b 요비시 (자신의 카달라–S. son, Ko.)
* c 칼룸와이워 (W. S. son, Ur.)

++*VII*. 음와이돌라 (Ls. 굼구야우, 크워이나마가 아닌)
++a 델리비야카 (son, Ur.).
++b 모노리 (W. Br., Ur.).
++c 굼루에빌라 (W. Br., Ur.).

++*VIII*. 인쿠와우 (말라시)
++a 카두구야 (W. Br., Ur.).
++b 토크바타리아 (son, Ur.).
++c 모라이와야 (S. son, Ko.).

++*IX*. 모노리 (말라시)
++a 투크왈라피 (son, Ur.)
b와 c (베욜라, Ko.)

* *X*. 토부구야우
* a 루바게워 (W. Br., Ur.)
* b 유바타우 (W. Br. son, spur.)

**XI*. 토가부투마
* a 토부구야우 (Y. Br., Ko.)

브와이마 I, II, III, V, VI, X 그리고 XI는 루크와시시가 씨족 가운데 크워이나마 하위 씨족의 구성원들에게 속한다. 다른 소유자들의 씨족은 각 이름 뒤에 표시된다.

* = 주요 혈통표 1에서
\+ = 혈통표 2에서
++ = 혈통표 3에서
Ur. = 우리구부
Ko. = 코비시

Spur. = 가짜(spurious) 우리구부
W. = 아내의(wife's)
S. = 누이의(sister's)
Y. Br. = 남동생
Ls. = 루크와시시가

로마숫자 = 브와이마, 소문자 = 구굴라(더미) (〈그림 11〉을 보라.)

혈통표 I

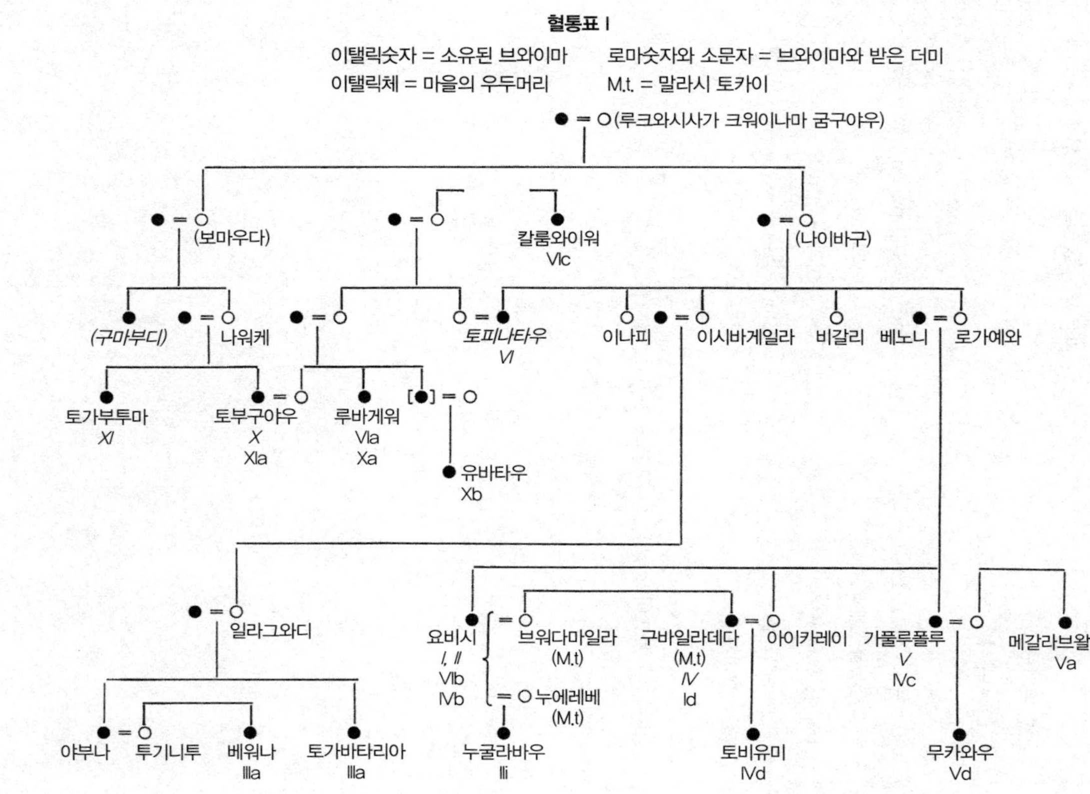
이탤릭숫자 = 소유된 브와이마
로마숫자와 소문자 = 브와이마와 받은 더미
이탤릭체 = 마을의 우두머리
M.t. = 말라시 토카이
(루크와시사가 크워이나마 굼구야우)
(보마우다)
칼룸와이워
Vlc
(나이바구)
(구마부디)
나워케
토피나타우
VI
이나피
이시바게일라
비갈리
베노니
로가예와
토가부투마
XI
토부구야우
X
XIa
루바게워
VIa
Xa
유바타우
Xb
일라그와디
요비시
I, II
VIb
IVb
브워다마일라
(M.t)
누에레베
(M.t)
구바일라데다
(M.t)
IV
Id
아이카레이
가풀루폴루
V
IVc
메갈라브왈리타
Va
야부나
투기니투
베워나
IIIa
토가바타리아
IIIa
누굴라바우
IIi
토비유미
IVd
무카와우
Vd

혈통표 II

이탤릭숫자 = 소유된 브와이마　로마숫자와 소문자 = 브와이마와 받은 더미
이탤릭체 = 마을의 우두머리

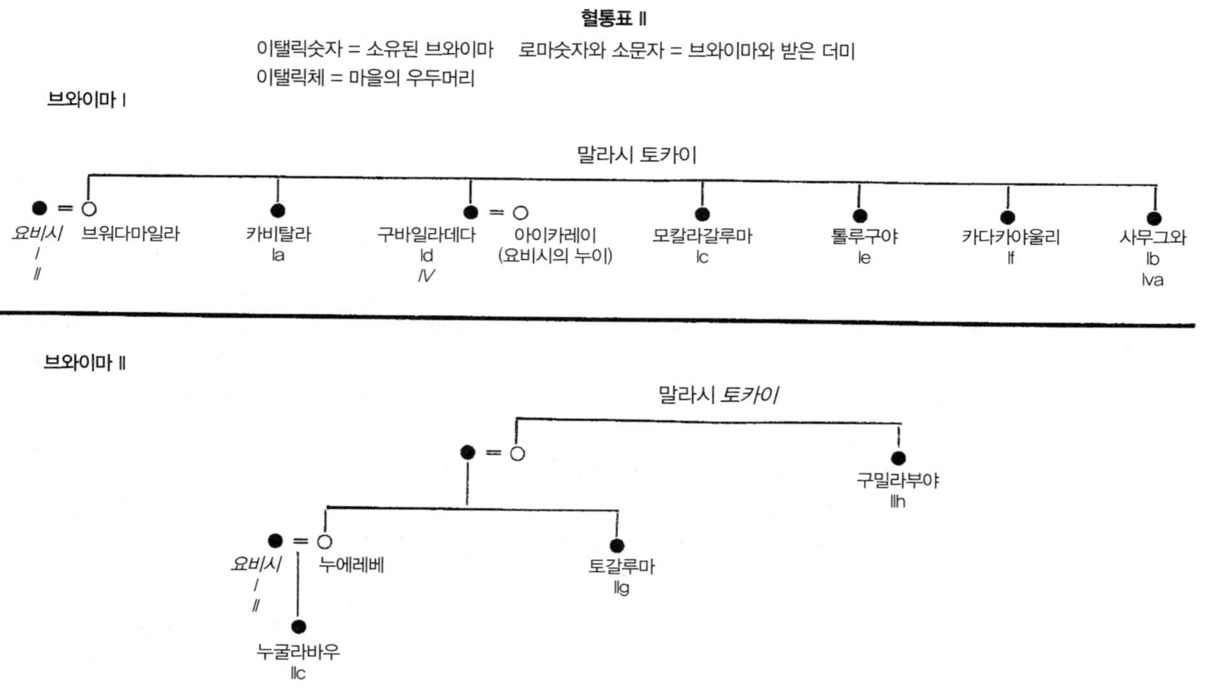

혈통표 III

이탤릭숫자 = 소유된 브와이마　　로마숫자와 소문자 = 브와이마와 받은 더미

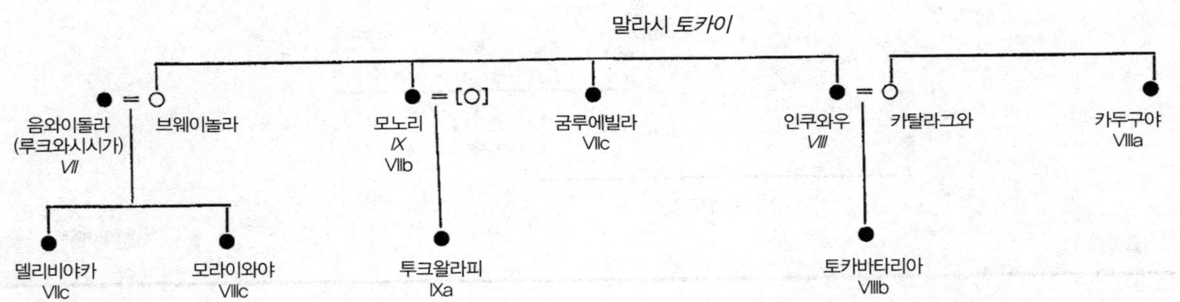

기록 2

1918년 오마라카나에서 카야사 이후에 제공된 수확물 선물의 계산 (6장 1절과 3절)

이 기록은 1918년에 토울루와에게 바쳐진 수확물 더미들의 분포를 보여주는 평면도와, 각각의 더미(구굴라)와 관련된 세부사항을 보여주는 표, 그리고 그 표에 대한 분석으로 구성된다.

그해에는 수확물 경연이 대규모로 조직되었다. 그래서 증여자들, 특히 크와이브와가, 릴루타, 그리고 음타와 마을에 거주하는 증여자들은 6장(3절)에서 상세히 설명된 이유로 자기들이 가진 자원을 무리하게 동원했다. 그해에 선물의 총량은 실제로 2만 바구니가 넘었는데, 그 양은 일상적인 분량보다 네 배가량 많았다. 토착민들의 직접적인 진술에 따르면, 옛날에는 보통 그 정도 되는 양을 선물했던 것 같다. 이를 확인해주는 간접적인 진술들이 많이 있다. 예를 들면, 내가 1915년에 보통의 수확물 선물을 기록하고 또 계산하고 있을 때, 여러 노인은 각각의 얌 창고에 들어온 양이 예전에 받던 양의 4분의 1 혹은 5분의 1밖에 되지 않는다고 내게 말했다. 옛일을 회고할 때 흔히 나타나는 낙천주의를 무시한다면, 옛날에 족장이 받은 우리구부의 평균량은 2만에서 2만 5천 바구니라고 평가하는 것이 적당할 것이다. 다만 현재(1918)는 족장에게 열두 명의 아내가 있지만, 옛날에는 아내가 예순 명에서 여든 명가량 있었다는 점만 기억하면 된다.

얌 창고와 관련해서 각 더미의 대략적인 위치는 〈그림 12〉에서 볼 수 있다. 표의 첫째 단에는 증여자의 이름, 둘째 단에는 그의 마을 공동체, 셋째 단에는 그의 사회학적 기재 사항이 적혀 있다. 넷째 단에는 그가 수확물을 선물해야 하는 족장의 아내들 가운데 한 사람과 맺는 관계, 다섯째 단에는 제공된 바구니 수, 여섯째 단에는 선물의 사회학적 성격이 간략히 표시된다. 마지막 단과 관련해서, 다음의 범주들을 소개할 필요가 있다.

A는 진짜 **우리구부**이다. 그것은 아내의 진정한, 다시 말해서 모계의 친척 남자들이 주는 선물이다.

B는 겉치레 **우리구부**이다. 그것은 비록 친척이 아니지만 친척 역할을 하는 사람이 주는 선물이다.

C는 남계친(男系親) **우리구부**이다. 그것은 아내의 부계(남계친) 친척들이 주는 선물이다.

D는 인척(姻戚) **우리구부**이다. 그것은 족장의 아내의 자매와 결혼한 남자가 주는 선물이다.

E는 가짜 **우리구부**이다. 그것은 친족의 유대관계나 다른 어떤 관계를 수립하려는 겉치레조차 없이, 순전히 인위적인 관계 때문에 제공되는 선물이다.

F는 공물 **우리구부**이다. 그것은 지역 거주민 혹은 수하에게서 거두는 공물이다.

G는 족장의 친척이 족장의 아내들 가운데 한 사람에게 주는 선물이다. 나는 토착민들이 이것을 **코비시**라고 부르는지 혹은 단지 **도디게 브와이마**라고 부르는지 제대로 확인하지 못했다.

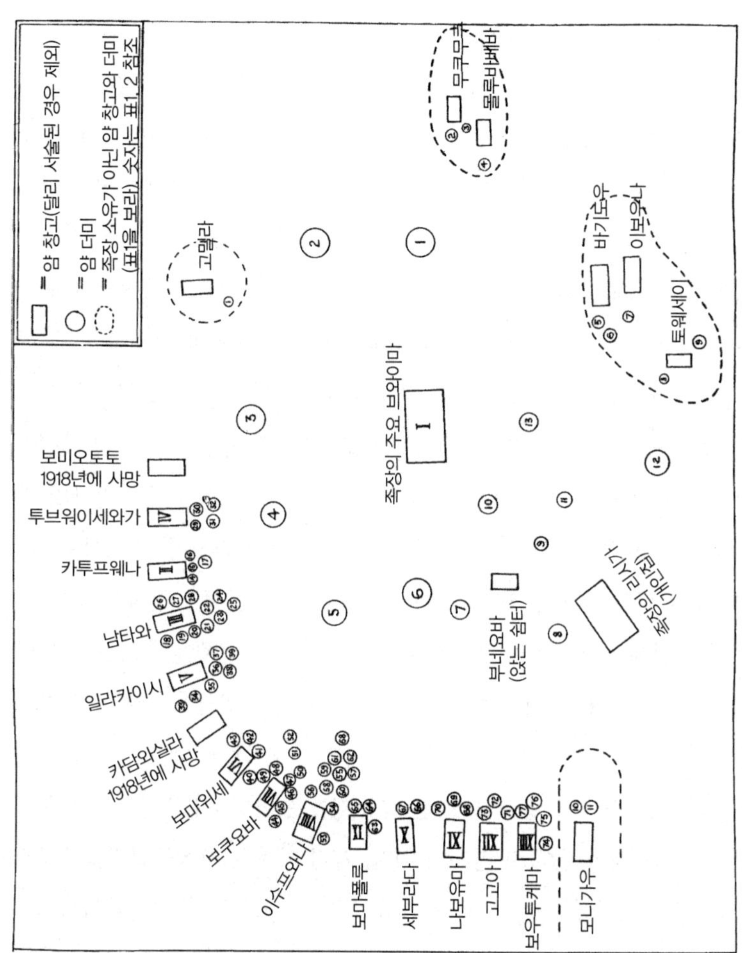

〈그림 12〉 오마라카나의 수확물 전시

표에서 처음 열세 개의 항목은 주요 브와이마를 채운 증여자들을 가리킨다. 대략 이야기하면, 열세 개의 항목 각각은 족장의 아내들 가운데 한 사람에 대응한다. 옛날에는 족장에게 무려 여든 명의 아내가 있었는데, 중앙 창고에 그들 각각을 위한 칸막이방이 마련되었다. 그 무렵에는 칸막이방의 크기가 훨씬 더 컸다고 전해진다. 각 아내의 주요 모계 친척들이 칸막이방 하나씩을 채웠다. 족장의 아내 목록이 겨우 열두 명으로 줄어든 오늘날에는 심지어 이러한 규정조차 수정되었다. 따라서 도표에서 처음 열세 항목 가운데 한 명의 아내(고고아)에 대해서는 어떠한 증여자도 열거되지 않는다. 최근에 죽은 한 명의 아내(보미오토토) 앞으로 여전히 한 사람의 증여자가 기록되어 있지만, 실제로 타이투는 또 다른 아내인 이수프와나의 칸막이방에 저장된다. 또한 족장의 아내들 가운데 원로라고 할 수 있는 보쿠요바의 경우에는 두 사람의 증여자가 그녀의 칸막이방에 농작물을 쌓는다.

이러한 열세 명의 증여자는 한때 북부 맛심 지역 전체에서 가장 중요한 지역 유지들이었다. 이미 말했듯이, 그 무렵 족장은 공물을 바치는 아마도 여든 개가량의 공동체 각각으로부터 아내를 한 사람씩 얻었다. 그러나 이제 어떤 공동체들은 절멸했고, 다른 공동체들은 합병되었으며, 또 다른 공동체들은 아내를 공급하지 않게 되었다. 게다가 무엇보다도 그리스도교와 정부의 영향 때문에 마지막 두세 명의 족장은 새로운 아내를 맞이하기를 꺼리게 되었다. 따라서 아내의 수는 점차 마흔 명(부그와브와가), 서른 명(누마칼라의 통치 초반), 스물네 명(토울루와가 통치를 시작할 때의 숫자), 그리고 1918년에는 열두 명으로 감소했다.[5]

5) 나는 과거에 아내들이 가장 많았을 때의 숫자뿐 아니라 실제 평균적인 아내의 수를 입증하려고 재구성을 시도했고, 다음의 결론에 다다랐다. 유럽인들이 오기 전에, 즉 대략 수백 년 전에는

게다가 옛날에는 공동체마다 족장에게 아내를 한 사람씩 공급했을 뿐 아니라, 그녀의 가장 중요한 여계친(女系親) 친척 남자가 해마다 중앙 창고에 큰 더미를 제공했다. 지금도 오마라카나 주위에 있는 대부분의 주요 마을 혹은 마을 구간의 대표자들은 열세 명의 증여자에 포함된다.

열세 명의 증여자가 준 선물 가운데 직접적이고 확실한 **우리구부** 선물은 여덟 개이며, 우리는 그 유형을 A라고 정의했다. 모계 친족으로 가정되지만 단지 **카카베욜라**, 즉 동일한 하위 씨족도 아니고 그저 동일한 씨족으로 정의되는 관계인 겉치레 **우리구부**의 사례는 두 개(4번과 13번)이다. 7번은 가짜 **우리구부**인데, 왜냐하면 그것은 심지어 같은 씨족에도 속하지 않고 양자결연에 토대를 두고 있기 때문이다. 10번은 남계친(男系親)의 선물이다. 왜냐하면 "아버지"가 그것을 주기 때문이다. 2번은, 만약 그것이 최근에 죽은 보미오토토의 혼령에게 제공된 선물이지만 다른 아내의 칸막이방에 저장된 것이라고 인정한다면, 직접적인 **우리구부**라고 할 수 있을 것이다. 다른 한편, 그것은 겉치레 **우리구부**, B의 사례이기도 한데, 왜냐하면 증여자가 동일한 씨족이라는 점 외에는 어떠한 관계도 말해주지 않기 때문이다.

이제 다른 창고들을 살펴보자. 그 창고들은 각각 한 사람의 특별한 아내에게 배당되어 있다. 나는 그 창고들의 순서를 현지에서 기록했던 대로—걱정스럽게도—다소 임의적으로 나열했다. 이제 와서 순서를 바꾸기가 불편했기 때문이다.

⁘

평균적으로 아내 수가 아마도 예순 명이었고, 많으면 여든 명이었을 것이다. 토울루와 직전의 전임자는 아마 아내가 서른 명 정도였고 많아야 마흔 명을 넘지 않았을 것이다. 유럽인들과 접촉하면서 곧 아내들의 수가 줄어들게 되었는데, 주로 대부분의 공동체들에서 발생한 전염병 때문이었다.

카투프웨나. 여기서는 진짜 우리구부의 사례 한 개와, 남계친 우리구부의 사례 세 개가 나타난다. 남계친의 우리구부 가운데 두 개, 곧 14번과 15번은 다소 불확실한 사례들이다. 왜냐하면 증여자들은 진짜 아버지가 아니라 단지 아버지의 씨족 남자들, 카카베욜라이기 때문이다.

남타와. 여기서는 열한 명의 증여자가 준 진짜 우리구부 다섯 개(18, 19, 26, 27, 28), 아내의 씨족 남자들이 주는 겉치레 우리구부 두 개(20과 21), 인척 우리구부 한 개(25), 남계친 우리구부 한 개(22), 그리고 죽은 아내의 아들들이 남타와에 대한 개인적인 헌신과 두 여자 사이의 우정을 표현하려고 증여한 가짜 우리구부 두 개(23과 24)를 볼 수 있다.

투브워이세와가. 여기서는 진짜 우리구부 한 개(29), 그리고 남계친 우리구부 세 개를 볼 수 있다. 그러나 이것들조차 가짜 남계친 우리구부이다. 왜냐하면 증여자들은 단지 아버지의 씨족 남자들이기 때문이다. 이와 같은 선물은 진정한 우리구부 의무 이외에 또 다른 영향력이 작용하는 사례이다. 투브워이세와가가 대표하는 카이볼라 마을은 족장의 부(富)에 기여해야 하며, 족장의 아내에 대한 가짜 혹은 간접적인 관계는 그녀의 브와이마를 채우기 위해 지어낸 구실이다.

일라카이시. 일곱 명의 증여자 가운데 네 명이 진짜 우리구부를 바친다(33, 34, 38, 39). 한 사람은 그가 거주하기 때문에 공물을 바친다(35). 두 사람(36과 37)은 족장의 또 다른 아내가 낳은 아들들이다. 그들이 일라카이시의 씨족 남자들(카카베욜라)이라면, 그들이 바치는 선물은 겉치레 우리구부로 여겨질 수 있다. 혹은 그들이 죽은 크와담와실라의 아들로서 죽은 어머니의 혼령에게 선물을 바쳤는데 일라카이시가 그것을 처분하는 것이라면, 그것은 진짜 우리구부로 간주된다.

보마워세. 네 명의 증여자 가운데서 둘은 진짜 우리구부(40과 42)를 바친다. 한 사람은 "아버지", 즉 아버지의 누이의 아들(41)이다. 그리고 한 사람은 완전히 가짜 우리구부를 바치는데, 이때 관계는 매우 복잡하며 양자결연에 기초한다(43. 도표의 혈통표 참조).

보쿠요바는 아홉 개의 수확물 선물을 받는데, 그 가운데 두 개만 진짜 우리구부(44와 45)이다. 다른 두 개는 남계친 우리구부이지만, 그중에서 어떤 것도 아버지로부터 받은 진짜 선물이 아니다. 46번은 토착민이 볼 때 아무 관계도 없는, 아버지의 배다른 형제에게서 받은 선물이다. 47번은 완전히 가짜 남계친 친척으로부터 받은 것이다. 그러므로 두 선물은 모두 가짜 우리구부로 분류될 수 있을 것이다. 또 다른 선물 한 개(48)는 오마라카나의 거주자가 바친 공물이며, 세 개는 가짜 우리구부이다. 그 가운데 한 개(45)는 족장의 가장 사랑하는 아들인 남와나 구야우가 보쿠요바에게 개인적인 호의로 바친 선물이다. 두 번째 경우(49)에 일라보바의 혼령에게 바쳐진 선물은 보쿠요바의 브와이마에 저장되는데, 그녀가 증여자의 양어머니이기 때문이다. 세 번째 경우(52)는 관계가 훨씬 더 복잡하다. 증여자가 보쿠요바의 양아들의 남동생이기 때문이다. 이 양아들은 토울루와의 또 다른 죽은 아내의 모계 조카이다. 마지막으로 코비시(51)의 사례도 나타난다. 그것은 남편의 친척 남자가 주는 선물이며, 때로는 코비시라고 불리고, 때로는 단지 도디게 브와이마로 칭해진다.

이수프와나에게는 열 명의 증여자가 있는데, 그들 가운데 세 명(56, 60, 그리고 61)은 진짜 우리구부 증여자이다. 그리고 남계친 우리구부가 한 개(62), 인척의 선물이 두 개(57과 58) 있다. 후자는 진짜 인척 관계도 아니며, 단지 증여자가 이수프와나의 아버지쪽 배다른 자매와 결혼했을 뿐이다. 네 개의 가짜 우리구부 증여자 중에서 둘(53과 54)은 같은 하위 씨족도 아니고 심지어 같은 씨족도 아니다. 그들은 그저 아버지 쪽의 먼 친척들이다.

다음 선물(55)은 옛날에 증여자가 이수프와나의 아버지와 어떤 관계를 맺었다는 구실로 기부된다. 마지막 선물(59)은 증여자의 마을과 그녀의 아버지의 마을이 인접해 있으며 따라서 같은 지역 하위 씨족에 속해 있기 때문에 증여된다.

보마폴루의 세 개의 선물은 두 명의 진짜 우리구부 증여자(63과 65)와 한 명의 남계친 증여자(64)로부터 제공된다.

세부라다의 브와이마를 채우는 사람은 오직 둘뿐이다. 선물 한 개는 진짜 우리구부인데 이 해에는 증여되지 않았고, 다른 하나는 남계친의 우리구부이다.

나보유마는 진짜 우리구부 선물 두 개(68과 69)와 인척의 우리구부 한 개(70)를 받는데, 그것은 실제로는 가짜이다. 왜냐하면 증여자는 그녀의 진짜 자매가 아니라 그녀의 하위 씨족 가운데 한 여자와 결혼했을 뿐이기 때문이다.

고고아는 선물 세 개를 받는데, 두 개는 진짜 우리구부이다. 또 한 개(71)는 인척 우리구부라고 할 수 있을 텐데, 비록 실제로는 훨씬 더 먼 관계이지만 그녀의 아버지라고 불리는 남자로부터 증여되기 때문이다. 혹은 그것은 코비시라고 여겨질 수도 있을 것이다. 왜냐하면 증여자가 토울루와의 친척이기 때문이다.

보우투케마의 네 명의 증여자들은 진짜 우리구부 증여자 두 사람(74와 77)과 남계친 우리구부 증여자 한 사람(76), 그리고 가짜 남계친 우리구부 증여자 한 사람(75)으로 구성된다. 후자의 사례는 증여자가 보우투케마의 친척 여자와 결혼한 경우이다.

우리는 선물을 몇 가지 사회학적 범주들로 구분했는데, 각각의 경우에 족장에게 증여된 바구니의 수를 계산하면 다음의 표를 얻을 수 있다.

A 진짜 우리구부	증여자 35명	9,444바구니
B 겉치레 우리구부	증여자 4명	1,003바구니
A 혹은 B 우리구부	증여자 3명	2,000바구니
C 남계친의 우리구부	증여자 8명	1,430바구니
D 인척의 우리구부	증여자 2명	210바구니
E 가짜 우리구부	증여자 11명	4,114바구니
C 혹은 E	증여자 8명	1,090바구니
D 혹은 E	증여자 2명	251바구니
F 공물 기부	증여자 2명	272바구니
G 코비시 선물	증여자 1명	50바구니
C 혹은 G	증여자 1명	150바구니
	———————	——————
	증여자 77명	20,014바구니

이러한 계산을 살펴보면, 거의 무시해도 좋을 만한 예외를 제외하고는 대부분의 선물이 **우리구부** 유형에 속한다는 점을 즉시 알 수 있다. 왜냐하면 진짜든 가짜든, 남계친이든 인척이든, 정말이든 겉치레이든, A에서 E까지의 범주에 속하는 선물은 족장의 아내들과 관계가 있거나 그렇다고 주장하는 사람들이 족장에게 준 선물임을 의미하는 **우리구부**로 이루어져 있기 때문이다. **우리구부**가 아니거나 의심스러운 마지막 세 개의 항목은 합해서 단지 472바구니인데, 그것은 전체 수익의 겨우 40분의 1 혹은 2.5퍼센트이다. 수하들이 족장에게 선물을 바치게 하는 진짜 동기와 사회적 힘이 무엇이든 간에, 이 표는 그러한 선물을 제공하는 적절한 경로가 **우리구부**, 곧 결혼으로 맺어진 관계에 근거한 수확물 선물이라는 점을 보여준다.

옛날에는 족장이 각각의 공물 공동체로부터 아내를 지속적으로 맞아들였는데, 그 사실은 **우리구부** 원칙이 토착민에게 발휘하는 영향력을 증명해 준다. 친척 여자에게 주기적으로 기부하는 것 외에 다른 방식으로 공물을 바치는 일은 적절하지 못한 처사였다. 오늘날에는 족장이 외부에서 강제된 인위적인 조건 때문에 감히 그렇게 많은 여자들과 결혼하지 않지만, 그럼에도 불구하고 어쨌거나 그에게 공물이 바쳐지고 있다. 그 사실은 전통에 대한 트로브리안드인들의 충성과 헌신, 그리고 충실함을 뚜렷하게 보여준다.

더욱 눈에 띄는 사실이 있다. 곧 그들은 공물이 **우리구부**인 것처럼 보이게 만들어서 공물을 정당화하는 모든 종류의 허구적이고 번거로운 방법을 발명할 필요가 있다고 느낀다는 점이다. 옛날에 남계친 **우리구부**와 인척 **우리구부**가 광범위하게 실천되었는지의 여부는 확인하지 못했다. 아마 그때도 아버지는 자기 딸 때문에 족장에게 선물을 바쳤을 것이다. 왜냐하면 결혼을 통해 족장과 관계를 맺는 것은 그에게 득이 될 뿐만 아니라, 트로브리안드의 남자는 딸에게 상당한 애정을 가지고 있기 때문이다. 그러나 그러한 선물은 확실히 지금처럼 큰 규모로 증여되지는 않았다. 왜냐하면 족장의 가정에는 거의 모든 사람의 모계 친척 여자들이 있었기 때문이다.

우리구부 다음으로 E의 수가 많다는 점을 통해서, 모든 선물이 **우리구부**의 모습으로 바쳐져야 한다는 집요한 원칙이 얼마나 중요한지를 알 수 있다. 왜냐하면 가짜 **우리구부**는 어떠한 혈연관계도 성립할 가능성이 없는 경우에도 이러한 관계가 존재하는 듯이 가장하는 사례를 보여주기 때문이다.

다음의 자료는 이 기록의 주제와 반드시 연관되는 것은 아니다. 이것은 6장의 내용과 관련해서 어느 정도 자료로서의 가치를 지닌다. 이 표에는 오마라카나의 중앙 공터에서 족장의 우리구부와 동시에 전시되도록 허락된 모든 더미가 표시되어 있다. 이 표를 보면, 그 중심지에서 열한 명의 거주민들에게 제공된 전체 선물이 상대적으로 빈약하다는 것을—제공된 바구니들의 합계는 1,003개인데, 그것은 족장이 받은 공물의 5퍼센트도 되지 않는다—알 수 있다. 또한 한 가지 예외를 제외하고는 그 선물들이 우리구부라는 것을 알 수 있다.

〈표 1〉 오마라카나의 다른 거주자들이 받은 우리구부

1. 고밀라, 처남에게 받음, 158. (우리구부)
2. 무쿠무쿠, 토쿨루파이에게 받음, 100. (우리구부)
3. 몰루바베바, 토쿨루바키키(그의 아들)에게 받음, 50. (우리구부)
4. 몰루바베바, 음와타니쿠에게 받음, 60. (우리구부)
5. 바기도우, 미타카타에게 받음, 52. (코비시)
6. 바기도우, 토페울로에게 받음, 150 혹은 170. (우리구부)
7. 바기도우, 이보우나의 남자 형제인 토웨세이에게 받음, 53. (우리구부)
8. 토웨세이, 야탈리시에게 받음, 150. (우리구부)
9. 토웨세이, 모노보그워에게 받음, 40. (우리구부)
10. 모니가우, 무두와우에게 받음, 120. (우리구부)
11. 모니가우, 모야데다에게 받음, 70. (우리구부)

〈표 2〉 1918년오마라카나의 카야사 수확에서 토울루와의 수확물 선물

약어들과 토착용어들의 목록

g. = 구야우 – 높은 신분의 족장
gg. = 굼구야우 – 낮은 신분의 족장
Lb. = 루쿠바 씨족
Ls. = 루크와시시가 씨족
Lt. = 루쿨라부타 씨족

t. = 토카이 – 평민
오시수나 = 마을의 주변 환경
토카라이와가 = 우두머리
톨리와가 = 하위 신분의 족장
베욜라 = 친족 남자

I 증여자의 이름	II 마을 공동체	III 증여자의 사회학적 기재사항	IV 족장 아내와의 관계	V 바구니의 수	VI 선물의 사회학적 정의
		I. 주요 브와이마			
1. 크워야빌라	수바알루, 릴루타의 교외	수바알루의 카라이와가, Ls. 크워이나마	이수프와나의 남자 형제	1,514	A
2. 심다리세 와와	음타와	토카라이와가, Ls. t. 달라 : 메틸라와가	보미오토토의 언니의 아들. 이수프와나에게 할당된 기부	1,990	A 혹은 B*
3. 쿠마탈라	얄루왈라, 크와이브와가의 교외	토카라이와가, 토워시. Ls. t. 오시수나 크와이브와가에서 나왔다.	일라카이시의 어머니의 남자 형제	1,454	A
4. 음와그와야	윌로바우, 다야길라의 교외	윌로바우의 토카라이와가. Lb. t.	남타와의 카카베욜라	443	B
5. 왈라시	카이볼라	자기 동네의 토카라이와가. Ls. t. 크워이나마	투브워이세와가의 남자 형제	500	A
6. 토크왐나폴루	쿨루비투(오불라볼라, 크와이브와가의 교외에서 생활)	그의 아버지가 사망하면서 오불라볼라의 카라이와가가 된다. Ls. t.	보마위세의 남자 형제	1,120	A
7. 토쿠나사이 구야우	카이타가바, 크와이브와가의 주요 교외	크와이브와가의 토카라이와가. Ls. gg. 부라야마.	보쿠요바의 "양자" 아들. 이것은 진짜 양자결연의 사례가 아니다. 보쿠요바는 그의 진짜 어머니, 일라보바가 죽은 뒤 그를 돌보았다.	802	E

*2번은 보미오토토의 것으로 계산하면 A, 이수프와나의 것으로 계산하면 B이다.

8. 토우라파타	와갈루마	토카라이와가(보조적). Ls. t. (부분적인 톨리와가). 달라: 우도카카파투, 시카푸에서 부라야마와 함께 나왔다.	보마폴루의 언니의 아들	200	A
9. 토우마	오카이보마, 얄루무그와의 진짜 마을	오카이보마의 카라이와가. Ls. t. 얄루무그와 근처에서 나왔다.	나보유마의 남자 형제	100	A
10. 음크와이시푸	음타와의 교외	자기 동네의 카라이와가. Ls. t. 라바이에서 나왔다.	세부라다의 "아버지". 실제로는 그녀의 진짜 아버지의 모계 조카	100	C
11. 모누마도가	틸라카이바	틸라카이바의 카라이와가. Lb. t. 오시수나 틸라카이바에서 나왔다.	보우투케마의 남자 형제	120	A
12. 카니우	릴루타	카라이와가. Lb. 음와우리	카투프웨나의 남자 형제	1,054	A
13. 필루우울라	다야길라	카라이와가. Lb. t.	보쿠요바의 씨족 남자	350	B
Ⅱ. 카투프웨나의 브와이마					
14. 타고나	쿠도카빌리아	교외의 토카라이와가. M. t. 지역 출신.	카투프웨나의 아버지의 씨족 남자	350	C 혹은 E
15. 멜리가타	쿠도카빌리아	쿠도카빌리아의 교외의 카라이와가. M. t. 14번의 베욜라	카투프웨나의 아버지의 씨족 남자	100	C 혹은 E
16. 메나나그와	릴루타	음와우리. Lb. gg.	카투프웨나의 "남자 형제". 어머니의 자매의 아들	100	A
17. 구마카와이	릴루타에서 생활	M.t.	자기 아버지	120	C
Ⅲ. 남타와의 브와이마					
18. 토브와울리	카프와니	카라이와가. 카프와니의 교외. Ls. t. 카프와니	어머니의 남자 형제	130	A

19. 음와 나부그와	카프와니	카라이와가, 카프와니의 교외. Ls. t. 18번의 베욜라	그녀의 언니의 아들	140	A
20. 토고울라 리쿠	이달레야카	마을의 토카라이와가 그리고 토워시. Ls. t.	씨족 남자	100	B
21. 모칼라이마	이달레야카	Ls. t. 20번의 베욜라	씨족 남자	110	B
22. 와가브왈리타	유와다(이달리야카 근처에서 생활)	M. t.	"아버지", 진짜 아버지의 친척 남자	100	C
23. 톰와코우	음타와	교외의 토카라이와가. Ls. t. 메틸라와가	보미오토토의 아들이며 대신 남타와에게 바친다	250	E
24. 세투크와	음타와	Ls. t. 메틸라와가	23번의 남자 형제	80	E
25. 토리요바	오마라카나에서 생활, 진짜 마을은 카이볼라	남타와의 여동생인 보도유와와 결혼했기 때문에 오마라카나에서 생활	그는 그러한 이유로 남타와의 브와이마를 채운다	60	D
26. 음와이다일리	오마라카나	Ls. t. 음와네이	아들	100	A
27. 몰루도부	오카이보마	Ls. t. 음와네이	"남자 형제", 동일한 하위 씨족과 세대의 구성원	200	A
28. 나브와수와	오마라카나	Ls. t. 음와네이	아들	50	A
			Ⅳ. 투브워이세와가의 브와이마		
29. 기요움	카이볼라	Ls. t. 크워이나마	자매의 아들	100	A
30. 워이나마	카이볼라	M. t. 카이볼라 어딘가에서 나왔다.	"아버지", 아버지의 씨족 남자	200	C 혹은 E
31. 기누쿠와우	카이볼라	M. t. 카이볼라 어딘가. 그러나 30번과 동일한 달라는 아니다.	"아버지", 아버지의 씨족 남자	100	C 혹은 E

32. 모킬라발라	루에빌라	M. t. 라바이에서 나왔다.	"아버지", 아버지의 씨족 남자	100	C 혹은 E
		V. 일라카이시의 브와이마			
33. 기요탈라	카이볼라에서 생활. 진짜 마을은 얄루왈라	Ls. t. 오시수나 크와이브와가에서 나왔다(3번과 동일).	그녀의 외삼촌	100	A
34. 토워사와	얄루왈라	33번의 손위 남자 형제	그녀의 외삼촌	50	A
35. 모니가우	오마라카나	그가 오마라카나에 살기 때문에 그녀의 브와이마를 채운다. Ls.	씨족 남자	100	F
36. 요부크와우	오마라카나, 진짜 마을은 릴루타	Ls. gg. 릴루타	죽은 크와담와실라의 아들들	50	A 혹은 B
37. 칼로구사	–	36번의 남자 형제		50	A 혹은 B
38. 모니타바이	캄맘왈라에서 생활. 진짜 마을은 얄루왈라	Ls. t.	오빠	100	A
39. 브와일루사	오마라카나에서 생활, 진짜 마을은 얄루왈라	Ls. t.	"할아버지", 그녀의 외할머니의 남자 형제	50	A
		VI. 보마위세의 브와이마			
40. 바욜리	쿨루비투	Ls. t. 6번의 남동생.	자신의 남자 형제	490	A
41. 마니무와	오불라볼라	M. t. 오불라볼라에서 나왔다.	"아버지", 진짜 아버지의 모계 조카	350	C
42. 불루브와이시가	오불라볼라에서 생활, 진짜 마을은 쿨루비투	Ls. t.	어머니의 남자 형제	100	A

43. 타와이	카이타가바에서 생활, 진짜 마을은 와카이세의 일부인 마도야	Lb. t. 음와도야 근처에서 나왔다.	증여자는 보마위세의 남자 형제의 아들을 양자로 들였으며, 그녀와 그의 관계는 타불라 – 농담 관계(joking relationship)[6]	150	E

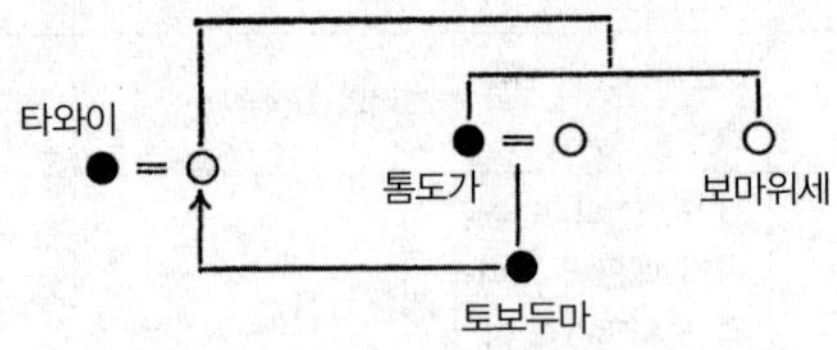

VII. 보쿠요바의 브와이마					
44. 모카이프웨스	캄맘왈라	캄맘왈라의 토카라이와가, 토워시, 그리고 키리위나의 주요 요술사. Lb. 투다바	"남자 형제", 공통의 외할머니	380	A
45. 남와나 구야우	오사폴라	토카라이와가 오사폴라. Ls. 크워이나마. 최근 사망한 아내, 카담와실라의 맏아들	보쿠요바와는 관계 없음. 단지 그가 어렸을 때 그녀는 그에게 특별히 잘 대해주었다.	250	E

6) 〔역주〕 개인이나 집단 사이에 제도화된 사회적 상호작용의 하나로서, 놀리거나 농담을 주고받을 수 있는 관계를 의미한다. 이러한 농담 관계에는 두 종류가 있다. 균형적 농담 관계인 경우에는 서로 농담을 할 수 있지만, 비균형적 관계인 경우에는 한쪽만 농담을 할 수 있고 다른 쪽은 할 수 없다. 농담에는 음탕한 말, 욕설, 난폭한 장난 등 여러 가지가 있다. 농담 관계에는 우정과 적대감이 섞여 있다. 갈등이나 경쟁의식이 생길 경우에 농담은 이것을 피하기 위한 행동으로서 나타난다. 예를 들어 사회적으로 용인될 수 없는 행위에 대한 농담은 그러한 행동에 대한 경고로 사용되기도 한다. 한편 인류학자 래드클리프 브라운(Radcliff-Brown)은 부계사회에서는 존경과 복종, 의무를 바탕으로 하는 회피의 규칙이 부자관계를 지배하는 반면, 응석이 허용되는 어머니와 자식 간의 관계는 농담의 규칙이 지배적이며, 모계사회에서는 반대의 관계가 형성된다고 보았다. *Encyclopædia Britannica Online*, "joking relationship" 참조.

46. 야디워이가	크와이브와가	M. t. 크와이브와가 근처에서 나왔다.(음쿠넬라)	아버지가 같은, 배다른 남자 형제. 그러므로 진짜 친척 남자가 아님	100	C 혹은 E
47. 카기다크와	오불라볼라, 교외 와카이세	M. t. 음웨이도우의 달라	그는 보투요바의 "남자 형제"이다. 왜냐하면 그의 아버지와 그녀의 아버지가 같은 달라에 속했기 때문이다.	100	C 혹은 E
48. 칼룸와이워	빌로무그와(오마라카나에 거주하는 수하)	Ls. 모요비시; 출현 구멍은 무쿠넬라	칼룸와이워의 아버지는 이전에 동일한 창고를 채우곤 했다. 부계 상속 의무로서 우리구부를 바친다.	172	F
49. 토누와부	크와이브와가(7번과 동일)	–	진짜 어머니 일라보바. 양자 아들(7번 참조)	252	E
50. 부코우	얄루무그와에서 생활	Lb. 투다바	같은 하위 씨족에 속하는 한 그녀의 "남자 형제"	40	A
51. 몰루바베바	오마라카나	말라시, 타발루	토울루와의 친족 남자	50	G
52. 기욜리쿨리쿠	오카이보다	Ls. 톨리와가; 브와이다가에서 나왔다.	보쿠요바가 양자로 삼은 야부기보기의 남동생. 따라서 그녀의 "아들"로 불린다.	100	E
VIII. 이수프와나의 브와이마					
53. 음와부와	유와다	M. t. 유와다의 지역 하위 씨족	그녀의 "아들"이라고 불리지만, 동일한 하위 씨족 혹은 씨족이 아니다. 아버지 쪽의 관계	250	E
54. 무라마타	음타와	Ls. t. 메틸라와가	2의 모계 조카. 따라서 실제로 선물은 죽은 모미오토토 때문에 제공된다.	1,380	E
55. 토누비야카	음타와	M. t. 음타와	완전히 가공의 관계. "아버지". 옛날에 조상들이 이러한 관계를 수립했기 때문이다.	250	E

56. 토크워요울로	오사폴라	Ls. 크워이나마	"남자 형제". 그들의 외할머니는 동일인이다.	450	A
57. 부야빌라 키리월라	요그와부(릴루타에 거주)	M. t. 칼루바우 하위씨족; 불리마울로 구멍	"오빠". 왜냐하면 이수프와나의 언니와 결혼했기 때문이다.	150	D
58. 토보요와	와카일루와	M. t. 와카일루와	"남동생". 왜냐하면 이수프와나의 배다른 자매와 결혼했기 때문이다.	201	D 혹은 E
59. 카바이쿨라	카울라구	M. t. 카울라구	완전히 지어낸 이유로 이수프와나의 "아들". 그의 마을과 그녀 아버지의 마을은 인접해 있으며 동일한 지역 하위씨족이기 때문이다.	350	E
60. 고밀라	오마라카나	크워이나마. Ls.	"오빠", 그들의 외할머니는 동일인이다.	180	A
61. 토미오바우	오카이보다	크워이나마. Ls.	"오빠", 매우 멀지만 진짜 친척 남자	160	A
62. 기요카이타파	요우라워투	M. t. 요우라워투	"아버지", 왜냐하면 진짜 아버지의 모계 조카이기 때문.	120	C
			IX. 보마폴루의 브와이마		
63. 이노시	오마라카나	Ls. t. 사카푸	아들	120	A
64. 브와이사이	오보와다	M. t. 오보와다	"아버지". 진짜 아버지의 모계 조카	240	C
65. 칼루바쿠	와갈루마	와갈루마의 카라이와가. Ls. t. 브와라: 사카푸	진짜 남자 형제 (노인)	50	A
			X. 세부라다의 브와이마		
66. 모실라펠라	음타와	Lt. 음타와에서 나왔다.	"아버지". 진짜 아버지의 남동생	380	C
67. 카이발라	로부아	Lb. 굼구야우	어머니의 남자 형제	그는 이번 해에 아내가 죽었기 때문에 바치지 않았다.	A

XI. 나보유마의 브와이마					
68. 디도이	얄루무그와	Ls. t. 얄루무그와	"남자 형제". 동일한 외할머니	50	
69. 카디나카	카이투비	Ls. t. 68번과 동일한 달라	"남자 형제". 동일한 하위 씨족과 세대의 구성원	10	A
70. 크왈루마	크와이브와가	M. t. 크와이브와가	"오빠"라고 불린다. 왜냐하면 동일한 하위 씨족의 다른 계통에 속한 "언니"와 결혼했기 때문이다.	50	D 혹은 E
XII. 고고아의 브와이마					
71. 무쿠무쿠	오마라카나	M. 타발루	그녀의 "아버지"라고 불린다. 그녀의 아버지인 타우리시 구야우의 할머니와 무쿠무쿠의 할머니는 동일인이기 때문이다.	150	C 혹은 G
72. 모카이워리	빌라일리마	Ls. gg. 크워이나마	어머니의 남자 형제	60 (혹은 그 이하)	A
73. 크와이바우 구야우	빌라일리마	Ls. gg. 크워이나마	"아들", 즉 언니의 아들	50	A
XIII. 보우투케마의 브와이마					
74. 토비야마이	틸라카이바	Lb. t.	"남자 형제", 그들은 외할머니가 같다.	110	A
75. 토웰릴라	바카일루바	M. t. 바카일루바의 지역 하위 씨족	"아버지". 그가 "어머니"와 관련된 여자와 결혼했기 때문이다.	40	C 혹은 E
76. 모노보그워	바카일루바	M. t. 바카일루바	"아버지". 보우투케마의 아버지의 친척 남자	20	C
77. 토울로부	틸라카이바	Lb. t.	어머니의 남자 형제	12	A

기록 3

족장이 받는 수확물 선물의 감소

(6장 1절)

불행히도 나는 오늘날 족장이 받는 일상적인 수확물 선물에 대해서 충실하게 기술할 수 없다. 내가 그것을 유일하게 목격했던 1915년에는 수확물 기부의 사회학적 토대를 아직 이해하지 못하고 있었기 때문이다. 나중에 나는 실수를 어느 정도 바로잡을 수 있었고, 적어도 한 가지 측면에서는 오늘날 토울루와가 받는 일상적인 수확물 선물을 상당히 정확하게 재구성했다고 생각한다. 그러나 어떤 것도 사회 활동이 진행되는 동안 작성한 믿을 만한 기록을 대신할 수 없다.

그렇지만 나는 현지조사의 어려움을 몇 가지 예시하고, 어떻게 민족지학자가—과학적으로 무가치한—분리된 사실들의 뒤범벅에서부터 시작해서 점차 이러한 사실들의 바탕에 깔려 있는 원칙들을 찾아내고, 그의 관찰에 의미를 부여하고 질서를 세우게 되는지를 보여주기 위해서 나의 초기 실수들을 활용하려고 한다(부록 2 참조).

1915년에 처음 오마라카나에 왔을 때, 나는 당연히 족장이 받는 농작물은 백성이 바치는 "공물"이라고 가정하면서 조사연구를 시작했다. 또한 나는 개인들이 아니라 마을 공동체들이 이러한 공물을 바친다는 인상을 받았다. 족장이 중앙 공터의 큰 얌 창고를 "소유"하며, 주위의 창고들은 그의 아내들에게 "속한다"고 믿게 되면서, 나는 족장의 중앙 **브와이마**(얌 창고)를 채우고 그에게 공물을 제공하는 공동체들의 목록을 작성하려고 애썼다. 그렇지만 조사를 진행할 때 토착민들은 공동체를 이야기할 경우에도 항상 한두 명의 개인 이름을 댔고 언제나 이들과 족장의 아내들 가운데 한 사람과의 관계를 언급했기 때문에, 나는 당혹스러움을 느꼈다. 다음은 내 필드 노트에서 인용한 것이다.

"토울루와는 **바쿠** 한가운데에 큰 **브와이마** 한 채를 가지고 있다. 다음 사람들이 그 창고를 **카울로**로 채운다.

마을	남자
카이볼라	기요탈라, 일라카이시의 **카달라**.
	모킬라발라, 투브워이세와가의 아버지.
다야길라	필루우울라, 보쿠요바의 남자 형제.
	음와그와야, 남타와의 **카달라**.
음타와	심다리세 와와, 보미오토토의 아버지.
릴루타	코야빌라, 이수프와나의 남자 형제.
크와이브와가	타와이, 보마워세의 남자 형제.
오마라카나	남와나 구야우, 토울루와의 아들.
틸라카이바	토비야마이, 보우투케마의 남자 형제.
와카일루와	모노보그워, 보우투케마의 아버지.
	토보요와, 이수프와나의 아버지.
와갈루마	칼루바쿠, 보마폴루의 남자 형제.

토우라파타, 보마폴루의 아들.

카이투비 레이도가, 나보유마의 남자 형제.

이 목록은 족장에게 해마다 타이투 공물을 제공하는 마을 공동체들과 마을의 우두머리 남자들을 나타낸다."

이미 알고 있는 사실에 비추어볼 때, 한편으로 위의 목록은 해마다 족장이 받는 수확물 소득에 대해 전체적으로 잘못된 인상을 전해준다. 다른 한편으로, 그것은 세부적으로도 부정확하다. 항목들 가운데 관련된 원칙의 사회학적 정의나 선물의 일반적 성격이 완전히 정확하게 기재된 것은 단지 두 항목(칼루바쿠와 기요탈라)뿐이다.

나머지 항목들의 친족 정의는 대체로 근사치일 뿐이다. 그 무렵 나는 정확한 계보학적 관계를 조사할 필요가 있다는 점을 충분히 잘 알고 있었지만, 각각의 사례에서 그것을 규명할 만큼 충분한 자료를 확보하지 못했다. 그 점을 제외하고는, 목록은 거의 정확하다. 가령 투브워이세와가의 "아버지"인 모킬라발라는 보통 수확기에 농작물을 기부하지만, 그 방식은 간접적이다. 즉 자신의 아들이면서 그녀의 실제 남자 형제인 왈라시를 도와줌으로써 간접적으로 기부한다. 다야길라의 필루우울라는 보쿠요바를 위해 수확물을 선물하는 주요 증여자이지만, 그녀의 남자 형제가 아니라 단지 같은 씨족의 구성원일 뿐이다. 위의 목록에서 남타와의 외삼촌으로 묘사되는 음와그와야는 단지 그녀의 먼 친척일 뿐이다(다음의 표를 보라). 보미오토토에게 정기적으로 식량을 공급하는 심다리세 와와는, 내가 여기서 말한 것처럼 그녀의 아버지가 아니라 그녀의 '아들', 즉 그녀의 언니의 아들이다. 이러한 착오가 생긴 까닭은 유럽인이 친족 용어의 소유대명사를 파악하기 어렵기 때문이다. 나는 "보미오토토 자식 그의"라는 말을 들었다. 그 말이 실제로 의미하는 바는 "그는 그녀, 보미오토토의 자식이다."라는 것이었다. 그러나 나는 이 말을, 다른 많은 경우들에서도 그랬듯이, "보미오토토는 그의 자식이다."라는 뜻으로 이해했다.

크워야빌라는 그의 진짜 누이인 이수프와나에게 카울로를 제공한다. 그러나 그는 릴루타의 우두머리가 아니며 단지 그 인근 지역들 가운데 하나인 수바얄루의 우두머리일 뿐이다. 다른 한편, 타와이는 보마위세의 주요 증여자가 아니다. 그는 사실 그녀의 매우 먼 친척이며 혈연 친족이 아니다. 그녀의 진짜 남자 형제인 토크왐나폴루가 그녀의 주요 우리구부 증여자였다. 그렇지만 정보 제공자들 가운데 타와이의 친구 혹은 가까운 친척 남자가 포함되어 있었고, 게다가 이것은 내가 모든 사회학적인 세부사항을 추적한다는 사실을 토착민들이 제대로 이해하기 전에 시험적으로 수집한 정보였기에, 그러한 실수는 쉽사리 일어날만한 것이었다.

남와나 구야우는 수확물 선물을 정기적으로 자기 아버지에게 가지고 갔고, 우리는 1918년의 목록에서 그의 이름을 찾아볼 수 있다. 그러나 그는 1916년에 떠나온 오마라카나를 대표하지 않으며, 오히려 릴루타의 교외 지역인 오사폴라를 대표한다. 이 우리구부의 명목상의 증여자는 남와나 구야우의 친척이며 오사폴라의 우두머리인 피리보마투이다.[7] 또한 나는 토비야마이 대신에 형이며 보우투케마의 진짜 형제인 모누마도가(기록 2의 11번)를 열거했어야 했다. 모노보그워(76번)는 보우투케마의 먼 남계친 친척인데, 증여자들 가운데 눈에 띄는 인물은 아니다. 토보요와(58번)는 이수프와나

7) 1918년에 카담와실라가 죽었고, 따라서 피리보마투는 주요 브와이마의 증여자 목록에 나타나지 않는다.

의 아버지가 아니며, 오히려 그녀의 배다른 자매와 결혼한 그녀의 인척이다. 또한 그는 족장의 증여자들 가운데서 완전히 보조적인 역할을 한다.

내가 말했듯이, 칼루바쿠(65번)는 보마폴루의 진짜 남자 형제이며, 1915년에는 족장의 증여자에 포함되어 있었지만, 1918년에는 너무 늙어서 토우라파타(8번)가 그를 대신해서 기부했다. 레이도가는 기록 2의 목록에 전혀 등장하지 않는다. 나는 때때로 그가 진짜 친척인 카디나카(69번)와 함께 기부한다고 들었다.

세부사항에 대해서는 이쯤 해두기로 하자. 위의 짧은 목록은, 세부적으로 수정하더라도, 일반적으로 여전히 잘못된 인상을 준다. 왜냐하면 그 목록은 각각의 선물이 우두머리가 자기 공동체를 위해서 족장에게 바치는 공물임을 암시하기 때문이다. 실제로 이것은 거의 옳다. 왜냐하면 우두머리가 **우리구부** 선물을 바쳐야 할 때, 그는 종종 공동체의 다른 구성원들의 도움을 받기 때문이다. 그러나 그러한 진술은 거래 전체의 법적 원칙을 왜곡한다. **우리구부**는 한 사람의 개인이 결혼을 통한 관계 때문에 또 다른 개인에게 지는 의무이다. **우리구부**는 공물이 아니지만, 족장의 일부다처제를 통해서 전체 지구가 그러한 의무를 지게 되는 한, 그리고 각각의 공동체에서 수많은 남자들이 가장 중요한 지역 유지들을 도와줌으로써 그 양이 크게 늘어난다는 점에서는 공물과 마찬가지이다.

나는 이 기록을 작성할 때, 그리고 그 이상의 조사들을 진행하면서 저질렀던 바로 그 실수들을 통해서 **우리구부**의 진정한 성격을 발견하게 되었다. 나는 족장이 받은 엄청난 선물들은 결혼 기부이며, 그것들은 모든 남자가 처남에게 그녀 가구의 생계를 위해 제공하는 기부와 동일한 성격을 지닌다는 점을 이해하게 되었다. 위의 목록에서 수정해야 할 가장 중요한 사항들 가운데 하나는 각각의 공동체를 통합된 전체로서 다루기보다는 각각의 마을 복합체를 그것을 구성하는 부분들로 차별화하는 것이었다.

족장의 수익은 사적인 결혼 선물인 동시에 어떤 의미에서는 공물이다. 왜냐하면 족장은 각각의 작은 촌락마다 그곳의 통치자 가족의 소녀와 결혼하며, 따라서 각각의 우두머리는 족장에게 선물을 기부하는 그의 처남이 되기 때문이다. 그 우두머리는 자기 마을의 거의 모든 사람으로부터 물질적인 도움을 받아서 기부하기 때문에, 족장은 전체 영토의 경제적 자원을 거둬들이는 셈이 된다(기록 2 참조). 다른 어딘가에서 설명했지만, 족장

1916년에 산출한 목록

아내	증여자	아내와의 관계	공동체
1. 보쿠요바	필루우울라(13번)	"남자 형제"(실제로는 단지 씨족 남자)	다야길라
2. 남타와	음와그와야(4번)	진짜 남자 형제(실제로는 단지 씨족 남자)	윌로바우
3. 보미오토토	심다리세 와와(2번)	그녀의 "아들"	음타와
4. 카담와실라(1918년 전에 사망)	피리보마투	"남자 형제"(그녀 어머니의 자매의 아들)	오사폴라
5. 보우투케마	모누마도가(11번)	남자 형제	틸라카이바
6. 보마워세	토크왐나폴루(6번)	남자 형제	크와이브와가의 교외 지역인 오불라볼라
7. 보마폴루	칼루바쿠(65번)	남자 형제	와갈루마
8. 이수프와나	크워야빌라(1번)	남자 형제	수바얄루
9. 나보유마	토우마(9번)	남자 형제	오카이보마
10. 투브워이세와가	왈라시(5번)	남자 형제	카이볼라
11. 일라카이시	기요탈라(33번)	카달라	얄루왈라
12. 세부라다	카이발라(67번)	카달라	로부아
13. 고고아	모카이워리(72번)	카달라	빌라일리마
14. 카투프웨나	카니우(12번)	남자 형제	릴루타

증여자 이름 옆에 괄호 친 숫자는 기록 2의 〈표2〉에서 제시된 번호이다.

의 수익은 수확물 선물에만 제한되지 않는다. 족장은 코코넛, 빈랑나무 열매, 그리고 돼지도 공물로 받는다. 또한 족장은 제조업의 여러 부문에서도, 그리고 자연 자원을 경제적으로 이용할 때에도 일정한 양을 징수한다(제1부 10절 참조).

내가 최초의 표를 작성할 때 저지른 또 다른 실수는 세 명의 아내, 곧 고고아, 세부라다, 그리고 카투프웨나를 완전히 빠뜨렸다는 점이다. 고고아를 위해서 주요 창고를 채우는 증여자는 없었다. 왜냐하면 그녀는 오마라카나에서 약 15마일 떨어져 있으며 가는 길도 매우 험한 빌라일리마 마을 출신이었기에, 대규모로 기부할 물건을 운반하는 일이 쉽지 않았기 때문이었다. 옛날에는 해마다 빌라일리마의 우두머리가 수백 바구니의 타이투를 거대한 프리즘 모양의 용기들에 채워넣어서 섬을 가로지르고 습지와 산호바위들을 지나서 오마라카나로 가져오곤 했다고 한다. 그러나 오늘날 그녀의 고향에서 오는 주요 기부 품목은, 알 수 있듯이(72번과 73번), 각각 50바구니와 60바구니 정도의 작은 선물 두 가지로 구성되는데, 그것은 옛날보다 훨씬 적은 양이다.

세부라다와 카투프웨나는 정기적으로 받는 그들의 몫을 족장에게 바쳐서 족장의 주요 창고에 넣어두었다.

나중에 1915년과 1916년에 현지조사를 수행하는 동안, 나는 여기서 간략하게 요약한 일반적인 시각 및 세부사항을 바로잡는 일에 점차 몰두하게 되었다. 나는 1916년에 키리위나를 떠나기 전에 도표를 재구성할 수 있었는데, 다음의 표는 이름의 철자 한두 개만 약간 수정해서 그대로 옮겨놓은 것이다. 그것은 기록 2의 처음 열세 개의 항목들과 매우 밀접하게 대응한다.

이 목록을 기록 2의 목록과 비교해보면, 놀랍게도 네 가지 점에서만 차이가 나며, 그러한 차이는 쉽게 설명될 수 있다.

1918년에는 카담와실라가 사망했기 때문에 피리보마투는 더 이상 증여자에 포함되지 않았고, 그의 이름이 삭제됨으로써 1916년에는 항목이 열네 개였지만 1918년에 주요 브와이마를 채우는 사람들의 숫자는 열세 명으로 축소된다.

1918년에 일라카이시는 어머니의 남자 형제인 콤마탈라로부터 자기 몫을 받았는데, 그해에 매우 중요한 행사가 있었기 때문이다.[8] 보통 그녀의 주요 증여자는 콤마탈라의 남동생인 기요탈라였다. 예전에는 우리구부 의무가 아마도 정기적으로 콤마탈라에게 부과되었을 것이다. 그러나 백인들의 통치하에 일종의 탈집중화가 이루어지면서, 하위 족장은 최고 족장에 대한 의무에 다소 소홀하게 되었다.

1918년에 세부라다가 받은 몫은 그녀의 "아버지"(고종사촌, 아버지의 누이의 아들)가 증여한 것이다. 왜냐하면 그는 음타와에서 사는데, 카야사에서 가장 치열한 경쟁자들은 음타와, 릴루타, 그리고 크와이브와가 사람들이었기 때문이다. 평소에는 로부아에 거주하는 그녀의 진짜 외삼촌인 카이발라가 주요 브와이마에서 그녀의 칸막이방을 채운다.

고고아는 이미 언급한 이유들 때문에 기록 2의 처음 열세 개의 항목에는 나타나지 않지만, 주요 브와이마에는 여전히 그녀와 그녀 혈통의 몫으로 확고한 자리가 할당되어 있다. 왜냐하면 빌라일리마는 옛날부터 족장에게 아내를 정기적으로 제공해왔던 서열이 높은 공동체였기 때문이다.

그렇지만 내가 저지른 가장 큰 실수는 따로 있다. 1915년의 목록과 1916년의 목록을 그저 골동품으로 만들어버린 그 실수는, 다른 곳에서와

8) 〔역주〕 1918년에 예외적으로 큰 규모의 수확물 경연이 조직된 것을 가리킨다.

마찬가지로 오마라카나에서도 족장의 우리구부 가운데 일부만이 족장 자신의 식량창고 속에 들어간다는 것을 내가 세 번째 탐험 때까지도 제대로 파악하지 못했다는 점이다. 나는 1918년 수확기에 족장 아내들의 창고에 쌓이는 식량도 계산해야 한다고 깨달았지만, 평년에 정확히 무슨 일이 일어나는지를 파악하기엔 너무 늦었다. 그렇지만 나는 1918년에 증여된 타이투의 양은 대략 평년보다 네 배가량 많았다고 생각한다. 1918년에 큰 브와이마는 넘치도록 채워졌으며 1915년에는 단지 4분의 1 정도가 채워졌다. 따라서 나는 평년의 수확량이 약 5,000바구니이며, 그 가운데 2,500바구니는 주요 창고에, 다른 2,500바구니는 아내들 각각의 작은 브와이마에 저장된다고 생각한다.

족장의 수확물과 관련해서 지적할 부분이 하나 더 있다. 옛날에는, 1918년에도 그랬지만, 족장의 아들들 가운데 상당히 많은 수가 오마라카나에서 계속 살았다. 1918년에는 토울루와의 약 열여덟 명의 아들들이 그와 함께 살면서 저마다 자기 어머니를 위해서 일했다. 기록 2에서는 아들들 가운데 여덟 명이 표시되어 있다. 사실, 여느 해에는 그 수가 더 많았을 것이다. 왜냐하면 1918년에 아들들 가운데 일부는 그들의 모계 친척들과 힘을 합쳐서 숫자 1, 2, 3, 6, 7, 12, 그리고 54로 표시된 매우 큰 더미들에 기부했기 때문이다.

평년에는 아들들이 모두 자기 어머니와 함께, 자기 어머니를 위해서 일하기 때문에 문제는 좀 더 복잡해진다. 해마다 카야쿠에서 수많은 발레코가 족장의 아내들 각각에게 배당된다. 이 발레코는 구바카예키로 일컬어지며, 거기서 나온 농작물 타이툼왈라는 관련된 아내에게 돌아간다. 이러한 농작물을 생산할 때 각 아내의 아들들은 상당히 많은 역할을 한다. 또한 많은 작업은 공동 노동으로 진행되는데, 족장은 이를 위해 수하들을 소집한다.

그러한 경작지들의 농산물은 **우리구부**로 여겨지지 않을 것이며, 그것은 어떠한 목록에서도 드러나지 않을 것이다. 따라서 족장의 아들들은 이중의 방식으로 족장의 부(富)에 기여하는데, 첫째는 직접적으로 어머니의 가구를 위해 한두 개의 **우리구부** 소구획을 수확함으로써, 둘째로는 간접적으로 **구바카예키** 소구획에서 작업해서 자기 어머니를 도움으로써 그렇게 한다.

따라서 족장의 전체 수익을 계산할 때 기억해야 할 것은, 그의 아들들의 직접적인 기부가 **우리구부**에 더해져야 한다는 점이다. 요즈음 아들이 직접 기부하는 양은 저마다 100바구니를 넘지 않을 것이다. 곧 모두 합쳐서 대략 2,000바구니를 초과하지 않을 것이다. 옛날에 트로브리안드인들이 아이를 훨씬 더 많이 낳았을 때에는, 즉 옛날의 가계도로 미루어 보아 족장의 아내에게 평균적으로 네댓 명의 아들이 있었고 족장에게 약 예순 명의 아내가 있었을 때에는, 직접적으로 족장을 위해 일하는 청소년과 청년의 수는 이백 명에 달했을 것이다. 그 당시 오마라카나의 크기는 1918년 무렵보다 두 배가량 컸고, 지금은 소멸된 또 다른 큰 정착지인 옴람왈루와가 오마라카나와 나란히 있었다. 또한 오늘날 카사나이는 단지 마을의 일부에 지나지 않지만, 그 당시 카사나이에는 수많은 집들과 창고들이 거대한 둥근 고리를 이루며 서 있었다. 이 모든 점에 비추어 볼 때, 그 당시 이렇게 강력한 정착지에서 타발루의 전체 소득은 1918년의 소득보다 아마도 10배 혹은 심지어 20배만큼 많았을 것이다. 그렇지만 이것은 추측에 지나지 않는다. 또한 당시 트로브리안드의 전체 인구는 오늘날보다 두세 배 더 많았으리라는 점을 기억해야 한다. 따라서 족장의 재력도 지금보다 훨씬 더 많이 필요했다.

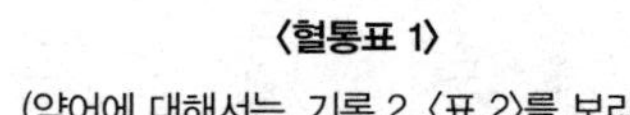
〈혈통표 1〉
(약어에 대해서는, 기록 2, 〈표 2〉를 보라.)

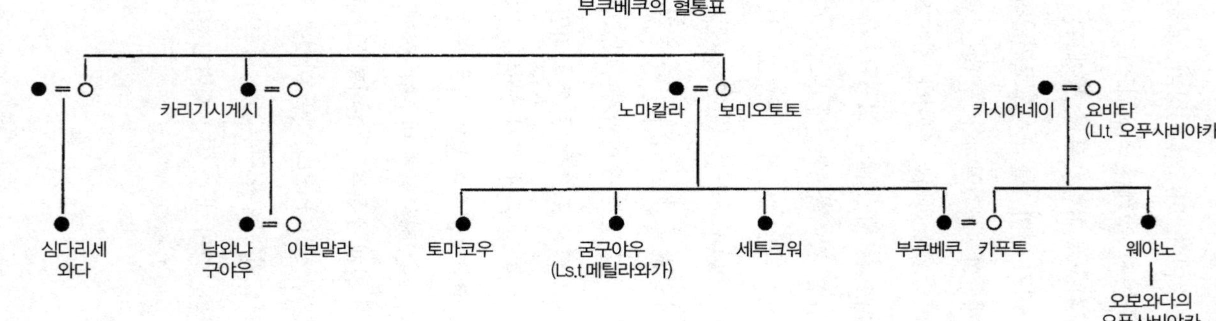
부쿠베쿠의 혈통표
카리기시게시
노마칼라
보미오토토
카시야네이
요바타
(Lt.t. 오푸사비야카)
심다리세
와다
남와나
구야우
이보말라
토마코우
굼구야우
(Ls.t.메틸라와가)
세투크워
부쿠베쿠
카푸투
웨야노
오보와다의
오푸사비야카

기록 4

평균적 우리구부의 몇 가지 대표적 사례

(6장 1절과 3절)

I. 토쿨루바키키는 루크와시시가 씨족과 투크와우크와 하위 씨족에 속한 남자이다. 그는 오마라카나의 타발루인 몰루바베바의 아들이며(혈통표 2 참조), 아버지의 마을에서 살고 있다. 몇몇 독자들은[9] 그를 나의 가장 좋은 정보 제공자들 가운데 한 사람으로, 그리고 키리위나의 여러 사건에서 적극적인 역할을 하는 사람으로 기억하고 있을 것이다. 1914~1915년에 그는 **발레코** 세 곳을 경작하고 있었다. 한 곳은 **카이무그와**(이른 경작지)에 속했고, 두 곳은 **카이마타**에 속했다. 전자는 관습적으로 그렇듯이 **구바카예키**로 여겨졌으며 그곳에서 수확한 농작물은 **타이툼왈라**로 일컬어졌다. 그는 그 가운데 일부를 외삼촌인 모타니쿠에게 **타이투페타**로 전달했고, 대부분은 자신이 가졌다. 그가 **카이마타** 소구획 두 곳에서 수확한 타이투는 어머니에게 **우리구부**로 증여되었으며, 아버지의 창고에 채워졌다. 토쿨루바키키는 자기 부모와 공동으로 가구를 꾸려가고 있었고, 따라서 아버지의 가구뿐 아니라 자기 자신의 가구 역시 그가 증여한 **우리구부**를 소비했다.

9) 나의 *Sexual Life of Savages in N.W. Melanesia* 참조.

그가 외삼촌에게 선물을 증여한 까닭은 노인이며 홀아비인 모타니쿠에게 아들이 없었기 때문이다.

보통대로라면 토쿨루바키키는 투크와우크와에 살면서 농작물을 재배해서 그의 부모의 창고를 채우고 자기 자신과 외삼촌이 먹을 식량을 공급해야 했을 것이다. 그러나 그는 그렇게 하는 대신 족장 아들의 자격으로 오마라카나에 남을 수 있었다.

토쿨루바키키의 **브와이마**는 그의 아내 쿠워이구의 남자 형제인 토부투사우가 채운다. 토부투사우는 1915년에 단지 11살의 소년이었기에 그다지 농작물을 많이 수확하지 못했다. 그렇지만 그의 **카달라**(외삼촌)이며 이미 위대한 경작자로 언급된 바 있는[10] 미타유워가 그를 도와주었다. 미타유워는 자신의 **발레코** 가운데 한 곳에서 수확한 **우리구부**를 토쿨루바키키에게 기부했다. 토쿨루바키키는 또한 톰나바딜라, 카리시베바, 그리고 카우투타우로부터 약간씩 기부를 받았는데, 그들은 모두 쿠워이구의 친족 남자들이다(혈통표 2 참조).

토쿨루바키키는 자신의 **우리구부** 선물을 받은 뒤에, 그 가운데 여러 바구니를 어머니의 씨족 여자이지만 그가 "어머니"라고 부르는 구빌라쿠나에게 증여한다. 그녀를 그렇게 부르는 까닭은 그녀가 자기 어머니와 같은 씨족에 속할 뿐 아니라 자기 아버지의 남동생인 무쿠무쿠와 결혼했기 때문이다. 또 다른 선물은 아버지의 남자 형제인 토콜리베바에게 전달된다. 그렇지만 이 선물들은 토쿨루바키키가 자기 아버지 몰루바베바를 위해서 무쿠무쿠와 토콜리베바에게 증여한 것으로 여겨질 수 있다. 이 경우에 그것들은 아들이 "아버지"에게 증여하는 정통 **우리구부** 선물이 된다. 토착민

10) 2장 3절 참조.

의 관습이 항상 그렇듯이, 정통적 양식은 사실들을 약간 조정함으로써 성립될 수 있지만, 삶의 현실은 곧잘 대체 활동을 요구한다.

토쿨루바키키는 타이투페타라는 이름으로 얌 몇 바구니를 구미가와야의 가구에게 기부한다. 토쿨루바키키는 구미가와야의 아내인 캄툴라이를 "어머니"라고 부르는데, 그의 아버지인 몰루바베바와 구미가와야는 같은 "씨족 구성원들"이기 때문이다. 내가 필드노트에서 이 점에 대해서 쓴 내용은 흥미롭다. 나는 다음과 같이 썼다.

> 토쿨루바키키는 대략 스무 바구니를 구미가와야에게 증여하는데, 왜냐하면 구미가와야의 아내인 캄툴라이는 그의 '어머니'이기 때문이다. 이러한 관계는 구미가와야와 몰루바베바가 같은 씨족에 속하므로 서로를 형제로 여긴다는 사실에서 성립된다.

당시 나는 토착민들의 구술을 거의 받아 적고 있었는데도 그 선물이 아내인 캄툴라이 덕분에 증여된다고 강조했는데, 그 점은 의미심장하다. 이는 수확물 선물이 증여자와 남편과의 관계보다는 아내와의 관계에 의해 결정된다는 점을 여실히 보여준다. 그때 나는 구미가와야와 몰루바베바가 서로를 형제로 여긴다는 말을 들었지만, 그 진술은 확실히 잘못된 것이다. 구야우인 몰루바베바는 낮은 계층의 평민인 구미가와야보다 자신이 훨씬 더 높다고 여길 것이다. 사실 구미가와야는 몰루바베바를 시중드는 수하로서 오마라카나에 거주한다. 실제로 그 선물은 이러한 수고에 대해 구야우의 아들이 주는 보답이지만, 그것이 관습적인 양식들 가운데 하나에 들어맞게 하려면 가공의 혹은 가짜 관계가 수립되어야 한다.

II. 혈통표 2에서 언급된 카리시베바는, 트로브리안드의 관념과 전통에 따르면, 단어의 가장 엄밀한 의미에서 요그와부 땅의 "토착민"이다. 왜냐하면 그의 신화적 조상인 칼루바우가 오마라카나의 땅에서(지금은 반쯤 마른 우물인 쿨리마울로라는 구멍에서), 혹은 오마라카나의 지금은 사라진 장소인 요그와부라는 곳에서 나왔기 때문이다(12장 1절 참조). 그는 병약한 남자였고, 1915년에는 단지 **발레코** 두 곳만을 경작하고 있었다. **발레코** 한 곳에서 나온 **우리구부**는 증여자의 누이인 말렐로이와 결혼한 고밀라에게 전달된다. 나머지 **발레코**에서 나온 **우리구부**는 토울루와에게 증여되는데, 그 **우리구부**는 이수프와나의 **브와이마**에 채워진다. 1918년에는 당시 심하게 아팠던 카리시베바가 토울루와의 **카야사** 수확에 전혀 기부하지 못했다는 사실에 주목해야 한다. 그렇지만 그가 속한 하위 씨족 가운데 릴루타에 거주하는(처거제 결혼) 부야빌라 키리윌라(57번, 기록 2, 표2)가 이수프와나의 창고에 450바구니를 기부했다. 카리시베바의 경우, 이것은 단순히 같은 마을의 평민이 족장에게 바치는 선물이다. 57번은 부야빌라 키리윌라가 이수프와나의 누이와 결혼했다는 사실에 기인한 인척 **우리구부**였다. 이 사례는 토착민들이 어떻게 해서든 그럴듯한 관계를 찾아내서 공물이 결혼 선물인 것처럼 보이게 만드는 방식을 잘 보여준다. 족장에게 바치는 수확물 선물은 칼루바우 하위 씨족(혈통표 2)에게 대대로 내려오는 의무였다. 카리시베바와 부야빌라 키리윌라의 조상들은 수확물 선물을 족장에게 바쳐왔으며, 그러한 선물은 언제나 그 하위 씨족 출신인 족장 아내의 창고 속에 저장되었다.[11] 따라서 현재 증여자의 외삼촌인 라벨라바는 비요울로의 **브와이마**

∴

11) 오늘날, 그리고 과거의 어떤 시기에는 족장의 아내 가운데 칼루바우 하위 씨족 출신이 없었다. 몇 가지 이유 때문에 그 하위 씨족의 구성원들은 릴루타의 크워이나마 하위 씨족과 함께 공동으로 기부하고 있었다.

를 채우곤 했는데, 그녀는 오마라카나의 예전 족장이었던 누마칼라와 결혼한 크워이나마 여자였다. 비요울로가 죽자, 누마칼라는 이수프와나와 결혼했다. 토울루와는 이수프와나와 그녀에게 귀속된 특권을 물려받았는데, 우리구부 선물을 제공할 카리시베바의 의무도 그 속에 포함되어 있었다.

쿠워이구(혈통표 2 참조)의 친척 남자인 카리시베바는 우리구부 유형의 작은 선물을 토쿨루바키키에게 증여한다. 그는 카리시베바의 남계친 친척인 일라카실라와 결혼한 세투크와에게 타이투페타 유형의 작은 선물을 정기적으로 증여한다. 그리고 그는 카리시베바의 진짜 남자 형제인 카우투타우에게 코비시를 증여한다. 물론 이러한 선물에서 우정이나 이웃 관계는 친족관계 만큼이나 중요하게 고려된다. 카리시베바는 그의 남계친 친척(여자)인 일라가울로에게 타이투페타를 증여한다.

카리시베바의 브와이마는 토울루와와 남타와가 낳은 두 아들이자 카리시베바의 죽은 아내의 친척인 나브와수와와 음와이다일리가 채운다. 보통 한 남자의 아내가 죽으면 이 남자에 대한 그녀의 친척들의 의무는 모두 소멸된다. 그러나 병약한 남자일 경우, 그리고 같은 마을에 사는 가까운 이웃이고 족장에게 선물을 증여하는 사람일 경우, 우리구부 의무는 계속 유지될 것이다.

III. 아내가 죽은 직후에 의무를 중단하는 한 가지 사례로, 토울루와의 여러 "아들" 가운데 한 사람으로 일컬어지지만 실제로는 그의 형의 아들인 부쿠베쿠를 들 수 있겠다. 1914년까지 부쿠베쿠의 브와이마는 그의 아내 일라포투의 유일한 남자 형제인 웨야나(혈통표 1)가 채웠다. 그러나 내가 키리위나에 오기 전 어느 때에 그녀는 브와가우(요술사)에 의해 나쁜 마법에 걸렸고, 내가 오마라카나에 체류하는 동안 숨졌다. 다음 수확기에 이미 부쿠베쿠는 자신이 관례적으로 받던 우리구부를 받지 못했다. 그는 오마라카

혈통표 II

A. 말라시 씨족의 칼루바우 (요그와부) 하위 씨족의 혈통표
이탤릭체 이름 = 말라시의 칼루바우 **달라**
굵은 글씨체의 이름 = 칼루바우 하위 씨족은 그들을 위해 일해야 한다.
약어에 대해서는, 기록 2의 표 2를 보라.

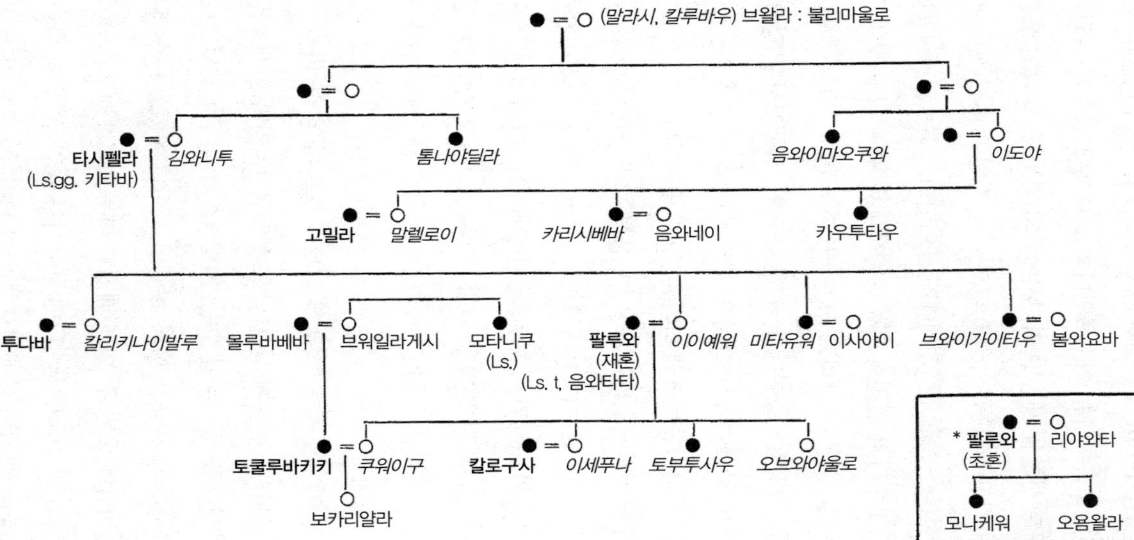

나에서 바로 내 옆집에 살고 있었는데, 아내가 죽은 뒤 거의 6주 동안 끊임없이 구슬프게 울어대는 바람에 나는 제대로 잠을 잘 수 없었다. 나는 그의 충실함을 매우 존중했으며 그가 자신의 감정을 큰 소리로 표현한다고 해서 결코 간섭하지 않았다. 그가 처음으로 내 천막에 왔을 때, 나는 그의 깊은 슬픔에 대한 연민을 표현하려고 담배 한 개비를 건네주었다. 그러므로 부쿠베쿠가 담배를 보고 환하게 미소 지으면서 자신이 방문한 목적을 이야기하기 시작했을 때, 나는 매우 실망했다. 그는 **구마누마**(외국인, 지금은 특히 백인 남자)가 강력한 사랑의 마법을 가지고 있다고 들었다면서, 자신이 미래를 고려해야 하고 곧 새로운 구애를 시작해야 하니까 그 마법의 일부를 자신에게 전해달라고 부탁했다. 그는 자기가 염두에 두고 있는 것은 단지 자신의 **브와이마**라고 단호하게 말하면서, 도대체 자기가 다음해에 무엇을 먹고살 수 있겠냐고 하소연했다. 아마도 그의 말은 진실일 것이다. 그의 욕구가 엄밀히 말해서 경제적인 것 이상이라고 하더라도, 그는 최근 홀아비가 된 남자와의 정사를 결코 싫어하지 않는 수많은 미혼 소녀들을 찾을 수 있었을 것이기 때문이다.

족장의 아들인 부쿠베쿠 자신은 **발레코** 두 곳의 수확물을 자신의 어머니인 보미오토토에게 증여했는데, 그녀는 1915년과 1918년 사이에 사망했다. 그는 모계의 첫 번째 사촌을 위해 또 다른 **발레코**를 경작하는데, 혈통표 1에 나타나듯이 그녀는 남와나 구야우와 결혼했다. 또 다른 **발레코** 한 곳은 오마라카나에서 살고 있는 그의 형 세투크와를 위해 경작한다.

그는 음타와의 **베욜라**(모계 친척 남자들)에게 약간의 **코비시**를 증여한다. 그는 자신의 이모(**카달라**)인 나이든 여자에게 선물을 증여하고, 또 다른 **코비시**는 자신의 가장 나이 많은 형인 토마코우에게 준다.

1918년에 부쿠베쿠는 오마라카나에서 자신의 출신지 혹은 진짜 마을,

음타와로 이주했으며, 자신의 이름으로 카야사 우리구부에 특별한 선물을 증여하지 않았다. 나는 그가 자신의 형인 토마코우(카야사 증여자들의 목록에서 23번)와 함께 일했는지, 아니면 자신의 "형제"(어머니의 가장 큰언니의 남자 형제)이며 그 목록의 모든 증여자 가운데서 가장 많이 기부했던 심다리세 와와와 수확물을 합쳤는지를 확인하지 못했다.

IV. 눈에 띄는 인물이며 전형적인 족장 아들인 남와나 구야우는 루크와시시가 씨족의 크워이나마 달라에 속한다. 그는 1916년 1월까지 오마라카나에서 살다가 자기 아버지의 친척들에 의해 쫓겨나서, 자신의 마을인 오사폴라(릴루타의 교외 마을)로 거처를 옮겼다. 1915년에 그는 발레코 다섯 곳을 경작하고 있었다. 그 가운데 한 곳은 자기 아버지의 주요 브와이마를 위해서, 세 곳은 어머니의 브와이마를 위해서, 그리고 한 곳, 구바카예키 발레코는 자신을 위해서 경작했다. 그는 자신의 "누이"(이모의 딸)인 오라야이세와 결혼한 오마라카나의 미타카타에게 해마다 10바구니의 작은 우리구부를 증여했다. 미타카타와 사이가 틀어진 뒤, 이 선물은 중단되었다.[12)]

남와나 구야우의 브와이마는 세투크와와 부쿠베쿠가 채우는데, 그들은 남와나 구야우의 아내인 이보말라의 "남자 형제들" 곧 그녀 이모의 아들들이다. 그는 보통 자기 남동생인 칼로구사와 디파파로부터 코비시를 받는다.

VI. 토바카키타는 말라시 토카라이와가인 기요카이타파의 남동생이며, 그의 하위 씨족은 가와이에서 출현했다(12장 1절 참조). 토바카키타의 사례는 족장의 가까운 측근인 평민 혹은 낮은 신분의 남자가 족장의 이웃 마을에 살면서 어떠한 태도를 취하는지를 잘 보여준다. 토바카키타는 토울루와의 아내들 가운데 한 사람인 보우투케마의 여동생과 결혼했기 때문에

12) *Crime and Custom*과 *Sexual Life of Savages*, 1장 2절에 서술되었다.

토울루와를 "나의 형"이라고 부를 권리를 가지고 있지만, 실제로는 그를 단지 **구야우**(족장)라고 부르거나 혹은 개인 이름인 토울루와라고 부를 것이다. 내가 그에게 **우리구부**로 얼마나 많이 받느냐고 물어보았을 때—그는 오마라카나의 내 천막 안에서 다른 여러 사람과 함께 있었다—그는 정말로 그 문제에 대해 이야기하기를 꺼려 했다. 이러한 사건은 5장(5절)에 기록되어 있다. 그는 내가 원하는 정보를 알려주고 싶어 했지만, 그전에 그의 수확물 선물이 정말로 거의 없는 것이나 마찬가지라고 단호하게 선언할 필요가 있음을 알았다. 마침내 그는 자기 아내 몫으로 한 해에 50바구니 정도를 받는다고 내게 말해주었는데, 나는 그 진술이 정확하다고 생각한다. 물론 그는 아마도 자기 몫으로 동일한 양을 혹은 더 많은 양을 생산했다.[13] 토바카키타 자신은 해마다 약 100바구니를 모계 친척들 가운데 한 사람의 남편에게 **우리구부**로 증여했다. 그는 족장의 수확물 선물에 직접적으로 기부하지 않지만, 그의 형인 기요카이타파의 이름으로 기록 2(표2)의 62번에 공동으로 증여했다.

요우라워투의 우두머리이며 토바카키타의 형인 기요카이타파는 1918년에 다섯 더미를 받았는데, 합해서 대략 280바구니였다. 나는 마을 안에 배열되어 있는 더미들을 대략적으로 조사할 수밖에 없었고, 증여자들의 이름도 알 수 없었으며, 단지 각 더미의 양만 알 수 있었다. 그것은 80, 70, 60, 40, 그리고 30바구니였다.

구체적인 사실에 대한 이러한 진술을 마무리하면서, 각각의 더미에 포함된 바구니의 수를 대략 어림잡아 제시하는 것이 좋을 듯하다. 기록 1을

13) 특히 평민들의 경우에 **우리구부**와 **타이툼왈라**의 비율을 확인하는 어려움에 대해서는 7장 5절 참조.

보면, 내가 각각의 더미에서 바구니의 수를 계산하지 못했음을 알 수 있다. 이 기록은 1915년에 작성된 것인데, 내가 1918년에 그 자료를 보충하는 일은 불가능했다. 1918년의 기록 2를 계산하기 위해서 너무 많은 시간이 소요되었고, 나는 더 이상 이러한 유형의 증거를 수집할 마음이 생기지 않았다. 나는 전시된 **우리구부**의 수를 대략적으로 조사한 후, 옛날에는 족장의 경우에 각 더미를 이루는 바구니들의 평균적인 숫자가 오늘날 **카야사** 수확 때 그러하듯이 약 250바구니인 반면, 군소 족장, **굼구야우**의 **구굴라**(더미)는 약 75바구니로 이루어지며, 평민의 평균적인 더미는 50바구니로 구성된다는 결론에 이르렀다.

그러므로 얄루무그와에서 두 번째 범주의 10더미와 세 번째 범주의 스무 더미를 계산해보면, 1915년의 총량은 1,750바구니였을 것이다. 그것은 다음과 같이 분배되었을 것이다. 약 600~700바구니는 아내가 둘이고 아홉 개의 더미를 받은 우두머리 요비시에게, 200바구니는 좀 더 중요한 지역 유지들에게, 그리고 100바구니는 평민들에게 분배되었을 것이다. 이미 살펴보았듯이, 더 낮은, 군소 우두머리가 받은 총량은 280바구니였다. 토울루와의 아들들이 받은 **우리구부**는 100~500바구니 사이에서 다양하게 나타난다.

기록 5

경작지 주술 체계들의 목록

(9장 1절)

체계	마을	사용하는 마을 수
카일루에빌라	오마라카나, 쿨루비투, 카프와니, 라바이, 루에빌라, 올리빌레비, 옴람왈루바	7
실라크와	카사나이, 오사폴라	2
몸틸라카이바	쿠로카이바, 투크와우크와, 수비야길라	3
가와이	캄맘왈라, 욀리예시	2
기율루투	와카일루바, 카브와쿠, 카우리크와우 투보와다, 와카이세	5
비살로크와	오브웨리아, 쿠두크와이켈라, 카바타리아 쿨루와, 카불룰로	5
가이가이	브워이탈루, 얄루무그와, 몰리길라기	3
킴도가	릴루타, 쿠도카빌리아	2
일라카이굴루굴루	얄라카, 로부아	2
몰루보카타	이달레야카, 브워이타바야	2

오칼라와가	다야길라, 음타와	2
얄루왈라	크와이브와가, 카울라구	2
카유와다	유와다	1
카이케볼라	카이볼라	1
모칼라와가	오코보보	1
시와풀라	음와타와 (마을 네 개로 이뤄진 무리)	1
팔렐라	오카이코다	1
시리보마투	오보와다	1
토카바실리	구밀라바바	1
토바나나	루야	1
카이쿨라시	부두바일라카	1
크와이프와프와티가	오이웨요와(오사이수야)	1

기록 6

바쿠타의 경작지 주술

(10장 1절)[14]

바쿠타는 동일한 이름의 섬에 있는 주요 마을이다. 이 마을은 트로브리안드의 나머지 마을들과 몇 가지 점에서 약간씩 다르지만, 그래도 동일한 문화 유형에 속한다. 나는 바쿠타에서 어떠한 경작 예식도 관찰할 수 없었는데, 내가 그 섬에서 지낸 기간은 모두 합해서 단 이 주일에 불과했다. 바쿠타의 경작지 주술에 관한 정보는 다소 불만족스러운 질의응답 방식을 통해 입수한 것이며, 그러다 보니 관습과 의례에 대해 다소 살풍경하고 김빠진 윤곽만을 그릴 수 있었다. 나는 단지 바쿠타와 키리위나의 관습에서 나타나는 차이만을 강조할 것인데, 그것들 대부분은 동일하기 때문이다.

바쿠타에서 토지 보유권의 문제는 트로브리안드의 다른 지역들에서 입수한 정보와 전혀 다르지 않은 것 같다(12장 참조). 다음은 그 마을이 소유한 밭들, 크와빌라의 목록이다.

14) 또한 제5부 9장 16~34절 참조.

바쿠타에서 **크와빌라**의 목록

몰라일라	카리카왈라
프와카	킬라토우
와부투마	루브와마
포카일리	오쿠부시
칼라캄투야	킬라워타
카울루쿠타	일룸와갈라
카바왈라	일루와이와야
쿠브와보마	파쿨라시
물루와타	오레오레
오시리시리	오쿰쿰로
마기길라	쿠필루마
쿨라워투	디쿠솔라
야타와	두웨타
올루와	렐레리아
와모이	오카이야실라
오와이워	오가쿠
티기타게가	가가이워
야우유	

하위 씨족의 우두머리가 "소유"하는 각각의 **크와빌라**는 더 작은 소구획들로 세분되며, 소구획들은 개인들이 "소유"한다. 그러한 "소유권"은 경제적으로 그다지 큰 의미가 없다. 트로브리안드의 다른 지역들에서 그러하듯이, 그것은 경제적 이용의 배타적 권리라기보다는 예식적인 특전이다.

예식적인 경작지 회의, **카야쿠**는 오마라카나의 경우와 약간 다른 성격을 띤다. 우선 경작지 주술사의 집 앞에서 작은 모임이 이루어진다. 보통 이때 마을 사람들은 경작지 주술사에게 '시작하는 보수', **소우술라**를 가지고 온다. 경작지 주술사는 코코넛을 많이 준비해놓고 있다가, 자신의 조카나 남동생을 시켜서 모임에 참석한 각 남자에게 나누어준다. 이 모임에서 언제 경작을 시작하며 어떤 밭을 경작할 것인지에 대한 총괄적 결정이 이루어진다. 하루나 이틀 뒤에 경작지 주술사의 남동생들, 모계 친속들 그리고 다른 친척들이 고기잡이를 하러 간다. 그들은 잡은 고기를 경작지 주술사의 집으로 가져오며, 주술사의 아내가 그것을 요리한다. 공동체의 구성원들이 다시 만나면 진정한 혹은 성대한 **카야쿠**가 개최된다. 남자들에게 물고기가 분배되고, 그들은 그것을 그 자리에서 먹는다. 그리고 물고기를 요리할 때 함께 구웠던 얌이 마을 이곳저곳에서 나누어지고, 여자들과 아이들이 그것을 먹는다. 이 **카야쿠**에서 경작지 소구획이 분배된다.

그날 오후에 경작지 주술사는 조상의 영들에게 물고기와 채소 식량 약간을 예식적으로 바치고, 자기 집에서 주술용 재료에 주문을 읊는다.

바쿠타에서는 열한 가지 재료가 사용되는데, 다음과 같은 잎들이다. 곧 **라와**(향기롭지만 맛없는 열매가 열리는 나무), **카가**(고무나무 종류), **키리마**(고무나무 종류), **릴레이코야**(향기로운 식물), **요울라울라**(덩굴식물), **다담**(습지의 토양에서 자라는 키 큰 갈대), **구타구타**(먹을 수 있는 잎이 달린 식물), **칼룰루와**(정체불명의 식물), **세우세우**(또 다른 정체불명의 식물), 그리고 산호 바위에서 자라며 붉은 꽃을 가진, 내가 이름을 판독할 수 없는 식물의 잎들이 사용된다. 또한 경작지 주술사는 크고 둥근 산호석(**카이부아**)에서 흰 가루를 조금 긁어낸다.

우리는 **라와**, **구타구타**, **칼룰루와**, 그리고 **세우세우**를 제외한 나머지 모두를 다른 주술 유형들을 통해서 알고 있다.

허브들의 일부는 아무렇게나 놓아둔다. 일부는 마법을 건 후에 마른 바나나 잎을 이용해서 도끼날 주위에 묶는다(2장 4절 참조). 일부는 코코넛 기름으로 끓인 뒤에 작은 다발들로 만든다. 나는 같은 주문이 두 번 되풀이된다고 생각한다. 예식용 요리 단지인 크워일라불라미의 기름 속에서 끓고 있는 혼합물 위에 주문이 한 번 읊어지고, 깔개 두 장 사이에 놓여 있는 재료들 위에 다시 한 번 주문이 읊어진다.

다음날 아침 경작지 안으로 큰 행렬이 들어간다. 일반 경작자들은 경작지 부지 주변에 재빨리 띠 모양의 길을 낸다(타발리세 칼리—그들은 울타리를 심는다). 그러고 나서 젊은 주술사들 혹은 토워시의 조수들은 마을에서 가장 가까운 레이워타 두 곳의 주술적 모퉁이들에서 주술용 지팡이로 구멍을 만들고, 코코넛 기름으로 끓인 허브 다발들을 그 속에 집어넣는다. 그때 토워시 자신은 치료된 도끼를 가지고 레우타울라의 모퉁이에 있는 나무 한 그루를 예식적으로 잘라내고, 전날 읊었던 것과는 다른 주문을 읊는다. 이것은 이탈랄라 레이워타(그는 레이워타를 꽃 피운다)라고 불린다. 그러고 나서 남자들은 경작지 소구획으로 들어갈 수 있도록 길을 만드는데, 그것은 비요워타 로포울라 부야구, "그가", 곧 주술사가, "경작지의 배에 길을 낸다."라고 묘사되는 행위이다(제5부 6장 30절과 31절; 8장 9절과 10절; 그리고 제7부, 주술 문구 2 참조). 그후 토워시는 각각의 발레코를 방문해서 치료된 도끼로 나무 한 그루를 치고, 탈랄라 레이워타에서 읊은 것과 동일한 짧은 주문을 읊는다. 그러고 나서 그는 곧장 웅크리고 앉는다. 그는 잡초를 조금 뜯어내서 치료된 허브 약간과 섞고, 주문을 읊으면서 그것들로 땅을 문지른다. 이것이 제대로 된 요워타이다.

이 일이 끝나면, 주술사는 주요 레우타울라로 돌아와서, 자신의 도끼를 집어들고 나무의 몸통을 힘차게 찍은 후 밤새 거기 놓아둔다. 무리 전체는 마을로 돌아와서 주술사의 아내가 요리한 음식을 조금씩 받아서 먹는다. 다음날 레우타울라 오 카카타(제5부 6장 29절 참조)는 공동 노동으로 덤불치기(타카이와)된다. 그곳의 소유자는 음식을 준비해놓고 덤불치기가 끝난 뒤에 일꾼들에게 나누어준다. 녹색 코코넛, 빈랑나무 열매, 사탕수수와 같은 가벼운 다과가 작업할 동안 제공된다.

그후 토워시는 스물네 시간 동안 나무에 꽂혀 있던 도끼를 뽑아내고, 이번에는 레우타울라 오 키키바마에서 또 다른 나무를 찍는다. 케마는 또다시 밤새도록 그대로 방치된다.

다음날 두 번째 소구획이 공동 노동으로 덤불치기되며, 이러한 절차는 모든 표준 소구획에서 작업이 마무리될 때까지 날마다 되풀이된다. 바쿠타에서 카임윌라라고 불리는 평범한 소구획들은 자기 소구획에서 작업하는 소유자들에 의해 덤불치기된다.

잘려나간 덤불은 2~3주 동안 잘 마르도록 놓아둔다. 그후에 가부가 뒤따른다. 바쿠타에서 이것은, 다른 곳에서도 그러하듯이, 일련의 예식들로 구성된다. 첫째로 대규모 화전인 바카야일라우가 진행되며, 다음에 기부비야카, 칼리마마타, 비시콜라, 그리고 펠라카우크와의 복합적인 예식이 이어진다(3장 1절 참조). 바쿠타에서 첫 번째 예식은 주술사가 경작지 부지를 치료함으로써 시작된다는 점에서 차이가 있는데, 그것은 다른 체계들에서는 행해지지 않는 일이다. 그후 그는 집으로 돌아와서 카이카폴라(코코넛 싹으로 만든 횃불들)에 주문을 읊조린다. 그는 다른 곳에서처럼 이전 수확기에 카이카폴라에 마법을 걸어놓지 않는다. 그는 분명히 카이카폴라가 사용되기 직전에 마법을 건다.

다음날 정오 무렵, 잘려나간 마른 덤불에 코코넛 횃불로 불이 붙여진다. 그다음날 주술사는 보로구(파두)[15], 페라카, 세우세우 등의 허브들과 더 많은 카이카폴라에 마법을 건다. 절차는 다른 공동체들에서와 동일하다. 경작지에 찌꺼기로 작은 더미들을 만들어서, 그 속에 허브들을 넣는다. 그리고 거기에 횃불로 불을 붙인다. 기부비야카 다음에는 세 개의 작은 예식들, 곧 칼리마마타, 비시콜라, 그리고 펠라카우크와가 뒤따른다. 나는 바쿠타에서 첫 번째 예식은 특히 얌(쿠비)의 주술이며, 두 번째는 바나나의 주술, 세 번째는 타로의 주술이라는 말을 들었다. 세 번째 예식인 펠라카우크와가 이루어지는 동안, 주술사는 땅에 한 쌍의 막대기를 꽂아서 상징적 울타리를 세운다. 이 의식은 이와야이 가도이(그는 말뚝을 두드린다)라고 불린다. 예식이 이루어지는 나흘, 그리고 그다음 하루 동안, 경작지 작업에는 터부가 걸린다. 모두 닷새 동안의 터부이다.

바쿠타에서는 레이워타가 경작될 때면 다른 소구획들에서의 작업이 금지되며, 예식이 진행되는 날에는 언제나 모든 소구획에 터부가 내려진다.

이 의식이 끝난 뒤에 코움왈라 작업이 시작되는데, 그것에 관해서 나는 다음과 같은 상세한 설명을 들었다. 코움왈라라는 단어는 땅을 개간하는 모든 과정에 적용되지만, 좀 더 특별하게는 이전에 알아채지 못했던 묘목들을 잘라내고 잡동사니들, 특히 큰 막대기들을 태우는 작업을 의미한다. 이것은 남자들의 일이다. 투브왈라시는 여자들의 일이며, 작은 막대기들을 치우고 잡초를 뽑는 일로 구성된다. 욜루쿨라, 곧 부스러기들을 모아서 더미를 만드는 일 역시 여자들이 한다.

그러한 더미들이 마르면 각각의 더미는 불태워지는데, 이것은 수피라는 포괄적 용어로 일컬어진다. 마지막으로 잔가지로 만든 빗자루로 땅을 깨끗하게 비질해야 하는데, 이것 역시 청소를 가리키는 포괄적인 용어인 네네이로 일컬어진다. 그러고 나서 남자들은 사이툴라(사이-는 '놓다'를 뜻하고,

15) 〔역주〕 열대지방에서 자라는 높이 6~10미터의 상록 활엽수.

툴라는 경계 막대기들이다), 곧 툴라 막대기들을 제자리에 놓는다. 가로 막대기들을 놓는 일은 때때로 기야우리라고 일컬어진다.

물론 바쿠타에도 캄코콜라가 세워진다(3장 4절 참조). 경작지 작업에 터부가 부과되고, 곧은 장대들이 조달된다. 그러고 나서 어떤 주술과 함께 그 구조물이 세워지는데, 나는 여러 주술에서 너무나 자주 사용되는 릴레이코야라는 향기로운 식물이 여기서도 사용된다는 사실 외에는 그 주술의 자세한 부분에 대해 전혀 알지 못한다. 그리고 쿠브와야 혹은 카이쿠브와야라는 이름의 작은 막대기들이 세워지는데, 그것은 타이투 식물이 캄코콜라 주위로 감고 올라갈 수 있도록 주술적으로 유도한다고 여겨진다. 바기도우의 형제인 토웨세이는 오마라카나에서 이 의식을 한 번도 본 적이 없다고 내게 말했다. 그는 그 의식이 바쿠타에서 수행되는 장면을 목격했는데, 그 의식을 좀 이상한 어떤 것으로 기억했다.

캄코콜라 예식과 관련된 의식으로 종자 타이투인 야고구에 마법을 거는 의식이 있는데, 그것은 울라파 야고구라고 불린다. 나는 바쿠타에서 캄코콜라 주술이 파종 주술이며, 야고구에 주문을 외우면 그것이 종자로서의 역할을 유능하게 해낸다는 말을 들었다. 또한 얌 장대들을 직접 겨냥한 의식이 있는데, 그것은 카타크와불라 카바탐이라고 불린다. 바쿠타에서 복합적인 캄코콜라 의식은 파종의 주술이면서 또한 얌 장대들의 주술이다.

다른 어떤 공동체보다 바쿠타의 "성장 주술"은 확실히 좀 더 복잡하다. 오마라카나 및 다른 장소들에서 그러하듯이, 바구리 의식과 함께 일련의 예식들이 시작된다(4장 1절 참조). 주술사는 단출하게 경작지 울타리 안으로 들어가서, 레이워타부터 시작해서 모든 발레코에 주문을 읊는다. 만약 어떤 발레코의 작업이 앞서나가고 있으면, 그는 거기서는 그다지 오래 읊조리지 않는다. 만약 어떤 발레코의 작업이 많이 뒤처져 있으면, 그는 그곳에 머무르면서 훨씬 더 끈덕지게 주문을 읊는다. 나는 성장 주술의 모든 의식이 한 번만 수행되는 것이 아니라, 다음 단계에 도달할 때까지 날마다 되풀이된다는 말을 들었다. 바구리 다음에는 바사카푸가 이어지는데, 그것은 오마라카나에서와 마찬가지로 싹이 나타나도록 만드는 의식이다. 그 주문은 경작지들에 아낌없이 읊어진다. 그 일이 끝나면, 주술사는 여러 개의 작은 막대기들을 캄코콜라에 기대어 심는다(이-길룰루). 남자들도 따라서 비슷한 막대기들을 카바탐에 기대어놓는데, 어린 타이투 싹이 막대기 하나에서 다른 것으로 타고 올라가도록 하기 위해서이다(4장 1절 참조). 그러고 나서 주술사는 칼라이 의식을 수행한다. 그 의식은 덩굴이 버팀대를 향해 기어갈 수 있도록 허브를 땅에 문지르는 것으로 구성된다. 이 의식은 키리위나 체계에서는 알려져 있지 않다.

칼라이 후에는 경작지에 바크와리 주문을 읊는다. 그 주문은 타이투가 버팀대들을 붙잡고 감아 올라가게 만든다. 그후 덩이줄기들이 땅속에서 자리 잡고 번성하도록 하는 라사와, 무성한 잎들이 더 풍성해지도록 하는 탈로바 혹은 발루발로바, 소형 "영들의 집"을 세움으로써 풍성한 잎들이 더욱 울창해지게 만드는 예식인 요우리브왈라, 풍성한 잎들이 닫혀서 "경작지의 내부가 어두워지도록" 만드는 요부나톨루 의식들이 이어진다.

그뒤에 토착민들이 타타이 타게구다라고 부르는 의식이 수행된다. 나는 이 예식이나, 바프와니니 의식 다음에 오는 타타이 타마투워의 목적이 무엇인지 확실히 모르겠다. 그렇지만 나는 그 의식들이 각각 어린 덩굴과 성장한 덩굴을 위해 얌 버팀대를 자르거나 손질하는 것과 관련된다고 생각한다. '우리는 잘려나갈 덜 여문 것을 잘라낸다.'와 '우리는 잘려나갈 여문 것을 잘라낸다.'는 이름들은 이러한 설명에 부합한다. 그러고 나서 주술사는 타이투가 하나의 버팀대에서 또 다른 버팀대로 기어 올라갈 수 있게 해주는 "마지막 막대기를 던진다."(일로바 카일루바코시). 그후 오마라카나의 성장 주술 예식과 동일한 이름으로 일컬어지며 동일한 기능을 수행하는 바푸리 의식이 시작된다(4장 2절). 우리가 알고 있듯이, 이 의식은 덩이줄기들의 증식을 겨냥한다. 오마라카나에는 알려져 있지 않은, 바프와니니라고 불리는 비슷한 의식은 타로 뿌리가 부풀어 오르게 만든다.

타사살리는 작은 막대기를 캄코콜라 근처의 흙속에 꽂고 거기에 허브를 조금 놓아두는 의례 행위이다. 이것은 타로와 큰 얌들을 수확하는 이수나풀로 예식을 알리는 신호이다.

타로의 수확은 물고기를 먹는 의례인 타바캄시 예나와 결합된다. 마을의 젊은 남자들이 물고기를 잡아온다. 주술사는 물고기의 일부를 조상의 영들에게 울라울라로 제공한다. 그러고 나서 각 가구에서는 축제의 식사가 시작되며, 그뒤부터 타로를 먹을 수 있다.

여느 때처럼 오크왈라와 툼 예식(5장 3절 참조)을 통해 타이투 수확을 개시한 후, 주술사는 오마라카나에서와 매우 비슷한 의례적인 방식으로 타이투를 먹는다(이바캄 타이투). 그러고 나서 토워시를 비롯한 마을의 모든 구성원이 수확된 타이투뿐 아니라 새로운 타이투를 먹을 것이다. 과연 바쿠타에는 주술사가 먹을 때까지 새로운 타이투를 먹지 못하도록 금지하는 일반적인 터부가 존재하는지 확실히 모르겠지만, 나는 아마 그럴 거라고 생각한다.

물론, 바쿠타의 경작지 주술에 대한 나의 정보는 키리위나 체계들에 대한 나의 정보와 비교될 수 없다. 언제나 그렇겠지만 우리가 토착민의 구두 진술에만 의존해야 할 때, 진짜 주술과 단순히 보조적인 행위들 사이, 일부는 의례적이고 일부는 실제적인 활동들과 전적으로 의례적인 활동들 사이에는 혼동이 생길 수 있다. 위의 설명을 좀 더 명확하게 하기 위해, 나는 오마라카나와 바쿠타의 순서를 비교하는 간략한 표를 덧붙이겠다.

오마라카나	바쿠타
Ⅰ. 요워타 **울라울라**(영들에게 바치는 공물), **토워시**의 집에서 도끼들과 허브에 마법 걸기(**바투비** 주문). 다음날 경작지에서, 토워시는 묘목 두 그루를 잘라서 각각에 주문을 암송한다. 그 의식은 **탈랄라**라고 불린다.	Ⅰ. 요워타 **울라울라**(영들에게 바치는 공물), **토워시**의 집에서 도끼들과 허브, 그리고 코코넛 기름에 끓인 혼합물에 마법 걸기. 혼합물과 주문은 오마라카나의 경우와 다르다. 다음날 경작지에서, 구멍들을 파고 허브 다발들을 **레이워타**에 집어넣는다. **토워시**는 묘목을 잘라내고 주문을 읊는다(**이탈랄라 레이워타**).
Ⅱ. 가부 첫째 날, **바카바일라우**, 이전 수확기에 치료된 **카이카폴라**로 마른 덤불 태우기. 같은 날 다음 예식을 위해 허브들을 모은다. 둘째 날, **기부비야카**, 허브를 집어넣고 부스러기 더미 태우기. 셋째 날, **펠라카우크와**, 타로 싹의 파종과 주문 걸기. 넷째 날, **칼리마마타**, **크와나다**의 파종 개시. **비시콜라**, 타로의 성장 주술과 **시브왈라 발로마** 세우기.	Ⅱ. 가부 **토워시**는 먼저 경작지 부지를 치료하고, 그러고 나서 **카이카폴라**에 마법을 건다. 다음날 **바카바일라우**. **카이카폴라**로 덤불에 불을 붙인다. 둘째 날, **기부비야카**, 허브를 집어넣고 부스러기 더미 태우기. **칼리마마타**, 얌을 위한 시작 주술. **비시콜라**, 바나나를 위한 시작 주술. **펠라카우크와**, 타로 싹의 파종과 주문 걸기. 주술사는 작은 울타리를 세운다. **이와야이 가도이**.
Ⅲ. 캄코콜라 (경작지에 대한 터부) **토워시**는 집에서 도끼들에 마법을 건다. 둘째 날, **캄코콜라**를 세우고 혼합물로 기둥을 문지른다. 셋째 날, **캄코콜라**의 발치에서 허브에 마법을 걸고 **카일롤라** 주문을 읊는다. 주술사는 **캄코콜라**를 두드린다. 주술적 모퉁이에서 허브들을 **바칼로바** 주문과 함께 태운다.	Ⅲ. 캄코콜라 (경작지에 대한 터부) **캄코콜라를** 세우고 주문을 암송한다. 종자 얌에 마법을 건다. **울라파 야고구**. 얌 장대 의식, **카타크와불라 카바탐**.
Ⅳ. 성장 주술 1. **바구리 소불라** 혹은 **바비시 소불라** "싹을 깨우기" 혹은 "싹의 헤치고 나아감". 각각의 소구획에 주문을 읊는 단순한 의식. 2. **바사카푸**–땅속에서부터 식물을 주술적으로 불러내기. 소구획에 주문을 읊는 단순한 의식.	Ⅳ. 성장 주술 1. **바구리**(오마라카나에서와 동일). 2. **바사카푸**(오마라카나에서와 동일). 3. **길룰루** – 캄코콜라에 기대어 놓고 주문을 읊는 막대기들. 4. **칼라이** – 덩굴이 버팀대를 향해 기어가도록 만들기 위해 허브로 문지르는 땅. 주문이 암송된다.

V. 잡초 뽑기 주술(**카리야옐리 사피**)	5. **바크와리** – 덩굴이 버팀대 주위를 감도록 만들기. 6. **라사와** – 덩이줄기들이 땅속에 정착하도록 유도하는 주문. 7. **발루발로바** – 무성한 잎들이 많아지도록 만드는 주문. 8. **요우리브왈라** – 무성한 잎들이 더욱 풍성해지도록 만들기 위해 소형 영들의 집을 세우는 것으로 구성되는 소규모 의식. 9. **요부나톨루** – 무성한 잎들이 닫히도록 만드는 주문. 10. **타타이 타게구다** – 아마 새로운 얌 버팀대 자르기와 연관된 의식. 11. **일로바 칼루바코시** – 덩굴이 하나의 버팀대로 기어오르게 하는 주문. 12. **바푸리** – 새로운 덩이줄기 무더기를 만들어내는 주문. 13. **바프와니니** – 타로 뿌리가 부풀어오르게 하는 주문. 14. **타타이 타마투워** – "여문 것 잘라내기" –아마 얌 장대의 최종 손질. 15. **타사살리** – **캄코콜라** 근처에 막대기 꽂기–**이수나풀로**의 신호.
Ⅳ. 성장 주술(계속) 3. **카이다발라** – 타이투의 잎이 잘 자라도록 두 개의 얌 장대 사이에 수평으로 놓는 작은 막대기. 4. **카일라발라 다바나 타이투** – 풍성한 잎들을 만들기 위해 각각의 소구획에 읊는 주문. 5. **카사이보다** – 덩굴이 뒤덮여서 어둑한 내부를 만들어내도록 하기 위해 읊는 단순한 주문.	
Ⅵ. 타로와 얌의 수확 주술(**이수나풀로**)	
Ⅳ. 성장 주술(계속). 6. **바푸리** – 새로운 덩이줄기 무더기를 만들어내는 단순한 주문. 7. **캄맘말라** – 덩이줄기들이 또다시 쏟아져 나오게 만드는 주문. 8. **카사일롤라** – 새로운 덩이줄기들이 정착하게 하는 주문.	
Ⅶ. 솎아내기 주술 (**몸라**)	V. **이수나풀로** 타로와 **쿠비** 수확을 시작하는 의식.
Ⅷ. 수확의 주술 (**오크왈라**) 타이투 수확의 첫 번째 예식. **툼** – 두 번째 예식. **바캄 타이투** 의식.	Ⅵ. **오크왈라** 타이투 수확의 첫 번째 예식. **툼** – 두 번째 예식. **바캄 타이투**, 주문도 의식도 없음.

이 표는 오마라카나와 바쿠타에서 각각 기록한 내용을 요약한 것이다. 두 개의 단은 독립적으로 작성되었다. 우리는 나란히 놓인 기록을 통해서 두 체계 사이의 본질적인 유사성을 볼 수 있다. 주요 의식들(로마자 숫자)은 거의 동일하다. 바쿠타에서 잡초 뽑기를 위한 의식과 솎아내기를 위한 의식이 없는 것은 기록이 잘못되었기 때문이라기보다는 실제로 그러하기 때

문일 것이다. 또한 나는 두 번째 차이점, 곧 이수나풀로가 훨씬 나중 단계에 나타나는 이유가 내 기록이 뒤죽박죽이라서 그런 것은 아닌지 잘 모르겠다. 토착민이 기억에 의존해서 설명할 때, 절차의 순서는 믿을 만한 것이 못 된다는 사실은 널리 알려져 있다. 다른 한편, 바쿠타에서 성장 주술이 훨씬 더 복잡한 것은 충분히 확인된 사실로 여겨도 무방하다.

이 표는 단지 비교의 기록으로서만 흥미로운 것은 아니다. 오마라카나의 단은 서술적으로 묘사된 사실들을 개관해서 요약해주며, 오마라카나 체계의 두드러진 특징을 보여준다. 따라서 이것은 부록 1에 있는 훨씬 더 상세한 표를 유용하게 보충해준다.

기록 7

테야바의 경작지 주술

(10장 1절)

테야바는 초호의 해안에 위치한 마을이다. 그곳에서 나는 경작지 회의, 첫 번째 시작 의식, 그리고 수확 예식들에 참석했다.

카야쿠는 예전 경작지들에서 수확이 진행될 때 혹은 그 이전에 개최된다. 경작지 회의가 열리는 날, 주술사인 음와도야의 아내는 진흙 화덕을 준비하고 약간의 타이투와 다른 채소를 구웠다. 이른 오후에 주술사는 식사하러 오라고 남자들을 모두 소집했는데, 식사는 그의 얌 창고 앞의 중앙 공터에 마련되었다. 그는 그들에게 다음과 같이 말했다.(이것과 뒤이은 인용들에 대해서는, 제5부 3장 19절과 원문 28b를 보라.)

"여보게, 원한다면 이리 와서 이야기하세. 올해 우리가 어떤 밭을 두드리면 좋겠는가? 후미에 가까운 밭을 두드리는 것이 낫겠는가, 아니면 산호 능선을 향해 있는 밭을 두드리는 것이 낫겠는가?"

그러고 나서 그는 여러 이름을 말했지만, 나는 받아 적지 않았다. 그들 가운데 한 남자가—아마도 미리 음와도야와 상의하고서, 혹은 자기 스스로—말했다. "아니요, 이곳은 아닙니다. 이 밭은 남겨두도록(묵혀두도록) 합시다." 혹은 "우리는 모두 이 밭을 원하지 않습니다." 혹은 "이 밭은 한쪽에 제쳐두는 편이 좋겠습니다."

그러고 나서 주술사가 오다바야보나라는 이름의 밭을 제안하자 모두가 동의하면서 한목소리로 말했다. "네, 좋습니다. 그게 좋아요! 우리 모두가 이 밭에서 덤불치기 하기를 원합니다." 맨 처음부터 그 밭에 대해서 사전 동의가 있었다는 것은 명백한 사실이다. 그렇지만 그는 여전히 계속했다. "글쎄, 만약 오다바야보나라는 이름의 밭을 덤불치기하는 것이 그대들의 소원이라면, 좋다. 그대들의 마음은 거기로 정해졌구나."

그후 주술사는 소구획들의 이름을 열거하면서 그것들을 분배하기 시작했다. 그는 "아무개가 표준 소구획을 덤불치기 할 것이로다."라고 말하면서 분배를 시작했다. 그러고 나서 그는 울타리 주변의 소구획들로 넘어가서, 그 소구획들의 이름을 부르거나 묘사했다. 소구획들이 언급될 때마다 누군가가 말하곤 했다. "나는 이 소구획을 선택하겠습니다." 혹은 "이 소구획을 내가 가집니다." 혹은 "이 소구획은 내가." 경작지 주술사는 말했다. "우리는 이제 울타리를 분배했고, 밭의 안쪽은 아직 남아 있다." 그러고 나서 그들은 계속해서 남은 소구획들을 덜 신중하게, 대충대충 분배했다.

둘째 날에 경작지 주술사는 밖으로 나가서 허브들을 모았다. 테야바에서 내가 들은 바로는, 그는 그 일을 할 때 시간을 허비해서는 안 된다. "만약 그가 머물러서 시간을 허비한다면, 영들이 그를 쳐서 병에 걸리게 될 것입니다."(제5부 8장 14절, 원문 41a) 그가 여기서 수집한 허브들은 욜라울라, 코틸라, 루비야야가, 요쿠누크와나다, 야유, 실라실라, 구바가바 등이다. 그는 또한 덤불암탉의 둥지에서 채취한 재료인 게우를 가지고 왔다. 이 허브들을, 햇빛에 색이 바랜 보통의 마른 바나나 잎이 아니라 불을 이용해서 더 질기게 만든 녹색 잎으로 싼다. 그러한 잎은 사소바라고 불린다. 테야바에서는 허브들을 깔개 두 장 사이에 놓고 치료하지 않는다. 오히려 질겨진

바나나 잎의 넓은 부분에 허브들을 고르게 펼쳐놓은 뒤에, 잘 싸서 집 안의 선반 위에 놓아둔다. 그때부터 다음날 아침까지 어린이나 여자가 그것에 가까이 가면 안 된다. 도끼와 카일레파, 곧 주술용 지팡이도 마을에서 치료된다. 주술용 지팡이는 또 다른 사소바로 잘 싸놓는다. 다음날 아침 복사가 카일레파를 들고, 토워시는 허브가 들어 있는 직사각형의 바구니를 들고서, 모든 남자가 경작지로 간다. 이러한 일들은 토착민들이 가보기라고 부르는 때, 곧 해뜨기 전에 진행된다. 우선 복사가 어떠한 연설이나 의례도 행하지 않고 지팡이로 땅을 친다. 그러고 나서 토워시가 치료된 허브들을 가지고 땅을 문지르는데 이것이 요워타이다. 그후 그는 치료된 도끼를 가지고 카요워타라고 불리는 묘목을 잘라서 땅에 꽂는다. 따라서 이 예식을 오마라카나와 쿠로카이바의 주술과 비교해보면 일정한 차이점들을 발견할 수 있다.

다음날, 곧 예식의 네 번째 날에 주술사는 "지팡이를 가지고 걷는다", 빌롤로 카일레파. 이날은 경작지에서 개간이 전혀 이루어지지 않는다. 경작지에는 터부가 걸려 있다. 이 터부는 사흘 동안 더 지속된다. 제8일째 되는 날 토워시는 남자들에게 다음과 같이 말한다. "너희의 도끼를 내게 가져오라, 오 남자들아. 그것들을 내 오두막 안에 놓아두라." 그러고 나서, 그는 다가오는 의식에 대해 이야기한다. "나는 도끼들을 싸맬 것이네, 나는 모든 도끼에 주문을 걸 것이네."(제5부 8장 14절, 원문 41a) 저녁에 그는 도끼들을 깔개 두 장 사이에 놓고 치료했다. 다음날인 제9일에, 남자들이 모두 밖으로 나가서 저마다 자기 소구획에서 탈랄라 의식을 수행하는 동안, 주술사는 마을에 남아 있다. 테야바에서 이 의식은 각각의 발레코에서 나무를 조금 잘라내는 것으로 구성되는데, 그 일이 끝난 뒤 진짜 개간 작업이 시작된다.

나는 중간 예식들에 대해서는 세부적으로 알지 못한다. 캄코콜라 의식이 끝난 뒤에는 얌 버팀대 카바탐을 위한 특별한 주술이 수행된다. 그때 주술사는 도끼를 치료한 뒤 버팀대를 두드려서 그것이 땅에 "견고하게 닻을 내리도록" 한다. 그러고 나서 잡초 뽑기 주술이 시작된다. 테야바에서 이 주술은 두 부분으로 나누어진다. 첫째로, 주술사는 그의 땅 파는 막대기의 뾰쪽한 끝부분을 치료하고 나서 표준 소구획, 레이워타로 가서 큰 잡초들을 제거하는 일, 곧 진정한 의미의 프와코바를 개시한다. 며칠 뒤에 주술사는 그의 땅 파는 막대기의 뾰쪽한 끝부분에 또 다른 주문을 읊는다. 그리고 사피, 즉 작은 잡초들 치우기 혹은 쓸어버리기를 위해 주술적인 축복을 내린다(4장 2절 참조).

성장 주술에는 특징적인 의식들이 포함되어 있다. 우리는 오마라카나에서처럼(4장 2절 참조) "싹 깨우기" 의식을 볼 수 있다. 그후에는 도끼에 대해 주술이 수행되는데, 그것은 "덜 여문 것들을 잘라내기"라고 불린다. 이 주술은 덩이줄기들이 여물기 전에 식물이 성장하는 것과 관련된다. 오마라카나의 "잎들의 닫힘" 의식에 상응하는 예식이 끝난 뒤에, 주술사는 "여문 것들을 잘라낸다." 그것은 여문 덩이줄기들과 관련된 예식이다(또한 기록 6 참조). 다음으로 타로 및 큰 얌의 수확과 연관된 복잡한 수확 의례가 뒤따르는데, 그것은 트로브리안드에서 보편적으로 이수나풀로라고 불린다. 이수나풀로가 진행되는 동안, 주술사는 "땅 파는 막대기를 자른다." 다시 말해서, 땅 파는 막대기의 뾰족한 끝부분에 마법을 건다. 그리고 그날 좀 더 나중에 "덩이줄기를 쪼갠다." 다시 말해서, 덩이줄기 하나를 꺼내서 캄코콜라 장대에 대고 자신의 까뀌로 쪼갠다. 주술사는 땅 파는 막대기를 경작지로 가지고 가서 저녁때까지 거기에 둔다. 그는 저녁에 큰 얌과 타로 몇 개를 파내서 마을로 가지고 온다. 다음날 주술사는 지난번 수확기 이후에 죽은 사람들의 무덤 위에 그것들을 놓아둔다. 그것들은 "무덤에 바치는 제물"(울라울라 왈라카)로 일컬어진다. 새로운 무덤이 없을 경우에는 투크와우크와 마을과의 교환 예식이 개최된다. 그리고 축제적인 물고기 소비가 뒤따른다.

이수나풀로 이후에야 바시, 곧 타이투 솎아내기가 시작된다. 더 나중에는(〈그림 3〉, 시간 계산표 참조) 첫 번째 수확 예식인 오크왈라 예식이 개최된다. 복사들은 기프와레이(랄랑 잎)의 큰 다발들을 모아서 그 일부를 매듭으로 묶은 뒤, 레우타울라 근처의 경작지로 향하는 길을 따라서 그것들을 놓아둔다. 주술사는 레우타울라(주요 레이워타)의 주술적 모퉁이에서 기프와레이 더미를 치료하고, 복사들은 발레코마다 기프와레이 한 장씩을 놓아둔다. 이것은 터부를 나타낸다. 경작지로 가는 길에 띠처럼 놓여 있는 기프와레이는 누구도 그곳에 작업하러 들어가서는 안 된다는 표시이다.

그리고 며칠 뒤에 툼 예식이 개최된다. 나는 그 예식을 테야바에서 직접 목격했지만 주문을 기록하지는 못했다. 토워시는 마른 바나나 잎을 이용해서 까뀌 날 몇 개를 향기로운 릴레이코야의 잎들로 감싼 후에 그것을 치료했다. 내가 그 예식을 목격했던 날, 이른 아침부터 주술사의 집 안에는 까뀌 여러 개가 그처럼 준비되어 있었다. 여덟 시 무렵 우리는 경작지로 갔다. 몇몇 소년들은 수확해도 좋을 만큼 얌 덩굴이 잘 여문 정확한 장소를 찾기 위해서 앞서서 갔다. 족장 주술사인 음와도야는 치료된 까뀌를 각각 어깨에 지고 있는 남동생 및 다른 복사들과 함께 갔다. 그는 표준 소구획의 주술적 모퉁이로 가서 카시예나라고 불리는 둥근 얌들 가운데 하나를 파냈다. 그는 그것을 카바탐 장대에 대고 마법에 걸린 자신의 까뀌로 쪼개면서, 다음의 말을 읊조렸다.[16)]

16) 5장 3절, 그리고 〈사진 51〉과 〈사진 52〉 참조.

나는 그대의 입을 닫는다네, 오 박쥐여, 큰 박쥐여,

도둑이여, 덤불암탉이여. 쓰러져라, 가버려라.

물론 이것은 집 안에서 까뀌에 대고 읊었던, 계속해서 길게 되풀이되는 주요 주문은 아니다. 주술사는 얌을 쪼갠 후에 땅에서 잡초를 조금 잡아 뽑아서 작은 더미를 만든 다음, 쪼개진 얌으로 "그것을 짓눌렀다." 그러고 나서 그는 그 레이워타에서 특별히 훌륭한 타이투 식물을 골라서 자신의 치료된 까뀌로 줄기를 잘라내고 덩이줄기들을 뽑아냈다. 우리와 동행했던 소년들이 그것들을 모았다. 주술사의 조수들은 일반적인 소구획에서 동일한 예식을 수행했고, 그들 몫으로 제법 많은 덩이줄기들을 모았다. 그들은 타이투를 바구니(바타가)에 담고 타이투 잎으로 덮었다. 그들은 바구니를 운반용 장대에 매달았는데, 장대의 양쪽 끝에 바구니 하나씩을 달아매었다. 그 덩이줄기들은 테야바의 중앙 공터에서 전시되었고, 그후 마을을 구성하는 여러 지역에 나누어졌다. 나중에 그 가운데 일부는 최근에 죽은 자들의 무덤 위에 진열되었다.

기록 8

오마라카나의 경작용 토지

첨부된 지도에는 오마라카나의 경작용 토지가 대략 그려져 있다. 지도에서는 마을, 마을의 소통 체계, 샘과 바닷가와 금지된 작은 숲 한두 곳과 마을의 연안 지역, 산호 능선, 그리고 경작용 토지를 포함하는 독립적인 영토를 볼 수 있다.

물론 오마라카나는 트로브리안드에서 분명 가장 중요한 정착지라는 사실을 염두에 두어야 한다. 그곳은 트로브리안드의 정치적 중심지이며, 농지 가운데 가장 비옥한 지대에 위치하고 있다. 일곱 개 혹은 여덟 개의 길이 오마라카나와 카사나이의 연합 취락으로 집중된다. 오마라카나에 바로 인접한 이웃에는—만약 쿠로카이와를 구성하는 세 개의 작은 마을을 하나로 셈한다면—다섯 개의 마을이 있으며, 지도에도 표시되어 있다.

여러 종류의 토지에 관해서 살펴보면, 우선 오마라카나와 카사나이라는 한 쌍의 정착지를 둘러싸고 있는 작은 숲을 볼 수 있는데, 그 숲은 특히 북동쪽을 향해 뻗어 있다. 그곳에는 불리마울로라는 샘 혹은 물웅덩이가 있다. 오늘날 불리마울로는 진흙투성이에다가 거의 메말라 있기 때문에 마을에 물을 공급하는 용도로 사용될 수 없다. 그러나 그것은 비와 가뭄의

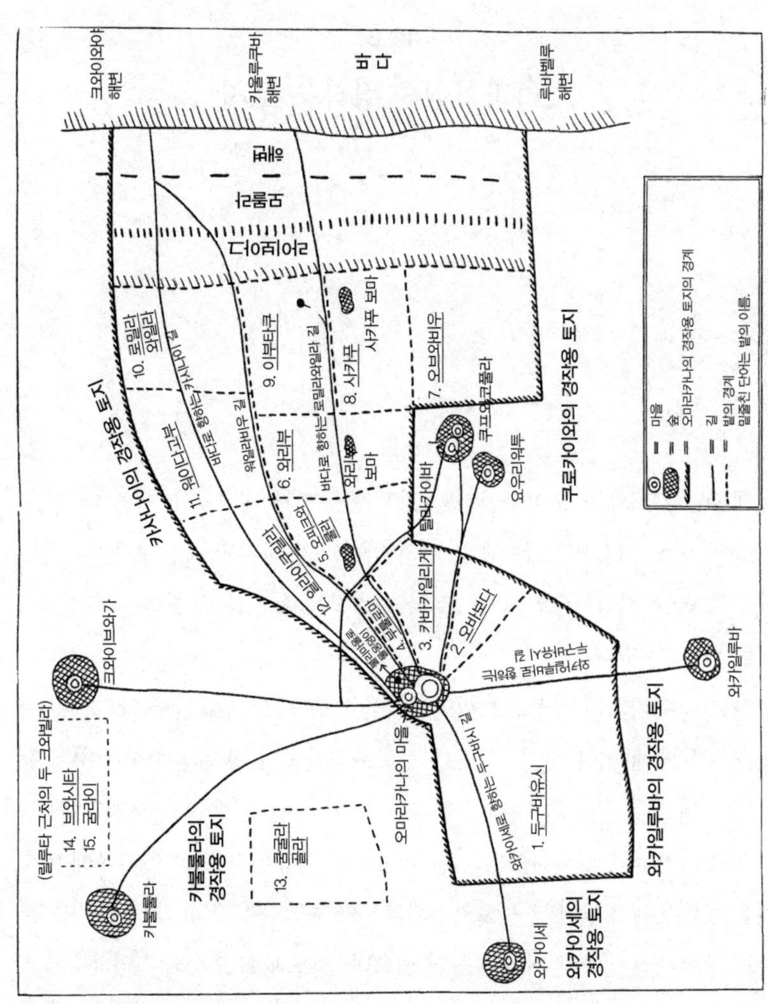

〈그림 13〉 오마라카나의 경작용 토지의 지도

주술에서 중요한 역할을 담당한다. 오마라카나와 카사나이의 여자들은 로밀라와일라라는 이름의 길을 따라 이부타쿠의 연못까지 매일 아침마다 혹은 오후마다 1마일 이상을 걸어 가야 하는데, 가는 길에 금지된 숲 세 곳을 지나치게 된다.

이 지도에는 오마라카나의 경작용 토지만이 표시되어 있다. 카사나이의 영토는 바로 북쪽에 있다. 카사나이 사람들은 바다로 향하는 그들만의 길을 가지고 있는데, 그 길은 오마라카나의 땅을 통과해서 뻗어 있다. 우리가 알고 있듯이, 카사나이 사람들은 그들의 경작지를 독립적으로 일구며, 오마라카나와 구별되는 영토를 가지고 있다.

오마라카나의 사례를 가지고 토지 보유권과 주민권, 그리고 거주권—이 세 가지 요소는 손댈 수 없을 만큼 뒤얽혀 있다—의 일반적 원칙들을 간략히 개괄해보자(12장 참조). 우선 역사적인 면을 살펴보면, 아직 오마라카나의 영토에 대한 소유권을 가지고 있으며 그러한 소유권을 행사하고 있는 원주민 하위 씨족이 둘 있다. 그 가운데 하나는 시조의 이름을 따서 칼루바우로 일컬어지는 하위 씨족으로서 요그와부라는 이름의 마을 구간에서 살고 있으며, 말라시 씨족에 속한다. 그들은 본래 비의 주술을 소유했지만, 역사적 과정을 거치면서 비의 주술과 땅의 대부분에 대한 소유권, 그리고 지역의 통치권을 타발루 하위 씨족에게 양도했다. 칼루바우 하위 씨족은 낮은 신분에 속한다. 다른 하나는 시조의 이름을 따서 부라야마라고 불리는 더 높은 신분의 하위 씨족이다. 부라야마는 사카푸의 작은 숲에서 출현했으며, 예전에는 카타쿠빌레를 점유했다. 그곳은 한때 오마라카나의 마을 구간이었지만 지금은 사라졌다. 이 하위 씨족은 크와이브와가 구간으로 이주한 이후로 그곳에서 실제적인 우두머리 혹은 통치자로 군림했다. 알다시피, 타발루는 결혼을 통해 오마라카나에 정착함으로써 그곳의 소유권과 통치권을 얻었다(12장 3절). 많은 시간이 흐른 뒤, 타발루의 연장자 종족이 이곳에 정착했기 때문에, 혹은 다른 어떤 이유로 인해서 이 마을은 군도 전체에서 첫째가는 정착지이자 그 지구의 중심지로 인정받게 되었다. 아마도 그 진짜 이유는 연장자 종족 때문이라기보다는, 이곳에서 타발루가 다른 무엇보다도 비 주술을 행사할 수 있는 특권을 입수해서 비와 가뭄을, 그러므로 비옥함을 좌지우지할 수 있게 되었기 때문일 것이다(1장 8절과 5장 1절).

마을 부지부터 살펴보자. 오마라카나 자체는 전혀 전형적인 마을이 아니다. 오마라카나의 최고 족장은 대단히 중요한 인물이며, 최고 족장 및 그의 친척들의 신분과 평민들의 신분은 격차가 너무 크다. 오마라카나의 이러한 특징은 중앙 공터에서 이루어지는 공공생활의 전체적인 성격에 영향을 미칠 뿐 아니라 심지어 왜곡한다. 오마라카나에서는 중앙 공터 주위로 창고와 가옥들이 이중의 둥근 고리 모양으로 늘어서 있는데, 족장 개인의 집은 특징적이게도 안쪽 둥근 고리의 가운데에 자리하고 있다. 그것은 트로브리안드 군도 전체에서 유일한 사례이다.[17] (내가 기억하는 한, 최근 오마라카나에서 떨어져 나왔으며 루바를 통치하는 젊은 타발루 분파의 중심지인 올리빌레비에서조차 족장의 개인 집은 안쪽 고리의 내부에 있지 않고 안쪽 고리의 얌 창고들과 나란히 있다.) 신분이 높은 남자가 통치하는 다른 마을들의 경우에 족장의 개인 집은 안쪽 고리 얌 창고들 사이에 있다.

오마라카나의 공공생활에서 나타나는 또 다른 특징은, 사람들이 바쿠에서 족장을 알현할 때 단지 족장의 손님으로 초대된 사람들만이 중앙 공터에서 족장의 개인 오두막 앞에 있는, 즉 그의 오두막과 큰 얌 창고 사이에

17) 〔역주〕 8장 1절 참조.

위치한 구역에 들어오도록 허락된다는 점이다. 유럽인들이 오기 전에는 이곳이 타발루의 매장지이기도 했다. 그리고 이곳은 영들을 위해 매우 높은 단이 세워지는 장소였다. 이곳은 누구도 밟거나 심지어 다가가서도 안 되는 금지된 돌무더기가 있는 장소이기도 했다. 한편 바쿠의 동쪽 부분은 춤추기를 위한 장소였다. 또한 이곳은 밤에는 아이들과 어른들이 놀이를 하고, 낮 동안에는 평민들이 모이는 장소이기도 했다. 그 마을에 거주하는 남자는 관례적으로 이 장소를 사용할 권리를 가진다.

마을에서 바깥쪽 둥근 고리는 대략 세 구간으로 나누어진다. 남서쪽으로는 족장의 아내들에게 속하는 가옥들과 얌 창고들의 대열이 있었다. 족장의 친척들은 남동쪽 구간에서 살았는데, 예전에는 그곳에 카타쿠빌레라는 이름의 작은 마을이 있었다. 요그와부라고 불리는 마을의 북동쪽 부분에는 주로 신분이 낮은 거주자들이 살았으며, 칼루바우 하위 씨족의 가옥 몇 채가 있었다. 모든 거주자는 자신의 가옥과 얌 창고 부지에 대한 권리를 가지며, 거주자와 그의 가족은 인접한 땅을 요리와 음식 준비, 손으로 하는 작업, 그리고 사교 모임과 같은 가정적인 목적을 위해 자연스럽게 사용했다(제1부 7절 참조).

서열이 낮은 마을에서는 거주자들이 중앙 공터 전체를 사용할 것이다. 주민이 아닌 거주자들과 진짜 주민들 사이의 차이는, 진짜 주민들에게만 그곳에 묻힐 권리가 있으며 그들만이 예식과 공동 모임에서 주도권을 쥐고 있다는 점이다.

마을 사람들은 모두 오마라카나와 카사나이의 작은 숲에서 나무를 모으고 야생 열매를 채집할 권리를 가지고 있다. 어떤 나무는, 특히 코코 야자와 빈랑나무, 망고 나무와 빵나무는 개인적으로 소유된다. 단지 주민들만이 그러한 나무들을 심고 소유할 권리를 가진다. 그러나 주민이 아닌 거주자는 그가 거주할 수 있게 해준 주민으로부터 그 가운데 일부를 이용할 권리를 받는다. 말하자면, 한 남자는 그러한 나무의 사용권을 자신의 아들에게 줄 것이다. 혹은 족장은 그러한 권리를 자신의 후손에게 줄 것이다. 다른 마을들과 마찬가지로, 오마라카나에서 모든 거주자는 길, 작은 숲, 샘, 라이보아그와 같은 공공장소들을 자유롭게 이용할 수 있다. 특히 게임과 여흥을 위해 선호되는 장소들을 자유롭게 이용할 수 있는데, 그러한 게임과 여흥은 종종 샘 주변이나, 오딜라에서 자라는 몇몇 과일 나무들 근처에서 이루어진다.

공동체의 모든 거주자는 어떠한 경제적 목적을 위해서든 라이보아그의 덤불치기되지 않은 정글을 돌아다니고 이용할 수 있다. 알다시피, 라이보아그의 구덩이들은 개인들에게 할당되며, 그곳의 소유자가 거기서 얌을 경작하고, 수확된 얌을 소유하게 된다. 해안에 인접한 비옥한 땅에는 명목상으로 최고 족장이 소유하는 밭들이 넷에서 여섯 곳가량 있다. 나는 이에 대해 아주 주의깊게 조사하지는 않았다. 그렇지만 나는 그곳에서 정식 경작지들이 만들어지는 경우는 단지 가뭄일 때, 혹은 다른 이유들로 라이보아그 근처에 경작할 수 있는 땅이 없거나 이용할 수 없을 때뿐이라고 생각한다.

주기적으로 경작에 사용되는 땅, 오딜라(개간되지 않은 덤불)로 가보자. 지도(〈그림 13〉)에서 볼 수 있듯이, 이 땅은 모두 크와빌라로 세분되어 있고, 경계(카리게이)가 명확하게 설정되어 있다. 그 가운데 일부는 길에 의해 표시되며, 다른 것들은 라이보아그나 습지의 가장자리와 같은 자연적 특징에 의해 표시된다(그러나 오마라카나의 경작용 토지에는 습지가 없다. 습지가 많은 지구는 이 정착지의 동쪽과 북동쪽에 있다). 몇몇 카리게이는 인위적으로 만든 견고하고 긴 돌무더기로 표시되거나 일렬로 늘어선 큰 나무들로 표시된다. 지도에서 볼 수 있듯이, 크와빌라의 크기는 매우 다양하다. 나는 그 땅을 조사하지 못해서 정확한 크기를 측정할 수 없었다. 그러나 정확히 1마일에 달했던 오마라카나와 와카일루바 마을 사이의 거리를 측량의 기본 단위로 삼아서 밭의 크기를 대략 계산할 수 있다. 지도를 그릴 때, 먼 거리는 내가 그 길을 직선거리로 걸었을 때 걸린 시간을 재서 어림잡아 측정했고, 짧은 거리는 보폭으로 측정했으며, 나침반으로 각도를 쟀다. 소구획들(**발레코**)의 크기는 대충 일정하다. 내가 계산하기로는 **발레코** 네 개가 1모어겐[18] 정도 된다. **크와빌라**는 여섯 개나 여덟 개에서 쉰이나 예순 개의 **발레코**로 이루어져 있기 때문에, 크기의 차이가 분명하게 드러날 것이다.

다양한 밭들을 간략히 살펴본다면 토지 보유권에 대한 논의를 좀 더 구체화할 수 있을 것이다.

1. 두구바유시는 가장 큰 **크와빌라**이며, 대략 쉰 개 혹은 예순 개의 **발레코**로 구성된다. 두구바유시를 경작할 차례가 되면, 요즘 같으면 그곳만으로도 오마라카나의 주요 경작지로 삼기에 거의 충분하다. 그렇지만 오늘날보다 마을 주민수가 아마 두 배가량 되었을 옛날에는 두 배 더 많은 수의 **발레코**가 경작되었을 것이다. 예를 들면 1915년에는 두구바유시가 주요 경작지로 정해졌으며, 투불로마와 오피크와쿨라의 밭들만 이른 경작지로 사용하기 위해 거기에 보태졌다. 부라야마 하위 씨족에게 속하는 약 열 개의 **발레코**를 제외하고 이 밭의 나머지는 타발루 하위 씨족에 의해 "소유된다."

2. 오바보다는 약 열 개에서 열다섯 개의 **발레코**로 이루어진 작은 **크와빌라**이다. 그 가운데 3분의 1은 아마도 부라야마 하위 씨족에게 속하고 나머지가 타발루 하위 씨족에게 속한다. 이 밭은 마을에 매우 인접해 있고, 아주 비옥하며, 보통 이른 경작지로 사용된다.

18) 〔역주〕 morgen. 네덜란드의 토지 측량 단위. 1모어겐은 약 2에이커에 해당한다.

3. 카바카일리게는 오바보다에 비해 약간 더 크다. 오마라카나에서 요우라워투까지 뻗어 있는 길이 카바카일리게와 오바보다를 가른다. 카바카일리게는 열다섯 개에서 스무 개 정도의 소구획으로 이루어지며, 그중에서 다섯 개는 부라야마 하위 씨족에게 속하고 나머지는 타발루 하위 씨족에게 속한다.

4. 투불로마는 가장 작은 밭이며, 여섯 개 혹은 여덟 개의 발레코로 이루어진다. 타발루 하위 씨족이 그것들을 몽땅 소유한다. 그것은 보통 이른 경작지로 사용된다.

5. 오피크와쿨라는 약 스무 개의 소구획으로 이루어진다. 그중에서 다섯 개는 부라야마 하위 씨족에게 속하고, 나머지는 타발루 하위 씨족에게 속한다. 이 밭에는 오바바빌레라는 금지된 작은 숲이 위치하고 있는데, 그 숲은 쿠로카이와 경작지 주술에서 일정한 역할을 담당한다(9장 2절).

6. 와리부는 약 서른 개의 소구획으로 이루어져 있으며, 그중에서 대략 절반가량을 부라야마 하위 씨족이 소유하고 나머지를 타발루 하위 씨족이 소유한다. 그곳에는 동일한 이름의 금지된 작은 숲이 포함되어 있다. 앞의 밭과 마찬가지로, 와리부는 마을에서 샘과 해안까지 뻗어 있는 길에 의해 반으로 나뉜다.

7. 오브와비우는 앞의 밭과 크기가 같으며, 약 서른 개의 소구획으로 이루어져 있다. 그중에서 아마도 6분의 1을 부라야마 하위 씨족이 소유하며, 나머지를 타발루 하위 씨족이 소유한다.

8. 사카푸에는 동일한 이름의 금지된 작은 숲이 있는데, 그곳에서 부라야마 씨족의 시조가 출현했다. 사카푸는 앞의 두 밭과 크기가 같으며, 약 서른 개의 소구획으로 이루어져 있다. 그중에서 2분의 1은 타발루 하위 씨족에게 속하며, 나머지는 부라야마 하위 씨족에게 속한다.

9. 이부타쿠라는 이름은 이 밭에 있는 오마라카나의 연못 이름을 따서 붙여졌다. 이부타쿠는 정말로 큰 못이며, 토착민들은 물을 길어오기 위해서 뿐 아니라 씻고, 목욕하고, 흥겹게 여가를 즐기기 위해서도 이곳을 사용한다.(그래도 그들은 기꺼이 그 물을 마셨지만, 나는 목욕할 만큼 크지 않고 하찮게 보이는 작은 샘에서 마실 물을 길어오곤 했다.) 이 밭에는 약 서른 개의 소구획들이 있는데, 부라야마와 타발루 하위 씨족뿐 아니라 칼루바우 하위 씨족도 약간의 소구획을 소유하고 있다.

10. 로밀라와일라는 이전 밭들과 크기가 같다. 즉 서른 개가량의 소구획으로 이루어져 있다. 타발루 하위 씨족은 대략 절반을 소유하며, 다른 씨족들은 나머지를 공유한다.

11. 워이다고부는 서른 개의 소구획으로 이루어져 있으며, 그중에서 약 열다섯 개는 타발루 하위 씨족에게, 열 개는 칼루바우 하위 씨족에게, 다섯 개는 부라야마 하위 씨족에게 속한다.

12. 일라이쿠밀라. 바로 앞의 밭과 동일한 조건.

다음 세 개의 밭은 오마라카나의 경작용 토지의 주요 구역으로부터 떨어져 있다. 그곳의 땅은 오로지 타발루 하위 씨족에게만 속한다. 그 세 개의 밭은 모두 두구바유시보다 더 크다. 내가 들은 바로는, 심지어 옛날에도 각각의 밭은 적어도 오마라카나의 주요 경작지로 사용되기에 충분했다고 한다. 그 밭들은 아마도 각각 육십 개에서 팔십 개의, 어쩌면 좀 더 많은 수의 발레코로 구성되었다. 첫 번째 밭인 13번, 쿰굴라골라는 카사나이의 땅에 위치하며 카불룰라 마을 쪽을 향하고 있다. 다른 두 밭, 곧 14번 브와시타와 15번 굼라이는 릴루타의 경작용 토지 안에 있다. 이 셋은 모두 오마라카나의 통치자들이 직접 지배하고 통치하는 영토 안에 위치하며, 인접한 이웃 마을들은 그들의 항구적인 백성이자 동맹자였다. 따라서 언제까지나 우호적이지는 않은 어떤 두 공동체가 전쟁으로 갈라섰던 옛날에도 그 밭들에서는 경작지가 일구어질 수 있었다.

여기서 제시된 자료의 가치를 평가하려면, 내가 정보 제공자들의 진술에 의존해서 각각의 밭에 포함된 소구획의 수를 파악했다는 사실을 기억해야 한다. 토착민들은 소구획을 계산할 때 보통 소구획의 이름을 기억하고서 그것을 구체적으로 검토하려고 애쓰기 때문에, 제시된 숫자들은 근삿값으로 여겨져야 한다. 어떻든 그것들은 줄잡아 말한 숫자이다. 왜냐하면 나의 정보 제공자들은 소구획들의 일부를 잊어버렸을 수도 있기 때문이다.

우리는 여기서 제시된 자료를 다음의 표로 요약할 수 있다.

크와빌라의 이름	소구획 수의 근삿값
1. 두구바유시	50~60
2. 오바보다	10~15
3. 카바카일리게	15~20
4. 투불로마	6~8
5. 오피크와쿨라	20
6. 와리부	30
7. 오브와비우	30
8. 사카푸	30
9. 이부타쿠	30
10. 로밀라와일라	30
11. 워이다고부	30
12. 일라이쿠밀라	30

13. 쿰굴라골라　60~80

14. 브와시타　60~80

15. 굼라이　60~80

그러므로 오마라카나
발레코의 근삿값을 합하면　491~573

따라서 오마라카나에서 원하는 대로 쓸 수 있는 소구획들의 총합은 대략 500개에서 560개에 이른다는 것을 알 수 있다.

부록 1

트로브리안드 경작지 주술의 조직화 기능을 보여주는 분석과 표

주술은 트로브리안드의 농경에서 너무나 중요한 역할을 하기에, 독자들은 책 제목에서 주술과 만나는 것 외에도, 이 책을 읽어나가면서 끊임없이 주술과 경작지와의 관계를 목격하게 된다. 이 자리에서는 우선 일반적인 트로브리안드 주술에 대해서 무언가 이야기하고 싶다. 두 번째로, 나는 주술과 작업과의 관계를 요약해서 보여주기 위하여, 그것들의 시간적, 공간적, 그리고 사회학적 상호관계를 개관하는 표를 제시할 것이다. 나는 제1부에서 일부러 주술이라는 주제를 그다지 충분하게 다루지 않았다. 왜냐하면 한편으로는 독자가 주술이 구체적으로 표현되고 경작과 결합되는 모습을 살펴보면서 주술과 친숙해지는 편이 낫다고 생각했기 때문이며, 다른 한편으로는 주술을 체계적으로, 충분히, 분석적으로, 현재의 도표와 함께 다루기를 원했기 때문이다. 그리고 이러한 작업은 부록에서 다루는 것이 더 용이하다. 또한 주로 나는 이미 출판된 글에서 언급했던 문제를 다시 살펴볼 것이다(*Argonauts of the Western Pacific,* 17장과 18장; "Magic, Science and Religion", in *Science, Religion and Realigy,* edited by J. Needham, 1925; *Sexual Life of Savages,* 11장; 그리고 *Encyclopedia of Social*

Sciences, edited by Seligman and Johnson, "Culture" 항목).

A. 트로브리안드 주술의 몇 가지 일반적인 특징들

트로브리안드인은 주술이야말로 그들이 수행하는 수많은 중요한 일에서 본질적인 요소라고 여긴다. 이 책에서 우리는 경작의 모든 중요한 무대와 국면마다 주술을 만났다. 또한 수확물을 쌓아올리고 저장할 때 주술이 핵심적인 역할을 담당하며, 코코넛이 의례적으로 "금지된 계절"인 **카이투부타부**에서도 주술이 중요한 역할을 담당하는 것을 알 수 있었다. 나아가 우리는 가뭄의 주술과 비의 주술을 언급해야 했고, 나무 및 과일과 관련된 재산 보호 주술, **카이타파쿠**를 다루어야 했다(12장 4절). 만약 또 다른 식량 생산 활동에 관심을 돌린다면, 우리는 두 번째로 중요한 일인 고기잡이 역시 주술의 지배를 받는다는 사실을 발견하게 된다. 그렇지만 여기서 모든 관찰자는 가장 유리하고 신뢰할 만하며 아마 양적으로 가장 생산적인—즉 독을 풀어서 물고기를 잡는—고기잡이 방법과 관련된 주술은 전혀 없는 반면, 초호에서 후릿그물로 하는 고기잡이는 주문과 의식들을 포함해서 주술적 성격이 매우 뚜렷한 예식과 함께 진행된다는 사실에서 강한 인상을 받을 것이다. 일정치 않은 진주조개잡이나 위험한 상어잡이를 위해서는 정기적으로 공공 예식이 수행된다. 덫을 놓거나 사냥하는 것처럼 상대적으로 중요하지 않은 활동들과 관련해서 몇 가지 사소한 사적인 주술이 수행되지만, 공공의 예식 체계로 발전되지는 않았다. 또한 우리는 집이나 창고를 지을 때에는 어떠한 건축 주술도 수행되지 않는다는 사실을 알게 될 것이다. 새로운 얌 창고는 **빌라말리아** 주술로 치료될 것이며, 새로운 집에서는 요술을 막기 위해서 몇 가지 의식이 수행될 것이다. 그렇지만 새로운 카누에 대해 수행되는 주술은 매우 다르다. 평범하고 안전하며 쉽게 통제되는 해안 후미의 항해를 위해서는 자잘한 술수가 사용된다. 초호 항해를 위해서는 어떠한 주술도 행해지지 않는다. 공동 고기잡이를 위해 사용되는 큰 어선은 고기잡이의 주술로 마법에 걸린다. 반면 가장 큰 해외 항해용 카누들을 위해서는 그것들이 건조되는 동안 안전, 속도, 그리고 성능의 주술이 정교하게 격식에 따라 수행된다(*Argonauts,* 4장과 5장). 이러한 카누들과 관련해서 항해할 때 수행되는 주술, 조난 사고를 당했을 때 수행되는 보호 주술이 있다. 카누의 건조 및 사용과 관련해서는 쿨라의 주술이 수행된다. 원정 기간 동안에는 국화조개잡이의 주술과 타지에서의 안전을 위한 주술이 수행된다. 또한 바람과 날씨의 주술이 존재한다.

제조업 과정에는 어떠한 주술도 수반되지 않는다. 귀중품을 만들 때나, 쿠보마 지구가 전문적으로 담당하는 고도의 기술이 필요한 생산에서도 토착민들은 결코 주술에 의지하지 않는다. 한 가지 예외가 있다. 예술적인 조각을 위해서는 가끔씩 주술을 통해서 영감을 구하기도 한다. 이처럼 간략한 조사를 통해서도 트로브리안드인들이 고기잡이처럼 자신이 통제할 수 없는 우연의 요소가 존재하는 일을 할 때에만, 혹은 먼 바다 항해의 경우처럼 자신이 부분적으로 통제할 수 있지만 여전히 위험과 우연한 불운의 요소들이 포함된 일을 할 때에만 주술에 호소한다는 점을 알 수 있다.

주술은 건강, 신체적 안녕, 사고의 위험과 같은 모든 문제에서, 그리고 예사롭지 않은 모든—즉 삶과 죽음의—문제에서 두드러진다. 트로브리안드인들은 인간 유기체에게 일어나는 재난을 요술의 결과로 여긴다. 그들은 일정한 의식과 주문을 알고 있는 사람들이 그것들을 가지고 다른 사람에게 해를 끼칠 수 있다고 믿는다. 또한 토착민들은 여기에 맞서는 대항 주술이 그러한 해악을 무효화할 수 있다고 믿는다. 마찬가지로 주문과 의식으로 사랑을 만들거나 파괴할 수 있는 주술이 존재한다. 개인적인 매력이나 아름다움, 춤추기의 성공 등은 주술의 또 다른 중요한 분야이다(쿨라에서 아름다움과 유인의 주술에 대해서는 *Argonauts of the Western Pacific,* 13장을, 사랑과 아름다움의 주술에 대해서는 *Sexual Life of Savages,* 11장을 보라). 전쟁은 특정한 유형의 주술들을 수반했다.

이 책과 내가 이전에 트로브리안드 주술의 여러 양상을 설명했던 글들을 읽은 독자는 주술의 기법과 구성을 여러 가지로 일반화해볼 수 있을 것이다. 여기서 나는 트로브리안드 주술에 관한 장들과 문단들에서 이미 진술했던 내용을 요약하고, 주술의 본질적인 개요를 간략히 제시할 것이다.

트로브리안드인은 인간에게, 그리고 인간의 운명에 극히 중대한 영향을 미치는 모든 일에서 주술이 본질적인 요소라고 여긴다. 주술은 인간이 발명할 수 있는 종류의 것이 아니다. 트로브리안드인은 땅 밑에서 인간의 시조들이 나타났을 때 주술도 함께 나왔다고 믿는다. 거기서 주술은 항상 존재했다. 주술의 기원은 인류의 기원이나 세상의 기원과 마찬가지로 그다지 깊이 생각해볼 만한 문제가 아니다. 주문의 단어들과 의례의 형식, 거기서 사용되는 재료들은 그것들이 영향력을 행사하는 사물이나 자연 과정과 처음부터 공존한다. 주술은 인간이 일정한 자연 과정이나 몇몇 인간 활동에, 혹은 다른 인간들에 대해 발휘하는, 전통적으로 확립된 힘이다.

모든 주술 행위는 주문과 몸짓으로 구성된다. 후자는 때때로 주술사가 적절한 장소에 가서 적절한 대상을 마주하는 것으로 축소된다. 성장 주술 가운데 대부분의 의식들이 그러하다. 좀 더 복잡한 의식에서는 나중에 주술을 수행할 때 사용될 어떤 대상에게 주문을 읊기도 하고, 혹은 주술사가 식량이나 귀중품을 바치거나 전시하면서 영들의 임재를 기원하기도 한다.

우리는 전술한 장들에서 그러한 의식 한두 개를 다루었는데, 두드러진 것은 오마라카나 경작지 주술의 첫 번째 의식과 몸틸라카이바 체계의 캄코콜라 예식이다(9장 2절 참조).

이처럼 간략한 정의를 통해서도, 트로브리안드에서는 주술이 본질적으로 인간의 자질이나 속성으로 여겨진다는 점을 매우 분명히 알 수 있다. 주술은 어떤 대상 속에 존재해서 거기서부터 또 다른 대상으로 이동할 수 있는 힘으로 여겨지지 않는다. 공감적 물질이 수행하는 역할은 항상 간접적이고 대리적이다.[19] 특정한 허브나 덤불암탉의 둥지에서 가져온 흙, 혹은 둥근 산호석에서 긁어낸 가루에 대고 주문을 읊음으로써 효력을 강화시킬 수는 있다. 그러나 그러한 물질이 홀로 작용하는 경우는 없다. 주문이야말로 트로브리안드의 주술을 구성하는 본질적인 요소이다. 주문은 주술에서 가장 내밀한 부분이다. 주문의 말이 비밀이든 아니든, 주문을 효과적으로 사용할 수 있는 사람은 언제나 주술사뿐이다. 공적인 주술의 경우, 언제나 주술사만이 독점적으로 그것을 수행하는 특권을 가진다. 다시 말해서, 주술이 공개적으로 이루어지고 모두가 그 주술을 알고 있는 경우에도 전통적으로 결정되고 인가된 공적인 주술사 외에는 어느 누구도 그 주술을 수행해서는 안 된다. 경작지 주술과 고기잡이 주술, 전쟁 주술, 쿨라 주술, 그리고 비슷한 유형의 공공 의례들이 여기에 해당된다. 요술이나 사랑의 주술, 여러 형태의 흑주술에서는 주문이 비밀에 부쳐진다. 그러한 주문은 보수를 지불해야만 전수받을 수 있다. 혹은 주문을 보유한 사람이 감정적으로나 의무로 인해서 누군가에게 주문을 전수해주고 싶다고 느끼는 경우에도 주문이 전수될 것이다. 주술의 힘은 주로 주문을 익힘으로써 획

19) 〔역주〕 주술의 공감적 성격에 대해서는, 제2부 1장 6절의 역주를 참조하라.

득된다. 주문은 완벽히 정확하게 암기되어야 한다. 단어를 바꾸거나 승인되지 않은 생략 혹은 잘못된 암송 방법을 사용하면 결과에 엄청나게 치명적인 영향을 미치거나 아니면 주술의 힘을 상당히 감소시킨다고 여겨진다. 나는 이미 카누 주술의 신화를 서술했는데, 그 신화에 따르면 완전한 주문은 카누가 공중으로 날아오르게 할 수 있지만, 주문의 일부는 다만 바다 위에서 카누의 속력을 더해준다. 주문을 정확히, 단어 하나 틀리지 않도록 배워서 습득했을 때, 그 주문은 배 속으로 가라앉아서 거기에 머무른다. 주술사가 주문을 암송하면, 인간의 마음 혹은 지성이 위치한 목구멍의 움직임에 따라 주문의 효능이 암송자의 숨결을 타고 전해진다. 이러한 효능은 암송 행위를 통해서 마법에 걸리는 대상에게, 혹은 나중에 마법을 걸 대상에게 사용하게 될 재료에 직접적으로 전달된다.

주술이란 인간에게 귀속된 어떤 것으로서, 전통적으로 한 개인으로부터 그의 주술의 후계자들에게 계승되며, 인간의 후두와 인간의 목소리를 사용해서 생성되는 것으로 여겨진다. 그러한 관념은 주술사가 일정한 터부들을 지켜야 하며, 일정한 행위 규정들을 따라야 하고, 주술 수행에 적합한 신체적 상태를 유지해야 한다는 믿음과 연결된다. 우리는 이미 경작지 주술사의 터부에 대해서 알고 있다(2장 7절 참조). 트로브리안드를 다룬 다른 책들을 살펴보면, 비슷한 터부들이 **쿨라** 주술, 카누 주술, 그리고 사랑과 아름다움의 주술과 관련해서도 나타나는 것을 알 수 있을 것이다.

또한 우리는 위에서 언급한 주술사의 신체적 적절함 혹은 상태가 무엇을 의미하는지 알고 있다. 경작지 주술사는 일정한 하위 씨족에 속해야 할 뿐 아니라, 원칙적으로 그 하위 씨족의 우두머리이거나 적어도 인가된 대리인이다. 그리고 우리는 이 책을 통해 전체 지역에서 아마도 가장 중대한 주술인 비와 햇빛의 주술은 최고 족장이나 그의 대리인만이 수행할 수 있다는 사실을 알게 되었다. 상어나 가숭어 고기잡이, 그리고 초호에서의 고기잡이처럼 조직화된 고기잡이를 위한 지역 주술은 그 모든 기획 및 관련된 일들의 주인으로 여겨지는 하위 씨족의 우두머리가 수행해야 한다. 하위 씨족 구성원의 경우에, 아무개가 아무개로부터 구입해서 누군가를 위해 수행할 수 있는 주술 형태들은 단지 몇 개밖에 없다. 어느 정도까지는 요술이 이러한 부류에 해당되지만, 그 문제는 너무 복잡해서 간략하게 진술할 수 없다. 다른 형태의 임시적인 혹은 독립적인 주술, 사랑의 주술과 사적인 경작지 주술의 문구들, 고기잡이, 사냥, 혹은 전쟁의 사소한 의식들 역시 여기에 속한다. 이와 관련해서 이제 우리는 "독립적인" 혹은 임시적인 주술과 구별되는 "체계적 주술"의 정의 문제로 넘어가야 한다.

B. 조직화된 작업과 병행하는 의례 체계로서의 경작지 주술

트로브리안드에서 체계적인 주술과 독립적 주술은 매우 분명하게 구별된다. 몇몇 의식들과 주문들은 필요할 때마다 사용할 수 있으며, 잇따라 일어나는 연결된 활동의 일부가 아니다. 해외 원정을 하는 도중에 바람이 멎으면, 언제나 선원 한 사람이 일어나서 바람의 주문을 읊을 것이다. 누군가가 심한 치통을 앓을 때 그 혹은 그녀는 어떤 이웃에게 찾아갈 것이며, 치통을 낫게 할 주술이 수행될 것이다. 트로브리안드인은 자신의 열정이 충분히 고려되거나 보답되지 못하고 있다고 느낄 때면, 언제나 사랑의 주술의 사소한 의식들을 수행할 수 있다. 그러나 또한 트로브리안드에서는 연속적인 경제 활동이나 전쟁과 같은 기획이나 예식적인 춤추기의 계절과 한데 얽혀서 수행되는 주술이 존재하는데, 이러한 주술은 일련의 연관된 의식들과 주문들의 형태로 나타난다. 예컨대 해외 원정의 절차마다 매듭을 지어주면서 카누용 나무 베기를 실제로 개시하고 몇 가지 최종적인 작별 의식들을 통해 해외 원정을 마무리하는 주술[20]은 이러한 체계를 특징적으로 잘 보여준다. 그런데 이 책에서 제시된 경작 관련 주술은 이를 훨씬 더 분명하게 보여주는 사례이다. 경작과 관련된 주술에서 가장 먼저 눈에 띄는 점은, 주술이 경작 활동을 위해 없어서는 안 될 요소로 여겨진다는 사실이다. 내가 주장했듯이, 트로브리안드인들은 적절한 주술 예식으로 작업을 개시하고 주술 예식이 경작 과정의 중간 중간에 매듭을 지어주지 않는다면 결코 경작을 시작하려 하지 않을 것이다. 마찬가지로 그들은 적절한 주술 예식이 없다면 쿨라 원정이나 상어잡이 기간이나 성대한 춤추기 예식을 시작할 엄두도 내지 않을 것이다. 몇 가지 사소한 주술 문구들은 생략될 수도 있다. 과연 그들이 경작과 관련된 문구 가운데 하나라도 생략할지 매우 의심스럽지만 말이다. 그러나 주요 의식들은 건너뛰거나 축소해서는 안 된다(3장 1절에서 기록했던, 풋내기가 경작지를 불태운 사건을 보라).

알다시피, 기술적인 일과 주술적인 대응부는 서로 매우 긴밀하게 결합하며, 토착민에게 그러한 결합은 본질적인 것으로 여겨진다. 한편에서는 기술적인 단계들이, 다른 한편에서는 의식들과 주문들이 서로 대응해서 연속적으로 일어난다. 주술 행위가 수행되는 자리는 엄격하게 정해져 있다. 요워타 혹은 가부 등의 시작 의식들이 있으며, 빌라말리아와 카이투부타부의

20) 〔역주〕 트로브리안드에서는 쿨라를 위한 해외 원정이 결정되고 날짜가 정해지면, 마을 사람들은 카누를 손보거나 새로 만드는 일에 돌입하게 된다. 나무를 베어서 넘어뜨리는 일에서부터 해외 원정을 나간 무리가 돌아오기까지 일련의 과정은 일정한 순서에 따라 연속적으로 진행된다. 그런데 모든 기술적인 절차들은 주술 의식을 수행하기 위해 종종 중단되거나 방해받는데, 오히려 토착민들은 이를 당연하게 여긴다는 점이 특징적이다. *Argonauts of the Western Pacific*, 5장 참조.

마지막 행위처럼 끝맺는 의식들이 있다. 바카바일라우와 기부비야카처럼 예식적인 것과 실제적인 것이 뒤섞인 의식들도 있다. 주술은 신체적인 활동과 마찬가지로 어떤 기획의 성공을 위해서 반드시 필요하다. 앞에서 경작지의 작업과 토워시의 예식에 대한 설명을 읽으면서, 우리는 두 가지 모두가 동일한 목적을 겨냥한다는 사실에서 줄곧 깊은 인상을 받았다. 즉 두 가지 모두 풍성한 생산물을 확보하고 다음 계절 혹은 다음 해의 풍요를 확립하는 것을 목적으로 한다. 또한 주술과 작업이 기여하는 바가 각각 다르다는 사실을 줄곧 볼 수 있었다. 덤불을 잘라내고, 그것을 체계적으로 태우고, 땅을 정리하고, 농작물을 파종하며, 그것을 덤불돼지와 왈라비의 공격으로부터 보호하며, 잡초를 뽑고, 농작물을 수확하기 위해서 작업이 행해진다. 주술은 여기에 더해서 땅의 비옥함을 불러내고, 어떠한 실제적인 장치로도 막을 수 없는 해충과 마름병을 을러서 내쫓고, 덤불돼지들에게 겁을 줘서 쫓아내며, 보호하는 동물들을 불러내고, 주술적으로 땅 밑 식물들의 성장을 돕고 무성한 잎이 생겨나도록 자극하며, 마침내 빌라말리아에서 인간의 식욕을 감소시키고 얌 창고의 영적인 토대를 강화한다.

그러나 예식과 실제적 작업은 비록 규모와 기법이 서로 다르지만, 그것들은 모두 한 가지 기획의 일부를 형성하고, 하나의 목적을 지향하며, 서로 의존하는 일련의 연속적인 과정 속에서 진행된다. 주술과 작업에 대한 인류학적 이론을 수립하기 위해서는 체계적인 주술과 진취적인 실제적 활동이 통합되는 방식을 제대로 이해할 필요가 있다. 주술과 경제적인 작업이 어떤 방식으로 통합되는지를 이해한다면, 주술과 작업 사이의 관계가 어떠한 성격을 띠고 있는지 파악할 수 있다. 어떤 의미에서는 그러한 주술과 작업의 통합 방식이 주술의 기능을 결정한다.

이제 이러한 관계를—이야기체의 서술을 통해서 이미 분명해졌을 수도 있겠지만—밝히기 위해, 비교 도표를 만들 필요가 있다. 나는 현지에서 경작지 주술과 관련해서 이미 그러한 도표를 만들었다. 나는 정확성과 충실함을 살리면서도 가능한 대로 명료하게 만들어진, 이미 완성된 그 도표를 여기서도 다시 사용할 것이다. 그 도표는 사실 오마라카나의 경작 체계에만 기초한 것이다. 여러 경작 체계를 복합적으로 보여주는 도표를 만드는 일은 거의 불가능하다. 독자가 직접 2장에서 7장까지의 자료를 9장과 10장의 자료와 비교해본다면 이 사실을 알 수 있을 것이다. 어쩌면 바쿠타와 쿠로카이와의 경작지 주술에 대해서 비슷한 도표들을 만들 수 있었을지도 모르겠다. 그렇지만 지금의 도표와 마찬가지로 충실하게 잘 기록된 다른 도표들을 만들 수 있었다고 하더라도, 그것은 불필요했을 것이다. 이론적인 관점에서 볼 때, 그 도표에서 흥미로운 점은 어떤 행동을 하기 사흘 전에 마른 나뭇가지를 땅속에 꽂는지 아니면 사흘 후에 꽂는지와 같은 문제가 전혀 아니다. 토착적인 믿음과 관습의 세부사항들은 주술 행위와 작업 각각에 대한 토착민의 태도를 증명하고 드러내주기 때문에 흥미로운 것이다. 또한 그것들은 문화적 현실의 이러한 두 가지 질서 사이의 실제 관계를 이해할 수 있게 해주기 때문에 흥미로운 것이다. 현재의 도표를 연구하고, 그것을 오마라카나와 바쿠타 주술의 도표와 비교하며, 이것들을 9장과 10장의 부가적인 증거와 맞추어 봄으로써, 사회학자는 자신의 결론을 구성하기 위해 필요한 모든 자료를 갖추게 될 것이다.

간단한 활판 인쇄법(letterpress)이 유용할 것 같다. 도표는 두 개의 차원을 가지고 있다. 각각의 수직 단은 위에서 아래로 갈수록 시간의 경과를 나타낸다. 이러한 시간 진행은 가장 왼쪽 단에서 명확히 표시된다. 또한 우리는 왼쪽에서 오른쪽으로 수평의 좌표를 따라가면서, 어떤 사건의 동시적 국면들을 찾아볼 수 있다. 곧 사건이 일어난 장소와 사건의 실제적 성격 및 그 일의 주술적 대응부와 사건의 담당자를, 그리고 세속적 활동들과 의식들 사이에 삽입된 단(段)에서는 그 목적을 살펴볼 수 있다.

도표에서 가장 중요한 표제어 두 개는 물론 주술과 활동이다. 여기서 활동이란 그 단의 근간을 이루는 기술적 작업의 주기를 나타낸다. 그렇지만 나는 그 단에서 경작과 관련된 예식적, 사회적, 그리고 법적 사건들도 열거했다. 공간을 고려하면서 명료함을 드러내려면, 이것들을 같은 단에 놓는 것이 편리했다. 그렇지만 나는 경제적이지 않은 활동들, 즉 예식적, 법적, 혹은 사회적인 활동들을 **굵은 고딕체**로 인쇄해서 구별했다. 경제적인 혹은 기술적인 활동들은 *이탤릭체*로 표시했으며, 작업의 절제 혹은 터부는 얇은 고딕체로 구별했다. 따라서 **카야쿠**, "물고기 획득", "물고기를 주술사에게 제공", "분배된 물고기로 식사"와, 예식적인 "**부야구**를 향해 출발" 등은 **굵은 고딕체**로 인쇄된 것을 볼 수 있다. 그러한 활동들은 모두 전체 경작 체계에서 빠뜨릴 수 없는 활동들이다. 그러나 그러한 활동들은 연속적인 실제 작업의 바깥에 있다. 그것들은 부분적으로는 법적이고 부분적으로는 예식적인 활동들이며, 때때로 작업 자체보다는 주술과, 혹은 작업을 위해 전체 공동체를 조직하는 일과 좀 더 직접적으로 연관된다. 우리는 우선 세 번째 단의 열한 번째 칸(여섯 번째 항목)에서[21] 엄밀히 따져서 경제적인 활동인 "덤불치기"를 만나게 된다. 다음으로 **코움왈라**(정리), "이른 파종", "**툴라**, 울타리와 버팀대 만들기", 그리고 "**라푸** 가져오기" 등이 이어지다가 마지막 경제적 활동인 "**브와이마** 채우기"에 이르게 된다. 도표에서 이것들 모두는 이탤릭체로 인쇄되었다. 일곱 번째 항목(열두 번째 칸),[22] "(덤불이 마르

21) 〔역주〕 원문에서는 열 번째 칸이라고 잘못 표기되어 있다.
22) 〔역주〕 원문에서는 열한 번째 칸이라고 잘못 표기되어 있다.

도록) 이 주일 동안 모든 작업이 완전히 중지됨"은 보통의 활자체로 인쇄되었다. 그것은 **밀라말라** 동안 경작지에서 무슨 일이 일어나는지를 단지 부정문으로 진술한 것이다. 뒤따르는 항목인 "경작 작업에 대한 일반적 터부" 역시 마찬가지다. 그 항목은 나중에 세 가지 수확 예식들에서도 다시 등장한다. "남은 **캄코콜라** 세 채 세우기와 **카리비시**(주술적 벽 세우기)"는 굵은 고딕체로 인쇄되었는데, 그것은 주술 의식의 짝을 이루며 실제적으로는 단지 부차적인 목적 혹은 목표를 지니기 때문에 주술로 분류될 수도 있었을 것이다. 그러나 이러한 활동에는 어떠한 의식도 포함되지 않을 뿐 아니라 아주 많은 작업을 수반하기 때문에, 그것을 세 번째 단에 두는 것이 우리의 도표에 좀 더 적합할 것이다. "얌과 타로를 몇 개 파내기" 항목 역시 마찬가지로 적용된다. 한두 개의 복합적 항목에서 나는 작업을 가리키는 문장과 예식적인 활동이나 절제를 나타내는 문장을 각각 구별했다. 따라서 "*라푸 가져오기*와 다른 경작 작업에 대한 터부"에서 첫 번째 부분은 이탤릭체이고, 두 번째 부분은 얇은 고딕체이다. "*농작물 들여오기*와 마을에서 더미들 전시" 항목 역시 그러하다.

마지막 단은 주술 행위 혹은 주술을 준비하는 행위를 보여준다. 후자는 관련된 의식이나 주문이 없을 경우에는 괄호 속에 적었다. 그것들은 거의 모두가 "재료 모으기"와 "허브 모으기" 항목에 포함된다. "땅에 잎을 흩뿌리기", "각각의 캄코콜라에 막대기와 잎 놓기"와 같은 행위는 관련된 주문이 없기 때문에 아마도 엄밀히 주술적이지는 않지만, 더 큰 주술적 예식의 일부를 이루기 때문에 그 자리에 열거했다.

'활동' 단과 '주술' 단에는 각각 '담당자'에 대한 세부항목이 포함되어 있다. 이것은 그 행동에 사회학적인 차원을 부여한다. 혹은 좀 더 단순하게 말하면, 주술사 한 사람이 그 의식을 수행하는지 아니면 조수들의 도움을 받아서 수행하는지, 아니면 심지어 공동체 전체가 광범위하게 참여해서 의식을 수행하는지를 보여준다. 작업이나 예식에서 '담당자'의 세부항목은 다양한 집단들의 작용을 보여준다. 여기서 이 도표와 12장의 사회학적 분석을 서로 참조해보면 유용할 것이다. 경작지 작업에서 씨족과 하위 씨족은 어떠한 역할도 하지 않는다는 점이 매우 분명해질 것이다. 눈에 띄는 집단은 단지 '경작 작업조', '마을 공동체', 여성 작업자들과 대비되는 남성 작업자들, 그리고 가족이다. 만약 우리가 어떤 항목들을 좀 더 철저히 분석한다면 토지에 대한 관계의 차이를 볼 수 있을 것인데, 특히 **카야쿠**와 수확에서 그러한 점을 발견하게 될 것이다.

아마도 도표 전체에서 가장 중요한 단은 "목적"이라고 이름 붙여진 단인데, 그것을 좀 더 충분히 이해할 필요가 있다. 이 단에는 동시에 이루어지는 기술 활동과 주술 활동 사이의 상호관계를 정의하는 항목들, 혹은 그것과 같은 선상에 있거나 아래에 있는 항목들 사이의 상호관계를 정의하는 항목들이 들어있다. 이 단에 제시된 항목들의 성격을, 따라서 도표 전체의 성격을 좀 더 분명히 이해하기 위해서, 왼쪽에서 오른쪽으로 그리고 위쪽에서 아래쪽으로 도표를 읽어보도록 하자. 첫 번째 행에서는 다섯 개의 항목들만을 볼 수 있다. 주술에는 아무 항목도 없는데, 그것은 단지 이 활동에서는 주술이 두드러지지 않음을 의미한다. 나란히 놓인 항목들은 약간 전보(電報)체로 적혀 있지만, 대체로 이해하기 쉽다. 즉 시간 : "**야코키** 달의 어느 오후"[23]—활동 : **카야쿠**–담당자 : "경작 작업조"—목적 : "토지

23) 〔역주〕 〈그림 14〉에서는 **카야쿠**가 **야코키** 달(우리의 5월에 해당한다)에 개최된다고 적혀 있다. 그러나 위의 영어 본문에서 말리노프스키는 **쿨루와사사** 달(우리의 7월에 해당)에 **카야쿠**가 개최된다고 적어놓았다. 사실 말리노프스키는 자신의 필드노트에서는 경작지 회의와 관련해서 몇 가지 불일치와 모순이 발견된다고 밝히고 있다. 그리고 그러한 불일치를 설명하기 위해, 경

의 선택과 분배"의 의미는 명백하다. "야코키 달의 어느 오후에 (시간 계산표를 살펴보면, 이때가 5월임을 알 수 있다) 경작 작업조의 구성원들은 (12장 2, 3, 그리고 4절, 그리고 2장 3절) 밭을 선택하고 소구획을 분배하기 위해서 **카야쿠**(개시하는 경작지 회의)를 개최하러 **토워시**의 집 앞에 모인다." 이것은 도표에서 표시된 대로, 2장의 세 번째 부분을 아주 간략히 요약해준다.

다음 행은 **시간**: "**카야쿠** 얼마 뒤의 어느 아침"[24)]—**장소** : "덤불, **라이보아그**, **모몰라**"—**목적** : "다음 의식을 위한 준비"—**주술** : "재료 모으기"—**담당자** : "주술사와 복사들"로 나타난다. 이것은 확실히 "경작지 회의가 끝나고 얼마 뒤의 어느 아침에 주술사와 그의 복사들은 뒤따르는 의식을 준비하기 위해 주술용 재료들을 모으러 덤불, **라이보아그**, 그리고 **모몰라**로 간다."는 의미이다. 비고(備考)에서는 이러한 요약이 이 책의 어느 부분에서 상세히 설명되어 있는지를 제시했다.

마찬가지로, 다음 행은 "같은 날 아침에 (왜냐하면 여기서 시간 항목은 두 가지 활동 모두에 해당되기 때문이다) 마을의 젊은이들은 해안의 고기잡이 공동체로 가서 **울라울라** 공물로 바치기 위해 물고기를 얻는다."는 사실을 알려준다. 그리고 그다음으로 "같은 날 오후에 주술사와 그의 복사들은 이 주술의 두 번째 단계를 위해 주술용 혼합물을 준비하며, 그동안 공동체의 남자들은 주술사의 수고에 대한 보답으로, 그리고 영들에게 공물을 바치

작지 회의가 이른 경작지와 주요 경작지에서 각각 **야코키** 달과 **쿨루와사사** 달에 두 차례 개최된다는 가설을 제시하였다. 경작지 회의와 관련된 몇 가지 문제점과 그에 대한 설명에 관해서는 부록 2의 주 6을 참조하라. 그러나 현재의 표와 표에 대한 해설에서 경작지 회의가 개최되는 달이 각각 다르게 표기된 것은 단순한 착오인 것 같다. 따라서 불필요한 혼란을 피하기 위해, 위의 표기를 **야코키** 달로 수정해서 번역하였다.

24) 〔역주〕 여기서 말리노프스키가 제시한 항목은 〈그림 14〉의 표에 나타난 항목과 글자 그대로 정확하게 일치하지는 않는다.

기 위해 주술사에게 물고기를 제공한다."

요컨대 시간 단을 재빨리 훑어보면, 하나의 시간 항목에서 다른 시간 항목까지의 간격이 때로는 길고 때로는 단지 몇 시간의 간격이 있다는 사실을 알게 된다. 동시에 일어나는 두 가지 활동의 경우에는 그것들 모두를 같은 시간 항목에 표시했다. '시간' 단에서 밀라말라 아래의 항목은 사실상 경작 속도를 반영하며, 덤불치기와 화전 사이의 기간에 덤불이 말라가고 있음을 나타낸다. 대부분의 경우에, '주술'에 어떤 항목이 나타나는 경우 '활동'에는 아무것도 없으며, 반대의 경우도 마찬가지다. 작업과 주술은 동시에 진행되는 경우가 거의 없기 때문이다. 주술과 작업은 가운데 단을 통해 연결되는데, 가운데 단은 어떤 주술적 활동이 종종 바로 다음 항목의 기술적이거나 사회적인 활동을 개시한다는 사실을 드러낸다. 따라서 "영들에게 봉헌"으로부터 "이전 예식의 부분적 반복"에 이르는 일련의 예식들과 상응해서, 가운데 단에서 "일반적 경작과 덤불치기의 시작"이라는 항목을 볼 수 있다. 그것은 다음 활동 항목인 "덤불치기"에 직접적으로 관련된다. 결국, '목적' 아래의 항목은 주술 의식을 준비하는 실제적 활동을 분명히 드러내줄 것이다(예를 들면, **라푸** 가져오기).

현재의 표가 실제로 어떤 가치를 지니는지를 굳이 이야기할 필요는 없을 것이다. 이 표는 2장에서 7장까지의 길고 복잡한 서술의 핵심을 일목요연하게 보여준다. 이 표는 2장에서 7장까지 본문에서 제시된 자료들을 분석하고, 그 자료들을 여러 가지 각도에서 다시 분류해서 그것들의 상호 관계를 한눈에 볼 수 있게 해준다. '활동' 단에서는 서로 다른 활자체를 사용해서 '경제적'인 활동과 '법적, 사회적, 그리고 예식적'인 활동, 그리고 '작업 절제와 터부들'을 세분하고 있으며, 주술 단에서는 영들과 관련된 한두 개의 반(半)종교적인 예식들을 쉽게 구별할 수 있기 때문에, 우리의 표는 '활동'과 '주술'이라는 두 개의 주요 표제어가 가리키는 것보다 실제로 훨씬 더 많은 측면들에 대한 분석을 담고 있다. 그뿐 아니라, 담당자에 관한 단에는 어떤 활동이 어떻게 조직되었는지가 표시되어있다고 할 수 있겠다. 그러므로 '경제적 작업', '법적, 사회적 활동', '터부와 작업 절제', '주술', '종교적 행위', 그리고 '사회적 조직화' 등을 찾아볼 수 있다. 간략히 말해서, 이것들은 전체 과정을 구성하는 여섯 가지 측면이다. 이러한 측면들은 시간적으로나 공간적으로 서로 연관되며, '목적' 단을 통해서 순서, 동기, 그리고 의존의 관계로 연결된다. 당신이 빠르고 간편하게 참조하기 위해서 그 표를 이용하든—어떤 경우에는 그 표가 색인보다 더 유용하다—혹은 내용을 일람하기 위해서 활용하든 간에, 실제적으로 그 표는 당신이 주술 문구들과 의식들을 각각의 맥락 속에서 찾아볼 수 있게 해준다. 이론적으로 그 표는 경작의 모든 측면이 저마다 맺는 관계를 보여준다. 무엇보다도 그 표는 작업과 주술 사이의 관계를 명백히 보여주며, 이 책에서 제시된 사실들이 시종일관 가리켜왔던 이론적인 원칙, 즉 멜라네시아의 이 지역에서 주술은 매우 분명한 조직화의 기능을 지닌다는 점을 입증한다. 우리는 주술이 대부분의 사례에서 실제적 활동을 개시한다는 점을 알 수 있으며, 다양한 예식들이 작업을 선도하고, 경작지 작업에 리듬을 부여한다는 점을 이해할 수 있다. 그러나 지금은 사회학자나 비교 인류학 연구자가 여기서 제시된 자료에서 끌어낼 법한 이론적 결론으로 뛰어들 때가 아니다. 나는 단지 이러한 일람표가 사실로부터 그 이상의 이론을 끌어내기 위한 가치 있는 도구라는 점을 보여주고 싶었을 뿐이다.

〈그림 14〉 주술과 작업의 도표

셋째 단에서 이탤릭체는 경제적 활동들을, 굵은 고딕체는 비경제적 활동들을, 얇은 고딕체는 터부 혹은 작업의 절제를 나타낸다.

시간	장소	(기술적인 그리고 사회적인) 활동		목적	주술		
			담당자			담당자	
야코키 달의 어느 오후	토워시의 집 앞	**카야쿠**	경작 작업조	토지의 선택과 분배			2장, 3절
몇 주 뒤 쿨루와사사의 어느 아침	덤불, 라이보아그, 모몰라			다음 의식을 위한 준비	(재료 모으기)	주술사와 복사들	2장, 4절
	연안의 고기잡이 공동체	**물고기 획득**	젊은 남자들	울라울라의 준비			
오후	토워시의 집 앞			두 번째 단계의 준비	(주술용 혼합물의 준비)	주술사와 복사들	
		물고기를 주술사에게 제공	공동체의 남자들	주술사의 답례와 공물을 위한 물품			
저녁	각각의 가구에서	**분배된 물고기로 식사**	각 가족의 구성원들	축제적 식사			
	주술사의 집에서				영들에게 봉헌, 문구 1; 도끼와 허브에 마법걸기, 문구 2	주술사	주술 문구 1, 2

다음날 아침 (계속)	토워시의 집 앞	**부야구를 향해 출발**	경작 작업조	일반적 경작과 덤불치기의 시작. 땅에 풍요를 전달			
	주요 레이워타에서				카일랄라, 문구 4; 요워타(카이가가와 카요워타), 문구 5; 카일레파, 문구 6	경작 작업조가 있는 데서 주술사와 복사들	주술 문구 4, 5, 6
	각각의 발레코에서 차례로				이전 예식의 부분적 반복	발레코의 소유자와 주술사의 복사	
다음날	레이워타와 족장의 발레코	*덤불치기*	모든 남자 (공동노동)				2장 5절
계속 이어지는 날들	보통의 발레코		소유자와 친척들				
밀라말라 (토착민의 달력에서 다음 달)		(덤불이 마르도록) 이 주일 동안 모든 작업이 완전히 중지됨	공동체 전체	영들의 방문			

밀라말라의 끝 혹은 야코시의 시작	경작지 부지 전체			덤불 태우기라는 실제적 행동의 의례적 실행	바카바일라우(첫 번째 예식적 화전)(이전 수확기에 마법에 걸린 횃불들)	주술사와 조수들	3장 1절
같은 날(오후)	해안과 둠야			코움왈라의 개시	(재료 모으기)	주술사와 복사들	
	토워시의 집에서				횃불들에 마법 걸기, 문구 2	주술사	주술 문구 2
다음날 아침	레이워타, 그리고 각 경작지 소구획에서 차례로	경작 작업에 대한 일반적 터부	공동체 전체에 의해 준수됨		기부비야카(두번째 예식적 화전)	주술사와 복사들	주술 문구 7, 8, 9
즉시, 사흘 연속으로	레이워타와 각 발레코의 주술적 모퉁이			경작지에 덤불 돼지가 들어오지 못하게	펠라카우크와, 문구 7(타로 파종)		
				성장을 증진하기 위해서	칼리마마타, 문구 8(크와나다 파종)		
				타로가 성장하도록	비시콜라, 문구 9(영들의 오두막 세우기)		

다음날 시작, 야코시 달이 끝날 때까지 지속	레이워타와 각 발레코	*코움왈라(정리), 이른 파종, 툴라, 울타리, 작은 버팀대들 만들기*	소유자와 가족	경작의 이 단계는 앞의 다섯 개의 의식들로 구성되는 공동 예식으로 개시된다			3장 3절
야코시달의 끝 혹은 야바투쿨루달의 초순 어느 날	모든 발레코			경작지 작업의 터부를 표시하기 위해서	카일루발로바 꽂기	주술사와 복사들	3장 4절
나흘 혹은 닷새 연속으로	경작지 부지	*라푸 가져오기*와 다른 경작지 작업에 대한 터부	남자들	캄코콜라 예식의 준비			
	덤불, 라이보아그, 모몰라		전체 공동체		(허브 모으기)	주술사와 복사들	
	토워시의 집에서				도끼에 마법 걸기, 문구 2	주술사	주술 문구 2
머지않은 어느 날 아침	레이워타와 각 발레코의 주술적 모퉁이			타이투 덩굴의 성장 강화	캄코콜라 세우기, 문구 10, 11	주술사와 복사들	주술 문구 10, 11
하루나 이틀 뒤					바칼로바, 문구 12		주술 문구 12
다음날, 그리고 야바투쿨루와 톨리야바타 달을 거쳐서	레이워타와 각각의 발레코	**남은 캄코콜라 세 채 세우기와 카리비시(주술적 벽 세우기** *진정한 소푸(타이투의 파종)*	소유자와 가족, 혹은 공동노동		(작업의 외침)	작업하는 남자들	3장 5절

야바탐과 겔리빌라비 달 동안, 농작물의 성장에 의해 결정되는 여러 날 동안	경작지들	경작지 작업이 느슨한 계절	*버팀대 꽂기와 덩굴 뻗어오르게 하기*	공동체의 남자들	어린 싹과 잎들과 관련해서 성장의 증진	바구리 소불라, 문구 13; 바사카푸 소불라, 문구 14	주술사혹은 복사	4장 2절
			잡초 뽑기에 대한 터부			카리야옐리 사피, 문구 15		주술 문구 13, 14, 15
			프와코와 *(잡초 뽑기)*	여자들 (종종 공동으로)				
					심화된 성장 주술	카이다발라, 문구16; 카일라발라 다바나 타이투, 문구17; 카사이보다, 문구18		주술 문구 16, 17, 18
겔리빌라비 달에	주술사의 집에서				이수나풀로의 준비	진주조가비에 마법걸기, 문구 25	주술사	5장 2절, 주술 문구 25
다음날 아침	레이워타와 각 발레코				조상의 영들에게 봉헌	타로 식물 잘라내기(이수나풀로)	주술사 혹은 복사	
다음날					작업에 대한 터부를 표시하기 위해서	각각의 캄코콜라에 막대기와 잎 놓기		

다음날	경작지들		**얌과 타로를 몇 개 파내기**	공동체의 남자들	첫 열매를 바쿠에서 전시하고 무덤에 놓기 위해서			
불루마두쿠 달 동안	경작지들	경작지 작업이 느슨한 계절			성장 주술, 덩이줄기들에 관해서 두 번째 주기	바푸리, 문구 19; 캄마말라, 문구 20; 카사일롤라, 문구 21	주술사 혹은 복사들	4장 3절 주술 문구 19, 20, 21
쿨루워투 달에	덤불, 라이보아그, 모몰라				계속되는 의식의 준비	(허브 모으기)	주술사	
	경작지들				바시의 개시	몸라(바시 주술) 문구 2	주술사 혹은 복사	주술 문구 2
다음날	각 발레코에서		*바시(솎아내기)*	공동체의 남자들				
쿨루워투와 우토카카나	경작지들과 집	경작지 작업이 느슨한 계절				사적인 주술의 계절이다: 야고구에 읊어지는 주문, 문구 22; 툴라의 주술, 문구 23; 다이마의 주술, 문구 24	주술사 혹은 경작자	4장, 4절 주술 문구 22, 23, 24

<table>
<tr><td>우토카카나의 끝 (아침)</td><td rowspan="2">레이워타와 각 발레코</td><td rowspan="4">경작지 작업에 대한 터부</td><td rowspan="4">전체 공동체가 준수</td><td>터부를 표시하기 위해서</td><td>땅에 잎을 흩뿌리기</td><td>주술사와 복사들</td><td>5장 3절</td></tr>
<tr><td>같은 날 정오</td><td>덩이줄기들이 익도록 하기 위해서</td><td>각 발레코에 오크왈라 주문으로 마법걸기, 문구 27</td><td rowspan="3">주술사</td><td></td></tr>
<tr><td>일라이비실라 달 초에</td><td>주술사의 집</td><td rowspan="2">타요유와(주요 수확)의 개시</td><td>틈: 까뀌에 문구 2 읊기, 그리고 다음의 바카바일라우를 위해 횃불에 마법걸기, 문구 2</td><td></td></tr>
<tr><td>다음날 아침</td><td>레이워타</td><td>타이투 줄기를 잘라내고 잡초 누르기</td><td></td></tr>
<tr><td>일라이비실라와 야코키 달에</td><td>경작지 부지</td><td>주요 수확: 덩이줄기 파내기와 다듬기; 칼리모미오 세우기; 농작물의 전시와 분류</td><td>각각의 가족</td><td>타이튬왈라로부터 우리구부 나누기</td><td></td><td></td><td>5장 3절</td></tr>
<tr><td>칼루왈라시 동안</td><td>경작지에서 마을까지</td><td>농작물 들여오기 그리고 마을에서 더미들 전시. 부리틸라울로 기간이다.</td><td>경작자들, 친족들과 인척들과 함께</td><td></td><td></td><td></td><td>5장, 4,5절</td></tr>
</table>

칼루왈라시 하순의 어느 날	덤불, 라이보아그, 모몰라			빌라말리아를 위한 준비	(허브 모으기)	주술사	7장 1절
다음날 아침	족장의 브와이마와 다른 브와이마			쌓아놓은 농작물에 안정성을 부여하기 위해	툼 부부크와, 문구 28		주술 문구 28
같은 날 아침, 툼 부부크와 직후	마을	*브와이마 채우기*	증여자들과 조수들	우리구부 선물하기			7장 1절
하루나 이틀 뒤 (아침)	덤불			바시 발루를 위한 준비	(허브 모으기)		7장, 3
(정오)	주술사의 집				잎들에 마법걸기, 문구 29	주술사	주술 문구 29
해질녘 (같은 날)	마을(주요 창고 먼저)			농작물이 지속되게 하기 위해서	바시 발루		

부록 2

무지와 실패의 고백

1. "말할 것이 전혀 없다."

이론적인 연구자가 현지조사 기록을 다룰 때 만나는 가장 큰 어려움은 아마도 온갖 기록이 풍부한 가운데 공백이 나타날 경우, 그러한 공백의 성격을 판단해야 한다는 데 있다. 공백은 부주의해서 생겨난 것일까? 아니면 기회가 없어서일까? 아니면 그 주제에 대해서 정말로 "말할 것이 전혀 없다."는 사실에 기인한 것일까? 우리는 이 마지막 가능성을 사실상 처음부터 배제할 수 있다. 나는 예전에 현지에서 가장 뛰어난 조사자들 가운데 한 사람과 함께 연구하는 동안 민족지 영역에 대해 몇 가지 사항을 논의했던 것을 잘 기억하고 있다. 그때는 내가 직접 현지로 떠나기 몇 년 전이었다. 나는 내 친구에게 몇 가지 주제에 대해서는 그의 조사에서 어떠한 정보도 얻을 수 없었다는 사실을 환기시켰다. 그랬더니 "나는 그 문제에 대해서는 말할 것이 전혀 없네."라는 대답을 들었다. 내가 그 이유를 묻자, 그는 단지 나를 노려보기만 했다. 그 무렵 전형적인 슬라브인이었던 나는 내 앵글로색슨 친구를 더 압박했고, 현지조사자에게는 관련된 어떤 주제에 대해서도 “말할 것이 전혀 없다”고 이야기할 권리가 없다는 점을 지적하려고 애썼다. 여기서 문제가 된 주제는 가족이었고, 영역은 오스트레일리아 원주민 지역이었다. 나는 그곳에는 가구(家口)가 있거나 혹은 없을 것이며, 남편, 아내, 자식들이 함께 살고, 함께 자고, 함께 먹든지 아니면 그렇지 않을 것이라고 주장했다. 마침내 내 친구는 벽에 등을 기대면서 결론지었다. “글쎄, 나는 그 문제에 대해서 아무것도 알아내지 못했네.” 나는 “그렇지만 그것에 대해서 모두 알아내는 것이 자네의 빌어먹을 임무였단 말일세.”라고 반박하지 못했다. 그럼에도 불구하고, 나는 그 문제에 대해서 그렇게, 좀 더 공손하게, 말했어야 했다. 인류학자는 적어도 그가 어떤 현상을 찾고 있었지만 그것을 발견하지 못한 것인지, 아니면 그가 그것을 찾으려고 시도하지 못한 것인지를 밝혀야 한다.

인류학이 경험적인 면에서 충분한 진보를 이루지 못한 주요 이유는 아마 “말할 것이 전혀 없다”는 원칙 때문일 것이다. 자신의 모든 실패와 부정확함을 세심하게 그리고 진지하게 설명하는 것이야말로 현지조사자의 의무이다. 아마도 정말로 과학적인 정신으로 그러한 설명이 이루어진 최초의 기록은 래드클리프 브라운(Radcliffe-Brown)의 『안다만 제도 사람들(*Andaman Islanders*)』[25]일 것이다. 같은 시기에 출판된 나의 책 『서태평양의 항해자들』에서, 나는 내가 증거를 입수한 방법들을 간략하게 설명했다. 그렇지만 나는 이야기를 펼쳐나가면서, 양심적으로 철저하게 내 지식의 한

25) 〔역주〕 래드클리프 브라운이 1906년에서 1908년에 걸쳐서 안다만 제도를 연구한 뒤 1922년에 출간한 책. 그는 그 책에서 안다만 토착민의 의례를 설명하기 위해서는 그 맥락을 충분히 고려해야 한다고 주장했다. 그러나 그의 안다만 연구는 말리노프스키의 트로브리안드 현지조사 연구에 비해 정보 수집 방법과 이론적 체계화 방식에서 훨씬 철저하지 못한 것이었다. 래드클리프 브라운 본인도 자신의 안다만 연구가 현지조사 방법에서 불충분했음을 시인한 바 있다.

계를 파고들지도 못했고, 어떤 있음직한 공백의 존재여부에 대해서도 검토하지 못했다. 이 책을 쓰면서, 나는 이 문제를 간과하지 않겠다고 다짐했다. 그렇지만 경고와 부정적 여담들이 너무 빈번해지면 이야기의 진행을 방해하게 된다는 사실을 알게 되었다. 그래서 그 대신 내가 알아챈 "허점, 실패, 그리고 혼란"을 간략하게 요약하기로 결정했다. 그것은 일반 독자보다는 전문가에게 더 흥미로운 문제이기 때문에, 나는 이 내용을 부록에 넣었다. 그러나 나 자신이 명백하게 알고 있는 허점들을 지적하고 내가 나의 연구 분야에서 어떠한 중요한 사실들 혹은 심지어 양상들을 놓치게 되었는지에 대하여 몇 가지 힌트를 제시하기에 앞서, 나의 현지조사 경력을 간략히 진술하고 『항해자들』의 1장에서 이미 충분히 논의했던 내 조사 방법들을 요약할 필요가 있을 것이다.

2. 정보 수집의 방법

멜라네시아에서 나의 현지조사는 세 차례의 원정(遠征)으로 이루어졌다. 토착민들 사이에서 실제로 보낸 시간은 대략 이 년 반가량이었다(『항해자들』, p. 16의 연표 참조). 세 차례의 원정 사이에, 필드노트들을 분류하고 자세히 써넣으면서 문제들을 공식화하고 증거를 소화하고 수정하는 구성 작업에 바친 시간을 계산해보면, 나의 현지조사는 사 년 이상이 걸렸다고 이야기할 수 있다(1914년 9월 초부터 1918년 10월 말까지). 나는 이 점을 다소 강조하고 있는데, 왜냐하면 각각 일 년 동안 이루어진 두 차례의 원정 사이에 몇 달의 간격을 두는 편이 현지에서 잇따라 이 년을 지내는 것보다 인류학자에게 무한히 더 큰 기회를 제공해준다고 확고하게 믿고 있기 때문이다. 뉴기니의 토착민들 사이에서 체류하는 동안, 나는 여섯 달을 남쪽 해안에서 지냈고, 나머지를 북부 맛심 지역에서 보냈다. 후자에서 나는 우드락 섬(무루아)을 잠깐 방문했을 뿐이고, 트로브리안드 군도에서 두 차례 오랫동안 머물렀다.

나는 멜라네시아 언어들의 구조를 이론적으로 연구했고, 1914년 9월에 포트 모레스비에 처음 도착했을 때에는 그 가운데 한 언어(모투)를 숙지하고 있었다. 나는 마일루 현지조사에서 이 언어를, 오로지 이 언어만을 사용해야 했다. 두 번째 원정에서 트로브리안드에 도착했을 때(1915년 6월), 나는 트로브리안드 언어로 작업할 준비를 갖추지 못했다. 왜냐하면 내게는 그 지역에 좀 더 오래 정착할 의도가 없었기 때문이다. 그렇지만 그해 9월이 되자 나는 정보 제공자들과 대화하면서 그 언어를 어렵지 않게 사용할 수 있다는 사실을 알아차렸다. 물론 토착민들 사이에서 이루어지는 대화를 쉽게 따라잡을 수 있기까지는 더 많은 시간이 걸렸지만 말이다. 사실 나는 뒤따른 휴식 기간(멜버른, 1916년 5월에서 1917년 8월까지) 동안 내가 기록한 언어학적 자료를 매우 철저히 연구하고 세 번째 원정에서 한두 달의 실제 경험을 해보고 나서야 비로소 이 단계에 도달했다고 생각한다. 그때부터 나는 트로브리안드에서 그들의 말을 빠르게 받아 적거나 토착민들 사이의 일반적인 대화를 따라가는 데 아무런 어려움을 느끼지 않았다. 제5부를 읽은 모든 독자는 알게 되겠지만, 가장 어려운 것은 맥락을 참조해가면서 문장의 빈틈을 재빨리 채워넣는 일이다. 달리 말해서, 나는 어떤 토착어를 완벽하게 안다는 것이 단어들의 긴 목록을 암기하거나—멜라네시아 언어의 경우에는—지독하게 단순한 문법과 구문론의 원칙들을 파악하는 데 있다기보다는, 그들의 사회적 방식과 문화적 배치에 익숙해지는 문제라고 생각한다.

거주 방식에 대해서 말하자면, 나는 토착민들 사이에서 살아가는 사람만이 만족스러운 현지조사를 수행할 수 있다고 수차례 주장해왔다. 나는 모두 합해도 6주가 넘지 않는 짧은 기간 동안만 친구인 구사웨타의 빌리 핸콕과 시나케타의 브루도 부부를 방문해서 환대를 받았다. 나머지 시간 동안에는 토착민들의 오두막 사이에 천막을 세우고 거기서 지냈다.

경작은 물질적으로나 정신적으로나 토착민의 생활에 스며들어 있으며 마을에 깊숙이 침투해 있는 활동이기 때문에, 나는 경작의 모든 단계를 원하는 만큼 자주 관찰하는 데 아무런 어려움을 겪지 않았다. 그렇지만 수많은 우연의 일치로 인해서, 나는 경작의 이른 단계를 훨씬 더 많이 목격했으며, 중간 단계들보다는 수확과 관련된 사실을 훨씬 더 많이 관찰했다. 시간 계산표(〈그림 3〉)를 훑어본 독자라면 알 수 있듯이, 내가 상당히 많은 관심을 쏟아부었던 **쿨라** 활동은 경작의 중간 단계들이 이루어지는 시기에 해당한다. 또한 『항해자들』의 16쪽을 살펴보면, 독자는 특히 내가 세 번째 원정 기간인 3월에서 4월까지 농경 지구를 떠나 있었다는 사실을 알게 될 것이다.

제1부(3절)에서 나는 농경 활동에 대한 첫인상을 서술했다. 그러한 첫인상에는 산만한 관찰들이 무질서하게 뒤섞여 있었다. 그러나 그때도 나는 "충실하게 잘 기록된" 여러 자료를 애써 수집할 수 있었고, 경작을 향한 토착민의 태도의 내면을 파고들기 시작했다. 『항해자들』의 1장(특히 2~9절)에서 나는 현지조사가 항상 (1) 구체적 증거에 의한 통계적 문서화, (2) "실생활의 가늠하기 힘든 요소들"의 수집과 기록, 그리고 (3) 언어학적 자료로 구성되어야 한다고 지적했다. 이러한 세 가지 종류의 증거는 아마도 내가 이전에 쓴 책들보다 현재의 기록에서 좀 더 분명하게 제시될 것이다. 나는 책의 일부를 따로 할애해서 언어학적 증거를 다루었다. 그것은 제3권을 구성한다. 또한 객관적 증거자료는 특별한 자리(제3부)에 주로 모아놓았다.

그리고 본문에서 해당 주제를 설명하면서 가늠하기 힘든 요소들도 함께 다루었다. 이야기의 흐름을 방해하지 않는 한, 나는 각각의 특별한 사례마다 내가 어떤 방식으로 토착민의 태도나 행동 습관과 관련된 수많은 사소한 징후들을 통합해서 일반화했는지, 혹은 일정한 심리학적 해석에 이르게 되었는지를 최대한 많이 제시하려고 노력했다.

토착민의 생활에 대한 지식을 심화하고 이해를 넓히려고 할 때, 농경과 같은 문화 현상에 대한 소위 표면적 공략 단계와, 분석적 통찰이 이루어지는 두 가지 심화 과정을 구별할 필요가 있다. 첫 번째 단계인 "표면적인 공략"이란, 해당 활동에 관해서 잘 정리되고 뚜렷하게 밝혀진 사실들을 수집하는 것과 토착민의 법, 경제적 관습, 믿음 등과 관련된 사항들을 다소 독립적인 항목들로 나누어 기록하는 것을 의미한다. 가령 우리는 제1권과 제2권의 주제에서 토지 보유권, 경작의 기술, 수확된 농작물의 취급, 차후에 이 농작물들의 사용, 경작의 신화론, 주술 예식 등의 항목을 찾아볼 수 있다. 현지조사에서 두 번째 단계로 나아가면서, 나는 제도화된 다양한 사실들이 상호간에 어떤 관계를 맺고 있는지를 고려하게 되었다. 토지 보유권을 예로 들면, 순전히 형식적인 소유권 배분을 감안하고서(11장 3절 참조) 이러한 소유권 각각이 생산에서 어떠한 역할을 하는지를 조사할 때라야 비로소 정말로 유익한 연구가 시작된다. 이러한 조사는 곧, 한편으로 법적 소유권과 다른 한편으로 조직된 생산 사이의 관계를 분석하는 일이다. 또한 "어떻게 토지 보유권이 인간과 땅의 연결에 관한 토착 전승들과 관련되는가?" 하는 물음은 결국 토지 보유권의 신화적, 법적 토대 문제로 이어진다(12장). 이러한 모노그래프[26]의 가장 중요한 정보는 고립된 사실들과 양

26) 〔역주〕 monograph. 개인이나 가족, 마을 등 어떤 사회적 단위의 생활 과정 전체 또는 몇 개의

상들의 진술보다는 오히려 이것들의 상호관계와 상호의존성의 분석을 통해서 드러난다는 점을 여기서 새삼 강조할 필요는 없을 것이다. 독자는 트로브리안드의 농경 주술이 토착민의 생산을 조직하는 데 영향을 미치며, 경작과 토지 보유권 및 지역 주민권의 신화와 연관되기 때문에 중요한 의의를 지닌다는 점을 알게 될 것이다(기록 8 참조). 단지 경작의 기술을 연구하는 것만으로는 부족 생활에서 농경이 차지하는 자리를 정의내릴 수 없다. 효과적인 경작의 원동력을 이해하려면, 먼저 그것이 선물의 분배와 교환 체계들에서 생겨난다는 점을 깨달아야 한다. 이러한 사실들은 밀접하게 연관되어 있다(5장~7장). 그다음으로는 타이투를 보존하고 처리하는 수단인 창고를 연구해야 한다(8장). 이 모든 일의 중요성을 판단하기 위해서, 우리는 타이투가 예식적 분배와 교역에서, 그리고 정치적 공물로 어떻게 사용되는지를 알 필요가 있다.

세 번째 단계는 생산과 관련해서 결혼 선물을 연구하거나 경작 작업과 관련해서 경작지 주술을 연구하는 것처럼 단지 농경을 구성하는 다양한 제도들 사이의 관계를 연구하는 데 머무르지 않는다. 한걸음 더 나아가서, 여러 양상의 상호관계들을 바탕으로 부족 생활 전체에서 농경이 담당하는 역할을 일반적으로 평가하면서 신중한 종합을 시도할 필요가 있다. 그렇지만 이러한 종합은 현지조사자의 타당한 임무를 넘어선다. 현지조사자는 그 단계에 도달하기 위해 끊임없이 노력해야 한다. 그는 그 문제에 관해서 개인적인 견해를 가질 수도 있다. 그러나 그러한 견해를 현지조사 기록에서 진술하는 것은 현지조사자의 의무가 아니며, 더군다나 특권도 아니다. 이전에 나는 동부 파푸아 멜라네시아에서 쿨라 제도가 담당하는 기능에 관

∴

측면을 맥락 속에서 상세히 기술한 기록.

하여 개인적인 이론을 제시하는 것을 자제했다. 마찬가지로 여기서도 나는 트로브리안드 농경의 일반적 기능에 대한 견해와 〔나의 친구들인 위니프레드 회른레 부인(Mrs. Winifred Hoernlé)과 래드클리프 브라운 교수의 표현을 사용하면〕 "타이투의 사회적 가치"에 대한 이론적인 해석을 명시적으로 제시하지 않을 것이다. 그렇지만 비교 사회학자가 그러한 이론과 해석을 유도해낼 수 있으리라고 믿는다.

심지어 내 책 『서태평양의 항해자들』의 마지막 장, 「쿨라의 의미」를 세심하게 다시 읽어보더라도, 내가 **쿨라** 혹은 농경 제도에 대해 최종적으로 어떠한 이론적 평가도 하지 않았다는 점을 다시 확인할 수 있다. 그 책에서 나는 **쿨라**의 구성 요소들 사이의 관계를 확실히 요약했다. 나는 해외 원정에서 주술의 영향력을 설명하고, 해외 원정 활동에 통합되어 있는 개인적 야망과 욕망의 역할을 분석했다. 또한 나는 **쿨라** 외부에서 귀중품의 용도나 일반적인 토착 교환의 몇 가지 특징들을 조명해주는, 토착민 생활의 다른 측면들로부터 가려낸 일련의 부차적인 사실들을 간략히 개관했다. 그러나 나는 결코 거기서 **쿨라** 제도의 완전한 기능에 대해 상술하지 않았다. 비록 나는 원시적 전쟁과 다른 "영웅적 기획"의 방법들에 관한 이론적인 책을 조만간 쓸 수 있기를 희망하지만 말이다. 내가 그러한 책을 쓰게 된다면, 적어도 트로브리안드인에게 **쿨라**는 문화적 활동이며, 주로 머리 사냥과 전쟁의 대용물이라는 점을 밝히려고 시도할 것이다. 또한 나는 이미 (E.R. 셀리그만과 알윈 존슨이 편집한 미국 『사회과학 백과사전(*Encyclopaedia of Social Sciences*)』의 「문화」 항목에 실린 나의 글에서) 내가 암시했던 견해를 구체적으로 제시할 것이다. 즉 귀중품의 비-실리적 교환을 통해서 매우 중요한 실리적 교역 체계를 위한 추동력과 예식적인 근간이 마련된다는 점이야말로 **쿨라**의 가장 중요한 경제적 사실이라고 주장할 것이다. 나는 방법론적 철저함을 고수하기 위해서, 이 주제를 다룬 현지조사 기록에서는 이러한 견해들 가운데 어떤 것도 제시하지 않았다.

같은 이유에서, 나는 내 책 『미개인의 성생활(*Sexual Life of Savages*)』에서 논의를 이론적 분석 혹은 종합의 마지막 단계까지 밀어붙이지 않았다. 그 대신 나는 다른 출판물들에서 성생활의 몇 가지 측면들을 이론적으로 조명했다. 그러니 독자는 이 책에서 제시된 사실들을 가지고 농경의 기능을 스스로 찾아내고 공식화해야 할 것이다.

이제 현지조사의 방법 문제로 되돌아가보자. 조금 전에 나는 접근법 혹은 조사의 첫 번째 단계에서는 따로따로 떨어져 있는 사실들을 실제로 관찰하고, 각각의 구체적인 활동, 예식, 혹은 행동 규칙을 충실히 기록해야 한다고 주장했었다. 두 번째 접근 단계에서는 이러한 제도들을 서로 연관시켜야 한다. 세 번째 접근 단계에서는 다양한 양상들을 종합해야 한다. 나는 내 필드노트에 길게 열거된 항목들을 대강 훑어보다가, 내가 세부사항을 단편적으로 연구한 이후에 비로소 농경의 관계적 양상을 점차 심층적으로 파악하게 되었다는 것을 알게 되었다. 동시에 나는—그리고 이 점은 제1부에서 이미 지적했다—세부사항들을 정말 혼란스럽게 뒤죽박죽으로 관찰하면서도, 수확된 농작물의 일반적 가치와 그것이 부족 생활에서 차지하는 엄청난 중요성을 맨 처음부터 충분히 알아차리고 있었다. 내가 처음에 얻은 정보는 9장 1절에 나타난 것과 같았다. 돌이켜보면, 나는 일찍부터 토착민 정보 제공자들이 농경 활동에 대해 언급한 내용이 담긴 토착 달력과 씨름하고 있었다. 내 필드노트에는 경작지와 소구획의 이른 경작 계획과 수확기에 소구획에 세워진 정자 등을 세밀하게 조사한 항목들이 있으며, 또한 타이투 운반하기, 바구니 세기, 농작물의 전시와 저장에 대해 상세하게 묘사해놓은 항목들도 있다. 토크와이바굴라, '훌륭한 경작자'

라는 용어는 처음 몇 주 안에 기록되었는데, 나는 그 용어를 통해 탁월한 경작 능력에 높은 가치가 부여된다는 점을 이미 어렴풋이 눈치채게 되었다. 다음에는 내가 빌라말리아 의식을 처음으로 목격한 내용과 파종 기술에 대한 연구, 종자 얌들(야고구)과 관련된 민족지적 서술, 다양한 얌 품종의 분류가 기록되어 있다. 다음으로 나는 수많은 주술 예식들을 차례로 목격하고 분석했으며, 그것들에 대해서 논평했다. 오마라카나에서의 첫 번째 체류기간 동안, 나는 바기도우의 배려 덕분에 대단히 충실한 자료를 바탕으로 경작지 작업의 이러한 측면을 통찰할 수 있었다.

나는 주술과 작업과의 관계성의 원칙을 현지조사의 한 가지 지침으로 삼아서 뚜렷이 마음에 새기고 있었다. 내가 최초로 출판한 민족지는 에드워드 웨스터마크(Edward Westermark) 교수 헌정 논문집에 수록된 「인티치우마 예식들의 경제적 측면(Economic Aspect of the Intichiuma Ceremonies)」이었다. 나는 현지에 가기 오래전부터, 한편으로 종교적이고 주술적인 믿음과 다른 한편으로 경제적인 활동의 관계에서 중요한 접근법을 발견할 수 있을 것이라고 깊이 확신했다. 포트 모레스비 근처의 모투안 부족 틈에서, 그리고 남부 맛심에서 첫 번째 조사 작업을 진행하는 동안에도, 나는 마일루 사람들의 현저히 발달한 농경 주술, 고기잡이 주술, 그리고 교역 및 항해와 관련된 주술에서 강한 인상을 받았다.[27] 종교적 · 주술적 믿음과 경제적 활동의 관계는, 말할 나위도 없이, 이 책을 관통하는 지배적 동기이다. 나는 조사를 계속하면서 또 다른 상호 의존성의 일부를 좀 더 분

27) 이와 관련해서 나는 마일루에서 수집한 자료만을 출판했다(*Transactions of the Royal Society of South Australia*, 1915). 나의 "조사 작업"은 절대로 출판되지 않을 것이다. 그것은 내가 생각하기에 일부는 상당히 질이 좋고 일부는 완전히 천박한 단편적인 자료들을 포함하고 있는데, 전체적으로 부족 문화의 윤곽을 대략적으로 전달하기에도 턱없이 부족하다.

명히 파악할 수 있었는데, 특히 정치 생활에서 농경이 엄청나게 중요한 역할을 한다는 것을 알 수 있었다. 트로브리안드의 정치 생활은 수많은 우리구부 선물과, 일부다처제가 신분과 권력의 주요 특권들 가운데 하나라는 사실에 기초한다. 현지에서 나는 이미 입수한 사실들을 세밀하게 배치하고, 그것들이 어떻게 서로 연관되는지를 숙고하며, 마침내 그렇게 얻어낸 더 크고 폭넓게 통합된 유형의 사실을 조사하는 방식이 매우 유용하다는 것을 언제나 알 수 있었다. 때로는 구체적인 기록 자료들을 연구하다가 서로 연관된 현상을 발견할 수도 있다. 예컨대 나는 수확기에 농작물을 분류할 때 우리구부라는 단어가 사용되는 것을 듣고서 우리구부의 원칙—각 남자의 경작지 생산물에서 상당한 몫은 그의 누이에게 제공되어야 한다—을 발견했다. 그러나 그 단어의 의미는 타이투 덩이줄기가 흙을 떠나서 마침내 경작자의 매부의 창고 안에 놓이게 될 때까지 타이투 덩이줄기의 일대기를 좇아가본 후에야 비로소 명백해졌다. 이 책의 앞부분을, 특히 제1부를 읽은 독자라면 알고 있듯이, 그후 창고에서 소비자의 위장에 이르는 타이투의 역사를 살펴보는 것도 마찬가지로 도움이 될 것이다.

3. 허점과 회피

그러나 사실들을 통합하는 일에는, 특히 그것들을 너무 서둘러서 통합하는 일에는 위험이 뒤따른다. 바로 그렇기 때문에, 나는 내가 저지른 잘못과 내가 빠졌던 함정, 막다른 골목에 맞닥뜨린 경험들에 대해서 이 부록에서 진술하게 되었다. 나는 현지를 떠나기 전에 그러한 문제점들 가운데 일부를 발견했지만, 한두 가지 사례만을 부분적으로 시정할 수 있었을 뿐이다. 또 다른 문제점들은 나의 자료들을 비교해가면서 완전하게 작성하는 과정에서 드러났다. 나는 그 외의 다른 문제점들을 명확히 밝혀내지 못했고 단지 추측할 수 있을 뿐이다.

이제 주술과 조직화된 농경 생산의 관계 문제로 되돌아가자. 나는 현지조사에서 돌아와서 인티치우마 예식들에 대해서, 나중에는 주술 일반에 대해서 이론적인 연구를 진행하다가, 내 생각으로는 정말로 중요한 발견을 하게 되었다. 즉 나는 사회학 및 문화적 관계들과 관련된 일반적인 이론적 원칙을 발견했다. 다시 말해서, 사회학적 관점에서 볼 때 주술의 진정한 기능은 그것이 공적 주술사에게 초자연적 권력과 개인적 특권을 부여할 뿐 아니라, 실제로 작업을 통제하는 기술을 그의 손아귀에 쥐어준다는 데 있다.[28] 나는 이러한 발견을 통해서 주로 주술 의식의 개시(開始) 기능이라고 불릴 만한 것에 직접적으로 관심을 갖게 되었다. 트로브리안드 경작지 주술의 4분의 3 이상에서 그와 같은 개시 기능을 발견할 수 있었다. 나는 덤불치기, 화전, 예비적 파종과 정리, 주요 파종 등의 활동이 각각 일정한 의식을 통해 시작된다는 사실을 발견했고, 이러한 의식들 가운데 일부는 터부를 부과한다는 사실에 주목했다. 또한 다른 활동들의 경우에도 주술사가 언제 그 일에 착수할 것인지를 공식적으로 알려주고 감독한다는 의미에서 작업을 지도한다는 점을 발견했다. 그후 나는 부록 1의 도표와 비슷한 유형의 일람표를 작성했다. 그리고 나는 경작지의 남은 활동들을

28) 이미 인용했던 「인티치우마 예식들의 경제적 양상들」이라는 다소 짧은 논문 외에도, 나는 『원시 종교, 사회적 분화를 지배하는 힘(*Primitive Religion as a Force Controlling Social Differentiation*)』이라는 제목을 붙이고 싶었던 책을 폴란드어로 썼다(폴란드어로 이 구절은 더욱 간결하고 세련되게 표현될 수 있다). 전쟁 동안 내가 없을 때 크라쿠프의 폴란드 과학 아카데미가 이 책을 출판했는데, 제목은 『원시 종교와 사회 구조의 형태들(*Primitive Religion and Forms of Social Structure*)』로 바뀌었다.

거듭 살피면서, 잡초 뽑기와 뿌리 솎아내기의 개시에 대해 기록했다. 그런데 성장 주술에 관심을 가질 만한 바로 그때에 나는 오마라카나를 떠나서 몇 주 동안 서쪽 해안에서 머물렀다. 또한 나는 그 무렵 다른 주제들에 대해 연구하고 있었고, 수많은 주문들의 체계와 의식들에 대한 세부적인 설명을 입수한 뒤로는 경작지 문제를 한편으로 밀어놓고 있었다. 만약 내가 뉴기니에 세 번째로 되돌아오지 않았더라면, 경작지 주술에 대한 나의 설명은 성장 주술이 빠졌기 때문에 완전히 잘못되었을 것이다. 사실 그때 나는 경작에 대한 집필을 마무리해놓고 있었다. 나는 경작이란 주제에 관해서, 캄코콜라 의식이 끝난 뒤 어딘가에서 갑자기 설명이 중단되었다가, 잡초 뽑기와 솎아내기가 무엇을 의미하는지를 간략히 설명한 후 수확 주술로 넘어가는 방대한 분량의 원고를 가지고 있다.

세 번째 원정이 시작된 이후, 즉 내가 도부로 향하던 1918년 3월 초에 바쿠타를 처음으로 방문하고 나서, 나는 비로소 성장 주술의 존재를 발견했다. 그 마을의 경작지 주술사는 음브와시시였는데, 이전에 나는 바기도우에게 내가 알고 싶은 것이 시작 의식이라고 생각하게끔 암시를 주었던 반면 음브와시시에게는 그렇게 하지 않았다. 음브와시시는 내게 자신의 예식 전체를 소개하면서 성장 주술의 이론을 설명해주었다. 내가 1918년 6월에 오마라카나로 돌아와서 바기도우에게 물어보자, 그는 즉시 자신의 주술에도 성장의 주문들이 포함되어 있다고 말해주었다. 나는 이틀 만에 성장 주술의 완전한 문구들을 입수해서 의역(意譯)했다. 그 무렵 이러한 작업은 내가 주술을 조사하기 시작할 때 그러했듯이 몇 달에 걸치는 고통스러운 탐사와 조사를 더 이상 필요로 하지 않았다. 그렇지만 당시의 사정 때문에, 나는 단지 이러한 예식들 가운데 몇 가지를 목격할 수 있었을 뿐이다. 물론, 만약 내가 모든 주술은 시작 기능을 가지고 있다는 생각에 사로잡혀 있지 않았더라면, 성장 주술에 대한 정보의 질은 더 나아졌을 것이다.

이것은 한 사람의 정보 제공자에게서 입수한 자료를 확인하고, 그것을 다른 정보 제공자들 및 다른 지역들에서 입수한 자료와 맞추어보는 일이 얼마나 필수적인지를, 또한 생각의 유연성을 유지하는 일이 얼마나 긴요한지를 보여주는 좋은 사례이다. 현지조사 전반에 걸쳐서 증거를 조직하는 작업은 반드시 필요하다. 그러나 설익은, 완고한 조직화는 아마 틀림없이 치명적인 결과를 가져올 것이다.

본문에서 이미 지적했듯이, 내 정보의 또 다른 심각한 허점은 타로 경작지에 관련된 부분에서 나타난다. 여기서 나는 편중된 생각 때문에 판단을 그르쳤다. 타이투는 확실히 타로보다 경제적으로 더 중요하다. 타이투는 저장이 가능하기 때문에 부의 창출과 교환, 그리고 사회학적으로 중요한 예식에서 얌이나 타로보다 더 긴요하다. 그러나 다른 한편, 타로가 더 오래전부터 경작되어온 농작물임을 가리키는 암시가 많이 나타난다. 주술에서 타로가 압도적으로 많이 등장한다는 점, 밀라말라 때 영들에게 선물을 바칠 경우 타로에 특별한 역할이 부여된다는 점 등은—지나치게 고고학적인, 혹은 편견을 무시하더라도—이 채소가 한때 경제적으로 더 중요했다는 사실을 암시하는 듯하다.

민족지학자는 진화적 지체(遲滯) 혹은 역사적 층화(層化)를 가리키는 어떠한 관련된 암시도 놓치지 않도록 주의해야 하기에, 나는 타로 경작을 타이투 경작과 마찬가지로 충분히 그리고 진지하게 연구해야 했다. 그러나 나는 집에 돌아오고 나서야, 만약 내가 두 가지 유형의 경작을 대조하고 몇몇 전문가 친구들과 함께, 심지어 바기도우와 함께 그 점을 충분히 논의했더라면 역사적 혹은 진화적 문제들에 대하여 귀중한 통찰을 얻을 수 있었으리라는 사실을 깨달았다. 따라서 나는 내 자료의 심각한 미흡함이 바로 여기에 있다는 점을 확실히 이야기하고 싶다. 추가적인 조사로도 별다른 사실을 밝혀내지 못했을 수도 있다. 그렇지만 다른 한편, 현지에서 몇 달 체류하면서 카이무그와와 카이마타의 연구와 마찬가지로 타포푸의 의례와 작업을 세밀하게 연구했더라면, 예상치 못한 결과를 얻을 수도 있었을 것이다. 나는 트로브리안드의 주재 지사들 가운데 이례적으로 지성적인 한 사람이, 혹은 뛰어난 자질의 선교사가, 혹은 현지의 민족지학자라도 나의 부주의함을 보충할 수 있기를 여전히 바라고 있다.

내 자료에서 나타나는 또 다른 중요한 미흡함은 경작의 물질적 측면에 대한 양적인 평가라고 할 만한 것과 관련된다. 나의 자료에서는 공동체의 경작용 토지의 범위에 대해서 단지 근사치적인 견적만을 찾아볼 수 있다. 밭과 소구획의 크기는 측량 기계의 도움 없이도 측정이 가능했을 것이다. 정확한 측량이 어떠한 이론적인 전망을 열어주었을 것인지는 말하기 어렵다. 그러나 만약 내가 한 번 더 현지조사에 착수할 수 있다면, 나는 정당하게 측량하고, 무게를 재고, 세어볼 수 있는 모든 것을 세어보고, 무게를 재고, 계산하기 위해서 틀림없이 훨씬 더 많은 주의를 기울일 것이다. 전형적인 얌 한 바구니의 무게는 쉽게 판단할 수 있었을 텐데 나는 그 일을 하지 못했다. 나는 평균적인 경작자가 생산하는 바구니의 수를 대충 어림했다(기록 2를 보라). 그러나 훨씬 더 정확한 연구도 어렵지 않았을 것이다. 한 사람이 날마다 소비하는 타이투의 양을 확인했더라면 매우 흥미로웠을 것이다. 이런 것들을 조사하지 않을 만한 이유는 전혀 없었다. 나는 그저 내 자료가 미흡하다고 고백해야 한다.

내가 식물학에 무지하다는 사실도 엄청나게 불리하게 작용했다. 내가 열대에서 경작되는 식물에 대해서 약간만 알았더라도 큰 도움이 되었을 것이다. 나는 어디서부터 합리적인 절차가 끝나고 주술적이든 미학적이든 여분의 활동이 시작되는지를 혼자서 판단할 수 없었다. 따라서 덩굴을 뻗어 오르게 하는 일, 타로와 타이투와 큰 얌을 파종하는 방법에 대한 모든 질문에는 한 가지 중요한 문화적 차원이 빠져 있었다. 무엇보다도, 나는 파종, 솎아내기, 그리고 잡초 뽑기에 관한 토착민의 기술과 이론이 과연 경험을 통해 알아낸 과학적 원칙에 따라 정확하게 실행되고 있는지의 여부를 제대로 파악할 수 없었다. 나는 경작에 대한 내 기술적인 설명이 그것을 둘러싸고 있는 예식적인 부분에 대한 설명에 비해 절반만큼도 훌륭하지 않다고 생각한다. 이 말은 내 자료에 대한 무시무시한 고발장이다. 열대 식물학에 대해서 어느 정도 알고 있는 독자라면, 그리고 식물의 성장과 발달에 대한 토착민의 이론 및 분류법과 식물의 다양한 부분들을 가리키는 토착용어를 다룬 제5부의 3장과 4장을 정독한 독자라면, 내가 식물학에 무지해서 겪게 된 어려움을 특히 잘 알아차릴 수 있을 것이다.

내가 시간 계산표(〈그림 3〉)에 질서와 일관성을 부여하면서 생겨난 문제에 대해서는 이미 지적했다. 무엇보다도, 나는 경작지 회의, 카야쿠의 정확한 위치에 관해서 현지에서 철저하게 확인하지 못했고, 내 필드노트들에 나타나는 불일치 때문에 지금도 만족스럽게 그 위치를 결정할 수 없다. 다른 한편, 나는 이 점과 본문의 서술 과정에서 지적했던 한두 가지 사소한 사항들을 제외하고는, 흩어져 있는 무수한 항목들을 대조해서 상당히 정확한 표를 만들었다고 말하고 싶다.

기술적 원칙들에 대한 나의 무지는 브와이마를 다룬 8장에서 특히 분명하게 드러난다. 한 가지 측면, 곧 기술에 대한 능력 부족은 아마도 그 자체의 영역에서는 별다른 문제를 일으키지 않았다. 내가 생각하기로, 나는 갖은 애를 써서 창고의 구조를 상당히 정확하게 묘사하는 데 성공했다. 오히려 문제는 한편으로 기술적 생산물과 다른 한편으로 안정성, 토대, 그리고 통풍에 대한 토착민의 이론 사이의 관계를 정리할 때 나타났다. 나는 사회학자로서 박물관 민족학자[29]의 순전히 기술적인 열정을 참아내기가 언제나 어려웠다. 어떤 면에서 나는 단지 기술만 연구하면서 물질문화의 대상을 주물숭배하듯 경외하는 것은 과학적으로 부질없는 일이라는 고집스러운 입장에서 조금도 물러나고 싶지 않다. 동시에, 나는 기술에 대한 지식이 경제 활동과 사회 활동, 나아가 토착 과학이라고 정확히 불릴 만한 것에 접근하는 방법으로서 반드시 필요하다는 점을 깨닫게 되었다. 내가 토착민들이 어떻게 얌 창고를 건축하는지를 철저히 이해했다면, 그들이 그러한 방식으로 건축하는 까닭을 판단하고, 그들의 수공 체계의 과학적 토대에 대해 그들과 동등한 입장에서 토론할 수 있었을 것이다. 또한 기술적이고 구조적인 세부사항들이 사회학적으로 함축하는 의미를 좀 더 빨리 평가할 수 있었을 것이다. 8장을 읽어보면, 본문에서 내 자료의 허점이 빈번하게 언급되는 것을 발견할 수 있을 것이다.

내 현지조사에는 한 가지 중요한 결점이 있다. 내가 말하려는 것은 곧 사진이다. 만약 당신이 내 책들을 다른 현지조사 설명들과 비교한다면, 내 사진 자료들이 얼마나 불충분한지를 알아채지 못할 수도 있다. 그렇지만 나는 그 점을 강조할 필요가 있다. 나는 사진을 부차적인 일로 취급했고, 그다지 중요하지 않은 증거 수집 방식이라고 여겼다. 이것은 심각한 실수였다. 경작지에 대한 자료를 완성하면서, 나는 내 필드노트들을 사진과 대조하는 과정을 통해 수없이 많은 진술을 재구성하게 되었다는 사실을 알게 되었다. 또한 나는 그러한 과정에서, 내가 이전에 쓴 두 권의 서술적인

29) 〔역주〕 물질문화의 자료 수집과 보존, 그리고 전시 등과 같은 박물관의 기본 기능을 위해 여러 민족 혹은 인종의 물질문화 자료에 대한 인류학적 분석을 수행하는 학자들.

책들에서보다 훨씬 더 현지조사의 방법에 위배되는 한두 가지 치명적인 잘못을 경작과 관련해서 저질렀다는 사실을 발견했다. 무엇보다도 나는 소위 보기 좋음과 접근성의 원칙에 의거했던 것이다. 나는 중요한 어떤 일이 진행되고 있을 때마다 카메라를 가지고 갔다. 만약 카메라를 통해 그림이 멋지게 보이고 잘 어울리면, 나는 스냅 사진을 찍었다. 따라서 수확의 어떤 국면들, 예를 들면 마을과 경작지에서 이루어지는 타이투의 전시, 매혹적인 주술적 구조물이 있는 캄코콜라 예식 등에 관한 사진 자료들은 많이 있다. 그러나 경작지에서의 첫 번째 예식의 경우, 나는 그것을 단 한 번만 목격했는데, 그때는 날씨가 나빴고 빛이 매우 적었다. 게다가 어떤 이유에선지 나는 카메라를 가지고 있지 않았다. 또한 나는 빌라말리아의 어떤 의식이 수행되는 광경을 퍼붓는 빗속에서 목격했으며, 나머지는 동틀 녘에 목격했다. 따라서 무슨 일이 있어도 사진으로 기록해야 하는 예식의 목록을 작성한 후에 이러한 사진들을 반드시 찍는 대신에, 나는 특이한 수집품을 모으는 것과 같은 수준에서—거의 현지조사의 보조적인 오락처럼—사진을 찍었다. 그리고 내게는 이런 종류의 일에 대해 타고난 수완이나 소질이 없기 때문에 사진 촬영은 내게 늘 긴장되는 일이었고, 나는 좋은 기회조차도 너무나 자주 놓쳐버릴 뿐이었다.

내가 여러분에게 덤불치기, 덩이줄기의 솎아내기, 여자들이 소구획에서 잡초 뽑기를 하는 모습, 무엇보다도 수확의 모든 국면을 사진으로 보여줄 수 없었던 데에는 아무런 이유도 없다. 나는 이러한 활동들을 적어도 수백 번 목격했다. 그렇지만 그 가운데 일부는, 특히 덤불치기는 정말로 사진을 찍은 보람이 없었다. 남자들은 뒤엉킨 배경으로부터 깨끗하게 분리되지 않았으며, 리플렉스 카메라(reflex camera)[30]의 흐릿한 유리로 보면 타카이와는 흡사 남자들이 정글의 가장자리에서 빈둥거리는 것처럼 보인다. 반면 수확은 매혹적인 활동이며, 보통 볕이 좋을 때 이루어진다. 게다가 수확이 진행될 때는 엄청나게 많은 특징적인 세부사항들, 곧 기술뿐 아니라 식량에 대한 토착민들의 관심과 감정적인 표현이 드러난다. 나는 날마다 앉아서, 내일 역시 비슷한 하루가 될 거라고 느끼면서—이것은 아마도 가장 용서할 수 없는 죄이다—지켜보았다. 어떤 행위의 경우, 예컨대 경작지에서의 첫 번째 예식이나 빌라말리아의 경우에는, 토착민들에게 자세를 취해달라고 부탁하는 편이 훨씬 더 나았을 것이다. 날씨가 좋은 날이면 바기도우에게, 비오는 날이나 동틀 녘이나 해질 무렵에 했던 것과 동일한 동작과 자세를 취해달라고 부탁할 수도 있었을 것이다. 만약 당신이 해당 주제를 잘 알고 있고 토착민 연기자들을 잘 통제할 수 있다면, 자세를 취한 사진은 열정적인 순간에 찍은 사진과 거의 마찬가지로 훌륭하다. 그러나 슬프게도 나는 이러한 장치에 결코 의존하지 않았다. 한두 장의 전쟁 사진은 예외인데, 그러한 경우에 나는 전쟁이 본격적으로 수행되는 장면을 결코 목격할 수 없다는 사실을 알고 있었기 때문이다. 실제 카야쿠의 사진을 전혀 찍지 못했다는 사실 때문에 나는 매우 화가 난다. 사실상 실제 경작지 회의는 보통의 사교 모임과 전혀 다르지 않다. 그러나 경작지 회의는 확실히 심정적으로 기록물의 가치를 가지고 있으며, 나는 그 사진을 찍어야만 했던 것이다.

사진이든 언어적인 것이든 혹은 서술과 관련된 것이든, 내 자료에서 나타나는 모든 미흡함의 일반적인 원인은 다른 모든 민족지학자처럼 나 역시 극적이고, 예외적이며, 선정적인 것들에만 매혹되었다는 사실에 있다.

30) 〔역주〕 렌즈를 통해 들어온 빛을 렌즈 뒤에 설치된 거울로 반사, 굴절시켜서 실제 사진으로 나타날 그대로의 상을 들여다보고 조절하면서 찍을 수 있는 카메라.

나는 내가 가장 중요한 바로 그 연설 유형들—평범한 일상생활에서 나타나는 유형들—을 기록하지 않았기 때문에 내 언어학 자료들의 가치가 얼마나 심하게 떨어졌는지를 지적했었다. 사진의 경우도 마찬가지다. 내가 오두막 앞에 한 무리의 남자들이 앉아 있는 모습을 스냅 사진으로 찍지 못했던 것은 그들이 오두막 앞에 일상적으로 앉아 있는 남자들의 무리처럼 보였기 때문이다. 그것은 또한 기능적 접근 방법에도 위배되는 치명적인 잘못이었다. 기능적 접근 방법의 요점은 형식이 기능보다 더 중요하지 않다는 것이다. 열두 명의 남자가 우연히 만나서 수다를 떨려고 어떤 집 앞의 깔개에 둘러 앉아 있는 것은 동일한 열두 명이 중요한 경작지 안건을 위해 모인 것과 똑같은 "형식"을 띠고 있다. 그렇지만 문화적 현상으로서 두 무리는 마치 전쟁용 카누와 사고야자 숟가락이 다른 것처럼 근본적으로 다르다. 8장과 그 뒤의 비판 부분을 읽은 독자라면, 내가 트로브리안드인의 생활을 연구하면서 일상적이고, 두드러지지 않으며, 단조로운, 그리고 소규모로 이루어지는 많은 일들을 무시했다는 점을 알고 있을 것이다. 내가 끌어낼 수 있는 유일한 위안은, 첫째로 마침내 주로 트로브리안드에서 시작된 기능적 현지조사가 이러한 문제에 관해서 변화를 일으키기 시작했다는 점이다. 둘째로는 나의 실수가 다른 사람들에게 유용할 수 있다는 점이다.

4. 작위적, 부작위적 잘못에 대한 몇 가지 세부적인 진술

지금까지 내 자료에서 나타나는 미흡함과 명백한 실수 혹은 왜곡된 관점의 주요 원인을 적어보았다. 이제 나는 내가 본문에서 여러 가지로 지적하고 싶었던, 그렇지만 만약 그랬다면 이야기의 통일성을 망가뜨리고 말았을 특정한 단서나 의문, 혹은 방법론적인 지적들을 열거하려고 한다.

주 1—시간 계산표 (1장 1절)

이 표가 지닌 장점과 단점을 평가하기 위해서는 이 표가 만들어진 방법을 검토해야 한다. 이 표는 내 필드노트에 적혀 있는 엄청나게 많은 연대기적 항목들을 계산한 결과이다. 불행히도 전부는 아니지만, 내가 관찰한 대부분의 사건들은 날짜가 정확하게 기록되어 있다. 나는 내 연구가 끝나갈 무렵에 이 작업을 지속적으로 진행했다. 나는 이러한 계산을 통해서 사건들을 연대기적 순서에 따라 배열할 수 있었고, 각 단의 적절한 자리에 집어넣을 수 있었다. 만약 조사 결과를 요약한 다른 도구들과 마찬가지로 이 작업도 현지에서 진행되었다면, 나는 그 표를 토착민 정보 제공자들과 함께 확인해보고, 모든 모순된 사항을 제거할 수 있었을 것이다. 그러나 지금으로서는 표의 항목들에서 서로 모순되는 점들을, 그리고 뾰족한 해결책을 발견할 수 없었던 몇 가지 문제점을 이 자리에 기록할 수 있을 뿐이다. 그 가운데 가장 중요한 것은 **카야쿠**(주 6을 보라)이다. 또 다른 어려움은 **밀라말라**의 위치 이동에 있다. 나는 1장(1절)에서 그 주제에 대해 설명한 내용이 정확하다고 확신한다. 곧 **밀라말라**는 서로 다른 지구마다 서로 다른 시기에 이루어지며, 이것은 경작 주기와 유럽의 달 사이의 관계에 영향을 미치지 않는다. 그렇지만 그것은 토착적인 달의 순서가 변한다는 것을 의미한다. 왜냐하면 **밀라말라**는 항상 토착민의 첫 번째 달이기 때문이다. 또한 내 논문 「트로브리안드의 음력과 절기력(“Lunar and Seasonal Calendar in the Trobriands”, *Journal of the Royal Anthropological Institute,* Vol. LVII, 1927)」에서 제시한 마지막 세 달의 다소 모호하고 불확실한 명명법은 키리위나와 바쿠타 두 지구에는 잘 들어맞으며, 어느 정도까지는 시나케타에도 부합된다. 그렇지만 시간 계산표의 마지막 세 달이 수확기에 해당하는 키타바에서는 잘 들어맞지 않는다. 현지에서 체계적인 조사를 진행한다면, 분명히 그 주제를 새롭고 흥미롭게 조명할 수 있을 것이다.

그 표의 초안을 그릴 때 또 다른 어려움이 있었는데, 그것은 이른 경작지와 주요 경작지, 그리고 타로 경작지 사이의 정확한 관계에 대한 것이었다(주 2 참조). 내가 출발 전부터 전체를 한눈에 보여줄 수 있는 도표를 작성하는 습관을 몸에 익히지 않았고, 오히려 현지조사 과정 속에서 비로소 그런 습관을 가지게 된 것이 나로서는 못내 아쉬운 점이다.

주 2—카이마타와 카이무그와 (1장 3절)

여기서 나는 이른 경작지들이 때때로 주요 경작지들과 훨씬 더 비슷한 시기에 일궈지는 것은 아닌지 특히 미심쩍다. 또한 시간의 차이가 얼마나 많이 나는지는 그해에 비가 많이 오는지 아니면 건조한지, 그리고 춤 절기가 얼마나 오래 지속되는지에 달려 있는 것은 아닌지 의심스럽다. 내 필드노트의 일부와 내 기억에 따르면, 훨씬 더 작은 규모로 경작되는 이른 경작지들은 굶주린 달에 필요한 최소한의 식량을 마련하기 위해서, 항상 주요 경작지에서 수확이 시작된 직후에 일구어졌던 것 같다. 그러나 나는 이러한 매우 중요한 주제를 응당 그래야 할 만큼 충실히 조사하지 않았다.

둘째로, 나는 이른 경작지가 타이투를 심는 나중의 경작지와는 달리 농작물이 혼합된 경작지라고 분명히 확신하지만, 이러한 차이에 대해 마땅히 해야 할 만큼 충분히 조사하지 못했다. 또한 이른 경작지에서 각각의 사각형 구획(**구브와탈라**)에 파종되는 타로와 사탕수수와 호박과 콩의 양을 동일한 면적에서 찾아볼 수 있는 타이투 덩굴의 수와 비교하여 계산하고 기록하지 못했다. 나는 현지조사를 수행하는 동안 "명백한", "일상생활의",

그리고 쉽게 접근 가능한 특징들을 기록하는 일에 종종 소홀했다. 그 일을 하는 데에는 어떠한 어려움도 없었을 것이다. 그렇게 했더라면 매우 중요한 이론적인 설명을 도출해낼 수 있었을지도 모른다. 명백한 것들과 일상적인 것들의 무시에 대해서는, 8장 도입부의 언급을 보라.

주 3—레이워타의 사회학 (1장 3절)

레이워타 경작의 사회학에 관해서는 훨씬 더 풍부한 증거를 쉽게 입수할 수 있었을 것이다. 일반적인 정보와 관련해서, 나는 족장이나 그의 가장 가까운 친척 가운데 한 사람이, 혹은 출중한 **토크와이바굴라**(훌륭한 경작자)가 보통 이러한 소구획을 맡는다는 이야기를 되풀이해서 들었다. 몇 가지만 질문했더라도 누가 여러 해 동안 계속해서, 예컨대 오마라카나의 레이워타를 경작했는지를 알아낼 수 있었을 것이다. 그러한 일련의 구체적인 관찰을 통해서 일반적인 규칙을 쉽게 증명하고 예외들을 기록할 수 있었을 것이다.

주 4—항상 발생 중인 신화 (1장 7절)

현지에서 나는, 끊임없이 되풀이해서 발생하는 동시대의 신화라고 불릴 만한 것이 이론적으로 얼마나 중요한지를 이해하지 못했다. 귀국 후 나는『원시 신화론(*Myth in Primitive Psychology*)』을 집필하면서, 나의 현지 자료를 토대로 신화의 본질에 관한 시각을 공식화했다. 나는 그 책에서 다음과 같은 신화 이론을 전개했다. "신화는 오늘날의 생활 속에도 여전히 살아 있는 원시적 실재에 관한 진술이며 선례에 의한 정당화로서, 회고적인 형태의 도덕적 가치, 사회적 질서, 주술적 믿음을 제공한다. 그러므로 그것은 단순한 서사도 아니고 과학의 한 형태도 아니며, 예술이나 역사의 한

지류도 아니고, 설명해주는 이야기도 아니다. 그것은 전통의 성격, 문화의 연속성, 노인과 젊은이 사이의 관계, 그리고 과거에 대한 인간의 태도 등과 밀접하게 관련된 독특한 기능을 수행한다. 간략히 말해서, 신화의 기능은 전통을 강화하고 전통이 더 높은, 더 나은, 좀 더 초자연적인 실재인 최초의 사건들에서 유래한다고 밝힘으로써 전통에 더 큰 가치와 특권을 부여하는 것이다(p. 124)." 이러한 주요 원칙은, 모든 신화는 끊임없이 무언가를 증명하는 일련의 이야기들을 수반한다는 관점과 곧바로 연결된다. 우리 자신의 문화에서 예를 들어보자. 루르드에서 성모 마리아의 최초 출현 신화[31]는 은총을 입은 근원지에서 날마다 일어나는 기적들을 통해 끊임없이 확인된다. 로마 가톨릭 교회에서 성인과 그의 거룩한 행동에 대한 모든 위대한 신화는 그 유적에 연관된 기적 이야기들을, 그리고 그 성인과 그의 성물함과 무덤과 그의 예배처의 감화력에 대한 이야기들을 생산한다. 그처럼 살아서 되풀이되고 갱신되는 신화는 "기적을 필요로 하는 살아 있는 신앙과, 선례와 사례를 요구하는 사회적 상황, 그리고 인가를 요청하는 도덕적 규칙의 항구적인 부산물이다(p. 125)." 이제 항상 발생 중인 경작 신화들과 주술의 기적들로 되돌아가자. 나는 그것들이 존재한다고 힘주어 진술할 수 있다. 그렇지만 불행히도 그것들을 증명할 수는 없다. 나는 노변(爐邊)에서 경작지 주술사나 다른 어떤 이가 허풍떠는 말을 여러 번 들었

31) 〔역주〕 프랑스 남서부 오트피레네 주에 있는 가톨릭의 대표적인 순례 도시. 1858년 2월 11일 ~ 7월 16일 사이에 베르나데트 수비루라는 14세의 소녀가 루르드에서 가까운 가브드포 강 좌안의 마사비엘 동굴에서 성모 마리아의 환영을 18차례 목격했다고 전해진다. 1862년 교황 피우스 11세가 그 환영을 진짜 계시로 선포하면서 '루르드의 성모 마리아' 숭배가 공인받게 되었다. 또한 그 동굴의 지하 샘물은 불치병에 효과가 있는 것으로 선포되었으며, 그때부터 루르드는 대표적인 가톨릭 순례지가 되었다. *Encyclopædia Britannica Online*, "Lourdes" 참조.

고, 마을 사람들 혹은 경작지 주술사 두 사람이 논쟁을 벌일 때 함께 있었다. 그런데 바기도우와 그의 동료들이 과거에 그들의 선임자들이 이룩한 업적에 관해 귀중한 역사적 자료들을 말해주었는데도, 나는 그것을 조사 연구와 무관한 것으로 여기고 염두에 두지 않았다. 나는 그러한 모든 현상을 '멜라네시아식 허풍떨기'의 사례로 분류하고 무시했다. 여기서 다시금 현지에서 내가 잘못된 이론적인 태도로 인해 어떻게 근본적인 중요한 사실들을 무시하게 되었는지 혹은 그것들을 전혀 잘못된 시각으로 다루게 되었는지를 보게 된다.

주 4a—아내들과 함께 일하는 족장 (1장 8절)

나는 현지에서 이 문제에 곧장 파고들지 않았다. 나는 토울루와가 카담와실라, 이수프와나, 그리고 일라카이시와 함께 일하던 모습을 기억할 수 있다. 그렇지만 그는 절대로 다른 아내들과는 함께 일하지 않았다. 아내들의 위치는 결코 평등하지 않았다. 우선, 족장은 자신의 선임자들로부터 수많은 아내들을 물려받았는데, 이들은 언제나 그의 관심과 애정을 그다지 받지 못했다. 그러한 아내들에게는 보통 장성한 아들들이 있으며, 그들 가운데 다수는 중심지에 거주하면서 어머니의 경작을 돕는다. 족장 토울루와에게는 그가 개인적으로 마음에 들어서 결혼한 두세 명의 총애하는 아내들이 있었다. 그는 그녀들과 함께 경작을 하곤 했다.

주 5—흑주술 (1장 8절)

만약 내가 경작과 관련된 흑주술의 존재를 좀 더 분명히 알고 있었더라면, 마름병과 해충 및 경작에서 일어나는 또 다른 불운의 원인에 대한 토착민의 생각과 연관 지어서 흑주술을 철저히 추적했을지도 모른다. 나는 트로브리안드에서 모든 불행과 역경은 흑주술의 작용 탓으로 돌려진다는 일반적 진술이 가능하리라고 생각한다. 만약 그렇다면 다음과 같은 진술도 가능할 것이다. 즉 트로브리안드인은 모든 자연력이 지성과 경험에 근거한 작업을 통해 극복된다고 믿는다. 다른 한편, 주술은 다양한 형태의 요술이나 흑주술이 일으킨 불행의 효력을 없애기 위해 필요하다. 나는 이러한 일반화가 옳다고 느끼지만, 경작에 관해서 그것을 충분히 입증할 수 없다. 그렇지만 이것은 트로브리안드인이 실제적으로나 주술적으로나 자연에 대처하는 가장 중요한 활동들 가운데 하나이다.

파괴적인 덤불돼지들과 '주술사의 덤불돼지' 사이의 관계에 대한 3장(2절)의 자료들, 그리고 경작지 근처에서 성행위나 배설을 금하는 터부를 위반할 때 생겨나는 위험에 대한 이야기의 내용들을 비교해보고, 또한 그것들을 경작지를 직접적인 대상으로 삼는 흑주술에 대한 나의 모호한 정보와 대조해보면, 그러한 가정은 매우 그럴듯해 보인다. 그러나 나는 트로브리안드의 모든 분야의 부족 전승을 조사할 수도 있었을 텐데, 그렇게 하지 못했다. 이제라도 그곳으로 되돌아간다면 그 부분을 조사해볼 것이다. 나는 그 문제를 염두에 두고 있지 않았기 때문에 그 부분을 완전히 놓쳐버렸다.

나는 여기서 또다시 현지조사 방법의 가장 중요한 원칙을 잘 납득시키고 싶다. 즉 문제의 이론적 파악이 없으면 관련된 관찰을 수행하는 것이 불가능하다는 점이다. 사실에 관한 경험적인 그리고 과학적인 이론은 관찰을 위한 계획표로서, 그리고 관찰의 점검 기준으로서 필요하다. 이론이 없으면 어떠한 유익한 조사도 있을 수 없다. 나는 주술과 작업의 관계를 연구하기 위해 충분히 준비했다. 나는 주술이 일종의 유사 과학적 기술이냐, 주술이 발달의 초기 단계에서는 과학과 경험적 기술을 대신하느냐 등과 같은 핵심적인 물음에 대한 대답은 사실(facts)에 있음을 잘 알고 있었다. 사실을 통해 내가 얻은 대답은 분명하고 명확했다. 주술은 경험적 지식과 정신적 성취의 영역을 침해하는 기술이 전혀 아니다. 유능한 실제적 작업은 지식에 토대를 둔 고유한 영역을 가지고 있으며, 주술은 결코 그 영역을 침입하지 않는다. 주술은 인간이 대처할 수 없고 통제할 수 없는 힘, 우연, 사고, 마름병과 해충으로 인한 손해의 영역에서 작동한다. 그러나 나는 이 모든 불행, 재난, 그리고 사고가 항상 인간의 주술적인 영향에 기인하며, 그것은 항상 인간의 악의에 의해 꾸며진 것이라는 그 이상의 단언에 대해서는 충분히 입증할 수 없다.

주 6—카야쿠 (2장 3절)

경작지 회의의 문제에 관해서, 나는 내 필드노트들로는 만족스럽게 해결할 수 없는 수많은 의문을 가지고 있다. 이 문제는 물론, 내가 현지에서 나의 모든 자료를 대조해보았더라면, 그리고 내가 거기서 마땅히 그러해야 했듯이 완전한 시간 계산표를 만들고 모든 세부사항을 따라가 보았더라면 매우 간단한 조사로도 쉽게 해결될 수 있었을 것이다. 나는 대략적인 계절의 표를 가지고 있었다. 그렇지만 나는 현지에서 그러한 도구들을 가지고 씨름하느라 시간을 보내는 것은 쓸데없는 낭비가 아니라 연구를 위한 최선의 투자라고 현지 조사자들에게 충고하고 싶다. 나는 내 필드노트에서 카야쿠의 절차에 대한 여러 항목을 볼 수 있는데, 그것들은 내가 직접 목격했거나 보고를 받은 것들이다. 그것들은 야코키, 칼루왈라시, 칼루와사사 달을 아우른다. 즉 5월 하순 무렵부터 7월 초까지에 달한다. 만약 이 표에서 구체화된 나의 마지막 가정처럼, 이른 경작지를 위한 경작지 회의와 주요 경작지를 위한 경작지 회의가 각각 따로 존재한다면, 이 자료들은 쉽게 설명된다. 그렇지만 이러한 가정은 내가 초기에 작성한 한두 가지 항목과 약간 모순되는데, 거기서는 단 하나의 **카야쿠**가 모든 경작지를 위해 이루어진다고 적혀 있다. 그렇다면 시간의 불일치는 지역적 원인에 기인한 것일 수 있다. **카야쿠**는 **밀라말라**를 일찍 시작하는 지구들에서는 더 일찍 개최될 것이다. 혹은 **카야쿠**를 개최하는 시기는 날씨 조건으로 인해 경작을 시작하는 때가 변경되는지의 여부에 따라 바뀔 수도 있을 것이다. 그러나 불일치는 여전히 너무나 크다. 또 다른 대안은 이른 경작지들에 대해서는 어떠한 **카야쿠**도 전혀 개최되지 않으며, 소구획들의 처리는 비공식적으로 진행된다는 것이다. 여러 가지를 고려할 때, 나는 모든 경작지를 위해 한 번의 **카야쿠**가 개최된다는 가정이나 이른 경작지를 위해서는 어떠한 **카야쿠**도 개최되지 않는다는 가정이 틀렸다고 생각한다. 그리고 이른 경작지와 주요 경작지를 위해서 두 번의 경작지 회의가 각각 열린다고 생각한다. 하나는 5월 하순이나 6월 초순 어느 때에, 다른 하나는 7월에 개최될 것이다.

주 7—경작되는 소구획의 수 (2장 3절)

한 사람의 경작자가 일구는 소구획의 수는 중요한 수치 자료이다. 여기서 나의 자료는 다시금 부정확하다. 나는 토착민들과 그 문제를 매우 자주 논의했고, 아무개가 얼마만큼 많은 **발레코**를 일구는지 알려주는 수많은 숫자들을 얻었다. 동일한 남자가 일구는 소구획의 수는 조사할 때마다 다르게 나타났다. 그러한 정보의 불일치는 설명하기가 어렵지 않다. 허영과 야망이 큰 부분을 차지하는 모든 문제에서 그러하듯이, 남자 자신과 그의 친구들, 그리고 친척들은 그의 능력을 과장할 것이다. 그러한 경우에 거짓말하는 것은 트로브리안드인에게 매우 가벼운 위반이다. 유일하게 확실한 방법은 수확기에 각 남자가 수확하는 소구획들의 수를 정확히 기록하는 것이었겠지만, 나는 그렇게 하지 못했다. 그것은 매우 심각한 허점이다.

주 8—영들의 방문 (1장 5~7절, 2장 4절, 3장 1절, 5장 2절, 9장 2절)

여기서 다시금 나는, 이 주들 대부분에서 주장했듯이, 성공적인 연구는 현지에서 행해지는 증거의 종합과 조직화에 달려 있다는 사실을 강조해야 한다. 나 자신의 현지조사에서 모든 미흡함과 허점의 가장 큰 원인은 다음과 같은 극단적인 방법론적 오류에 기인했다. 즉 나는 현지에 있을 동안 가능한 대로 많은 '사실들'을 얻어야 하고, 자료를 완전히 작성한 이후에 증거의 구성과 조직화에 착수해야 한다는 생각에 사로잡혀 있었다. 이러한 오류는, 만약 내가 현지조사 사이의 두 번의 휴식기 동안 부분적으로나마 직접 그것을 고칠 시간을 가지지 않았더라면 훨씬 더 치명적이었을 것이다. 그 기간에 나는 주로 자료의 조직화에 힘을 쏟았다. 그렇지만 내 자료에는 여전히 엄청나게 많은 허점이 남아 있었는데, 왜냐하면 단지 내가 현지에서 그것들을 대조하고 종합하는 데 충분한 시간을 쏟지 않았기 때문이다.

가령 토착민의 부족 생활에서—여기서는 좀 더 특별하게 농경에서—일반적으로 영들이, 그중에서도 조상의 영들이 담당하는 역할 문제를 살펴보자. 만약 영들이 눈에 확 띄는 직접적인 역할을 했다면 저절로 내 주의를 끌었을 게 확실하다. 달리 말해서, 트로브리안드인은 영들이나 영들이 담당하는 역할에 대해 애매하고 흐릿한 믿음을 가지고 있다. 그러나 토착민의 믿음이 모호할수록 현지조사자에게는 명확한 윤곽을 그려야 한다는 의무가 부여된다. 그렇다고 해서 현지조사자가 토착민의 믿음에는 없는 정확성을 지어내야 한다는 뜻은 아니다. 오히려 토착민의 모호함이 어떤 성격을 나타내는지 그 윤곽을 명확히 그려야 한다는 것이다.

이제 나는 사실들을 간단히 대조한 뒤, 간략한 이론적 요약을 제시할 것이다. 본문에서는 이론적인 요약을 하지 않는 쪽을 선호했다. 왜냐하면 그것은 내가 직접 기록하고 간추린 자료들의 범위를 약간 넘어서기 때문이다. 그렇지만 여기서는 이러한 요약을 통해 자료들의 성격을 평가하는 데 도움을 얻을 수 있을 것이다. 영들은 세 가지 구별되는 경우에 등장하며, 세 가지 구별되는 역할을 담당한다.

1. **밀라말라** 때 영들의 방문(또한 나의 논문, "Baloma—the Spirits of the Dead in the Trobriand Islands", *J.R.A.I.,* 1916과 비교하라. 그 논문에서 제시된 증거는 단지 처음 두 번에 걸쳐 이루어진 뉴기니 원정의 결과만을 담고 있기 때문에 불완전하다. 그러나 거기서 언급된 믿음의 주요 윤곽은 나의 세 번째 원정을 통해 정확한 것으로 밝혀졌다). 이때 온 마을의 영들이 참석한다. 영들은 해마다 자기들의 공동체로 정기적으로 되돌아온다. 영들이 임재한다는 믿음은 분명하고 구체적이다. 타고난 회의론자나 불가지론자의 경우를 제외하고는 영들의 임재는 의문시되지 않으며, 명확히 제도화된 준비를 통해 영들이 돌아온다는 믿음이 표현된다. 영들을 위해 식량이 전시되며, 영들은 그 광경을 즐긴다. 영들을 위해 음식이 요리되며, 영들은 음식의 영적인 실체를 흠향한다. 영들이 죽을 운명의 모든 인간보다 더 높은 곳에 앉을 수 있도록 특별한 **쿠부도**가, 혹은 매우 높은 단이 세워진다. 영들의 임재는 **말리아**(풍요)의 느낌을 불러일으키며, 며칠 동안 영들의 눈을 즐겁게 하기 위해서 귀중품, **바이구아**가 전시된다. 마을 사람들은 영적인 손님들을 기리고 영들과 친교를 나누기 위해서 춤을 추며, 또 다른 축제 활동들을 한다. 나아가 일반적으로 영들은, 탁자 두드리기(rapping tables)[32], 영기(靈氣, ectoplasm)[33], 강령(降靈) 등을 비롯한 영적인 매개의 징표를 믿는 대부분의 현대인들을 아마도 만족시킬 만한 방식으로, 물질적 징표를 통해 그들의

32) 〔역주〕 죽은 자의 영혼과 소통할 수 있다고 믿는 방법들 가운데 하나.
33) 〔역주〕 영매의 몸에서 흘러나온다고 믿는 일종의 기(氣)의 집합체. 심령체라고도 불린다.

임재를 드러낸다. 족장은 종종 자신이 바라는 바를 뒷받침하기 위해 영적 존재의 그러한 현현(顯現)을 이용한다. 또는 나이든 사람들이 전통적인 행위를 옹호하기 위해서 영들의 임재를 이용하기도 한다. 밀라말라 때 영들이 진짜로 임재하기 때문에, 만약 전통이 적절하게 준수되지 않거나 관습과 법이 지켜지지 않는다면 조상의 영들은 기뻐하지 않을 것이며 토착민들에게 모종의 불행을 가져다줄 것이라는 평상시의 믿음은 한층 더 강화된다. 기분이 상한 영들이 가져오는 불행과 악의에 찬 주술이 야기한 불행 사이의 관계는 정확히 무엇인가? 나는 대답할 수 없다. 왜냐하면 또다시 나는 현지에서 마땅히 그래야 했던 만큼 이 문제를 충분히 조사하지 않았기 때문이다. 사실 나는 토착민들이 평소에 이러저러한 불행—가벼운 가뭄, 마름병, 해충, 덤불돼지의 습격, 성공적이지 않은 쿨라 혹은 신체적 사고—이 발로마의 분노(펠라 발로마 이기부루와시) 때문이라고 말하는 것을 매우 자주 들었고 기록도 해두었다. 나는 또한 때때로 그것이 정말로 발로마의 분노 때문인지 아니면 악한 의도의 주술 때문인지를 조사했다. 그러나 대답은 보통 "나는 모릅니다(아이세키 왈라)"라는 것이었다.

2. 조상의 영들은 그들이 주문에 나타나는 한, 우리의 설명에도 등장한다. 그러나 주문에서 영들은 전혀 다른 방식으로 기능한다. 영들의 이름을 사용하는 것은 언어적 주술의 한 형식이며, 누군가의 이름으로 어떤 것이 나타나게 만드는 것이다. 또한 주문에서는 특별한 부류의 영들, 곧 주술을 수행하는 토워시의 직계 전임자들이 불러내진다. 여기서 좀 더 구별이 필요하다. (a) 이름들의 목록은 단지 주술 문구에서만 나타날 것이다(〈주술 문구 2〉 38, 42, 그리고 또한 조상의 영들을 "노인들"로 언급하는 것을 유일하게 볼 수 있는 〈주술 문구 1〉)[34]. 이 경우에는 이 자리에 임재해서 의식에 참여하고 살아 있는 자들을 영적으로 도와 달라는 목적에서 영들을 불러낸다고 가정

할 만한 이유가 전혀 없다. 나는 이러한 문구들이 실제적인 임재를 전혀 암시하지 않는 언어적 주술의 사례라고 생각한다. (b) 첫 번째 시작 의식이나 수확 의식들 가운데 하나에서 주문을 읊을 때처럼, 혹은 9장(2절)에서 묘사된 **캄코콜라** 예식에서 그러하듯이, 영들에게 공물이 바쳐질 수도 있다. 그때 영들의 임재는 훨씬 더 실제적이며 효과적이다. 그러나 여기서 또다시 나는 영들이 무엇을 하는지, 적어도 영들이 **밀라말라** 동안 임재한다고 믿어지는 것과 같은 방식으로 영들이 정말로 거기에 있다고 믿어지는지의 여부를 확인할 만큼 그 주제를 충분히 깊이 파고들지 않았다. 나는 **밀라말라**와 관련해서 내가 관찰한 것과 **울라울라** 공물에 대해 내가 알고 있는 것을 토착민들에게 직접 질문하고 토론하면서 대조해보지 않았다. 그러므로 지금 나는 그저 자료의 빈틈을 보여주고, 이러한 빈틈은 질문에 대답하는 것이 본질적으로 불가능했기 때문이 아니라 단지 나의 태만 때문에 생겨난 것이라고 말할 수 있을 뿐이다.

3. 몇몇 주문에서 불러내는 죽은 자들의 영들, 곧 투다바와 말리타(〈주술 문구 10, 22, 29〉), 이야바타와 비키타(〈주술 문구 1〉), 토쿠와부(〈주술 문구 19〉), 야야브와와 가가브와(〈주술 문구 5〉), 보타가라이와 톰그와라이(주술 문구 31), 그리고 세울로와 밀라가우(〈주술 문구 41〉) 등과 같은 신화적 영웅들의 영들은 가장 덜 실제적이고 영향력도 가장 작다. 비록 충분히 만족스러울 만큼 면밀하게 그 문제를 조사하지는 못했지만, 나는 그러한 영적인 실재들을 불러내는 것은 어떠한 의례적 결과도 수반하지 않는다고 분명히 확신한다. 오히려 그들의 이름을 부르는 것은 이러한 문화 영웅들에 대한 기억을 찬양하고, 동시에 투다바와 그의 동료 말리타와 같은 최고의 경작

34) [역주] 본문에는 〈주술 문구 3〉이라고 표기되어 있으나, 이는 〈주술 문구 1〉의 오기(誤記)일 것이다.

자들의 이름을 언급함으로써 경작지를 비옥하게 하기 위해서이다.

주 9—쉬는 날 (3장 1절)

작업에 대한 주술적 터부들로 인해 경작 주기에 쉬는 날 혹은 휴일이 도입된다는 점은 분명하다. 나는 토착민들이 휴식의 필요성이나 휴식이 작업에 미치는 영향에 대해 전혀 모른다고 생각한다. 그렇지만 불행히도 나는 토착민의 관점을 정면에서 매우 깊이 파고들지 않았다.

주 10—덤불돼지의 흑주술 (3장 2절)

이 주제에 대한 나의 정보 부족과 그 이유는 본문에서 충분히 언급되었다. 여기서는, 장차 그 문제를 조사한다면 주 5에서 언급된 흑주술과 이로운 주술 사이의 관계 문제에 답하는 데 큰 도움이 될 것이라고 덧붙이고 싶다. 만약 내가 가정하듯이, 토착민들이 자연의 흐름 속에서 일어나는 대부분의, 아마도 모든 불운한 사건을 흑주술의 탓으로 돌린다면, 덤불돼지들이 농작물을 파괴하는 것 역시 요술의 탓으로 여길 것이다. 덤불돼지들을 테필라와 루쿠브와쿠에서 토착민의 경작지로 데려오는 사람은 항상, 모타고이의 설명에서 언급된 대로, 필연적으로 요술사일 것이다. 그리고 요술은 여러 원인 가운데 그저 하나에 불과한 것이 아니다. 내 생각엔 "단지 요술만이 해충과 역병을 퍼뜨린다."는 나의 일반화에는 근거가 있다. 왜냐하면 그것은 현실의 다른 측면들에 대한, 무엇보다도 인간의 건강에 관한 토착민의 믿음에 상응하기 때문이다. 그러나 여기서도, 내가 경작지의 불운한 사건들과 관련된 이러한 믿음을 충분히 자세하게 조사하지 않았다고 또다시 말해야 한다. 확실히 나는 그 부분을 충실히 기록하지 않았다. 이와 관련해서, 독자는 내가 또 다른 곳(*Sexual Life of Savages*, 11장 9절)

에서 가축용 돼지와 아내와 애인의 게으름과 부정의 원인으로서의 흑주술에 대해 제시한 설명도 참조해보기를 바란다.

주 11—타이투 경작에서 나타나는 타로 주술 (3장 2절)

타이투 주술에서 타로 의례의 "잔존" 문제는 이 부록의 3절에서도 다루어진다. 그것은 아마도 트로브리안드 경작에 대한 내 설명의 주요한 결함들 가운데 하나, 곧 타이투 경작에 비해 타로 경작을 불평등하게 취급한 것과도 관련이 있다.

주 12—작은 사각형들의 기능 (3장 3절)

이러한 일반화에 관해서도 방법론적으로 경고할 점이 있다. 나는 경작 기술 가운데 이 문제에 대해서야말로 토착민들과 충분하게 논의한 끝에 결론을 도출했다고 생각한다. 나는 주로 경작지에서 툴라 놓기 작업이 진행되는 동안 토착민들과 이 문제에 대해 많은 이야기를 나누었다. 그러나 다시 트로브리안드로 돌아간다면, 나는 질의응답이나 심지어 토론과 논의 방식을 사용해서 문제를 파고들지는 않을 것이다. 가장 좋은 방법은 사각형들의 용도에 대해 소위 일지를 쓰는 것이다. 발레코(소구획)는 경작자에 따라 얼마나 자주 사각형들로 세분되는가? 한 남자에게 아내가 여러 명 있을 경우 소구획을 세분하는 일은 얼마나 자주 일어나는가? 또한 작업이 진행되는 동안, 토착민들은 세분된 사각형마다 심을 종자 얌의 수를 실제로 얼마나 자주 계산하는가? 그러한 실제적인 관찰을 기록을 통해 구체화하는 것과 단지 그 문제에 대해 이야기한 내용을 기록하는 것에는 상당히 큰 차이가 있다. 나는 자료 작성을 마무리하는 과정에서 그 점을 이해할 수 있었다. 작은 사각형들의 기능에 관한 증거자료를 작성하는 일은 어렵지 않았을 것이다. 게다가 그러한 자료는 **구브와탈라**(사각형의 세분)의 명백히 실용주의적인 기능과 단순한 심리적 효과 사이의 중요한 구별과 관련되기 때문에, 나는 가능한 대로 많은 자료를 입수해야 했다. 그렇지만 나는 그렇게 하지 못했다. 여기서 그 점을 분명히 밝히고 싶다.

주 13—카이마타와 카이무그와의 농작물 (3장 3절)

이 문제에 관해서도, 만약 내가 좀 더 충실하게 증거들을 기록했더라면 그 자료는 엄청난 가치가 있었을 것이다(직전의 주와 주 2 참조). **카이마타**와 **카이무그와**의 대표적 소구획들에서 날마다 무엇이 파종되는지를 정확히 보여주는 도표를 계절마다 작성했더라면 가장 유용하게 활용할 수 있었을 것이다.

주 14—파종 주술로서 캄코콜라 의식 (3장 4절)

나는 본문 속에서 내 정보의 결함을 지적했고, 그럴듯한 변명도 제시했다. 이것이 해결하기가 쉽지 않은 문제라는 점은 확실하다. 그러나 여기서 또다시, 만약 내가 소위 명확한 실험에 착수해서 무슨 일이 일어나는지 날마다 일지를 쓰면서 경작지를 관찰했더라면, 내가 이 문제에서 주로 사용했던 질의응답 방법으로는 결코 쉽게 유도해낼 수 없었던 사실을 개인적인 직접 관찰에 의해 쉽사리 알아낼 수 있었을 것이다. 여기서 다시금 이상적인 방법은 소구획 한두 곳에 집중해서 계절 전반에 걸쳐서 소구획들의 정확한 역사를 그려내는 것이었으리라. 나는 미래의 현지조사자들에게 "실험적인 경작지 소구획들"이라고 이야기할 만한 것들을 선택해서 그것들의 운명을 단계적으로 따라가는 방법을 채택하라고 진지하게 충고하고 싶다.

주 15—울타리와 캄코콜라 세우기 (3장 4절)

내가 바기도우와 함께 걸어가는 것을 묘사한 대목은 필드노트의 내용을 옮겨적은 것이다. 그러나 나는 어떤 경우에는 울타리가 만들어지기 전에 캄코콜라가 세워진다는 점을 기억하고 있기에, 여기에 추가로 적어두고 싶다. 나는 혼합 작물이 경작되는 이른 경작지 카이무그와의 울타리는 캄코콜라가 완성되기 이전의 어느 때에 세워지며, 다른 한편 주요 경작지 혹은 늦은 경작지 카이마타에서는 캄코콜라가 완성된 후에 울타리가 세워진다고 언젠가 들었던 것 같다. 내 정보의 이러한 차이는 이른 경작지와 늦은 경작지의 관계에 대해 아는 바도 적고 기록한 내용도 미흡했기 때문에 생겨났다. 만약 이른 경작지가 혼합 작물을 경작하기 위해 사용된다면, 알다시피, 그곳에서의 파종은 캄코콜라 예식보다 선행한다. 만약 늦은 경작지에서 캄코콜라가 세워진 후에 타이투의 파종이 진행된다면, 늦은 경작지에서는 캄코콜라가 세워지기 이전에는 확실히 울타리가 필요 없다. 반면 이른 경작지에서는 그러한 울타리가 필요할 것이다. 그러한 상호 관계들을 파악한 후에는, 몇몇 지성적인 정보 제공자들과 짧게 의논하고 경작지를 몇 번 산책하는 것만으로도 물음에 대한 결정적인 해답을 얻을 수 있었을 것이다. 방법의 요점을 한 가지 더 강조하자면, 현지에서 더욱 적극적으로 자료를 다룰수록, 그 자료는 더 나아질 것이다.

주 16—타이투의 성장 관찰 (4장 2절)

나는 이 주가 첨부된 문장에서 식물의 성장 과정에 무지한 탓에 해내지 못했던 일들을 고백했다. 그러나 만약 트로브리안드로 되돌아갈 수 있다면, 나는 식물학적 지식의 부족에도 불구하고, 내가 실제로 했던 것보다 훨씬 더 왕성하게 그 주제를 파고들 것이라고 덧붙이고 싶다. 여기서도 불충분한 기록이 문제가 된다. 토착민들과 함께한 많은 토론은 실제로 경작지에서 진행되었고, 토착민들은 실제 식물을 보여주면서 성장 과정과 관련된 주술적 믿음을 설명했다. 그러나 나는 다양한 성장 단계들을 사진으로 찍고, 도표로 만들고, 또한 한두 개의 대표적인 소구획들의 연구에 집중하는 대신, 오로지 구두 진술에만 너무 의존했다. 이러한 기록은 특히 덩굴이 뻗어오르게 만들기, 잡초 뽑기, 솎아내기 등의 기술적 활동들이 진행되는 동안 이루어졌어야 했다. 이 장에서 논의된 문제들은 주술과 작업 사이의 관계를 흥미롭게 조명해주기 때문에, 여기서 기록된 결함은 이론적인 면에도 영향을 미치게 된다.

주 17—주술로 인한 타이투의 성장 (4장 2절)

흑주술과 마찬가지로(주 5 참조), 나는 이 부분도 훨씬 더 충실하게 분석할 필요가 있었다고 느낀다. 토착민들은 야생 식물의 성장과 경작지 농작물의 성장을 끊임없이 서로 구별해서 이야기한다. 그렇지만 불행히도 나는 관련된 진술을 충분히 많이 수집하지 않았다. 현지조사를 진행하다 보면, 어떤 문제가 민족지학자에게 언제나 너무 익숙하게 느껴지기 때문에 그가 그 문제를 당연한 것으로 여겨서 기록하지 않는 일이 종종 일어난다. 본문에 그대로 옮겨놓은 토웨세이의 언급만으로는 이 주제에 대한 토착민의 태도를 제시하기에 충분하지 않다.

주 18—주술적 정보와 기술적 정보 사이의 불균형 (4장 2절과 3절)

주 16에서 이야기한 것과 연관해서, 4장 2절과 3절에서는 전반적으로 정보의 불균형이 나타난다는 점을 다시 한 번 지적하고 싶다. 곧 주술에 대한 정보는 충실하게 잘 기록되었지만, 자연스러운 성장 과정 및 취급 기

술에 관한 정보는 미흡하다. 내가 그 땅에 다시 갈 수 있다면 후자를 좀 더 충분히 관찰할 것이다.

주 19—사적인 경작지 주술 (4장 4절)

이 장에서 주장했던 대로, 사적인 경작지 주술은 실제로 "두드러지지 않는다"고 나는 확신한다. 이 장에서 나는 사적인 경작지 주술에 대해 수집한 정보가 공식적인 주술의 경우처럼 완전하지 않다는 점을 인정했다. 그러나 나는 직접 최선을 다해 이 문제에 달려들지 않았다는 점을 분명히 밝혀야 한다. 즉 나는 사적인 경작지 주술이 겉보기처럼 그렇게 완전히 종속적인 것인지의 여부를 오마라카나에서 뿐 아니라 족장의 영향력이 그다지 뚜렷하지 않은 다른 공동체들에서도 조사해야 했는데 그렇게 하지 않았다. 본문에서 언급했듯이, 경작지 주술사나 족장과 우두머리도 사적인 주술을 싫어할 것이라는 점을 고려한다면, 사적인 경작지 주술이 최고 족장의 공동체에서 그다지 눈에 띄지 않으리라는 점은 당연하다. 따라서 나는 이 주제를 특히 작은 마을들에서 좀 더 연구했어야 한다.

주 20—기근에 대한 이야기들 (5장 1절)

불행히도 나는 이 이야기들 가운데 하나만을 받아 적었고, 그것을 이 장에 옮겨놓았다. 만약 한 개의 원문 대신에 열두 개가량을 수집할 수 있었다면 정보의 가치는 훨씬 더 커졌을 것이다. 현지조사가 끝나갈 무렵, 나는 토착어 원문을 재빨리 받아적을 수 있었지만, 그래도 그러한 작업은 매우 느리고 성가신 일이다. 특히 현지에서 모든 원문에 대한 해설을 들어야 할 때면 더욱 그러하다. 내가 한 해 정도 현지에 더 머물렀다면 언어학적으로 훨씬 더 충실한 기록이 가능했을 것이다.

주 21—첫 열매 전시의 사회학 (5장 2절)

이 문제에 대한 나의 정보는 만족스럽지 않다. 여기서도 만약 마을에서 전시된 더미들의 실제 배치를 보여주는 한두 장의 그림과, 더미를 전시한 사람, 그것을 받는 사람, 그리고 이 사람들과 죽은 자들과의 관계를 보여주는 계보나 관계도 등의 몇 가지 증거자료를 작성했더라면, 그것은 주제를 조명하기 위한 최선의 방법론적 장치가 되었을 것이다.

주 22—툼의 상징 (5장 3절)

이 예식의 경우, 나는 누르는 것의 상징이 토착민에게 실제로 의미하는 바가 무엇인지를 확인하지 못했다. 그렇지만 다른 대부분의 의식들에서는 내가 정보 제공자와 그러한 세부사항들까지 논했다는 점을 알 수 있을 것이다. 민족지학자는 현지에서 진행된 관찰의 그러한 변덕을 표시해야 한다. 왜냐하면 지식의 부재는 민족지학자의 태만함에 기인한 것일 수도 있고, 혹은 주어진 주제에 대한 토착민의 믿음이나 관념의 부재에 기인한 것일 수도 있기 때문이다.

주 23—부리틸라울로에 대한 정보 (5장 6절)

이 절에서 제시된 묘사는 내가 실제로 목격했고 상당히 많이 논의했던 한 가지 사례에 기초한다. 나는 1918년 6월에 그러한 거래가 실제로 일어나서 나의 관심을 끌게 되었다고 말했다. 사람들은 모두 이웃하는 와카이세 마을과 카브와쿠 마을에서 무슨 일이 일어나는지에 많은 관심을 가지고서 이 사건에 대해 열심히 말하고 있었기 때문에, 정보 제공자들이 이야기하게 만드는 데에는 어떠한 어려움도 없었다. 그러나 모든 경우에 그러하듯이 정보는 익어야 한다. 정보는 관찰의 여러 단계마다 다시 논의되어야 하며, 그후에 민족지학자가 그것을 소화해야 한다. 나는 **부리틸라울로**가 일어난 직후에 그 지구를 떠났고, 다섯 달 후에는 트로브리안드를 떠났기 때문에 그렇게 할 수 없었다. 그러므로 현재 상태로는 내 자료의 여러 사항이 여전히 모호한 채로 남아 있다. 그러한 문제는 세부사항들보다는 오히려 거래의 주요 원칙과 관련된다. **부리틸라울로**는 우리 식으로 말하는 스포츠나 경쟁 시합과 비슷한 사건이 아니다. 무엇보다도, 거기에는 심판이 없으며, 경쟁자들 사이에서 판결하거나 조정하는 사람이 없다. 그러면 각 마을은 분명 자기 마을이 더 많이 증여했다고 주장할 것이다. 이와 관련해서, 그렇다면 토착민들에게 어떠한 제한도 없었던 옛날에는 그러한 전시가 언제나 다툼과 싸움으로 이어진 것은 아닌지 궁금해진다. 달리 말하면, **부리틸라울로**가 시작될 때마다 두 마을 사이의 싸움이 뒤따랐다고 말할 수 있을까? 아니면 그들은 단지 주장과 반대 주장으로 허풍을 떠는 데 만족했을까? 또한 나는 첫 번째 증여자들이 답례 선물을 받은 뒤에 진행되는 얌의 재분배를 자세히 추적하지 않았다.

주 24—우리구부를 위한 타이투와 자신이 소비하기 위한 타이투 (6장 1절)

설명 전반에 걸쳐서, 나는 한 남자가 자기 누이의 가구를 위해 할당하는 타이투의 비율을 대략 절반 정도라고 근사치로 나타냈다. 수치는 명백히 다양하게 나타난다. 신분이 높은 늙은 남자에게 누이가 없고, 모계의 먼 친척 여자들은 그녀보다 훨씬 덜 중요한 남자와 결혼했을 경우, 그가 증여하는 타이투의 비율은 거의 무시해도 좋을 것이다. 튼튼하고 원기왕성하며 훌륭한 경작자에게 누이가 여러 명 있고 그녀들이 자신보다 신분이 훨씬 더 높은 남자와 결혼했을 경우에, 그가 제공해야 하는 비율은 8분의 7은 아니더라도 4분의 3 정도는 될 것이다. 내 생각에, 결혼하지 않은 남자라면 8분의 7을 제공할 수도 있을 것이다. 물론 이 문제에 대해서 정확한 기록을 남기기란 어려웠다. 왜냐하면 부분적으로는 여기서 지적된 차이 때문이고, 부분적으로는 자기 자신이 소비할 농작물은 다른 방식으로 수확되고 저장되기 때문이다. 우리구부는 대량으로 공공연하게 증여된다. 그것은 자랑거리이며 수량이 기록된다. 타이튭왈라는 창고 안에 저장되며, 그 수량은 매우 자주 고의로 적게 말해진다. 그것의 일부는 수확되는 대로 소비된다. 토착민은 증여한 우리구부뿐 아니라, 받은 우리구부도 자랑한다. 왜냐하면 수령자가 받은 많은 양의 우리구부는 자신이 소비하기 위해 생산한 농작물보다 더 큰 명예를 가져다주기 때문이다. 이 모든 것에도 불구하고, 나는 훨씬 더 충실하게 기록할 수 있었고 그럴 필요가 있었다. 한 남자 혹은 한 가구의 예산을 거의 르 쁠레(Le Play)[35]의 "가족 예산(family budgets)"의 원칙에 따라 계산하는 실험이 최선의 방식이었겠지만, 트로브리안드에서 불가능했을 것이다.

주 25—한 남자의 아내가 죽은 뒤에 그의 브와이마 채우기 (6장 1절)

한 남자의 아내가 죽은 뒤에는 그의 인척들이 그의 얌 창고를 채우지 않는다는 규칙이 있지만, 한 가지 예외가 있다. 본문에도 나와 있지만, 아내가 장성한 아들들을 남겨두고 죽었을 경우에는, 아들들이 자기 아버지

35) [역주] Frederic Le Play, 1806~1882. 프랑스의 경험적 가족사회학의 창시자. 그는 3대가 함께 사는 직계가족과 부모와 자식만 함께 하는 핵가족 형태를 대조하고, 핵가족 형태가 산업화의 부산물이라고 주장하였다. 또한 그는 생활의 표준을 결정하기 위해서 '가족 예산' 장치를 활용했다. 그는 예컨대 노동계급 가족들은 경제적으로 너무나 빈약하기 때문에 그들의 모든 사회조직과 습관은 가족 예산 문제와 결합되어 있고, 특히 예산이 봉급 노동에 의존할 경우 더욱 그러하며, 그것은 또한 집의 지리적 위치와도 관련되어 있다고 보았다. 그는 비교 연구의 방법을 사용해서 이러한 연구를 수행하였다.

를 위해서 경작지를 일굴 것이다. 여기서 나는 이것이 토착민의 관점에서 볼 때 하나의 예외라는 점을 분명히 하고 싶다. 왜냐하면 트로브리안드인에게 아들은 그의 아버지의 친척이 아니라 단지 인척이기 때문이다. 아들이 인척이라고 일컬어지는 것은 아니지만, 아들과 아버지와의 관계는 아내를 통해서만 이루어진다. 그러나 여기서 나의 정보는 이러한 일이 정확히 어떠한 수법으로 이루어지는지를 결론짓기에 충분할 만큼 완전하지 않다. 아버지와 함께 사는 동안 아들들은 가구에 대해 이중적인 방식으로 기여한다. 그들은 직접 아버지의 소구획에서 일하며, 따라서 그의 **타이툼왈라**를 생산하는 데 기여한다. 그들은 또한 자기 외삼촌과 함께 일하며, 따라서 **우리구부**라는 명목으로 아버지의 가구에 기여한다. 어머니가 죽은 뒤에 아들들의 거주 및 작업과 관련해서 실제로 무슨 일이 일어나는지를 기록했더라면, 일반적이고 추상적인 진술보다 이 점을 좀 더 명백히 드러내줄 수 있었을 것이다.

주 26—구바카예키에는 정자가 없음 (6장 1절)

여기서 내 자료에는 분명히 허점이 있다. 만약 수확기에 아무 경작지라도 걸어 다니면서 어떤 소구획들이 **구바카예키**로 묘사되고 어떤 것들이 **우리구부**라고 불리는지, 그리고 어떤 소구획에 정자가 있고 어떤 소구획에는 없는지를 기록했더라면, 그 문제는 명확히 해결되었을 것이다. 그렇지만 나는 내 기억을 지나치게 신뢰하지 않더라도, **우리구부** 더미가 없는 곳에서는 어떠한 정자도 찾아볼 수 없었다고 확신한다고 말하고 싶다. 이는 정자들이 **우리구부** 소구획들에만 세워진다는 것을 뜻한다. 또한 그것은 **구바카예키** 소구획에서 나온 농작물은 수확되자마자 저장된다는 것을 의미한다.

주 27—족장의 우리구부와 공물 (6장 1절)

우리구부의 사회학적 측면은 족장 아내의 아버지 혹은 그녀의 다른 어떤 가공의 친척 남자가 수확물 선물을 제공하는 사례들과 관련되는데, 이에 대한 나의 자료는 매우 취약하다. 기록 2를 살펴본다면, 독자는 내가 우리구부 선물을 사회학적 관점에서 분류하면서 몇 가지 구분을 해야 했던 것을 떠올릴 수 있을 것이다. 나는 본문과 기록 모두에서, 예외적인 우리구부 유형은 신분이 높은 사람들에게, 특히 최고 족장에게 바쳐질 때 발생한다고 수차례 주장해왔다. 그러나 지금 나는, 만약 신분이 낮은 사람들이 받은 수확물 선물을 훨씬 더 충실하게 연구했더라면, 족장의 우리구부에 대한 기록 1~3의 정보를 매우 유익하게 보충할 수 있었을 것이라고 솔직히 말해야 한다. 평민들의 우리구부가 포함된 기록 4는 그 주제의 중요성에 비해서 불완전하다.

주 28—기록된 증거의 일면성 (6장 3절)

이 기록에서 나는 단지 받은 더미들만을 기록했다. 내가 대응하는 측면을 조사해서 같은 남자가 얼마나 많은 더미들을 기부했는지를 보여주었더라면, 기록의 가치는 훨씬 더 커졌을 것이다. 그 작업은 훨씬 더 복잡한 일이었을 것이다. 왜냐하면 한편으로는 증여자가 허풍을 떨고 과장하는 경향이 있기 때문이고, 다른 한편으로는 받은 것들은 모두 한 번에 전시되는 반면 기부한 더미들은 저마다 다른 분량으로 취급되기 때문이다. 그럼에도 불구하고, 한 남자의 예산에서 들어오는 것뿐 아니라 나가는 것까지 연구해야만 완전한 그림을 보여줄 수 있을 것이다.

주 29—이 장의 사회학적 정보의 평가 (6장 3절)

나는 이 장을 되돌아보면서, 사회학적으로 뒤얽힌 모든 문제를 다룰 때 그러하듯이, 여기저기서 작은 허점을 지적할 수 있다고 말해야겠다. 나는 서술 과정이나 이전의 몇몇 주석에서, 제기할 만한 물음 유형과 해답을 얻을 수도 있었을 관찰 유형을 언급했다. 주제가 더 추상적이고 복잡할수록, 그것을 너무 세부적으로 파고들다가 대답할 수 없는 문제들이 사방에서 튀어나오는 일이 쉽사리 벌어진다. 그렇지만 내 설명을 공정하게 다루기 위해서, 전체적으로 이 장의 자료는 내가 제시한 다른 어떤 자료와 마찬가지로 훌륭하다고 이야기하고 싶다. 나는 사회학적이고 경제적인 문제에 더 큰 관심을 가지고 있었기 때문에, 기술적인 혹은 식물학적인 사실을 다룰 때보다 문제를 더 충실히 이해하면서, 법적, 경제적, 그리고 예식적 의무에 관한 자료를 더욱 많이 수집했다.

주 30—말리아-마나? (7장 1절)

만약 내가 현지에서도 어원과 관련된 이처럼 흥미로운 물음을 알고 있었더라면, 말리아라는 단어의 모든 의미와 용법을 보여주는 언어학적 원문들을 훨씬 더 충실히 수집할 수 있었을 것이다.

주 31—비나비나 돌 (7장 1절)

만약 지금 내가 현지로 되돌아간다면, 이 돌의 기능, 누르는 것의 상징, 본문에서 묘사된 의식과 수확기 툼 의식의 상호 관계 등과 같은 서로 연관된 물음에 대해서, 예전에 그랬던 것보다 훨씬 더 만족스럽게 토착민 친구들과 논의할 수 있을 것이다. 이 모든 의식에서, 무게가 연상시키는 안정감의 일반적 관념이 뚜렷한 작용을 한다. 현재 내가 가진 정보만으로는,

빌라말리아 주술이 식욕에 영향을 미친다는 믿음과 이러한 관념이 얼마나 관련되는지 결론내리기가 어렵다(또한 주 22 참조).

주 32—빌라말리아 주술의 이론과 실천 (7장 4절)

나는 본문에 기록된 불일치가 내 자료의 질적인 결함에 기인한다고 생각하지 않는다. 이 주제의 증거자료에 대해서라면, 나는 내 현지조사의 다른 어떤 항목에서와 마찬가지로 충실히 잘 갖추어진 한 묶음의 원문들을 수집했다고 생각한다. 내 현지조사 자료에 대해 정당하게 선고될 수 있는 유일한 비판은, 적어도 문서화된 증거자료와 관련해서는 두 가지 원천—오마라카나와 오부라쿠—에서만 원문들을 입수했다는 점이다. 내 실제 경험과 자료는 언제나, 그리고 당연히, 내가 원문이나 진술이나 도표의 형태로 예증할 수 있는 증거보다 훨씬 더 풍부했다는 점을 되풀이해서 말하고 싶다. 나는 내가 다른 마을로 산책을 가거나 방문했을 때, "영양분의 기능에 대한 무지"가 빌라말리아 주술의 효용에 대한 믿음으로 구체화되는 등의 중요하고 흥미로운 사실들을 확인하고 표본으로 조사하였다. 어느 정도는 질적인 어려움 때문에, 나는 증거자료를 선택할 때 증거의 대부분을 수집했던 공동체의 자료를 계속 선호했다.

주 33—작은 브와이마 채우기 (7장 5절)

본문에서 암시된 결함과 관련해서, 나는 민족지학자가 문제를 명확히 염두에 두지 않는다면 사실을 기록하고 원고를 작성할 수 없을 뿐 아니라, 심지어 관찰하고 머릿속에 기억해두는 능력조차 제한될 것이라는 점을 다시 한 번 강조하고 싶다. 과시적이고 웅장한 것에 대한 강박관념은 너무나 보편적이고 치명적이어서, 나는 매번 그 점을 나 자신의 문제에 빗대어서 지적하기를 주저하지 않는다.

주 34—농작물의 소비 (7장 5절)

농작물 경작에 관한 자료에 비해서, 저장된 이후에 농작물에 무슨 일이 일어나는지에 대한 이야기는 매우 미흡하다. 달리 말해서, 나의 자료는 소비나 심지어 교환보다는 생산과 관련된 부분이 훨씬 더 훌륭하다. "기능적 방법"은 물품의 사용을 다른 어떤 측면보다도 더욱 강조해야 하기 때문에, 이 점에 대해 내 자료에 결함이 있다는 사실은 얄궂은 일이다. 불행히도 현지로 들어갔을 무렵, 나는 기능적 접근법을 완성하지 못했다. 나는 현지 조사 과정을 통해, 그리고 지난 15년가량 자료를 계속해서 공들여 마무리하는 과정을 거치면서 그것을 발전시켰다. "인류학에서 기능주의 학파"의 존재 자체는, 『브리태니커 백과사전(*Encyclopaedia Britannica*)』(1926) 13판에서 내가 쓴 「인류학」 항목의 글에서 최초로 공표되었는데, 나는 이후에 『브리태니커 백과사전』에 세 개의 항목을 더 집필하였다.[36) 그 뒤로 나는 『사회과학 백과사전(*Encyclopaedia of the Social Sciences*)』의 「문화」 항목에서 기능주의 방법을 훨씬 더 충실하게 설명했다. 농작물의 사용과 관련된 자료들은 제1부에서, 특히 7절에서 9절에서 제시된다.

주 35—브와이마의 사용에 대한 연구 (8장 서론)

나는 이 장의 서론적인 설명에서 비판적 분석을 제시했는데, 그것은 브와이마 건축에 대한 내 자료의 결함을 대부분 덮어준다. 어떤 의미에서 이

36) 〔역주〕 말리노프스키는 1929년에 이 백과사전의 'Kinship', 'Marriage', 'Practical Anthropology' 항목을 집필하였다.

장 전체는 광범위한 방법론적 주석이 달린 허점의 기록이다. 그렇지만 만약 내가 현지로 되돌아갈 수 있다면, 이러한 결함을 쉽사리 그리고 재빨리 만회할 수 있다고 확신한다. 이 경우에도 나는 "생산"보다는 사용을, 곧 경제적 관점에서의 "소비"를 연구해야 할 것이다. 나는 현지에서 얌 창고 내부를 충분히 파악하지 못했고, 안에서 창고 채우는 일을 거들지도 않았다. 또한 나는 매일 브와이마에서 얌을 꺼내는 일을 기록하지 않았다. 내가 만약 각 유형을 대표하는 창고에서 무슨 일이 일어나는지를 보여주는 일지를 작성했더라면, 필요한 정보가 모두 담긴 증거자료를 만들어낼 수 있었을 것이다. 그리고 그러한 지식을 바탕으로, 얌 창고 여러 채의 건축을 관찰하고 창고의 구조적 요소와 기능적 성격 사이의 상호관계를 밝혀낼 수 있었을 것이다.

주 36—방법론적 문제들 (9장 서론)

이전 장과 마찬가지로, 이 장에서 나는 현지조사의 방법 및 기술 문제를 직접적으로 진술했다. 본문에서 나는 대부분의 허점과 결함을 지적했다. 특히 1절에서는 정보가 유효하고 타당한 것으로 인정될 수 있는 범위를 대략적으로 제시했다. 또한 그 절의 마지막 단락에서는 시간의 제약으로 생긴 불가피한 공백을 강조했다. 물론 오마라카나에 대해서 쓴 방식대로 공동체마다 한 권씩을 집필한다면 이상적일 것이다. 그러나 그것은 실행 가능한 계획이 아니다. 다른 한편, 나는 현지조사 전반에 걸쳐서 광범위한 지역에서 피상적인 조사를 수행하기보다는 제한된 지역에서 집중적인 조사를 수행하는 편을 선호했는데, 그것이 결점이라고 생각하지 않는다.

주 37—표본의 가치 (9장 2절)

이전 장들과 비교해서 여기서 제시된 정보의 질이 떨어지는 것은 분명하며, 그 점은 본문에서도 언급되었다. 또한 나는 본문에서 표본의 가치에 주목했다. 독자는 본문에서 제시된 쿠로카이와의 "표본"을 기록 6과 7, 그리고 10장 1절에 포함된 표본과 비교해보아야 한다. 이러한 자료들을 함께 살펴볼 때, 독자는 오마라카나에 대한 정보가 어떠한 범위에서 대표적인 것으로 여겨질 수 있는지를 평가할 수 있을 것이다.

주 38—허점 포함 (10장 1절)

이 장에서 제시된 정보에도 허점이 있기에, 나는 전반적인 결함을 지적하고 그 이유를 제시해야 했다.

주 39—남쪽에서 타이투와 타로의 비율 (10장 1절)

내 필드노트에는 "남쪽에서 타이투는 식량 가운데 3분의 1 이상을 차지하지 않는다."고 정확한 숫자로 기록한 평가가 담겨 있다. 그렇지만 이러한 진술의 전거는 적혀 있지 않았다. 내가 기억하기로는, 그것은 단지 오부라쿠에서 몇 달 체류하는 동안 식량 창고와 부엌을 방문해서 실제로 관찰한 내용을 토대로 대략 추측한 것에 지나지 않았다. 이러한 유형의 수치 평가는 충분히 증명되지 않는 한 가치가 없는데, 나는 관련된 증거자료를 수집하지 않았다. 나는 그 일이 어렵지만 불가능한 임무는 아니었다고 생각한다. 그렇게 얻은 정보가 거기에 들인 시간과 에너지만큼 가치가 있다고 증명될 것인지는 쉽게 이야기할 수 없다. 만약 지금 현지로 돌아간다면, 나는 틀림없이 이러한 유형의 문제에 달려들 것이다. 나는 처음에는 소규모로 조사를 진행하다가, 만약 그것이 지성적인 관찰 체계에 따라 분석될 수 있다고 증명된다면 조사 연구를 확장할 것이다. (또한 이 부록의 3절에서 내 자료의 양적인 측면의 결함에 대해 이야기한 것을 보라.)

주40—시간과 기회의 부족 (10장 1절)

이처럼 무작위로 예식들을 관찰해서 표본을 제시했으니 내 자료는 불충분할 수밖에 없다. 그 사실을 또다시 강조할 필요는 없을 것이다. 내가 주술 체계에서 단지 하나의 예식만을, 그것도 단 한 번 목격했을 때 공백이나 생략, 과장, 그리고 일반적인 잘못된 시각이 나타나는 것은 불가피하다. 그러한 표본들의 가치에 대해서는 수차례 언급했다(주 37 참조). 해결책 역시 명백하다. 충분히 관찰하기 위해 더 많은 시간을 쏟고 더 자주 기회를 가지는 것이다.

주 41—타로 경작지의 무시 (10장 2절)

"대략 말해서"—본문에서 이러한 말투나 노골적인 진술은 타로 경작에 대한 나의 정보가 상대적으로 빈약하다는 점을 여실히 보여준다. 또한 나는 뒤이은 단락들에서 이 주제에 대해 엄청나게 많은 것들을 빠뜨리게 된 이유를 제시했다. 이 부록의 3절에서 이미 지적한 대로, 어떤 의미에서 나는 토착 농경의 맥락 속에서 타로 경작지에 대한 내 자료의 시각 전체가 불만족스럽다. 또한 위의 주 2, 11, 그리고 13과 비교해보라.

주 42—전해들은 증거 (10장 3절)

독자는 카이투부타부에 대한 나의 정보가 간접적으로만 입수된 것인데도 상대적으로 생동감 있고 세부사항이 충실하다는 점을 어쩌면 알아챘을 것이다. 이것은 정보 제공자인 토쿨루바키키의 자질에 기인한다. 그는 당시

내 정보 제공자들의 관리인이었고, 선택된 무리 가운데 최고였다. 동시에, 그가 개인적으로 권위 있게 이야기할 수 있는 주제는 많지 않았는데, 왜냐하면 그는 어떠한 경제적 혹은 예식적 영역에서도 눈에 띄게 중요한 전문가가 아니었기 때문이다. 그가 자랑할 수 있었던 유일한 두 가지는 이 의례와 특별히 혐오스러운 흑주술 유형의 몇 가지 주문들이었다. 그런데 여기서 그는 자신이 소유한 것, 즉 키리위나에서 자신만이 수행할 수 있는, 자신만이 상속받은 주술을 다루고 있었다. 그는 다른 어떤 주제에 대해서보다 이 정보에 대해서 더 큰 관심을 가지고 즐겁게 작업했다. 그는 내게 그 주문들을 여러 차례 암송해주었고, 내가 그것들을 올바로 적었는지 확인했다. 그는 내게 주술용 재료들을 가지고 왔다. 그는 심지어 나를 위해서 제대로 복장을 갖춘 퍼포먼스를 준비했다. 나는 이렇게 실연(實演)된 카이투부타부 예식을 사진으로 남기지 못한 점이 후회스럽다.

주 43—유럽의 영향 아래 관습의 쇠퇴 (10장 3절)

나는 유럽 문화가 여러 가지 점에서 토착민의 믿음과 관습에 미친 영향을 기록해왔는데, 독자가 과연 그 점에 주목했는지 모르겠다. 어딘가에서 나는 유럽인들의 진주 채취를 언급했다(제1부 5절). 나는 유럽인이 경작지에서 때 아닌 화전을 감행한 사건에 대해 이야기했다(3장 1절). 또한 일부 유럽 상인들이 토착민 경작지 주술사에게 도움을 요청했다는 일화를 언급했다(1장 5절). 나는 우리의 그리스도교 경작지 주술사에 대한(1장 5절), 또한 크리켓 경기의 혁명적 효과에 대한(6장 3절) 토착민의 관점을 옮겨놓았다. 이러한 재미있는 이야기들은 문화 접촉에서 나타나는 부조화가 불가피하게 만들어내는 특유의 색채를 느끼게 해준다. 그렇지만 그것들 가운데 일부는, 특히 진주 채취의 도입은 경제적으로도 중요한 영향을 미쳤다.

이 책의 사회학적인 부분을 주의 깊게 더듬어온 독자는 트로브리안드의 사회 구성에서 근본적인 변화는 족장의 권력이 실추됨으로써 생겨났다는 점에 주목했을 것이다. 최고 족장과 다른 지구들에 있는 그의 동료들은 더 이상 권력을 휘두르는, 사람들이 두려워해야 하는 유일한 인물이나 심지어 주요 인사가 아니다. 당신을 감옥에 집어넣고, 벌금을 부과하며, 심지어—한두 번 일어났듯이—당신을 교수형에 처할 수 있는 주재 지사가 존재한다. 당신에게 이 일을 하라고 혹은 저 일을 금지하라고 교화하고, 괴롭히며, 창피를 주는 선교사들이 있다. 이제는 거의 필수품이 된 물건들을 주거나 주지 않음으로써 다른 종류의, 그렇지만 마찬가지로 강력한 영향력을 발휘하는 상인들이 있다. 이들 모두는 족장의 공물에 영향을 미쳤는데, 특히 일부다처제를 제한함으로써 간접적인 방식으로 영향을 미쳤다(6장). 전쟁 역시 그쳤다. **부리틸라울로**는 더 이상 예전과 같지 않으며(5장 6절), 경작과 생산물의 교환은 무장한 보초가 없어도 안전하게 이루어질 수 있다.

또한 유럽의 도구들, 적어도 돌 대신 수입된 유럽의 철은 농경에 영향을 미쳤다(3장 5절). 비록 매우 제한된 범위로만 받아들여지지만, 그럼에도 유럽의 농작물과 과일 나무들은 경작의 미세한 균형을 변화시킨다. 그것들 가운데 일부는 계절적인 굶주림이나 예외적으로 극심한 굶주림의 고통을 완화시킨다. 쌀을 사거나, 용역이나 물품—무엇보다도 나중에 내어줄 진주—의 대가로 미리 쌀을 얻을 수 있는 가능성, 그리고 극심한 기근의 경우에 정부가 그들을 먹여 살릴 것이라는 사실에 대한 토착민들의 인식은 **몰루**(기근)과 **말리아**(풍요) 사이의 관계에 대한 그들의 사고방식에 심대한 영향을 미쳤다(5장 1절).

나는 이 모든 점을 지적해왔다. 이 책에는 접촉과 변화에 대한 매우 많은 정보가 포함되어 있다. 나는 관찰할 때 종종 어떤 현상들을 무리해서 집요하게 기록했는데, 대체로 내가 처음에 정밀과학 분야에서 훈련을 받았기에[37] 눈앞에서 벌어지는 현실 전체를 무시하는 것이 나로서는 도저히 불가능했기 때문이었다. 오늘날 트로브리안드에서 민족지학자가 대면하는 경험적 사실은 유럽의 영향을 받지 않은 토착민들이 아니라, 유럽의 영향에 의해 상당한 범위로 변형된 토착민들이다. 심지어 두세 세대 전에도, 본래대로의 트로브리안드인이란, 이미 관찰해야 할 대상이 아니라 재구성해야 할 과거의 어떤 것이 되었다. 그리고 좀 더 세심하게 재구성하기 위한 과학적인 방법은 실제로 존재하는 것의 관찰을 통해서 진행된다.

따라서 나는 그와 같은 방식으로 접촉과 변화의 사실들을 관찰하였다. 그러나 나는 이 점에 대한 나의 태도가 이론적으로나 실제적으로 틀린 것이라고 단호하게 말하고 싶다. 내가 배웠던 인류학은 여전히 석기 시대의 대표자로서 "진짜 미개인"과 기원 문제, 나아가 여전히 존재하는 다양한 원시 관습들을 통해 읽어낼 수 있는 인류의 역사에 주로 관심을 가졌다. 나는 현지에 들어가기 전부터 순전히 골동품 애호적인 강박으로부터 나 자신을 해방시켰다. 나는 영국에서 출판된 초기 저서에서도 결혼의 역사에 대한 진화론적인 그리고 재구성적인 저술들을 비판했다. 그러한 저술들을 읽어보면, 마치 "오스트레일리아의 부족들은 돌처럼 굳어진 형태로 엄격하게 보존되어온, 그러나 그 내부적인 성격을 조사할 가망은 거의 없는, 고대의 여러 시대에서 온 사회학적 화석들의 박물관이라는 인상"을 받게 된다. "실제 사실에 대한 이해는 사물의 가설적인 초기 단계를 헛되이

37) 〔역주〕 말리노프스키는 폴란드 크라쿠프의 야기엘로인스키 대학에서 철학과 함께 물리학과 수학 과목을 많이 수강하였고, 특히 실험물리, 기하학, 무기화학 등을 공부하였다.

숙고하다가 (현행 인류학 이론에서) 희생되어버린다."(*The Family among the Australian Aborigines,* 1913, p. vii의 머리말)

또한 나는 독일에서든 미국에서든 혹은 영국에서든, 전파론 학파[38)]가 4천 년 혹은 4백 년 전에 일어난 전파에는 관심을 가지면서도 오늘날 일어나고 있는 전파에는 관심을 가지지 않는다는 점을 곧 알아차렸다. 다른 한편, 기능주의 방법, 혹은 적어도 내가 관련되어 있는 기능주의 분파는 주로 현지에서 탄생한 것이다. 현지에서 나는 유럽과 접촉하기 이전, 약 50년이나 100년 전의 토착민들을 재구성하는 일이 현지조사의 진정한 주제가 아니라는 점을 깨닫기 시작했다. 현지조사의 주제는 변화하는 멜라네시아인 혹은 아프리카인이다. 그는 이미 세계의 시민이 되었고, 세계 문명과의 접촉을 통해 영향을 받는다. 그리고 그의 현실은 그가 적어도 하나 이상의 문화의 영향을 받으며 살고 있다는 사실 속에 있다.

실제로 있는 그대로의 변화하는 토착민을 연구한다는 원칙은, 한편으로 우리가 유럽과 접촉하기 이전의 토착 문화를 재구성할 수 있게 해준다. 그렇지만 억측을 통해서, 혹은 옥양목 옷감 한 장이나 그리스도인의 믿음이나 넌더리나는 유럽의 터부를 되는 대로 무시함으로써가 아니라, 이러한 것들이 어떻게 작용하는지, 그것들이 어떤 식으로 토착민의 원래 문화와 충돌하는지, 혹은 그것들이 어떤 식으로 토착 문화 속으로 병합되어왔는지를 연구함으로써 그렇게 한다. 다른 한편, 문화의 전파 과정은 지금 바

38) [역주] 어떤 문화적 특질이 한 민족이나 지역에서 다른 민족이나 지역으로 전파된다고 보는 이론. 예를 들어 영국의 대표적인 전파론자인 그레이프턴 엘리엇 스미스와 윌리엄 페리는 모든 고등 문명이 고대 이집트의 문화, 특히 태양숭배에서 유래했다는 태양중심주의를 주장했다. *International Encyclopedia of the Social Science* vol.4(Crowell Coller and Macmillan, Inc., 1980), "diffusion" 참조.

로 우리 눈앞에서 진행되고 있는 것처럼, 인류의 발달에서 가장 중요한 역사적 사건들 가운데 하나이다. 그러한 연구를 무시한다면, 인류학의 가장 중요한 임무들 가운데 하나에서 분명히 실패하게 된다.

나는 이러한 관점을 한두 편의 논문에서, 특히 「실천인류학(“Practical Anthropology”, *Africa,* January 1929)」과 「인류학과 행정의 합리화(“Rationalisation of Anthropology and Administration”, *Africa,* October 1930)」에서 전개했다. 나는 이제 그 문제를 강의실에서 구체적으로 다루고 있다. 그러나 내가 현지조사를 수행할 때에는 아직 그러한 관점을 가지고 있지 않았다. 이것은 아마도 멜라네시아에서 이루어진 나의 모든 인류학적 연구의 가장 심각한 결함이다.

주 44—소(小)주제들에 관한 흩어진 자료들 (10장 4절과 5절)

이 마지막 두 절에 담겨 있는 정보는 결코 만족스럽지 않다. 관련 자료들은 아직 광범위하게 뿔뿔이 흩어져 있고 조직되지 않은 채 남아 있다. 기능주의 학파를 위해 새롭게 만들어진 단어를 사용하자면, 그것은 훨씬 제대로 “맥락화(contextualised)”될 수 있을 것이다. 나는 토착민들이 사용하는 식물의 목록을 입수했다. 나는 산책하다가 와카이코사를 따고 있는 사람들을 매우 자주 목격했다. 그리고 내가 체류하는 동안에도, 열매를 채집해서 먹는 계절이 여러 번 지나갔다. 그러나 내가 덤불과 관련된 토착민의 민간전승을 선명하게 파악하거나 제시한 것 같지는 않다.

주 45—이 장의 평가 (12장 서론)

방법이나 자료의 성격과 관련해서 볼 때, 이 장은 6장과 밀접하게 대응한다. 나는 여기서 제시된 정보가 사회학적인 주요 개요, 토지 보유권의 법적 원칙들, 방법론적인 토대, 그리고 경제적 작용과 관련해서 정확하다는 점을 거의 의심하지 않는다. 여기서 제시된 정보는 간략한 요약일 뿐이며, 물론 훨씬 더 풍성한 자료를 바탕으로 작성되었다. 자료의 상당한 부분이 트로브리안드인들의 사회 구조, 혈통의 원칙들, 씨족, 마을 공동체, 그리고 정치적 지구들로의 조직화와 관련되기 때문이다. 나는 본문에서 혈통표, 씨족표, 우두머리의 목록, 마을 인구조사 표본 한두 개 등과 같은 자료를 제시할 수 없었다. 그러나 자료의 다른 어떤 측면에 대해서도 그러했듯이, 내가 사회학적으로 혹은 법적으로 일반화한 내용은 대단히 많은 증거자료를 바탕으로 한다.

내가 지적하는 주요 결함은 좀 더 세부적이고 특정한 정보와 관련된다. 그리고 그러한 경우에도 그 결함은 구체적인 자료를 기록하는 데 태만했기 때문이지, 결론을 충실하게 검토하지 못했기 때문에 생겨난 것은 아니다.

주 46—출현 구멍들 (12장 1절)

만약 트로브리안드로 되돌아간다면, 예전에 내가 군도를 떠날 때 그랬듯이 땅 밑에서의 출현에 관한 일반적 원칙을 입수한 것만으로 만족스러워하면서 안심하지 않을 것이다. 나는 훨씬 더 풍성한 사진 기록으로 나의 자료를 증명하려고 시도할 것이다. 나는 그러한 사진 기록을 한두 장만 가지고 있다(*Sexual Life of Savages*의 〈사진 89〉와 비교하라). 또한 나는 수많은 세부 도면들과 도표들의 초안을 작성할 것이다. 나는 출현 지점과 관련해서 어떠한 조상 숭배도, 조상들에 대한 예식이나 공물도, 어떠한 특정한 터부도 발견할 수 없었다. 물론 그 장소들은 오염되지 않도록 보호되고 있었지만, 그 외에는 다른 어떤 존경의 징후도 찾아볼 수 없었다.

주 47—마을 땅의 지도 (12장 4절)

나는 오마라카나의 경작용 토지를 그린 지도가 현지에서 초안을 작성했던 지도들 가운데 유일하게 완전한 기록이라고 말하게 되어 유감스럽다. 나는 오마라카나의 토지 지도를 그릴 때 많은 어려움을 겪었는데, 왜냐하면 모든 조사는 가장 초보적인 방식으로 이루어져야 했기 때문이다. 나는 오부라쿠에서도 비슷한 지도를 그리려고 시도했지만, 그 일이 훨씬 더 어렵다는 사실을 알았다. 그 이유 가운데 하나는, 그곳의 밭들이 늪지와 산호 능선의 굴곡으로 인해 매우 울퉁불퉁하기 때문이다. 그렇지만 나는 오부라쿠에서도, 뿐만 아니라 쿠로카이와, 카이볼라, 그리고 브워이탈루에서도 기록 8의 지도와 분석에서 구체화된 모든 이론적 원칙을 검토했다는 말을 덧붙이고 싶다. 그러나 법적·지정학적 원칙들을 매우 정확하게 검토하는 것과 완전한 지도를 그리는 것은 별개의 일이다. 나는 트로브리안드에서 대부분의 시간을 오마라카나에서 혹은 그 근처에서 지냈기에, 오마라카나 영토의 구석구석을 잘 알게 되었다. 나는 고심해서, 고통스럽게 지도를 작성했지만, 체류가 끝나갈 무렵에는 기억에 의지해서도 지도를 그릴 수 있었을 것이다.

주 48—카야쿠에서의 거래 (12장 4절)

본문에서 단언한, 그리고 내가 옳다고 확신하는 원칙들은 소구획의 임차인과 소유자의 이름, 소유자가 바뀌는 선물들의 분량, 그리고 실제 거래의 수많은 기록들을 통해서 증명될 필요가 있다. 나는 정보를 입수하면서 구체적인 사례들의 일반적 규칙을 논의했지만, 전거로 사용할 수 있을 만큼 사례들을 충분히 세부적으로 기록하지 않았다. 그러한 전거를 제시하기 위해서는 충분한 자료를 수집하는 것이야말로 가장 쉽고 적절한 방법이다.

주 49—생산물 훔치기 (12장 5절)

여기서 제시된 몇몇 진술은 좀 더 충실한 자료를 통해 입증될 수도 있었다. 예컨대 나는 가장 잘 기록된 주문이라고 할 수는 없지만 본문의 일반적인 진술을 충분히 뒷받침할 수 있는 몇 가지 방어주술 문구들을 수집했었다. 그렇지만 그것들을 이러한 맥락에 포함시키지 않았다. 그 까닭은 한편으로 그것들이 토착적인 요술의 일부이기 때문이고, 다른 한편으로 그것들은 법적인 제도와 관련되기 때문이다.

(제2권 끝)

| 찾아보기 |

ㄱ

가부 85, 95, 114, 124, 131, 155, 157, 325, 330, 357
가와이 316, 319
가이가이 319
감 138, 150
개방형 브와이마 27, 49, 59
게우 95, 100, 334
게타나 66
경작지 주술 82, 85, 88, 101, 119, 123, 125, 129, 142, 155, 183, 207, 214, 235, 236, 238, 239, 245, 247, 319, 321, 333, 350, 354, 356, 359, 380, 386, 411
경작지 주술사 92, 93, 99, 101, 109, 112, 119, 120, 127, 178, 183, 213, 214, 225, 227, 249, 323, 334, 355, 386, 397, 398, 411, 423
경작지 회의 172, 183, 184, 189, 193, 213, 214, 224, 253, 323, 333, 362, 363, 389, 392, 400, 401
공동 노동 224, 306, 325
과시용 브와이마 49
교차사촌혼 216, 224, 233, 236, 270
구굴라 268, 270, 273, 275, 279, 318
구바카예키 306, 307, 309, 316, 415
구브와탈라 395, 408
구야우 148, 290, 294, 296, 297, 317
구타구타 323
굼구야우 56, 269, 272, 274, 276, 290, 296, 308, 318
그와딜라 154
기부비야카 93, 95, 132, 325, 326, 330, 358, 368
기율루투 87, 88, 319
기프와레이 121, 337
까뀌 29, 113, 125, 151, 336, 337, 338, 372

ㄴ

나투 154
남부 맛심 383
남와나 구야우 235, 285, 294, 299, 301, 315, 316
노리우 142, 155
노쿠 155
농경 117, 166, 171, 174, 186~188,

195, 196, 203, 219, 221, 224, 226, 228~230, 253~255, 257, 258, 262, 350, 378~385, 402, 422, 424
누누리 95, 100, 107

ㄷ

다가 65
다브와나 124, 134
다이마 100, 120~122, 371
담배 137, 315
답례 선물 413
당트르카스토 제도 31
덤불치기 85, 95, 106, 124, 134, 213, 229, 325, 334, 344, 360, 364, 367, 385, 391
도가 66, 161, 213
도끼 29, 91, 92, 94, 95, 101, 324, 325, 330, 335, 336, 366, 369
도디게 브와이마 269, 280, 285
동음이의어 179
두브와데불라 149, 205
둘러막힌 브와이마 24, 27
둠야 128, 133, 155, 207, 368
둥근 고리 모양 56, 226, 342
등나무 38
땅 두드리기 92
땅 파는 막대기 112, 113, 120, 121, 144, 336

ㄹ

라와 154, 323
라이보아그 156, 160, 161, 206, 207, 232, 340, 344, 347, 348, 363, 366, 369, 371~373, 405, 406
라푸 99, 100, 360, 364, 369
랄랑 풀잎 121
레야 156
레우타울라 324, 325, 337
레이워타 86, 92, 94, 106, 107, 110, 324, 326, 327, 330, 336~338, 367~370, 372, 396
로크와이 155
루야 212, 320
루쿠바 155, 206, 245, 290, 340
루쿠브와쿠 406
루쿨라부타 206, 290
루크와시시가 212, 236, 269, 272, 275, 290, 309, 316
룰로 87, 319
룸룸 97, 132
리고구 29
리쿠 29, 30, 32, 37, 39, 41, 43, 44, 46~48, 50~52, 54, 55, 59, 61~63

ㅁ

마탈라 290, 305
마투워 328, 331
막대기 27, 29, 31, 41, 43~45, 47, 50, 55, 63~65, 68, 72, 73, 76, 83, 84, 99, 100, 107, 112, 113, 120, 121, 132, 133, 138, 144, 148, 154, 159, 326~331, 336, 361, 370
말라시 240, 245, 270, 271, 274, 276~278, 295, 314, 316, 341
말리아 155, 187, 417, 424
말리타 405

메노니 120, 153, 154
모계 85, 93, 110, 119, 122, 132, 173, 191, 194, 199, 204, 208~210, 215, 216, 218, 228, 231~235, 237, 238, 247, 261, 262, 264, 272, 280, 282, 285, 288, 291, 293~296, 306, 315, 317, 323, 413
모계제 173, 199, 232, 233, 237, 261
모몰라 146, 157, 161, 207, 340, 363, 366, 369, 371, 373
모카카나 153, 154
모칼라와가 320
모콜루 153
모타고이 124, 127, 129, 130, 132, 250, 406
모형 브와이마 55, 59
몰루 135, 142, 155, 187, 424
몰루보카타 319
몸라 125, 331, 371
몸틸라카이바 87~89, 91, 101, 104, 111, 319, 354
문화 영웅 405
뭄왈루 155
미타카타 235, 289, 316
밀라말라 109, 126, 138, 156, 214, 361, 364, 367, 368, 387, 394, 401, 403~405
밀레울라 84

ㅂ

바구리 327, 328, 330
바구리 소불라 330, 370
바기도우 35, 39, 48, 87, 89, 95, 129, 131, 177, 226, 236, 239, 281, 289, 327, 383, 386, 387, 392, 398, 409
바나나 주술 157
바딜라 155, 156, 310
바사카푸 328, 330, 370
바시 112, 124, 206, 337, 371, 373
바시 발루 373
바이구아 125, 252, 253, 403
바일라우 254, 255, 372
바카바일라우 95, 330, 358, 368, 372
바카풀라 32
바캄 타이투 329, 331
바타가 110, 338
바투비 330
바투비 주문 330
바푸리 38, 329, 331, 371
발레코 94, 95, 99, 100, 102~104, 108, 110, 111, 125, 131, 132, 134, 143, 157, 188, 214, 236, 252, 270, 306, 309, 310, 312, 315, 316, 324, 327, 335, 337, 345~347, 349, 367~372, 401, 407
발로마 98, 109, 121, 126, 330, 404
베욜라 272~274, 290~292, 315
베워울로 32, 252
베쿠 101, 103, 308, 313, 315, 316
보마카이바 47, 65
보말리쿠 56
보미시수누 56
보밀랄라 57
보파다구 206
부거제 191, 194, 195, 220, 222, 261
부다카 37, 39, 40, 63
부리틸라울로 372, 412, 413, 424
부부크와 28~30, 40, 41, 43, 48, 63, 373
부브와케타 155
부야구 324, 360, 367

부와나 138
부투라 183, 187
불루크와 가도이 132
브와이마 19, 21~27, 30~41, 43~62, 64, 65, 190, 206, 268~278, 281, 282, 284~286, 290~297, 299, 301, 305, 310, 312, 313, 315, 316, 360, 373, 389, 414, 419, 420
비나비나 40, 57, 417
비비 154
비살로크와 87, 101, 319
비시야이 29, 30, 48, 65
비시콜라 103, 114, 131, 157, 325, 326, 330, 368
비와 가뭄의 주술 206, 236, 339
비와 햇빛의 주술 213, 235, 355
빈랑나무 138, 153, 160, 343
빈랑나무 열매 135, 137, 138, 147, 151, 153, 160, 256, 304, 325
빈랑나무 잎 160
빌라말리아 33, 34, 38, 40, 41, 48, 57, 98, 119, 351, 357, 358, 373, 383, 391, 392, 418
빌로무그와 295

ㅅ

사갈리 32, 104, 106, 109, 139
사사나 154
사이다 154
사이수야 241, 320
사적인 경작지 주술 356, 411
사적인 주술 103, 114, 131, 158, 161, 351, 371, 411
3단 바구니 137
서태평양의 항해자들 375, 381
선교사 174, 388, 424
설화 218
성장 주술 85, 111, 121, 124, 134, 150, 327~332, 336, 353, 370, 371, 386, 387
세우세우 323, 325
셀리그만 381
소불라 330, 370
소우술라 323
소유권 135, 153, 167, 175, 180, 181, 184, 187~189, 193, 198, 200, 211, 214, 216, 219, 221~223, 234, 236, 243, 245, 249, 250, 251, 258, 260~263, 270, 322, 341, 342, 379
소크와이파 54, 59, 60, 78
소푸 133, 369
솎아내기 86, 112, 124, 125, 229, 331, 337, 371, 386, 389, 391, 410
시간 계산표 126, 128, 139, 154, 337, 363, 378, 389, 394, 395, 400
시리보마투 320
시 브왈라 발로마 98
시와풀라 320
시쿠나 133
실라크와 88, 319
심심와야 160

ㅇ

안쪽 고리 56, 57, 61, 270, 342
야고구 103, 125, 327, 330, 371, 383
야유 83, 142, 334
얄루왈라 290, 293, 303, 320
영들의 방문 367, 402, 403

영들의 집 328, 331
오딜라 106, 107, 142, 153, 155, 207, 344
오부라쿠 48, 54, 112, 118, 119, 121, 126, 205, 213, 214, 226, 418, 421, 429
오부쿨라 205, 206, 240, 245
오칼라와가 320
오크왈라 124, 125, 329, 331, 337, 372
와이워 158, 205, 272, 274, 276, 295
와카야 83, 84, 156
요부나톨루 328, 331
요빌라발라 47, 65, 66
요술 28, 124, 352, 354, 356, 399, 406, 430
요술사 28, 83, 84, 136, 294, 313, 406
요와나 236, 239, 249
요우리브왈라 328, 331
요울라울라 323
요움웨기나 154
요워타 85, 95, 121, 124, 131, 132, 161, 324, 330, 335, 357, 367
요유 372
우나와나 66
우리구부 32, 42, 57, 118, 125, 126, 132, 182, 183, 185, 187, 190, 191, 195, 197, 199, 219, 220~223, 231, 232, 233, 238, 246, 261, 272, 273, 275, 279, 280, 283, 284~289, 295, 301, 302, 305~307, 309, 310, 312, 313, 316~318, 372, 373, 384, 413~416
우시 139
우울라 291, 299, 300, 303
우투크와키 154
울라울라 91, 323, 329, 330, 337, 363, 366, 405
울릴라구바 34, 35, 48, 62
원초적 출현 192, 194, 195, 198, 199, 203, 204, 206~208, 218, 228, 230, 240, 242, 243, 246, 247, 249, 259, 262, 263
원초적 출현 신조 194, 195, 204, 208, 230, 246, 247
웨이카 107, 142
이수나풀로 119~121, 125, 134, 205, 329, 331, 332, 336, 337, 370
일라카이굴루굴루 319
일부다처제 192, 302, 384, 424

ㅈ

작은 브와이마 23, 25, 33, 36, 37, 39, 40, 42, 45, 47, 49, 50, 52, 306, 418
잡초 뽑기 86, 112, 124, 133, 161, 224, 229, 331, 336, 370, 386, 389, 391, 410
제조업 160, 304, 352
조가비 나팔 144, 147
족외혼 194, 195, 199, 219, 220, 269
주술사의 터부 355
주술용 지팡이 95, 324, 335
주술적 모퉁이 97, 100, 101, 121, 130, 132, 157, 324, 330, 337, 368, 369
주술적 벽 361, 369
중앙 공터 26, 27, 56, 144, 149, 205, 212, 268, 269, 270, 289, 299, 333, 338, 342, 343
진주조개 351

ㅊ

천막 315, 317, 378

ㅋ

카니보기나 154
카리게이 344
카리구바세 64, 65
카리부다보다 32, 125, 252
카리비시 100, 101, 107, 361, 369
카리얄라 314
카바탐 121, 124, 161, 327, 328, 330, 336, 337
카발라푸 29, 30, 46, 48, 64
카보마 90, 106, 109, 110
카브와쿠 32, 56, 87, 93, 140, 182, 212, 240, 319
카비시비시 43, 44, 48, 63
카비시탈라 42, 64, 66
카비투바투 47, 65
카빌라가 30, 46, 64
카사일롤라 331, 371
카야사 139, 279, 290, 305, 312, 316, 318
카야쿠 89~91, 123, 124, 131, 139, 179, 181, 182, 193, 227, 248, 250, 251, 253, 306, 323, 333, 360, 362, 363, 366, 389, 392, 400, 401, 429
카예키 306, 307, 309, 316, 415
카왈라 322
카요워타 92, 335, 367
카울로 33, 299, 301
카유와다 320
카이가가 92, 367
카이고그와우 133
카이다발라 121, 150, 331, 370
카이마타 127~129, 133, 188, 309, 388, 395, 408, 409
카이무그와 128, 131, 188, 309, 388, 395, 408, 409
카이바바 101, 104, 108, 111, 121
카이보마투 83
카이부다카 37, 39, 40, 63
카이부아 83, 84, 323
카이브와기나 117, 118
카이브위브위 140, 156
카이카폴라 83, 84, 95, 97, 132, 142, 150, 325, 330
카이케볼라 320
카이쿨라시 320
카이타울로 29, 34~37, 40, 48, 50, 51, 61, 63, 66, 122
카이투부타부 136, 138~140, 144, 147, 148, 150~152, 215, 351, 357, 422, 423
카이툼라 부부크와 40
카일라길라 48, 134
카일라발라 331, 370
카일라짐 37, 39, 63
카일레파 92, 94, 335, 367
카일루발로바 99, 369
카카베욜라 283, 284, 290
카쿨룸왈라 48, 64
카투베이테타 43, 63
카포푸 107
칸막이방 34, 42~44, 48, 53~56, 63, 64, 66, 73~75, 271, 282, 283, 305
칼라와 313, 320
칼라이 292, 328, 330
칼리마마타 97, 121, 131, 325, 326, 330, 368

칼리모미오 125, 190, 372
칼리쿠탈라 42, 64
캄코콜라 85, 96, 98, 99~101, 103~105, 107, 108, 110, 111, 114, 119, 121, 122, 124, 131~133, 141, 327~331, 335, 336, 354, 361, 369, 370, 386, 391, 405, 408, 409
캄투야 134, 322
케마 29, 91, 286, 291, 297, 299, 301, 303, 316, 325
코비시 273, 275, 280, 285~287, 289, 313, 315, 316
코움왈라 98, 133, 229, 326, 360, 368, 369
코코넛 27, 31, 41, 47, 49, 50, 53, 56, 59, 83, 122, 132, 135~140, 142, 144, 145, 147~160, 187, 190, 256, 304, 323~325, 330, 351
코콜라 45, 49, 66, 85, 96, 98~101, 103~105, 107, 108, 119, 121, 122, 124, 131~133, 141, 327~331, 335, 336, 354, 361, 369, 370, 386, 391, 405, 408, 409
콜로바 109
쿠부도가 403
쿠빌라 107
쿠쿠바 157
쿨라 124, 352~355, 357, 378, 380, 381, 404
쿰 158
크와나다 97, 121, 155, 330, 334, 368
크와빌라 188, 214, 236, 252, 321, 322, 340, 344, 345, 348
크와이가 140, 154
크와이프와프와티가 320
크와파투 254
크웰루바 154
키리위나 81, 84, 86, 89, 98, 118, 119, 121, 123~125, 157, 161, 178, 179, 234, 242, 244, 246, 294, 304, 309, 313, 321, 328, 329, 394, 423
킬루마 45, 111, 114, 324, 325, 409
킴도가 319

ㅌ

타로 97, 115, 119, 121~123, 125~134, 141, 143, 161, 187, 190, 241, 272, 326, 329~331, 336, 361, 368, 370, 371, 387, 389, 395, 407, 421, 422
타발루 86, 119, 123, 182, 195, 196, 206, 211~213, 235~237, 240~246, 256, 295, 297, 307, 309, 341~343, 345~347
타요유와 372
타이투 33, 41, 50, 54, 60, 83, 85, 91, 92, 96, 103, 106, 107, 109, 112, 119, 121, 124~127, 129, 133, 154, 158, 159, 187, 190, 251, 255, 268, 272, 282, 300, 304, 306, 309, 311, 313, 327~329, 331, 333, 337, 338, 369, 370, 372, 380~382, 384, 387~389, 391, 395, 407, 409, 410, 413, 421
타이투페타 125, 309, 311, 313
타이툼와이도나 126
타이툼왈라 43, 57, 306, 309, 317, 372, 414, 415
타카이와 106, 325, 391
타콜라 251, 252
타포푸 126~129, 131, 132, 134, 188, 388

타프와나 48, 145
탈랄라 324, 330, 335
터부 57, 58, 86, 90, 99, 122, 125, 134, 138, 139, 143, 144, 147~152, 158, 159, 215, 218, 219, 244, 326, 327, 329, 330, 335, 337, 355, 360, 361, 364~366, 368~370, 372, 385, 399, 406, 426, 428
테타 43, 44, 48, 63
테필라 406
토바나나 320
토브와보딜라 110, 111
토울루와 25, 32, 36, 39, 243, 279, 282, 283, 285, 286, 290, 295, 298, 299, 306, 312, 313, 316~318, 398
토워시 83, 85, 90~92, 98, 100, 101, 103, 104, 106, 110, 132, 157, 161, 215, 226, 229, 236, 250, 271, 290, 292, 294, 324, 325, 329, 330, 335, 337, 358, 363, 366~368, 369, 404
토지 보유권 123, 165, 166~181, 185, 186, 189, 190, 194~196, 198~201, 203, 204, 206, 207, 209, 215, 218~223, 228~230, 233, 234, 247, 248, 250, 257, 258, 260~262, 321, 341, 345, 379, 380, 427
토카바실리 320
토카비탐 30, 32
토크와이바굴라 382, 396
토테미즘 99
톨리와가 56, 182, 240, 290, 291, 295
톨리크와빌라 210, 211
톨리프와이프와야 182~184, 208, 211, 217
투다바 204, 206, 240, 294, 295, 314, 405
투투야 45, 46, 65
툴라 131, 132, 311, 326, 327, 360, 369, 371, 407
툼 124, 125, 329, 331, 337, 372, 412, 413, 417
툼 부부크와 40, 373

ㅍ

팔렐라 320
페타 106, 125, 309, 311, 313
펠라카우크와 97, 121, 124, 131, 132, 325, 326, 330, 368
포우 29, 37, 39, 40, 43~45, 47, 61, 63~65
포칼라 180, 198, 209, 210, 216, 246
포푸 107, 126~129, 131, 132, 134, 188, 388
표준 소구획들 86
프와이프와야 182~184, 208, 211, 217
프와코바 112, 125, 336
피피 155

ㅎ

헌장 165, 166, 198, 204, 219, 220, 247
혈통 단위 221
혼인법 173, 191, 194~196, 219~224, 230, 231, 236, 249
화전 82~85, 95, 101, 124, 132, 155, 161, 229, 325, 364, 368, 385, 423
흑주술 146, 354, 398, 399, 406, 407, 410, 423

지은이

브로니슬로 말리노프스키 (Bronislaw Malinowski, 1884~1942)

폴란드 출신의 저명한 인류학자로서 영국 사회인류학의 창시자로 일컬어지며, 20세기의 가장 주목할 만한 인류학자 가운데 한 사람으로 알려져 있다.

1908년 폴란드 크라쿠프의 야기엘로인스키대학교에서 박사학위를 받았고, 이후 라이프치히대학교에서 잠시 수학하다가 영국으로 건너가 인류학 분야에 본격적으로 발을 들여놓았다. 1916년 런던경제대학에서 다시 박사학위를 받았고, 1927년부터 런던대학교에서 인류학 교수로 재직하면서 수많은 저작을 남겼다.

말리노프스키의 학문적 업적은 주로 1915~1918년 사이에 트로브리안드 군도에서 수행한 장기간의 집중적인 현지조사 성과를 바탕으로 하고 있다. 그는 자신의 본격적인 현지조사 방법을 인류학 연구에 도입하여 민족지 조사를 위한 새로운 기준을 정립하였다. 또한 자신의 현지조사 성과를 바탕으로 기능주의적인 문화이론을 확산시켰다.

주요 저서로는 본서를 비롯하여 *Argonauts of the Western Pacific* (1922), *Crime and Customs in Savage Society* (1926), *Sex and Repression in Savage Society* (1927), *The Sexual Life of Savages* (1929), *Freedom and Civilization* (1944) 등이 있다. 『산호섬의 경작지와 주술』은 오늘날까지도 현지조사 및 민족지 집필을 위한 교과서로 여겨진다.

옮긴이

유기쁨

한국학중앙연구원 한국학대학원에서 종교학을 전공하여 박사학위를 받았고, 한신대와 감신대에서 학생들을 가르쳤다. 종교와 생태학의 연결지점에서 생겨나는 여러 현상들에 관심을 가지고 글을 써왔고, 『세계관과 생태학: 종교, 철학, 그리고 환경』, 『세계종교로 보는 죽음의 의미』(공역), 『진짜 예수는 일어나주시겠습니까?』(공역) 등을 번역했다. 현재 한국종교문화연구소 연구원으로 활동하고 있다.

한국연구재단총서 학술명저번역 서양편 517

산호섬의 경작지와 주술 2

트로브리안드 군도의 경작법과 농경 의례에 관한 연구

1판 1쇄 찍음 | 2012년 10월 4일
1판 1쇄 펴냄 | 2012년 10월 12일

지은이 | 브로니슬로 말리노프스키
옮긴이 | 유기쁨
펴낸이 | 김정호
펴낸곳 | 아카넷

출판등록 2000년 1월 24일(제2-3009호)
100-802 서울시 중구 남대문로 5가 526 대우재단빌딩 8층
전화 | 6366-0511
팩시밀리 | 6366-0515
책임편집 | 김일수
www.acanet.co.kr

ISBN 978-89-5733-254-2 94380
ISBN 978-89-5733-214-6 (세트)